Best of BANZAI!

HUNTER × HUNTER

YOSHIHIRO TOGASHI

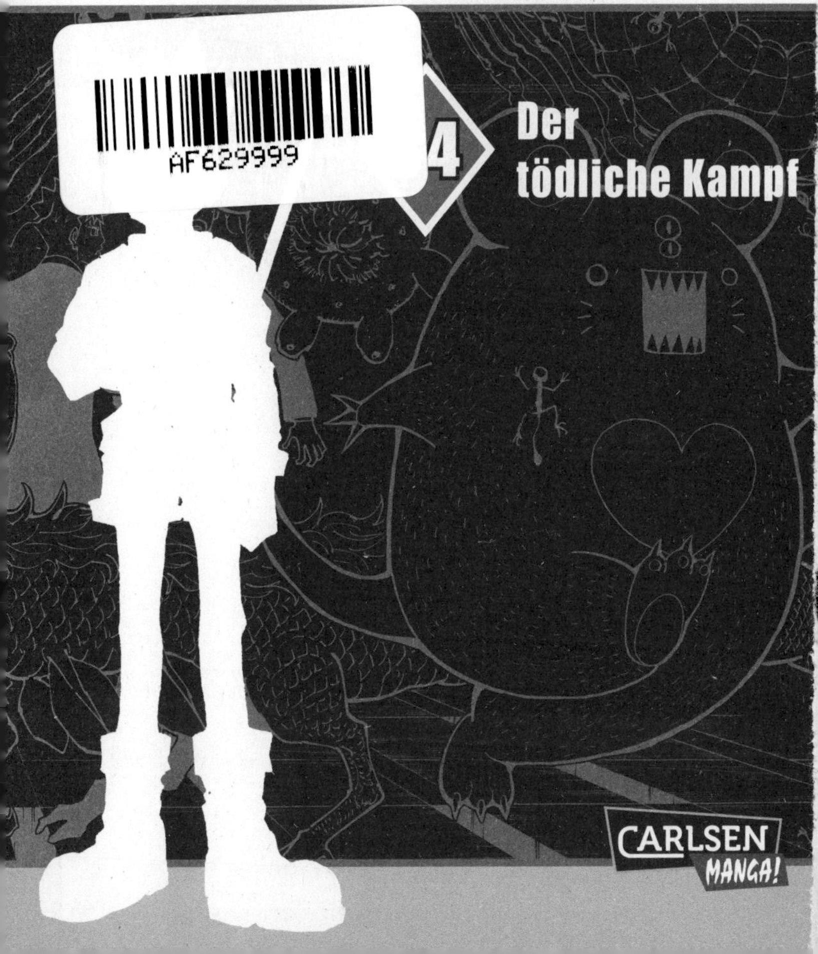

4 Der tödliche Kampf

CARLSEN MANGA!

DIE HAUPTPERSONEN

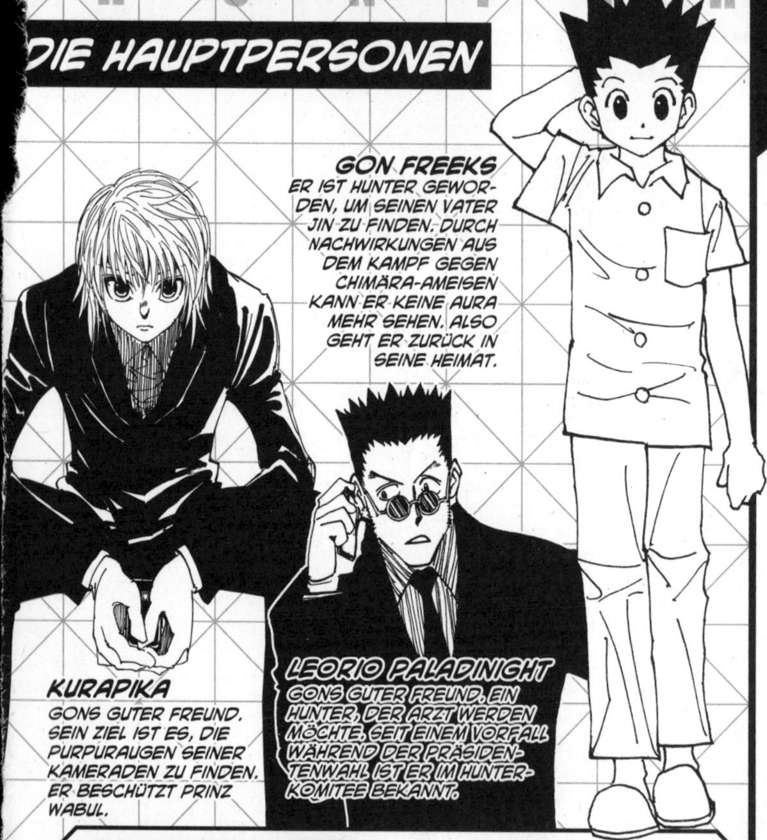

GON FREEKS
ER IST HUNTER GEWORDEN, UM SEINEN VATER JIN ZU FINDEN. DURCH NACHWIRKUNGEN AUS DEM KAMPF GEGEN CHIMÄRA-AMEISEN KANN ER KEINE AURA MEHR SEHEN. ALSO GEHT ER ZURÜCK IN SEINE HEIMAT.

KURAPIKA
GONS GUTER FREUND. SEIN ZIEL IST ES, DIE PURPURAUGEN SEINER KAMERADEN ZU FINDEN. ER BESCHÜTZT PRINZ WABUL.

LEORIO PALADINIGHT
GONS GUTER FREUND. EIN HUNTER, DER ARZT WERDEN MÖCHTE. SEIT EINEM VORFALL WÄHREND DER PRÄSIDENTENWAHL IST ER IM HUNTER-KOMITEE BEKANNT.

WAS BISHER GESCHAH:

DER GROSSE HUNTER JIN FREEKS... GON WURDE HUNTER, UM SEINEN VATER JIN AUSFINDIG ZU MACHEN. ER KONNTE KAITO WIEDERSEHEN, JEDOCH WURDEN SIE VON CHIMÄRA-AMEISEN ATTACKIERT. KAITO NAHM GON IN SCHUTZ UND WURDE GEFANGEN. DANN KAM DER KÖNIG DER CHIMÄRA-AMEISEN ZUR WELT. GON UND DIE AUSERWÄHLTEN HUNTER ZOGEN ZU DEM PALAST IN OST-GORTO, UM DIE CHIMÄRA-AMEISEN ZU BESIEGEN. DIE MENSCHHEIT SIEGTE, DOCH KAM NETERO, DER PRÄSIDENT DES HUNTER-KOMITEES, UMS LEBEN UND GON WURDE ALLEM ANSCHEIN NACH UNHEILBAR VERLETZT. IM ANSCHLUSS MUSSTE EIN NÄCHSTER PRÄSIDENT FÜR DAS HUNTER-KOMITEE GEWÄHLT WERDEN. NACH HARTEN AUSEINANDERSETZUNGEN TRAT CHIDEL, EIN MITGLIED DER JUNI-SHIN, DAS AMT AN. WÄHRENDDESSEN KONNTE SICH GON MITHILFE VON KILLUAHS SCHWESTER ARUKA ERHOLEN.
NETEROS SOHN BEYOND KÜNDIGTE DER WELT SEINE REISE ZUM FINSTEREN KONTINENT AN, WELCHER LANGE ZEIT ALS TABU GALT. WÄHREND DER VORBEREITUNGEN WURDE IM KÖNIGREICH KAKIN ENTSCHIEDEN, DASS DER THRONFOLGEKAMPF AUF DER REISE ZUM FINSTEREN KONTINENT STATTFINDEN SOLL.

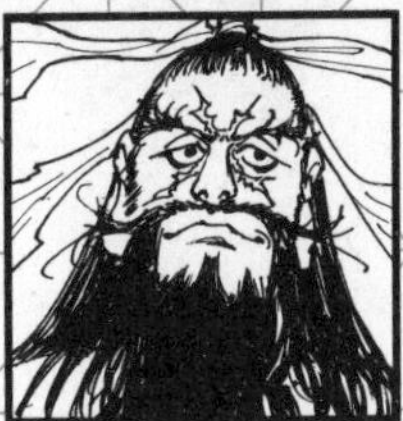

BEYOND NETERO
DER SOHN DES EHEMALIGEN KOMITEE-PRÄSIDENTEN NETERO. ER PLANT EINE REISE ZU DEM VERBOTENEN FINSTEREN KONTINENT.

PARISTON HILL
DER EHEMALIGE VIZEPRÄSIDENT DES HUNTER-KOMITEES UND EIN EHEMALIGES MITGLIED DER JUNI-SHIN. ER HAT ETWAS MIT DER REISE VON BEYOND ZU TUN.

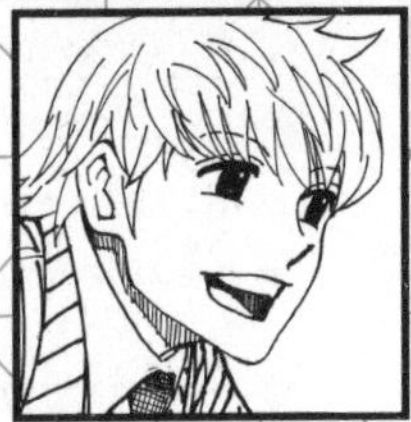

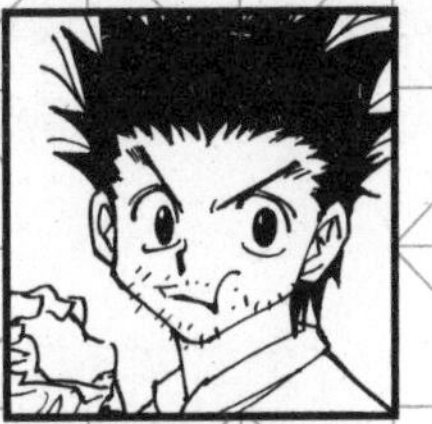

JIN FREEKS
GONS VATER. EINER DER BESTEN NEN-MEISTER DER GANZEN WELT. ZUSAMMEN MIT PARISTON UND DEN ANDEREN FÄHRT ER ZUM FINSTEREN KONTINENT.

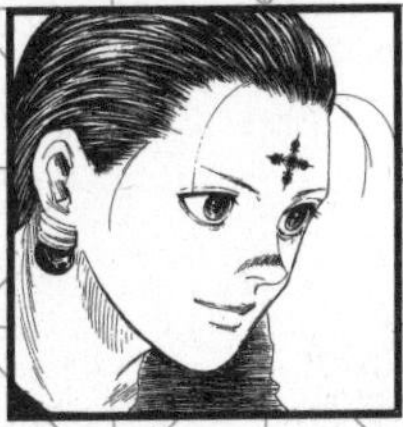

CHROLO
DER ANFÜHRER DER ILLUSIONISTEN. ER BEKAM SEINE VERSIEGELTE NEN-FÄHIGKEIT ZURÜCK UND TRITT NUN GEGEN HISOKA AN.

HISOKA
EIN KAMPF-FANATIKER. ER HAT EINEN EXNENISTEN GEFUNDEN, DAMIT ER GEGEN CHROLO ANTRETEN KANN.

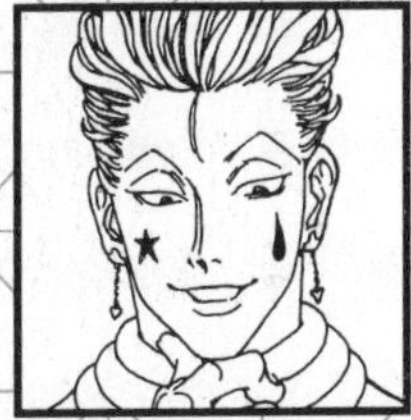

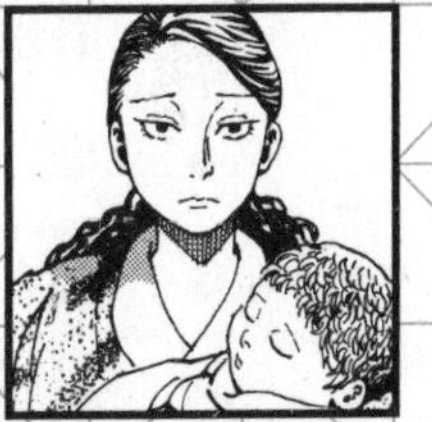

PRINZ WABUL & OITO
KÖNIGREICH KAKINS 14. PRINZ UND SEINE MUTTER. OITO BEAUFTRAGTE KURAPIKA, SIE UND IHR KIND ZU BESCHÜTZEN.

JUNI-SHIN

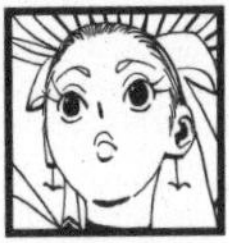

KRUKKU [HAHN]

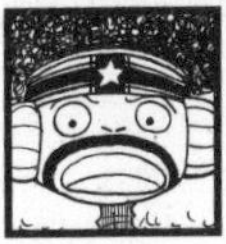

GINTA [SCHAF]

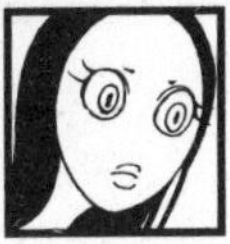

GEL [SCHLANGE]

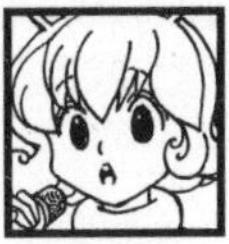

PIYON [HASE]

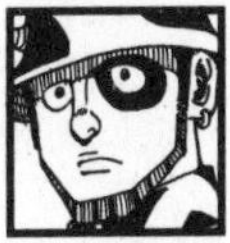

MIZAISTOM [OCHSE]

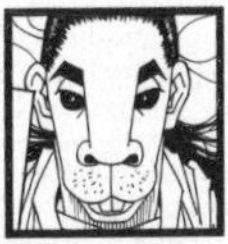

SACCHOU [PFERD]

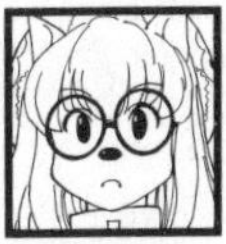

CHIDEL [HUND]

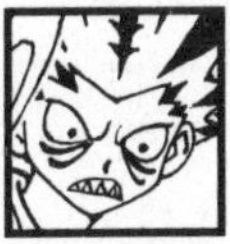

KANZAI [TIGER]

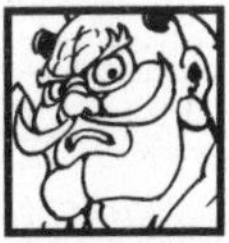

BOTBAI [DRACHE]

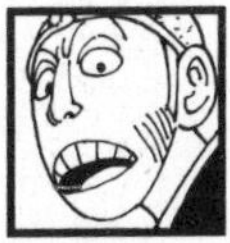

SAIYU [AFFE]

HUNTER × HUNTER

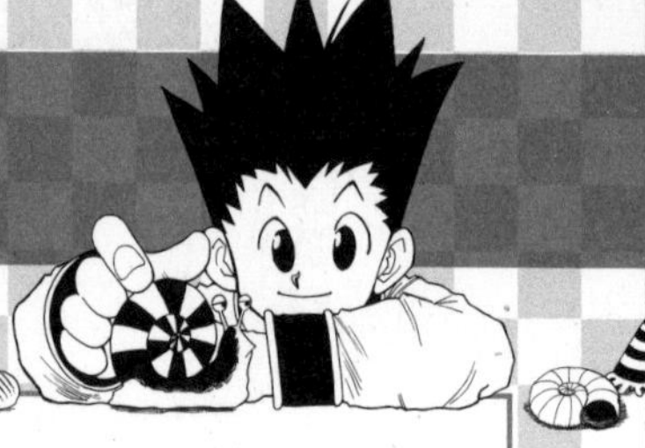

INHALT

CARLSEN MANGA
Deutsche Ausgabe/German Edition

Aus dem Japanischen von Hirofumi Yamada und Eva Hoogh

Redaktion: Philipp Nakata
Textbearbeitung: Ina Schiele
Lettering: Vibrraant
Grafik & Layout:
Sonnenfisch Production, Laura Bartels
Herstellung: Karen Kollmetz
Bei Fragen zum Produkt: carlsen.de/kontakt

ISBN: 978-3-551-76785-1

351. Kapitel: Der tödliche Kampf

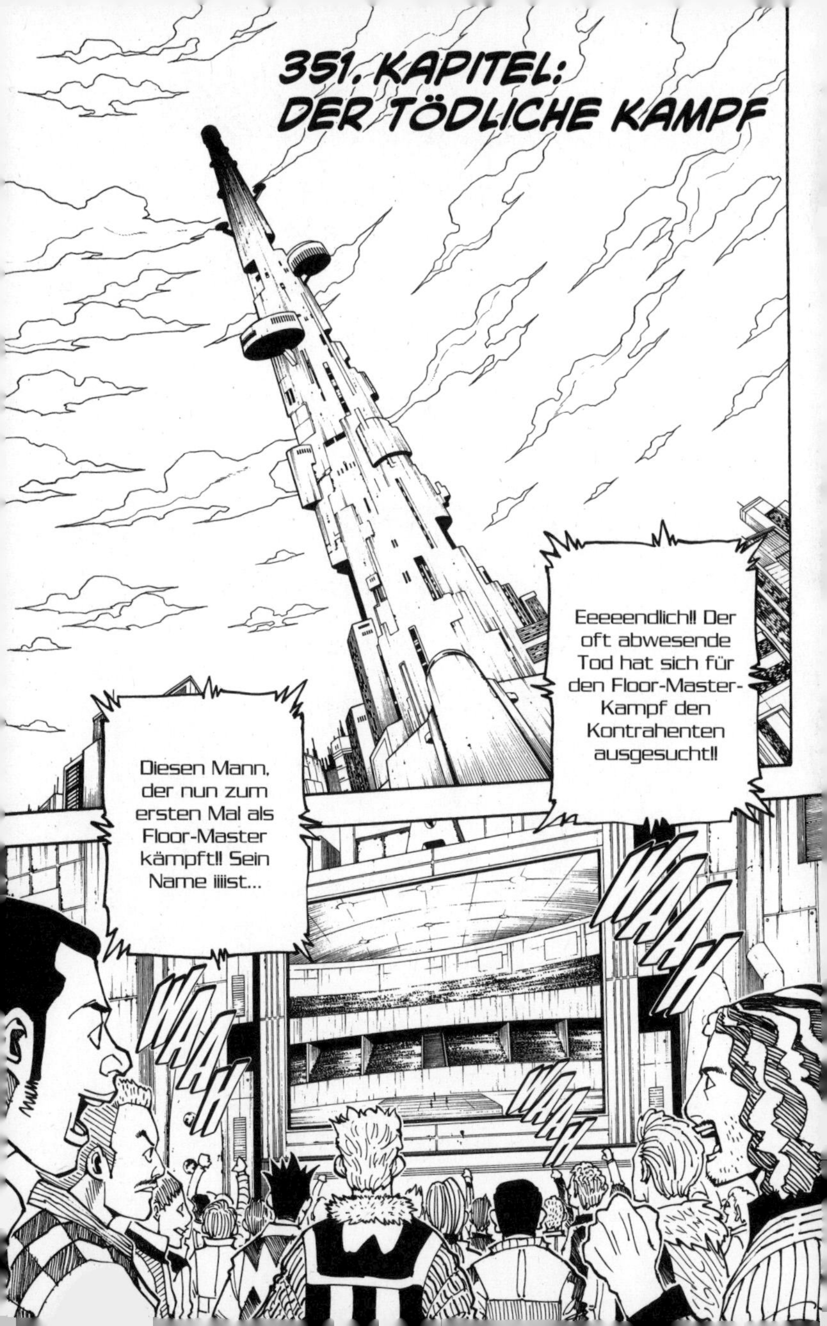

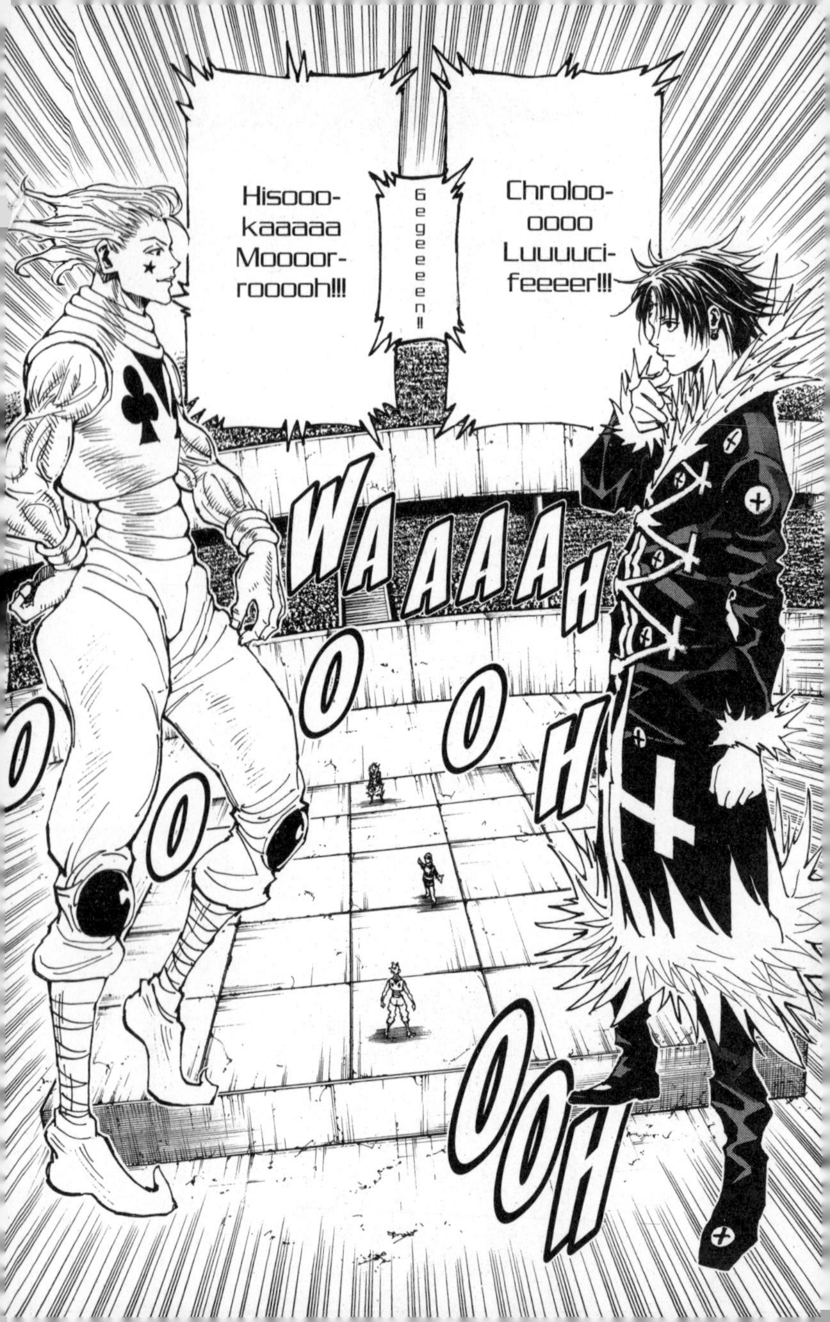
Chroloo-oooo Luuuuci-feeeer!!!
Gegeeeen!!
Hisooo-kaaaaa Mooooor-rooooh!!!
WAAAAH
OOOOOH
OOOH

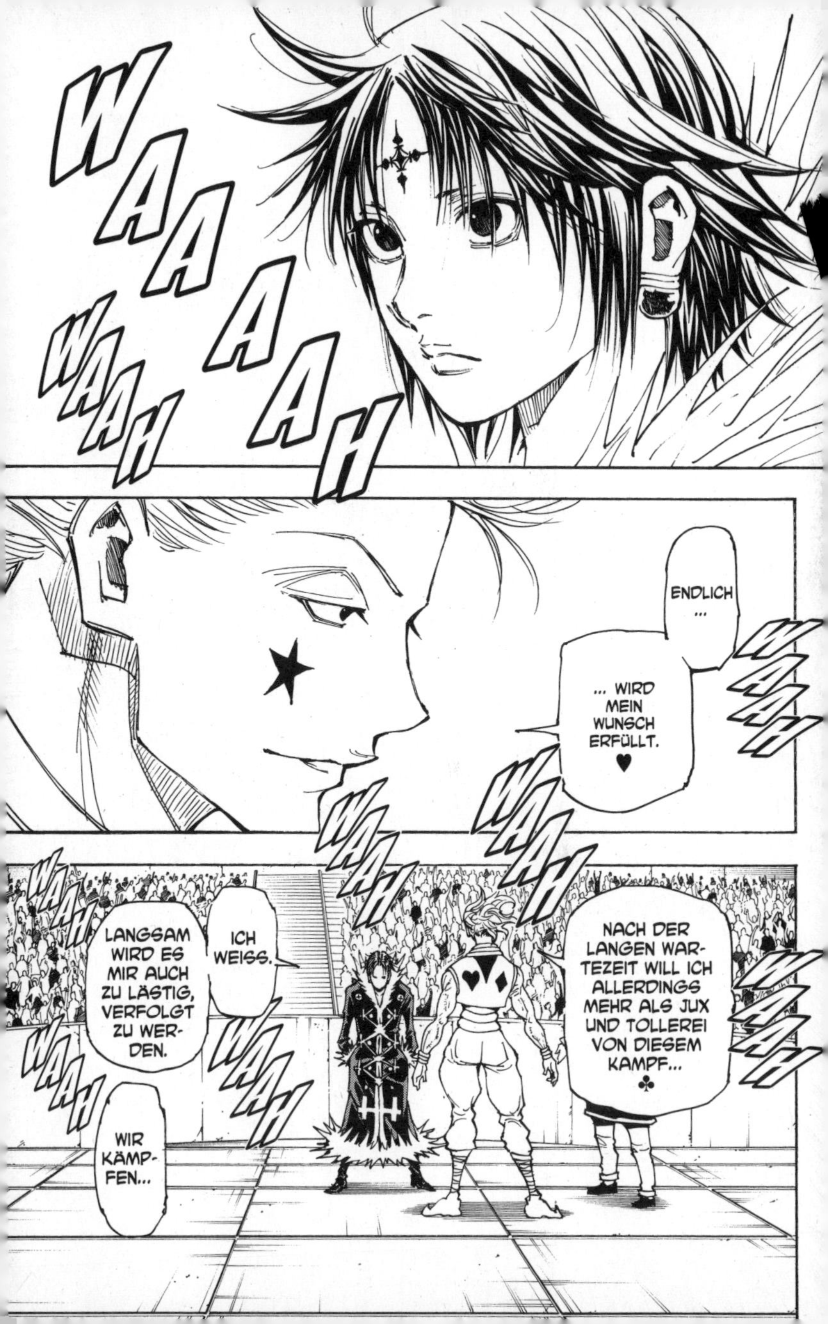
WAAAAH
WAAAH
ENDLICH ...
... WIRD MEIN WUNSCH ERFÜLLT. ♥
WAAAH
WAAAH
NACH DER LANGEN WARTEZEIT WILL ICH ALLERDINGS MEHR ALS JUX UND TOLLEREI VON DIESEM KAMPF... ♣
ICH WEISS.
LANGSAM WIRD ES MIR AUCH ZU LÄSTIG, VERFOLGT ZU WERDEN.
WIR KÄMPFEN...
WAAAH

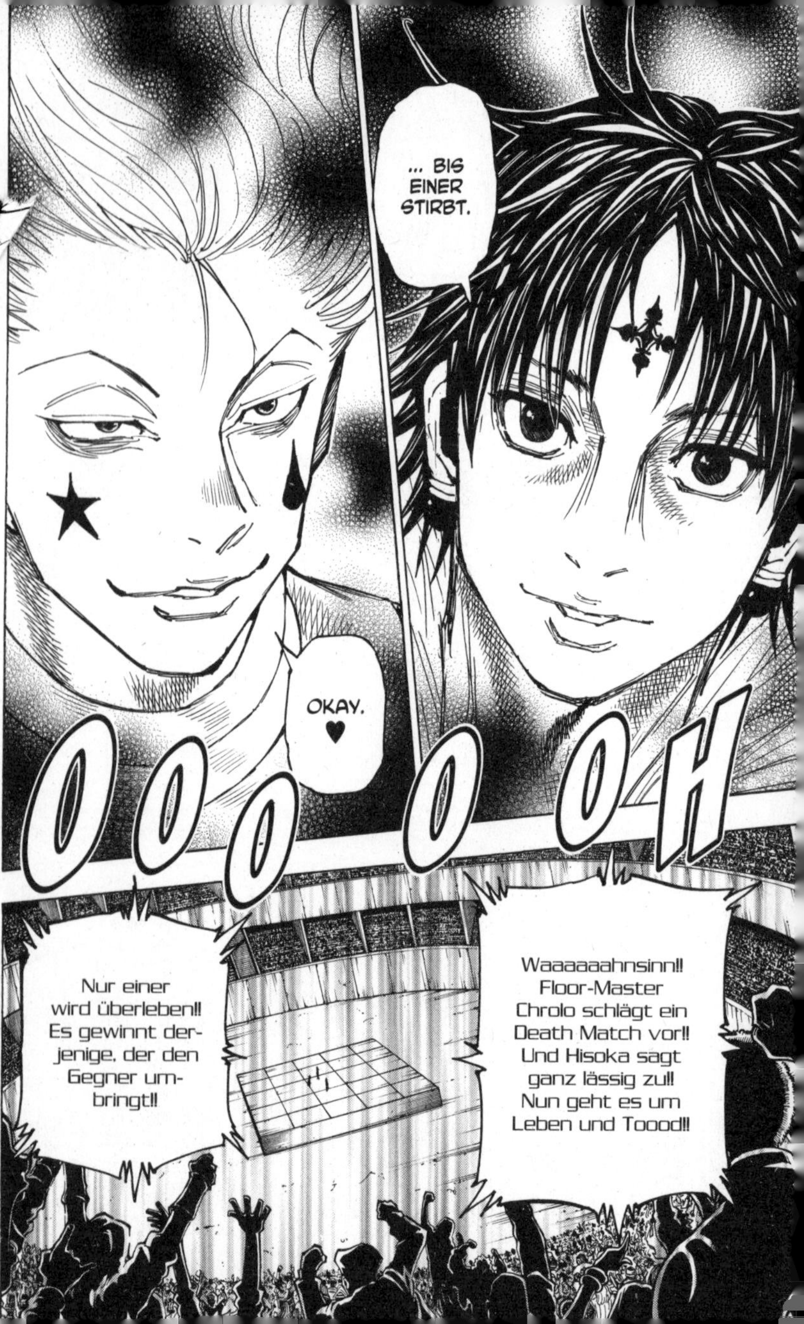

... BIS EINER STIRBT.
OKAY. ♥
OOOOOOH
Waaaaaahnsinn!! Floor-Master Chrolo schlägt ein Death Match vor!! Und Hisoka sagt ganz lässig zu!! Nun geht es um Leben und Toood!!
Nur einer wird überleben!! Es gewinnt derjenige, der den Gegner umbringt!!

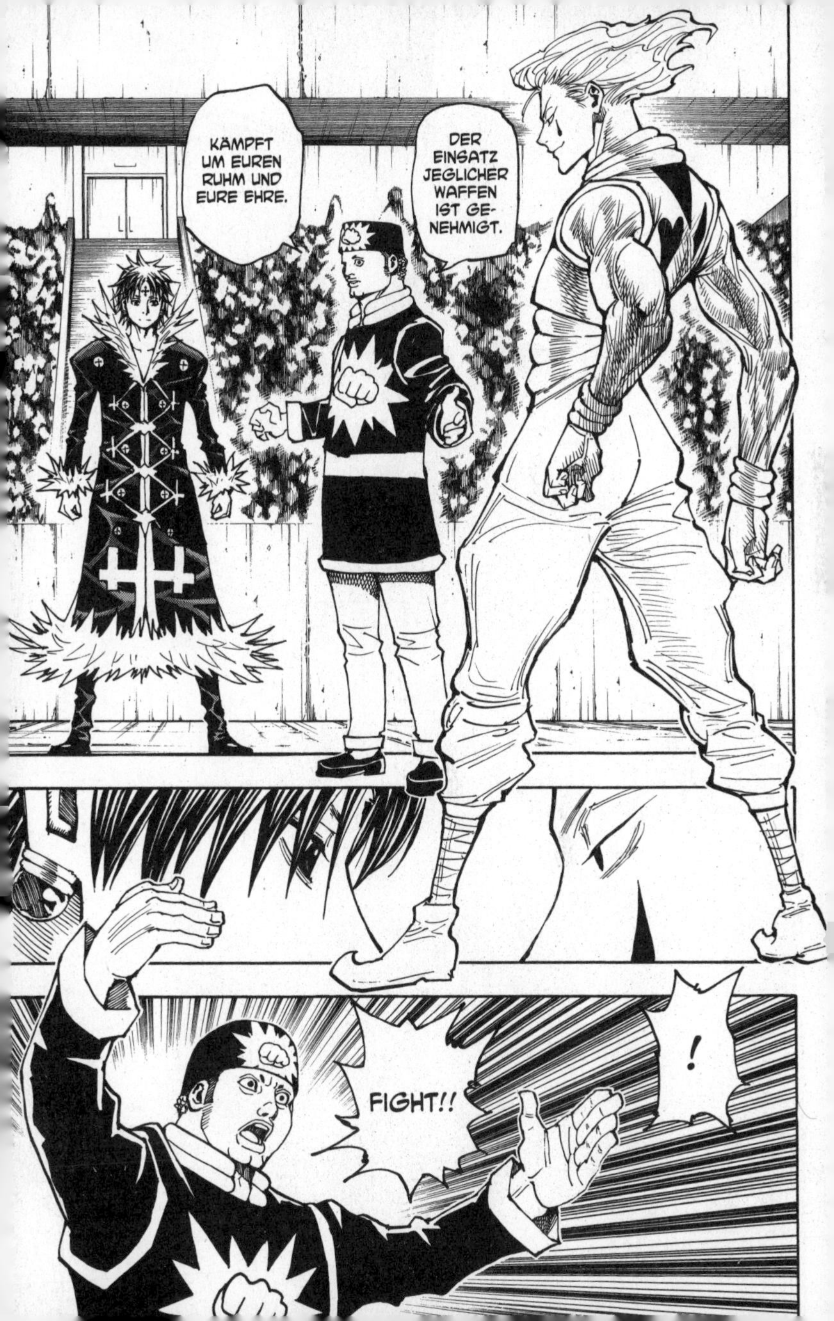
DER EINSATZ JEGLICHER WAFFEN IST GE-NEHMIGT.
KÄMPFT UM EUREN RUHM UND EURE EHRE.
!
FIGHT!!

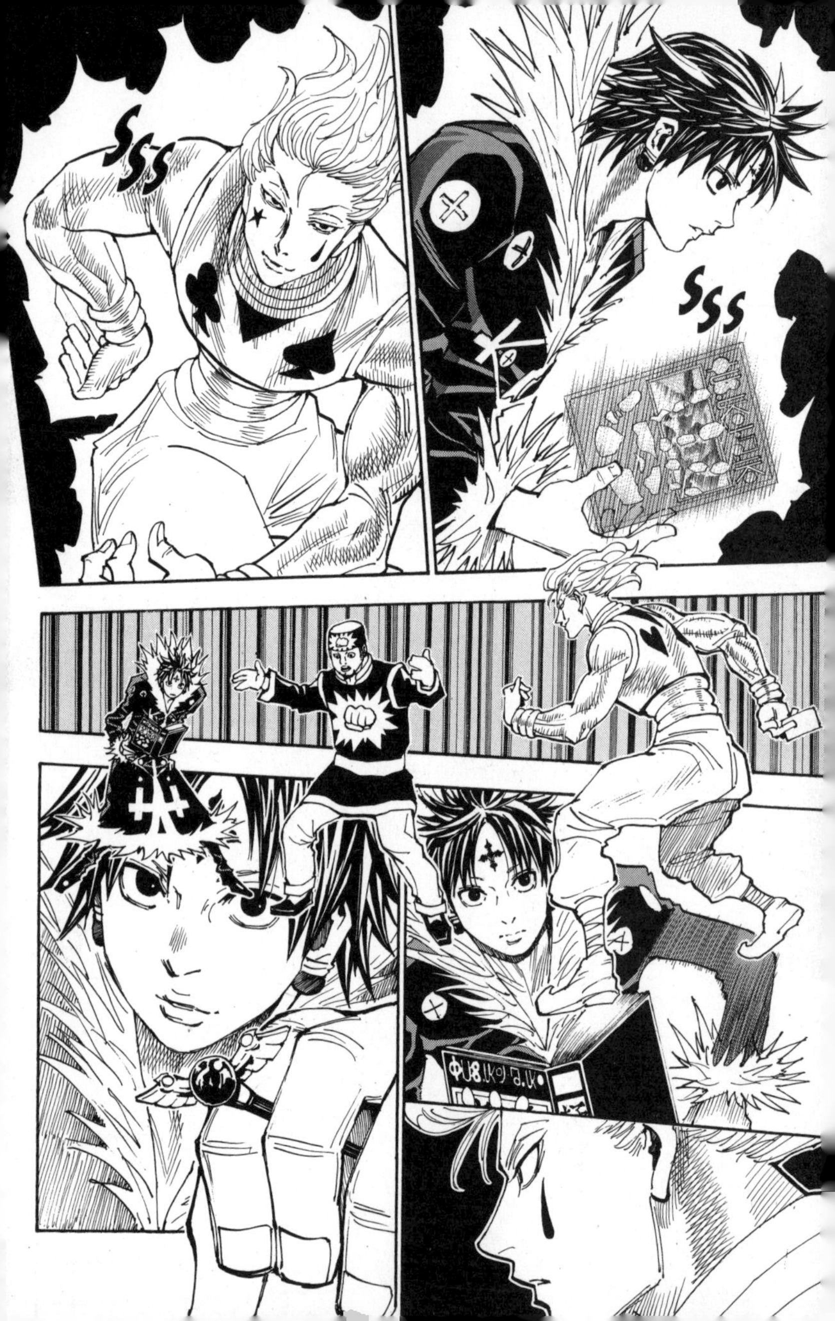
SSS
SSS

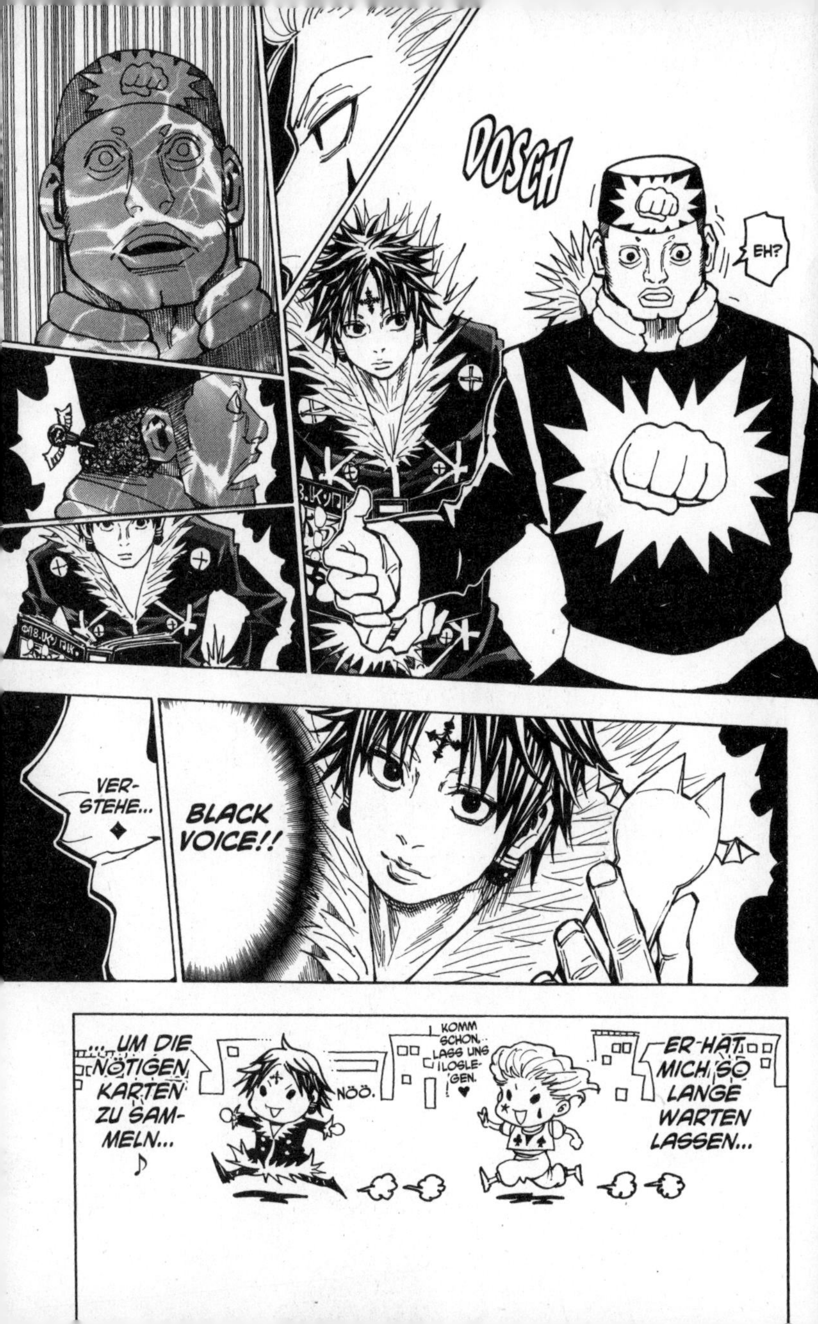
DOSCH
EH?
BLACK VOICE!!
VER-STEHE... ♦
ER HAT MICH SO LANGE WARTEN LASSEN...
KOMM SCHON, LASS UNS LOSLEGEN. ♥
NÖÖ.
...UM DIE NÖTIGEN KARTEN ZU SAMMELN... ♪

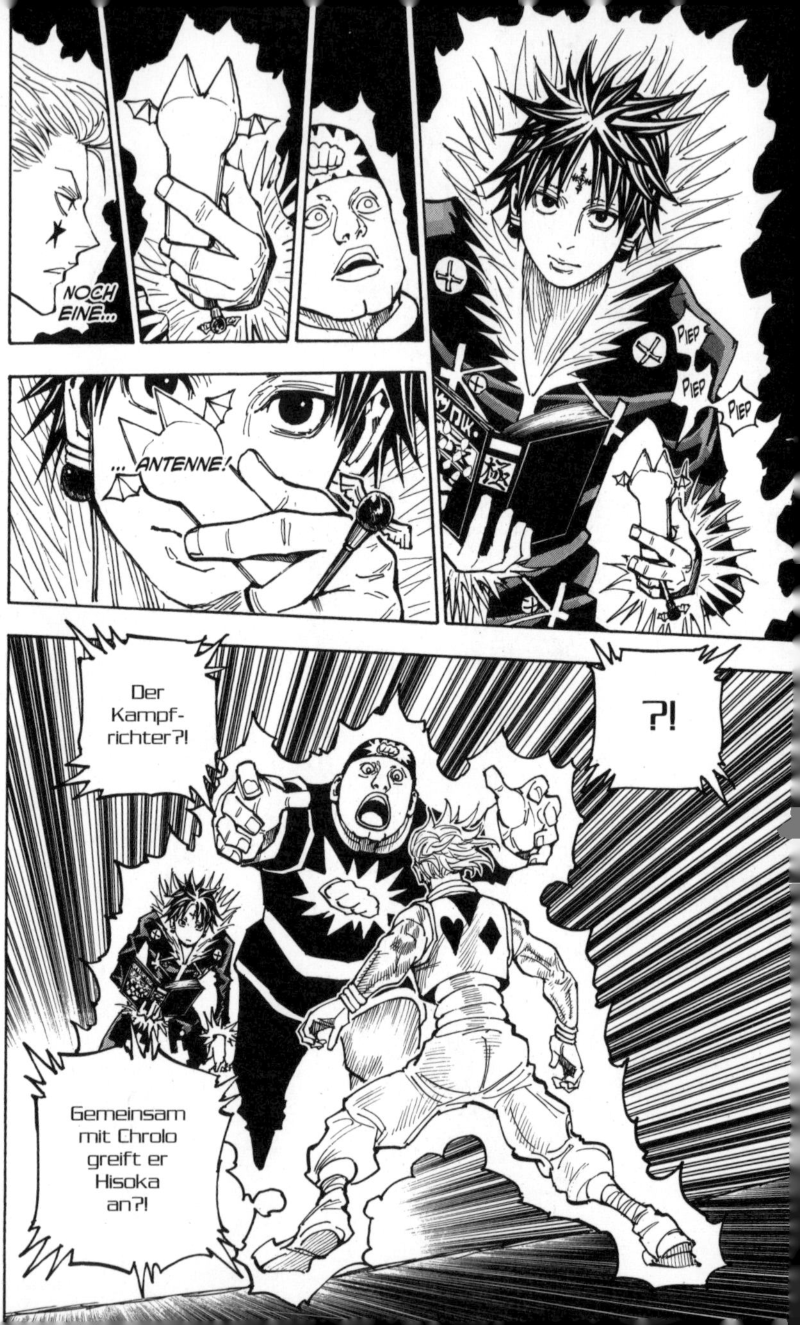
PIEP
PIEP
PIEP
NOCH EINE...
... ANTENNE!
?!
Der Kampf-richter?!
Gemeinsam mit Chrolo greift er Hisoka an?!

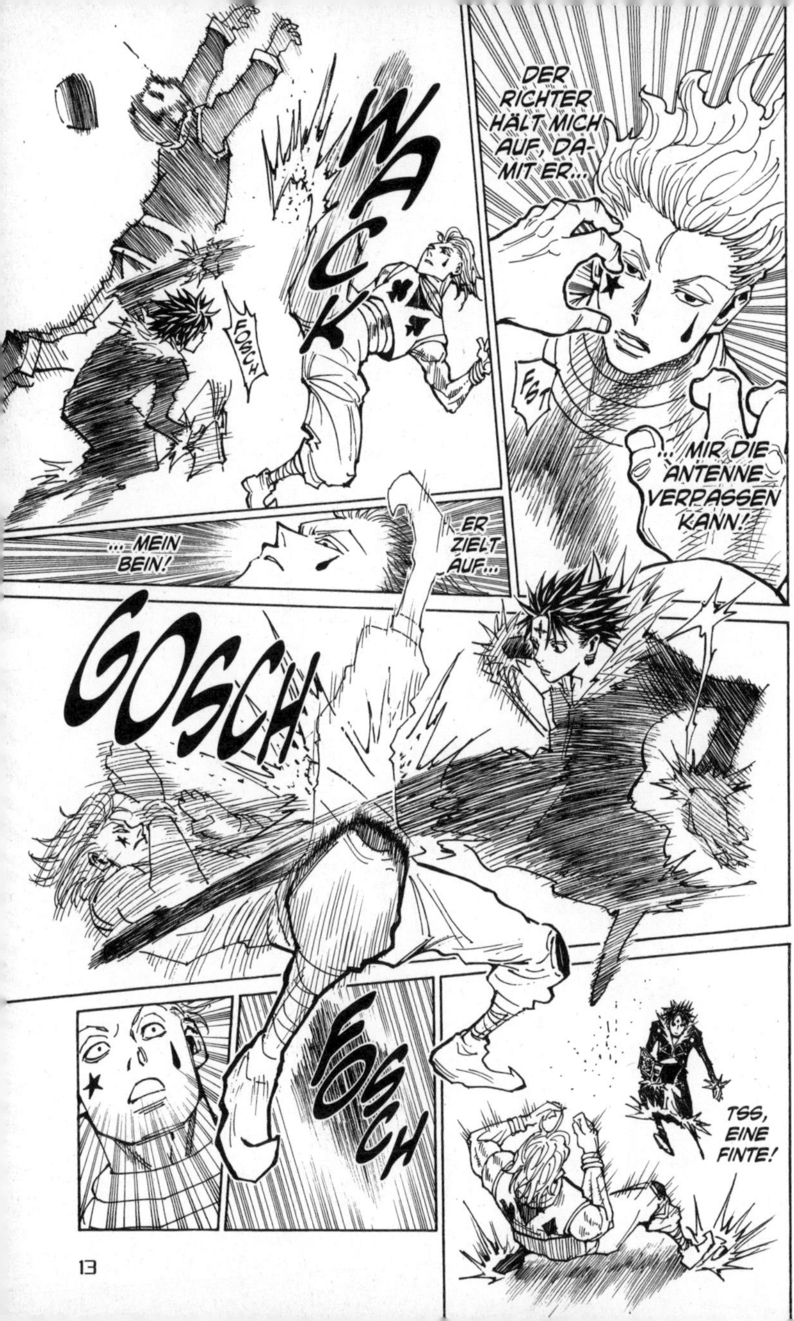
DER RICHTER HÄLT MICH AUF, DA-MIT ER...
FST
... MIR DIE ANTENNE VERPASSEN KANN!
WACK
FOSCH
ER ZIELT AUF...
... MEIN BEIN!
GOSCH
TSS, EINE FINTE!
FOSCH

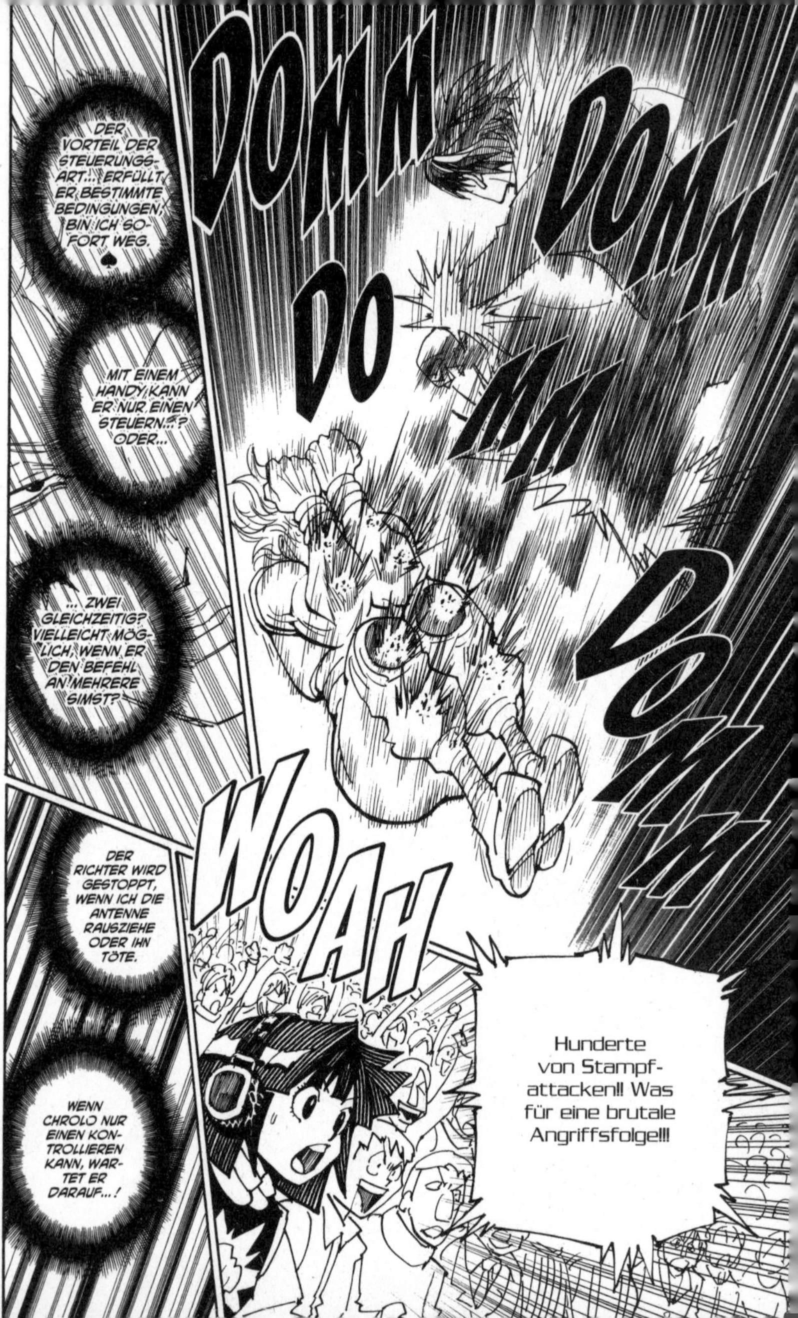

DOMM
DOMM
DO MM
DOMM
DOMM
DER VORTEIL DER STEUERUNGS-ART... ERFÜLLT ER BESTIMMTE BEDINGUNGEN, BIN ICH SO-FORT WEG.
MIT EINEM HANDY KANN ER NUR EINEN STEUERN...? ODER...
... ZWEI GLEICHZEITIG? VIELLEICHT MÖG-LICH, WENN ER DEN BEFEHL AN MEHRERE SIMST?
WOAH
Hunderte von Stampf-attacken!! Was für eine brutale Angriffsfolge!!!
DER RICHTER WIRD GESTOPPT, WENN ICH DIE ANTENNE RAUSZIEHE ODER IHN TÖTE.
WENN CHROLO NUR EINEN KON-TROLLIEREN KANN, WAR-TET ER DARAUF...!

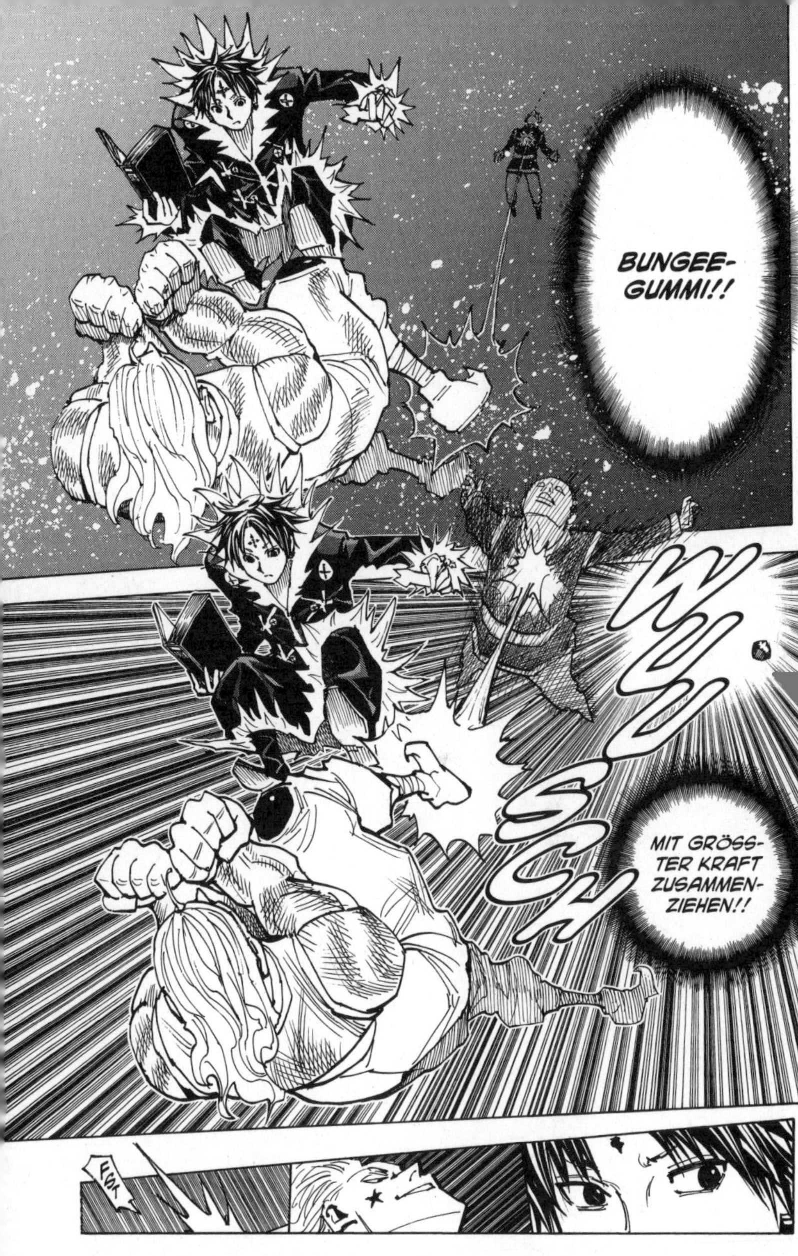
BUNGEE-GUMMI!!
MIT GRÖSSTER KRAFT ZUSAMMENZIEHEN!!
FSK

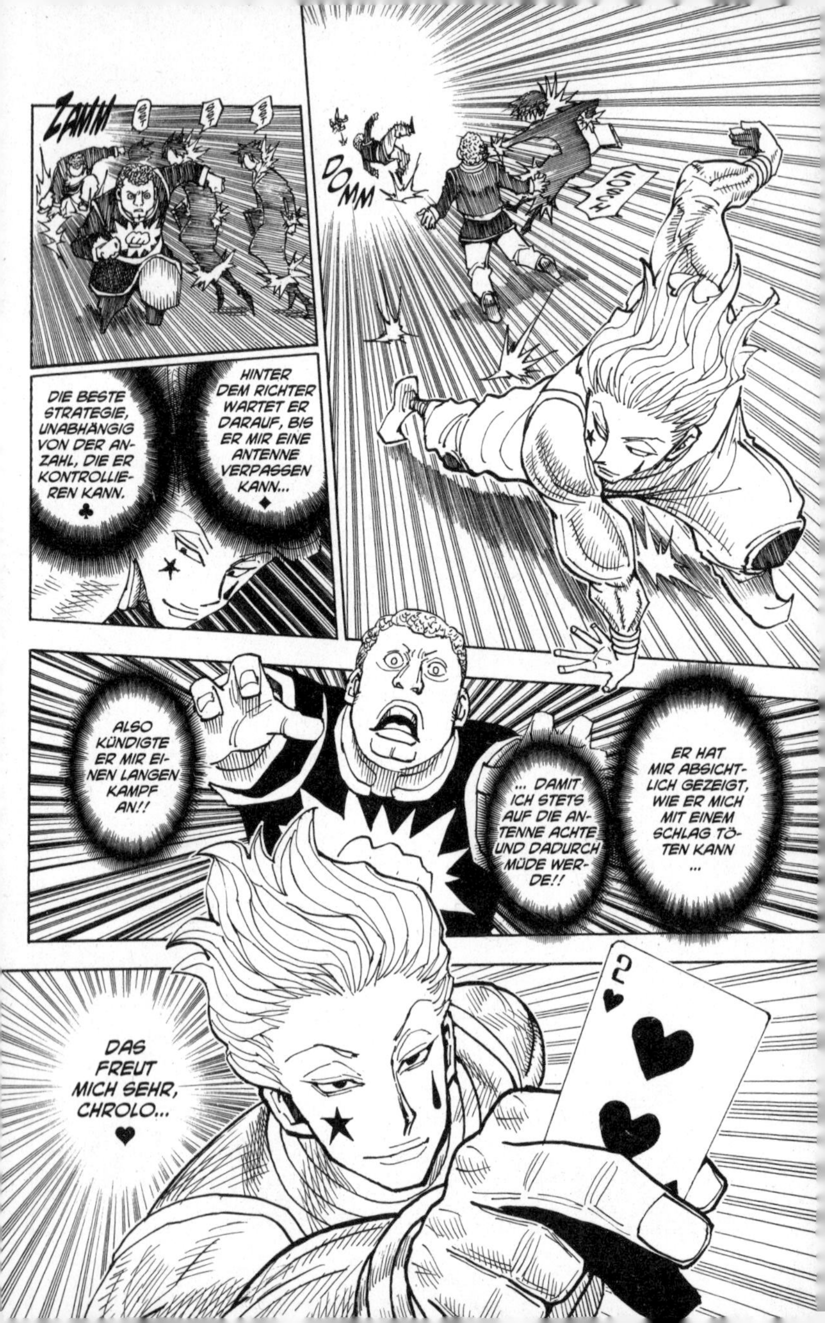
DOMM
ZAMM
HINTER DEM RICHTER WARTET ER DARAUF, BIS ER MIR EINE ANTENNE VERPASSEN KANN... ♦
DIE BESTE STRATEGIE, UNABHÄNGIG VON DER ANZAHL, DIE ER KONTROLLIEREN KANN. ♣
ER HAT MIR ABSICHTLICH GEZEIGT, WIE ER MICH MIT EINEM SCHLAG TÖTEN KANN ...
... DAMIT ICH STETS AUF DIE ANTENNE ACHTE UND DADURCH MÜDE WERDE!!
ALSO KÜNDIGTE ER MIR EINEN LANGEN KAMPF AN!!
DAS FREUT MICH SEHR, CHROLO... ♥

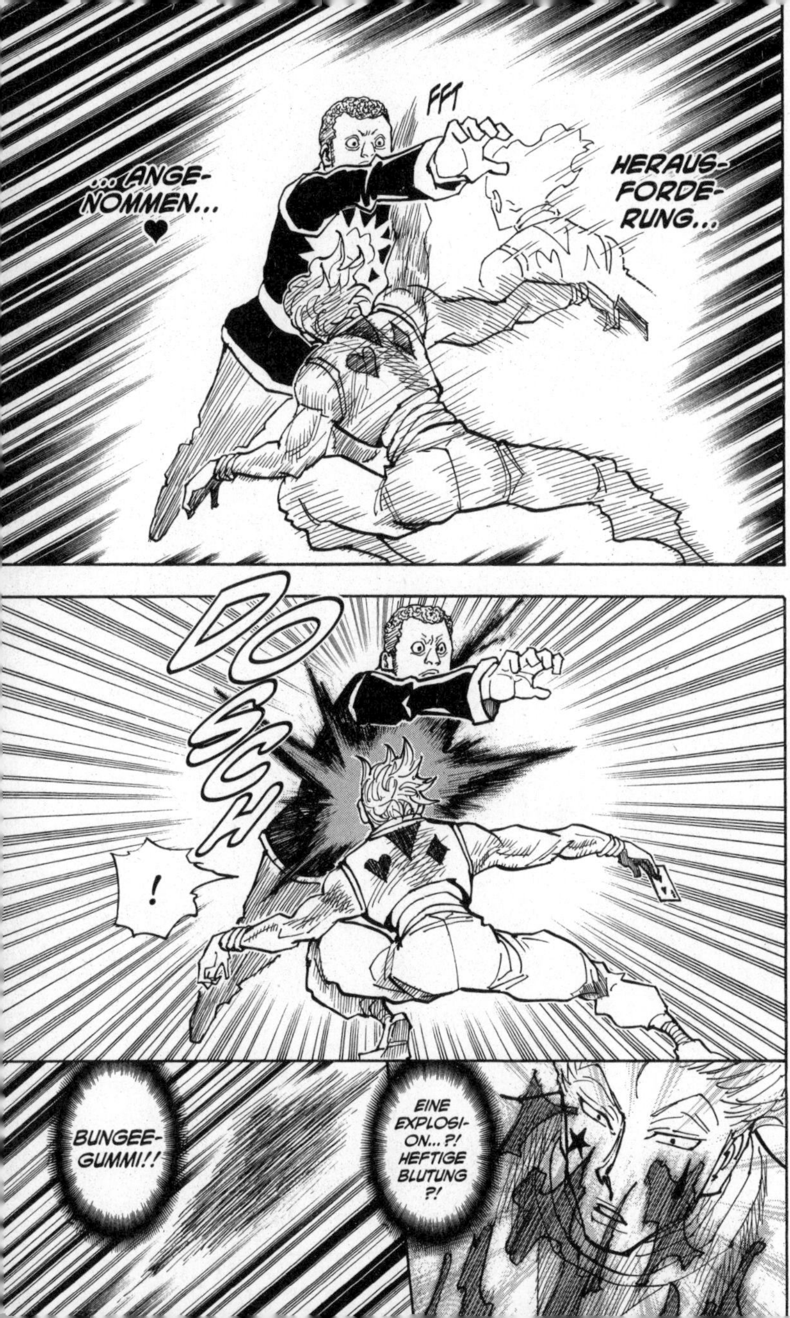
HERAUS-FORDE-RUNG...
FFT
...ANGE-NOMMEN... ♥
DOSCH
!
EINE EXPLOSI-ON...?! HEFTIGE BLUTUNG ?!
BUNGEE-GUMMI!!

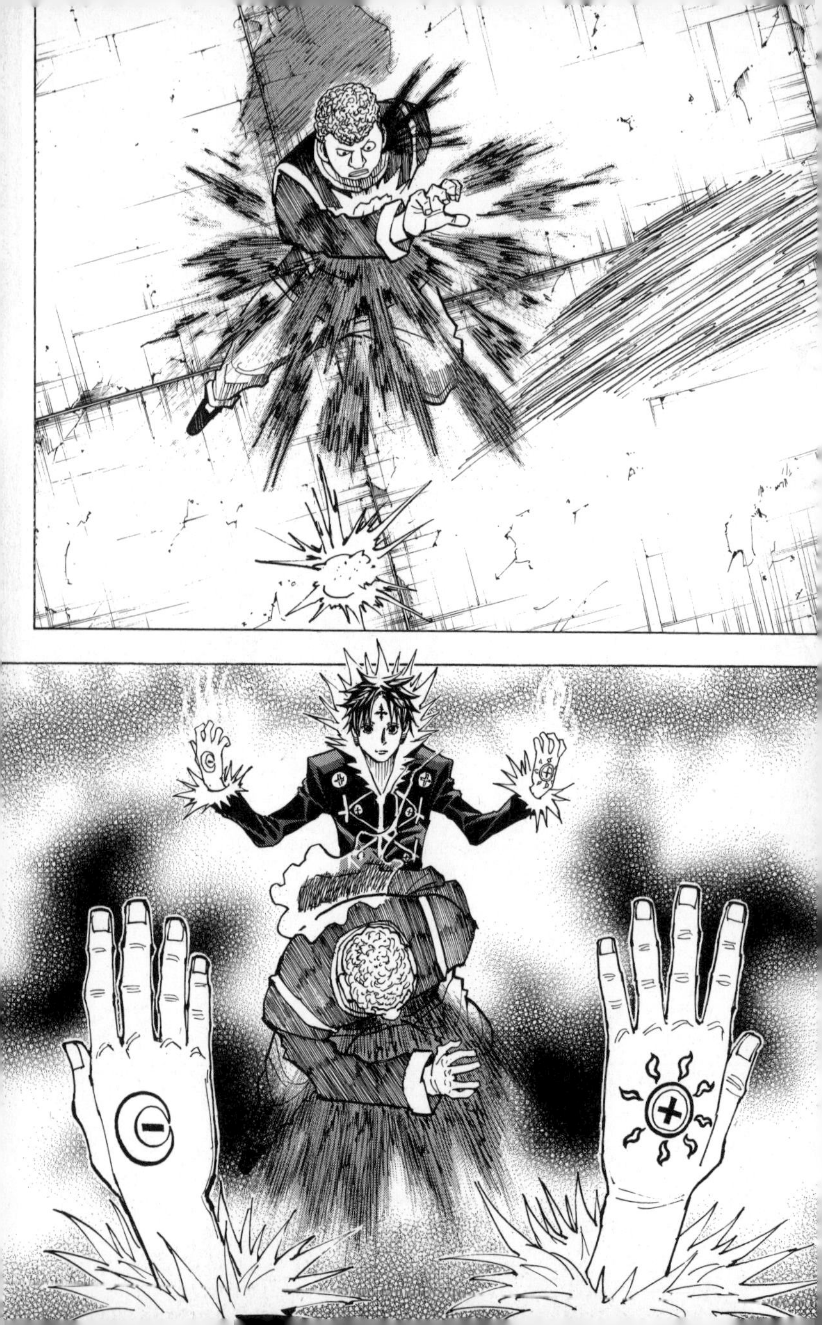

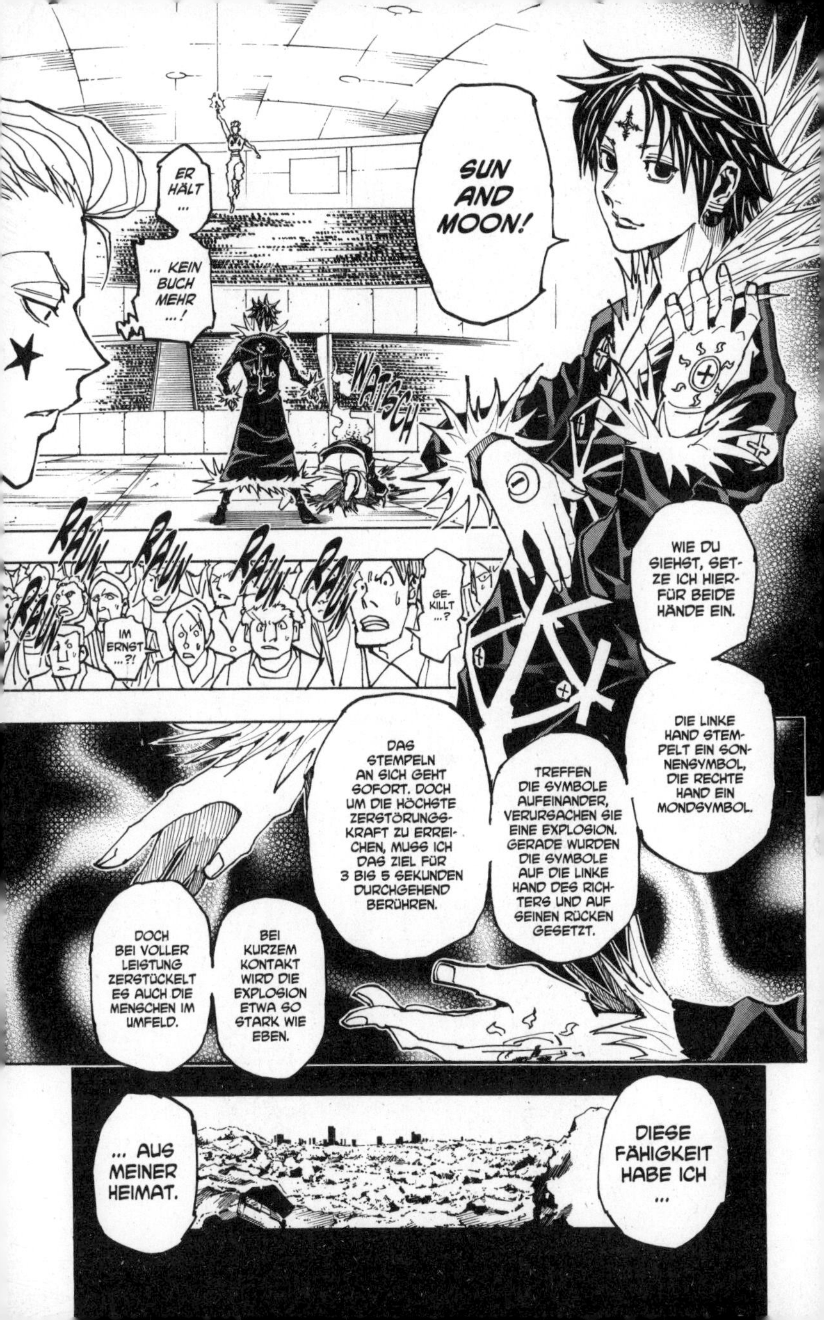

SUN AND MOON!
ER HÄLT ...
... KEIN BUCH MEHR ...!
WATSCH
GEKILLT ...?
RAUN RAUN RAUN RAUN RAUN
IM ERNST ...?!
WIE DU SIEHST, SETZE ICH HIERFÜR BEIDE HÄNDE EIN.
DIE LINKE HAND STEMPELT EIN SONNENSYMBOL, DIE RECHTE HAND EIN MONDSYMBOL.
TREFFEN DIE SYMBOLE AUFEINANDER, VERURSACHEN SIE EINE EXPLOSION. GERADE WURDEN DIE SYMBOLE AUF DIE LINKE HAND DES RICHTERS UND AUF SEINEN RÜCKEN GESETZT.
DAS STEMPELN AN SICH GEHT SOFORT. DOCH UM DIE HÖCHSTE ZERSTÖRUNGSKRAFT ZU ERREICHEN, MUSS ICH DAS ZIEL FÜR 3 BIS 5 SEKUNDEN DURCHGEHEND BERÜHREN.
BEI KURZEM KONTAKT WIRD DIE EXPLOSION ETWA SO STARK WIE EBEN.
DOCH BEI VOLLER LEISTUNG ZERSTÜCKELT ES AUCH DIE MENSCHEN IM UMFELD.
DIESE FÄHIGKEIT HABE ICH ...
... AUS MEINER HEIMAT.

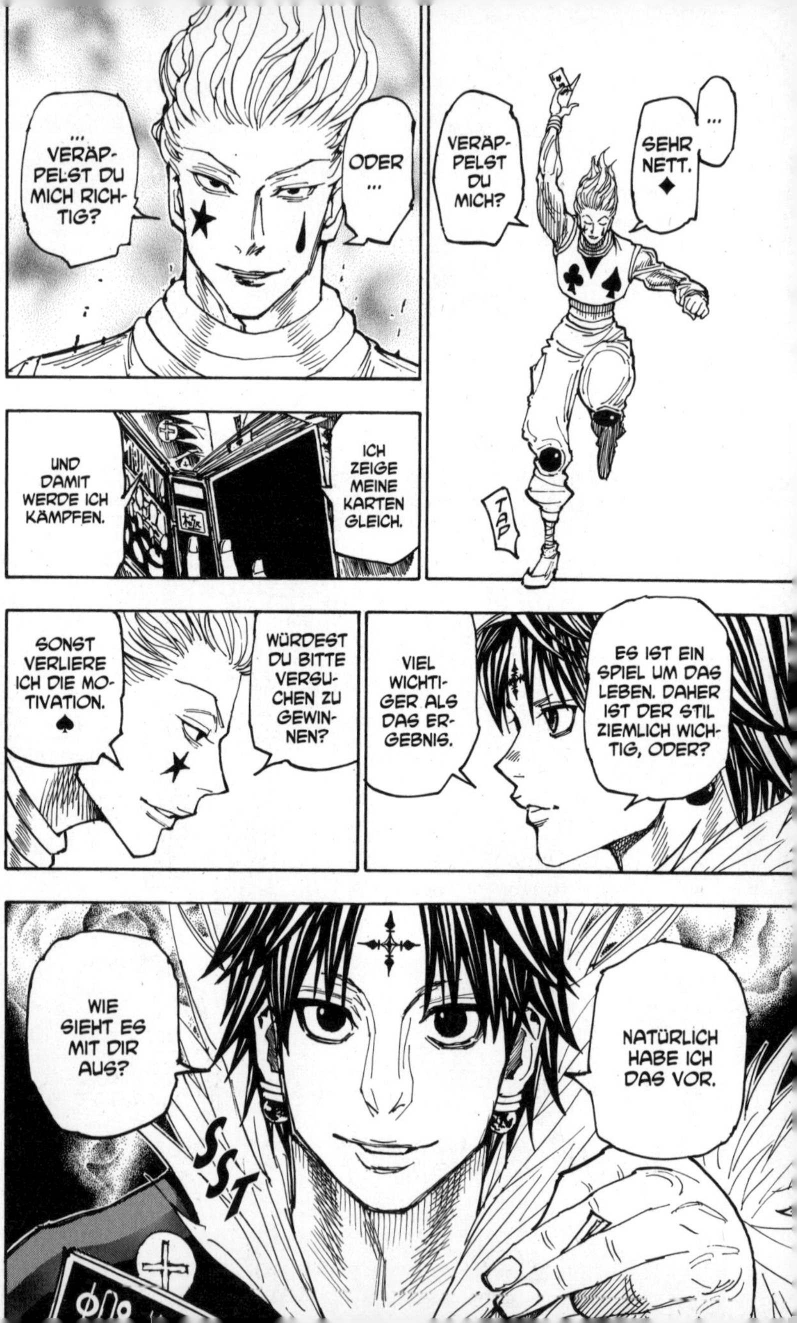
...
SEHR NETT. ♦
VERÄPPELST DU MICH?
TAP
ODER ...
... VERÄPPELST DU MICH RICHTIG?
ICH ZEIGE MEINE KARTEN GLEICH.
UND DAMIT WERDE ICH KÄMPFEN.
ES IST EIN SPIEL UM DAS LEBEN. DAHER IST DER STIL ZIEMLICH WICHTIG, ODER?
VIEL WICHTIGER ALS DAS ERGEBNIS.
WÜRDEST DU BITTE VERSUCHEN ZU GEWINNEN?
SONST VERLIERE ICH DIE MOTIVATION. ♠
NATÜRLICH HABE ICH DAS VOR.
WIE SIEHT ES MIT DIR AUS?
SST

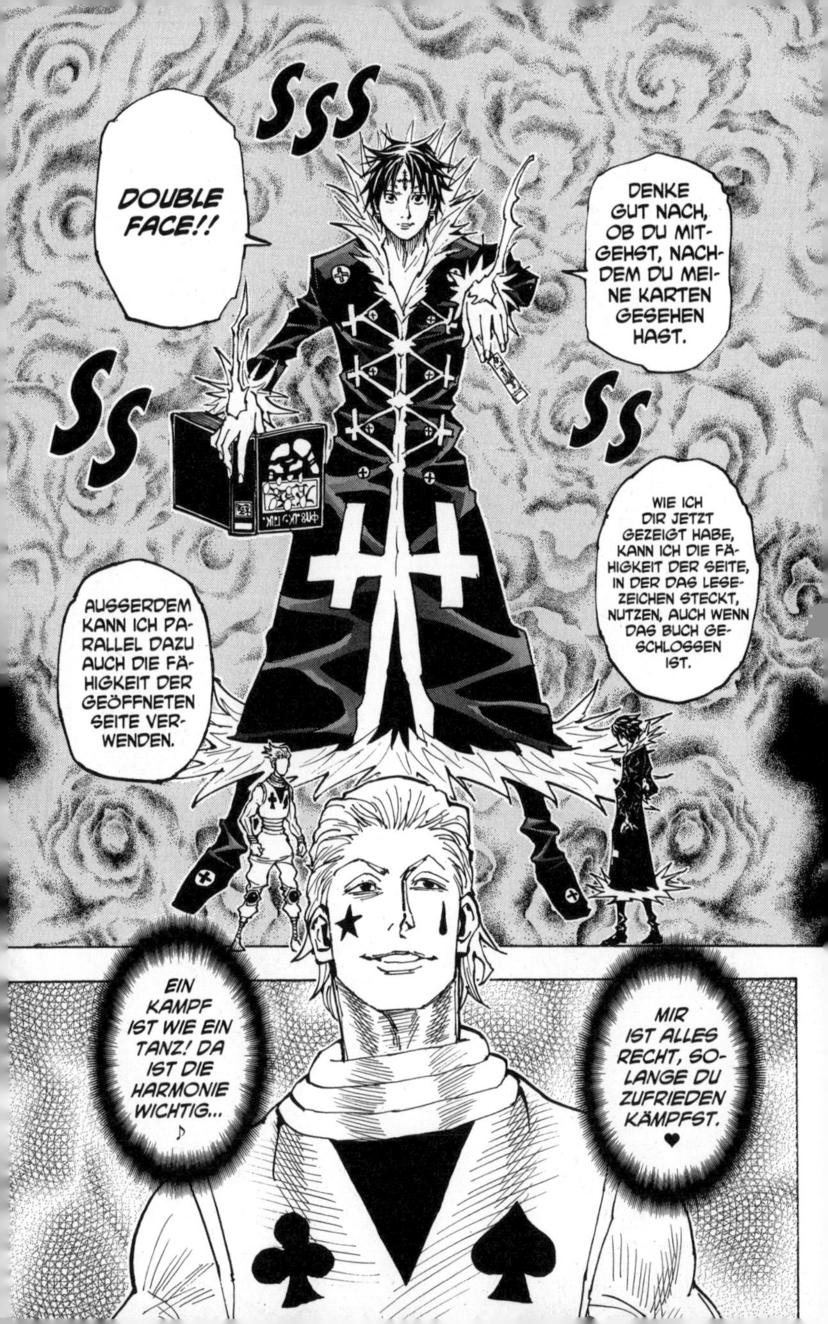
SSS
DENKE GUT NACH, OB DU MITGEHST, NACHDEM DU MEINE KARTEN GESEHEN HAST.
DOUBLE FACE!!
SS
SS
WIE ICH DIR JETZT GEZEIGT HABE, KANN ICH DIE FÄHIGKEIT DER SEITE, IN DER DAS LESEZEICHEN STECKT, NUTZEN, AUCH WENN DAS BUCH GESCHLOSSEN IST.
AUSSERDEM KANN ICH PARALLEL DAZU AUCH DIE FÄHIGKEIT DER GEÖFFNETEN SEITE VERWENDEN.
MIR IST ALLES RECHT, SOLANGE DU ZUFRIEDEN KÄMPFST. ♥
EIN KAMPF IST WIE EIN TANZ! DA IST DIE HARMONIE WICHTIG... ♪

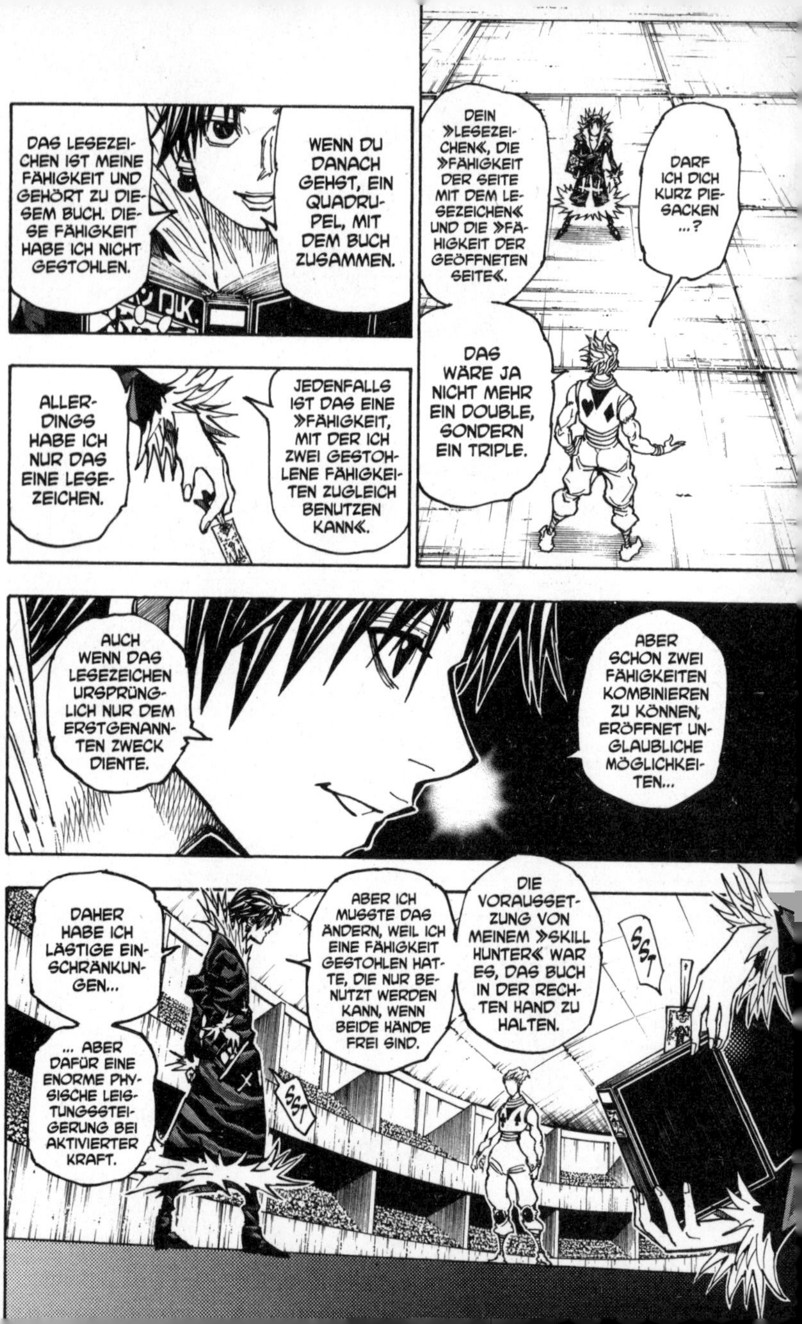

DARF ICH DICH KURZ PIESACKEN ...?
DEIN »LESEZEICHEN«, DIE »FÄHIGKEIT DER SEITE MIT DEM LESEZEICHEN« UND DIE »FÄHIGKEIT DER GEÖFFNETEN SEITE«.
DAS WÄRE JA NICHT MEHR EIN DOUBLE, SONDERN EIN TRIPLE.
WENN DU DANACH GEHST, EIN QUADRUPEL, MIT DEM BUCH ZUSAMMEN.
DAS LESEZEICHEN IST MEINE FÄHIGKEIT UND GEHÖRT ZU DIESEM BUCH. DIESE FÄHIGKEIT HABE ICH NICHT GESTOHLEN.
JEDENFALLS IST DAS EINE »FÄHIGKEIT, MIT DER ICH ZWEI GESTOHLENE FÄHIGKEITEN ZUGLEICH BENUTZEN KANN«.
ALLERDINGS HABE ICH NUR DAS EINE LESEZEICHEN.
ABER SCHON ZWEI FÄHIGKEITEN KOMBINIEREN ZU KÖNNEN, ERÖFFNET UNGLAUBLICHE MÖGLICHKEITEN...
AUCH WENN DAS LESEZEICHEN URSPRÜNGLICH NUR DEM ERSTGENANNTEN ZWECK DIENTE.
DIE VORAUSSETZUNG VON MEINEM »SKILL HUNTER« WAR ES, DAS BUCH IN DER RECHTEN HAND ZU HALTEN.
SST
ABER ICH MUSSTE DAS ÄNDERN, WEIL ICH EINE FÄHIGKEIT GESTOHLEN HATTE, DIE NUR BENUTZT WERDEN KANN, WENN BEIDE HÄNDE FREI SIND.
DAHER HABE ICH LÄSTIGE EINSCHRÄNKUNGEN...
... ABER DAFÜR EINE ENORME PHYSISCHE LEISTUNGSSTEIGERUNG BEI AKTIVIERTER KRAFT.
SST

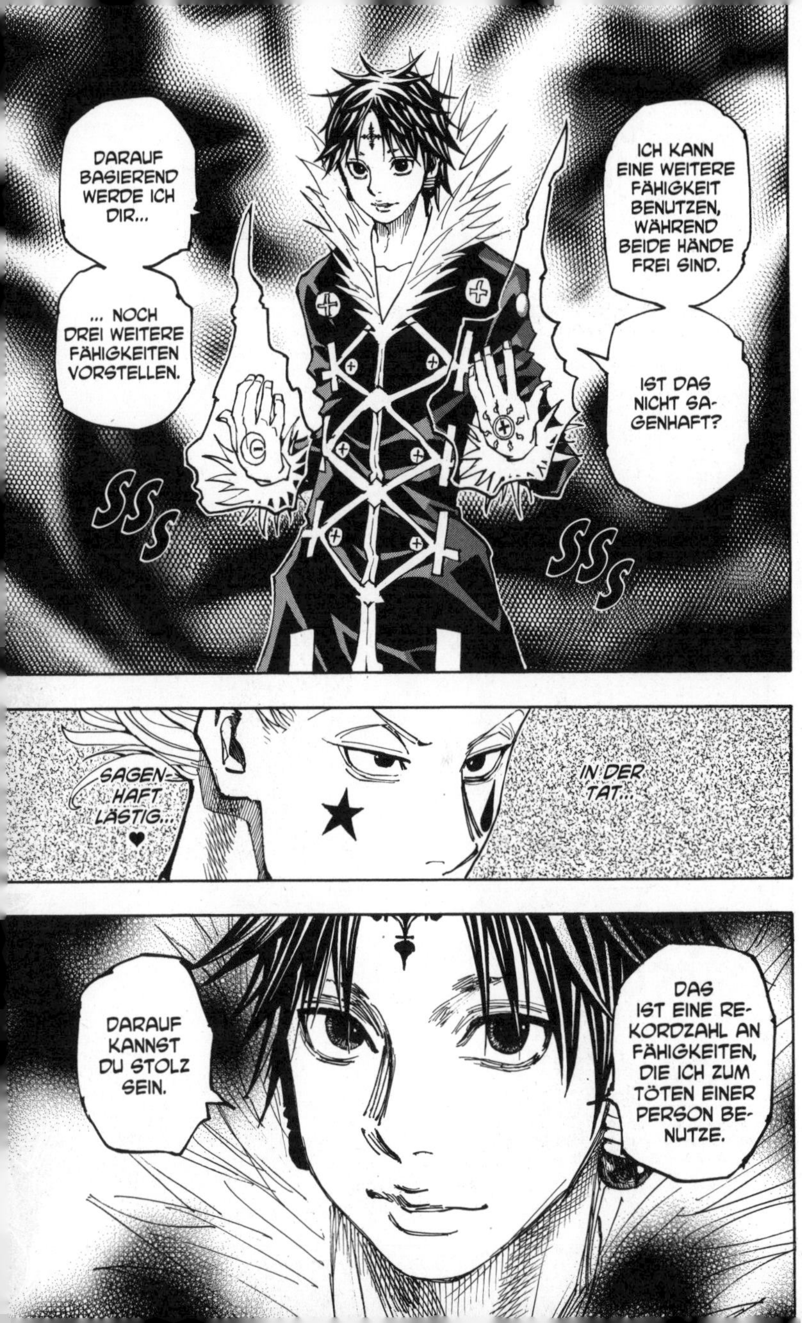
ICH KANN EINE WEITERE FÄHIGKEIT BENUTZEN, WÄHREND BEIDE HÄNDE FREI SIND.
IST DAS NICHT SAGENHAFT?
DARAUF BASIEREND WERDE ICH DIR...
... NOCH DREI WEITERE FÄHIGKEITEN VORSTELLEN.
SSS
SSS
IN DER TAT...
SAGENHAFT LÄSTIG... ♥
DAS IST EINE REKORDZAHL AN FÄHIGKEITEN, DIE ICH ZUM TÖTEN EINER PERSON BENUTZE.
DARAUF KANNST DU STOLZ SEIN.

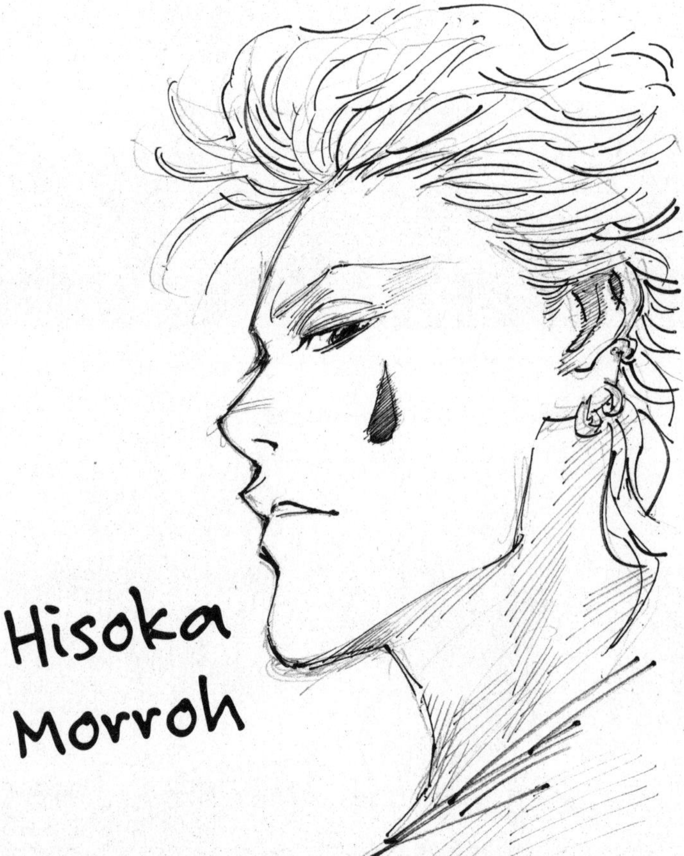
Hisoka
Morroh

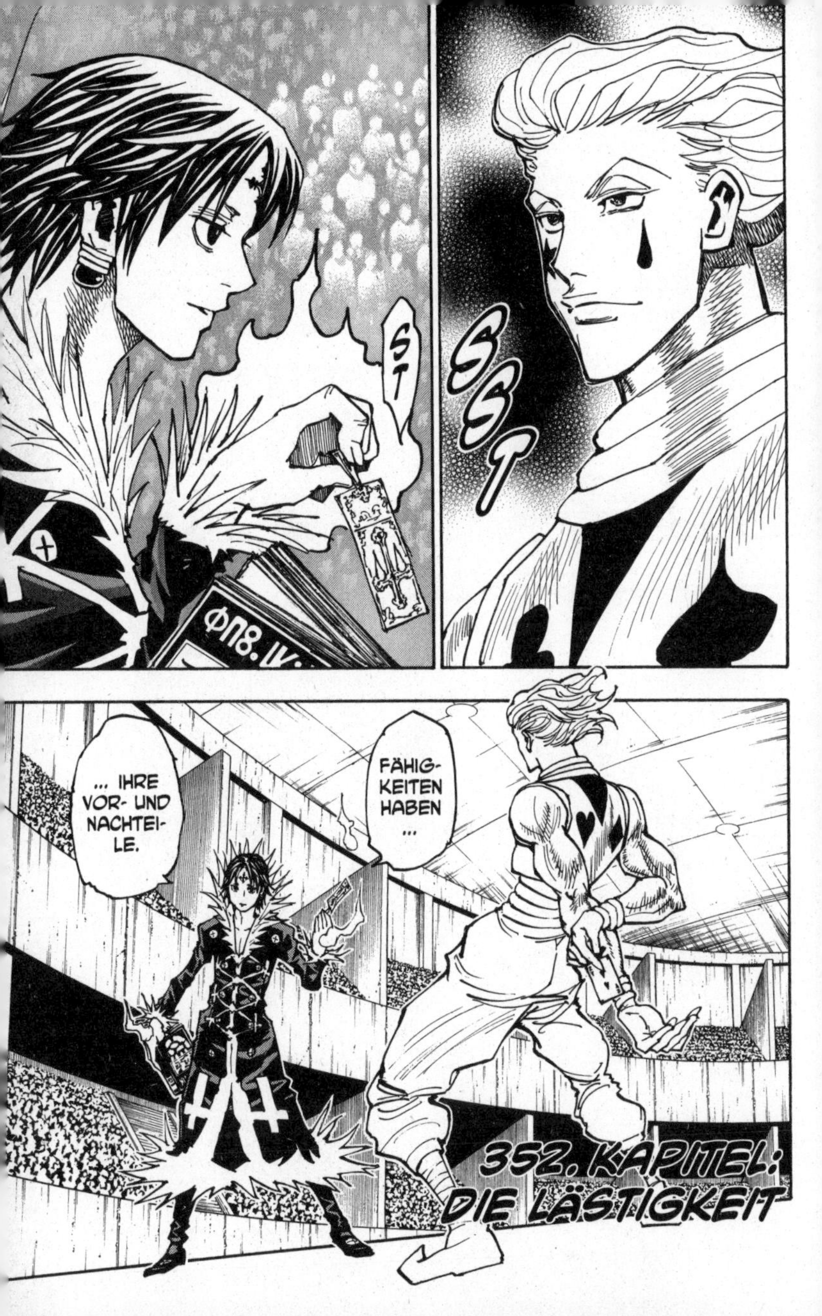
SST
ST
FÄHIGKEITEN HABEN ...
... IHRE VOR- UND NACHTEILE.
352. KAPITEL: DIE LÄSTIGKEIT

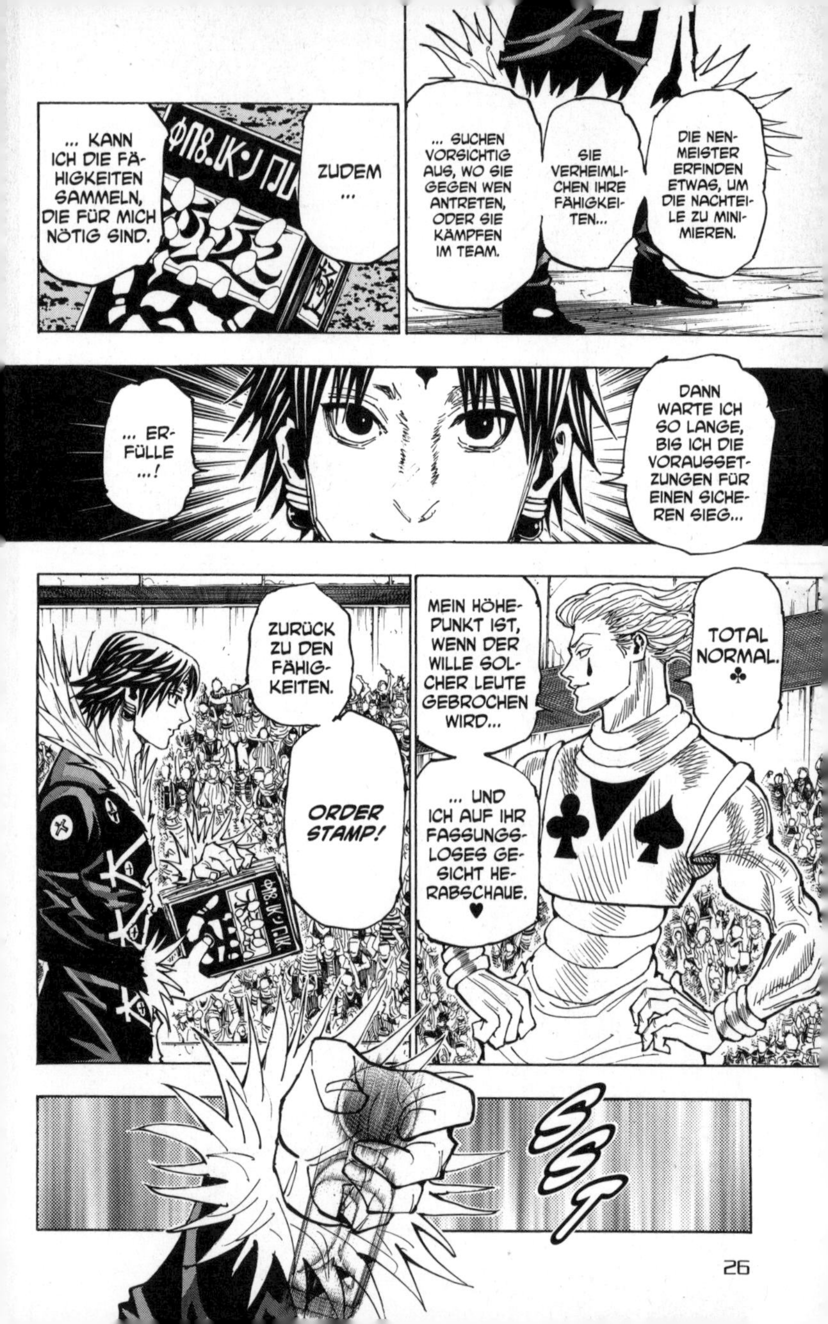
DIE NENMEISTER ERFINDEN ETWAS, UM DIE NACHTEILE ZU MINIMIEREN.
SIE VERHEIMLICHEN IHRE FÄHIGKEITEN...
... SUCHEN VORSICHTIG AUS, WO SIE GEGEN WEN ANTRETEN, ODER SIE KÄMPFEN IM TEAM.
ZUDEM ...
... KANN ICH DIE FÄHIGKEITEN SAMMELN, DIE FÜR MICH NÖTIG SIND.
DANN WARTE ICH SO LANGE, BIS ICH DIE VORAUSSETZUNGEN FÜR EINEN SICHEREN SIEG...
... ERFÜLLE ...!
TOTAL NORMAL. ♣
MEIN HÖHEPUNKT IST, WENN DER WILLE SOLCHER LEUTE GEBROCHEN WIRD...
... UND ICH AUF IHR FASSUNGSLOSES GESICHT HERABSCHAUE. ♥
ZURÜCK ZU DEN FÄHIGKEITEN.
ORDER STAMP!

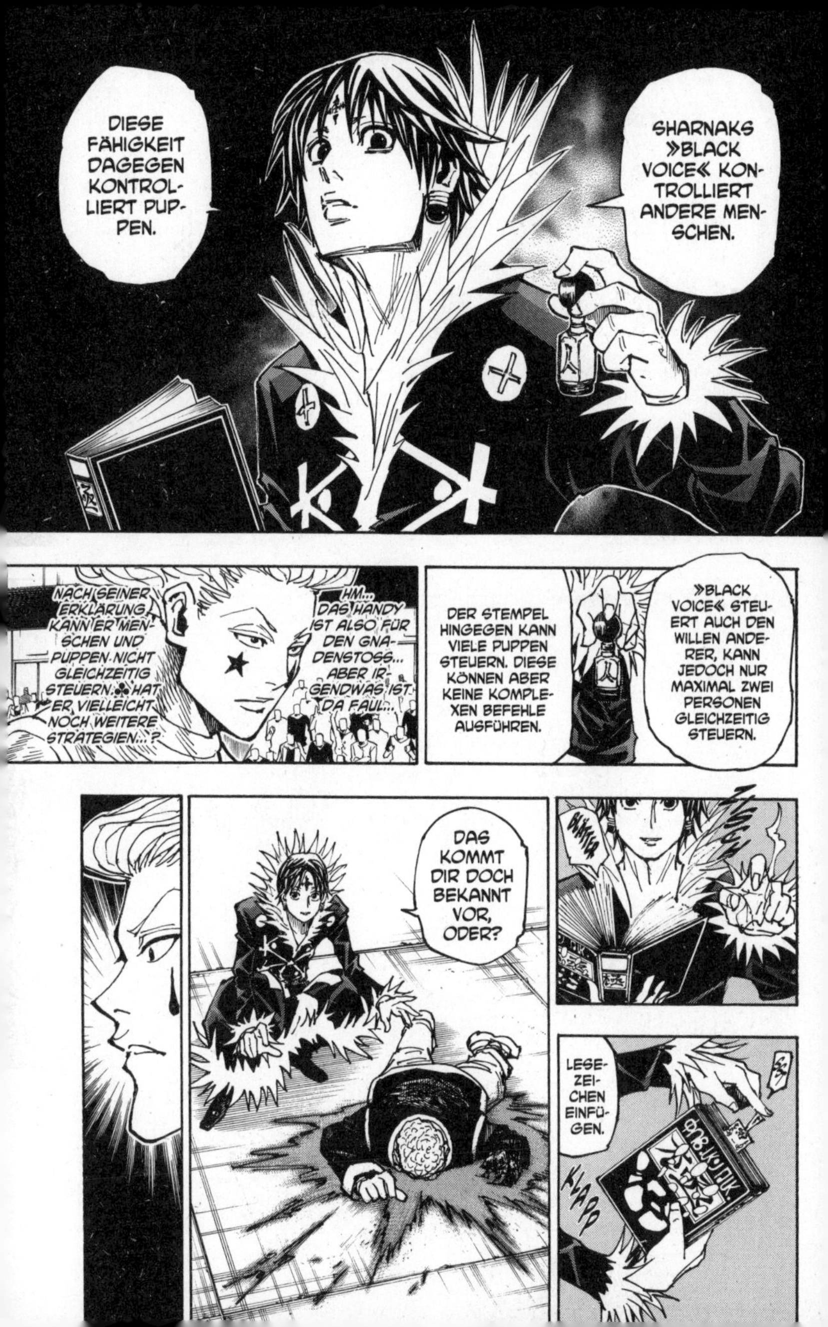

SHARNAKS »BLACK VOICE« KONTROLLIERT ANDERE MENSCHEN.
DIESE FÄHIGKEIT DAGEGEN KONTROLLIERT PUPPEN.
»BLACK VOICE« STEUERT AUCH DEN WILLEN ANDERER, KANN JEDOCH NUR MAXIMAL ZWEI PERSONEN GLEICHZEITIG STEUERN.
DER STEMPEL HINGEGEN KANN VIELE PUPPEN STEUERN. DIESE KÖNNEN ABER KEINE KOMPLEXEN BEFEHLE AUSFÜHREN.
HM... DAS HANDY IST ALSO FÜR DEN GNADENSTOSS... ABER IRGENDWAS IST DA FAUL...
NACH SEINER ERKLÄRUNG KANN ER MENSCHEN UND PUPPEN NICHT GLEICHZEITIG STEUERN. ♣ HAT ER VIELLEICHT NOCH WEITERE STRATEGIEN...?
LESEZEICHEN EINFÜGEN.
KLAPP
DAS KOMMT DIR DOCH BEKANNT VOR, ODER?

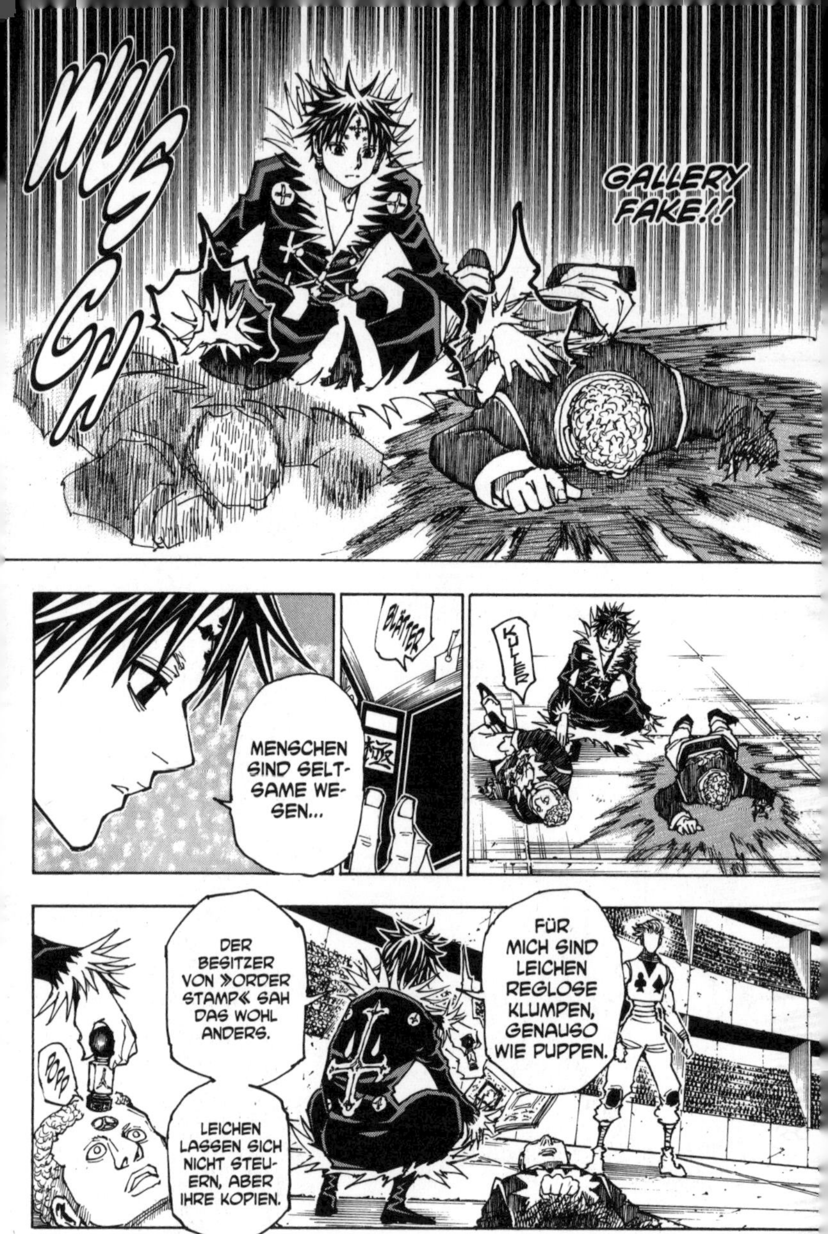
GALLERY FAKE!!
WUSCH
KULLER
BLÄTTER
MENSCHEN SIND SELTSAME WESEN...
FÜR MICH SIND LEICHEN REGLOSE KLUMPEN, GENAUSO WIE PUPPEN.
DER BESITZER VON »ORDER STAMP« SAH DAS WOHL ANDERS.
LEICHEN LASSEN SICH NICHT STEUERN, ABER IHRE KOPIEN.
POPP

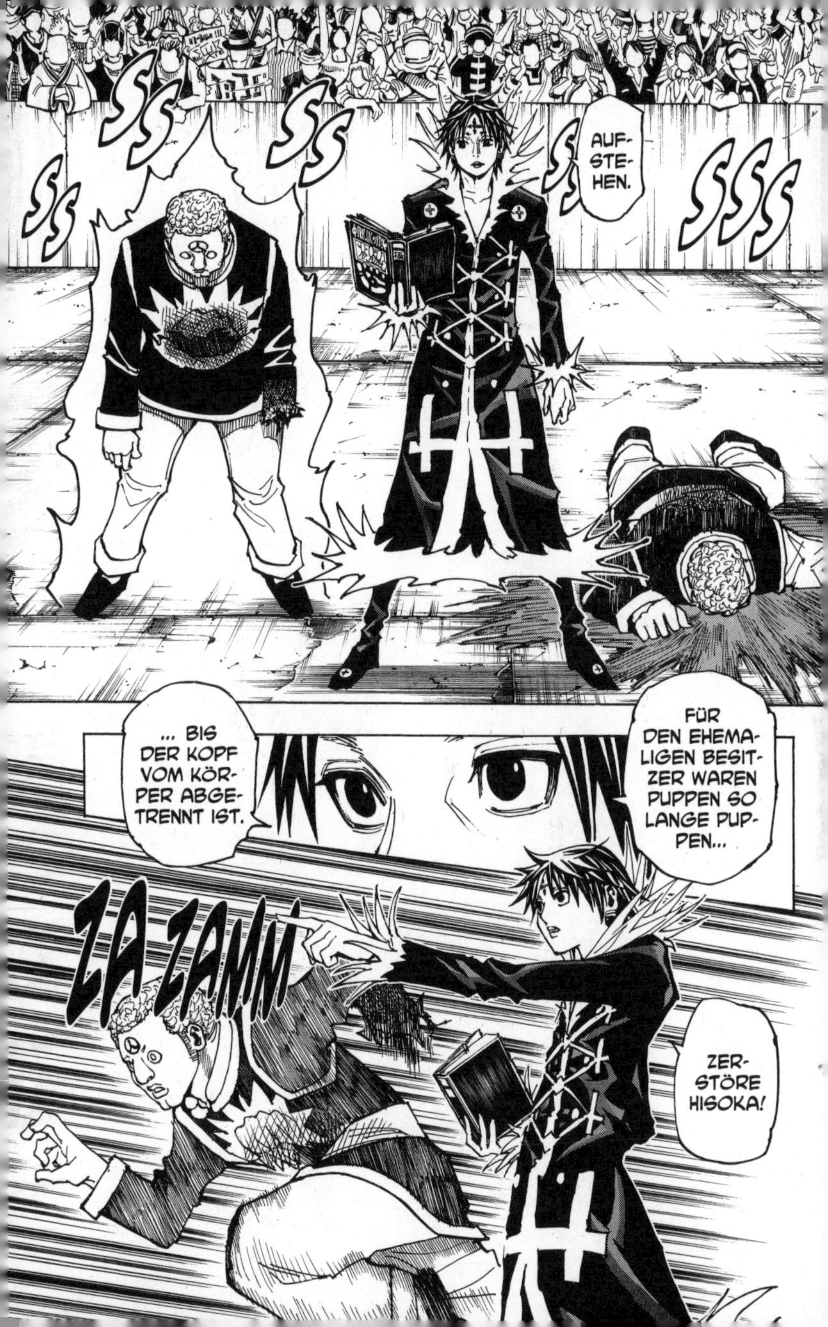

AUF-
STE-
HEN.
FÜR
DEN EHEMA-
LIGEN BESIT-
ZER WAREN
PUPPEN SO
LANGE PUP-
PEN...
... BIS
DER KOPF
VOM KÖR-
PER ABGE-
TRENNT IST.
ZER-
STÖRE
HISOKA!
ZA ZAMM

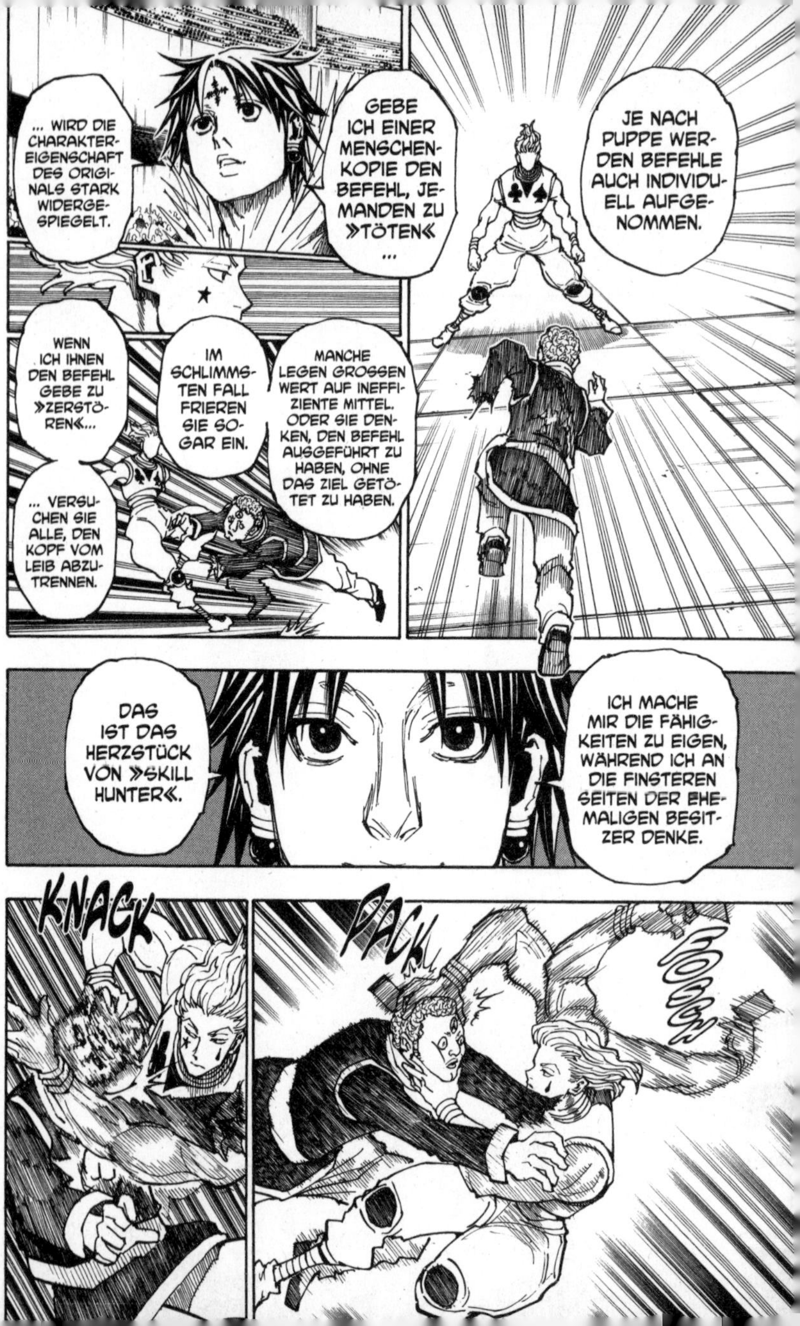
JE NACH PUPPE WERDEN BEFEHLE AUCH INDIVIDUELL AUFGENOMMEN.
GEBE ICH EINER MENSCHENKOPIE DEN BEFEHL, JEMANDEN ZU »TÖTEN« ...
... WIRD DIE CHARAKTEREIGENSCHAFT DES ORIGINALS STARK WIDERGESPIEGELT.
MANCHE LEGEN GROSSEN WERT AUF INEFFIZIENTE MITTEL. ODER SIE DENKEN, DEN BEFEHL AUSGEFÜHRT ZU HABEN, OHNE DAS ZIEL GETÖTET ZU HABEN.
IM SCHLIMMSTEN FALL FRIEREN SIE SOGAR EIN.
WENN ICH IHNEN DEN BEFEHL GEBE ZU »ZERSTÖREN«...
... VERSUCHEN SIE ALLE, DEN KOPF VOM LEIB ABZUTRENNEN.
ICH MACHE MIR DIE FÄHIGKEITEN ZU EIGEN, WÄHREND ICH AN DIE FINSTEREN SEITEN DER EHEMALIGEN BESITZER DENKE.
DAS IST DAS HERZSTÜCK VON »SKILL HUNTER«.
DACK
KNACK

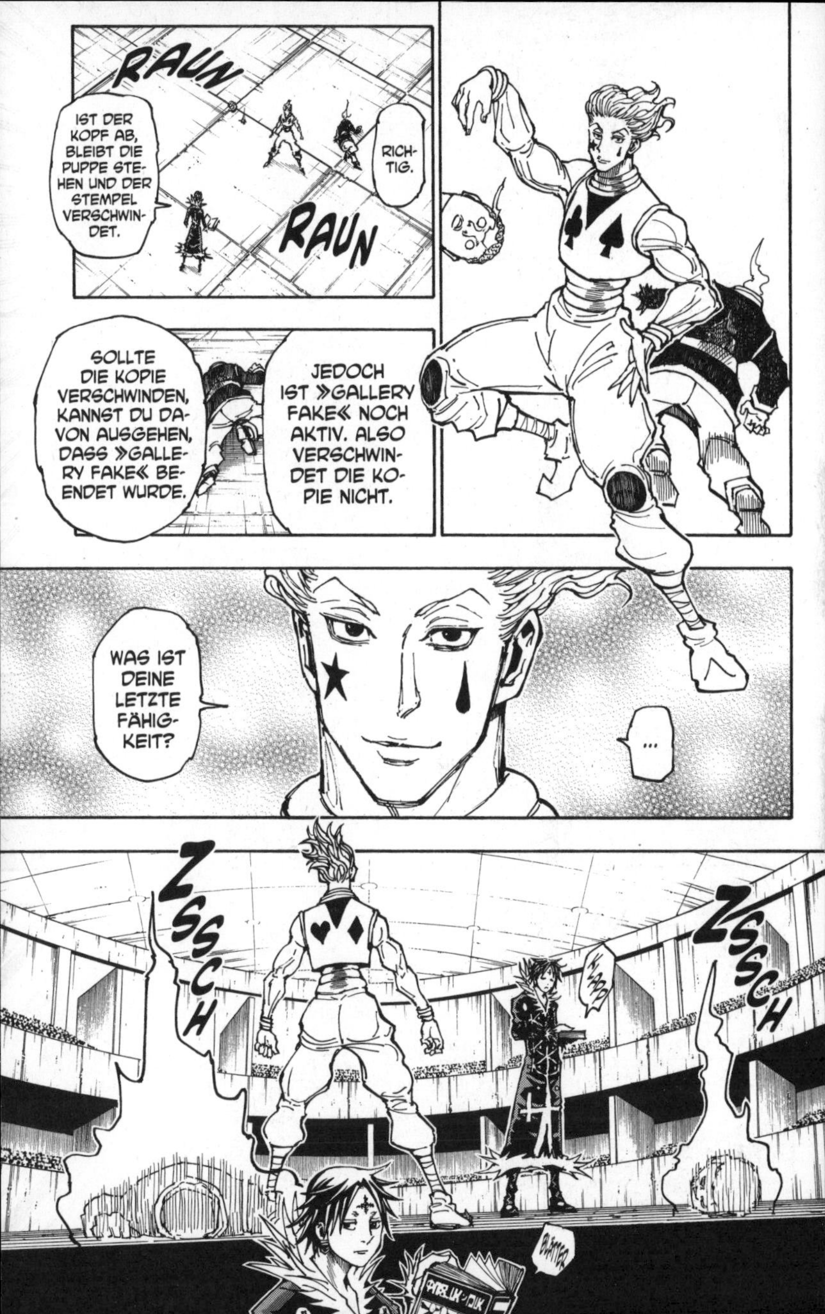
RAUN
RICHTIG.
IST DER KOPF AB, BLEIBT DIE PUPPE STEHEN UND DER STEMPEL VERSCHWINDET.
RAUN
JEDOCH IST »GALLERY FAKE« NOCH AKTIV. ALSO VERSCHWINDET DIE KOPIE NICHT.
SOLLTE DIE KOPIE VERSCHWINDEN, KANNST DU DAVON AUSGEHEN, DASS »GALLERY FAKE« BEENDET WURDE.
…
WAS IST DEINE LETZTE FÄHIGKEIT?
ZSSCH
KLAPP
ZSSCH
BLÄTTER

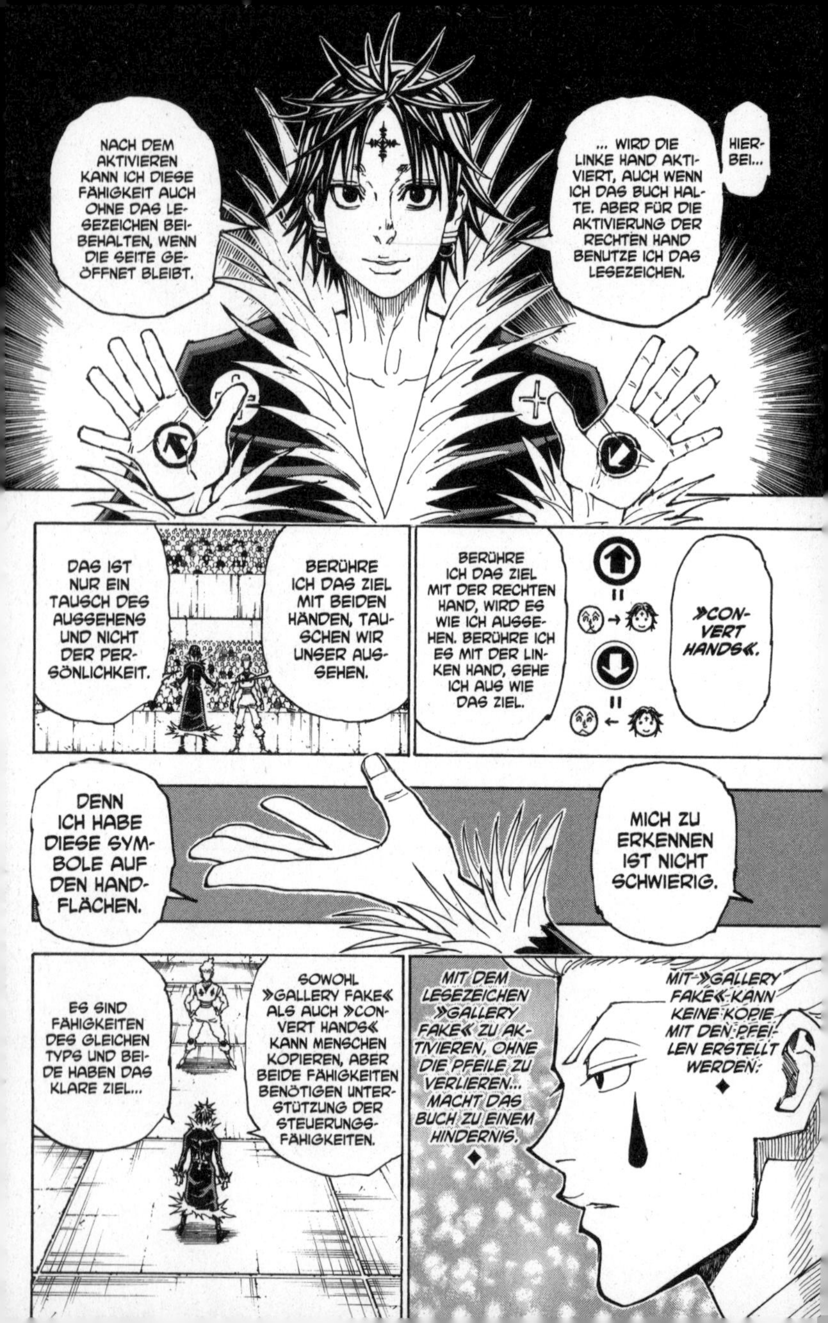

HIERBEI...
... WIRD DIE LINKE HAND AKTIVIERT, AUCH WENN ICH DAS BUCH HALTE. ABER FÜR DIE AKTIVIERUNG DER RECHTEN HAND BENUTZE ICH DAS LESEZEICHEN.
NACH DEM AKTIVIEREN KANN ICH DIESE FÄHIGKEIT AUCH OHNE DAS LESEZEICHEN BEIBEHALTEN, WENN DIE SEITE GEÖFFNET BLEIBT.
»CONVERT HANDS«.
BERÜHRE ICH DAS ZIEL MIT DER RECHTEN HAND, WIRD ES WIE ICH AUSSEHEN. BERÜHRE ICH ES MIT DER LINKEN HAND, SEHE ICH AUS WIE DAS ZIEL.
BERÜHRE ICH DAS ZIEL MIT BEIDEN HÄNDEN, TAUSCHEN WIR UNSER AUSSEHEN.
DAS IST NUR EIN TAUSCH DES AUSSEHENS UND NICHT DER PERSÖNLICHKEIT.
MICH ZU ERKENNEN IST NICHT SCHWIERIG.
DENN ICH HABE DIESE SYMBOLE AUF DEN HANDFLÄCHEN.
MIT »GALLERY FAKE« KANN KEINE KOPIE MIT DEN PFEILEN ERSTELLT WERDEN.
MIT DEM LESEZEICHEN »GALLERY FAKE« ZU AKTIVIEREN, OHNE DIE PFEILE ZU VERLIEREN... MACHT DAS BUCH ZU EINEM HINDERNIS.
SOWOHL »GALLERY FAKE« ALS AUCH »CONVERT HANDS« KANN MENSCHEN KOPIEREN, ABER BEIDE FÄHIGKEITEN BENÖTIGEN UNTERSTÜTZUNG DER STEUERUNGSFÄHIGKEITEN.
ES SIND FÄHIGKEITEN DES GLEICHEN TYPS UND BEIDE HABEN DAS KLARE ZIEL...

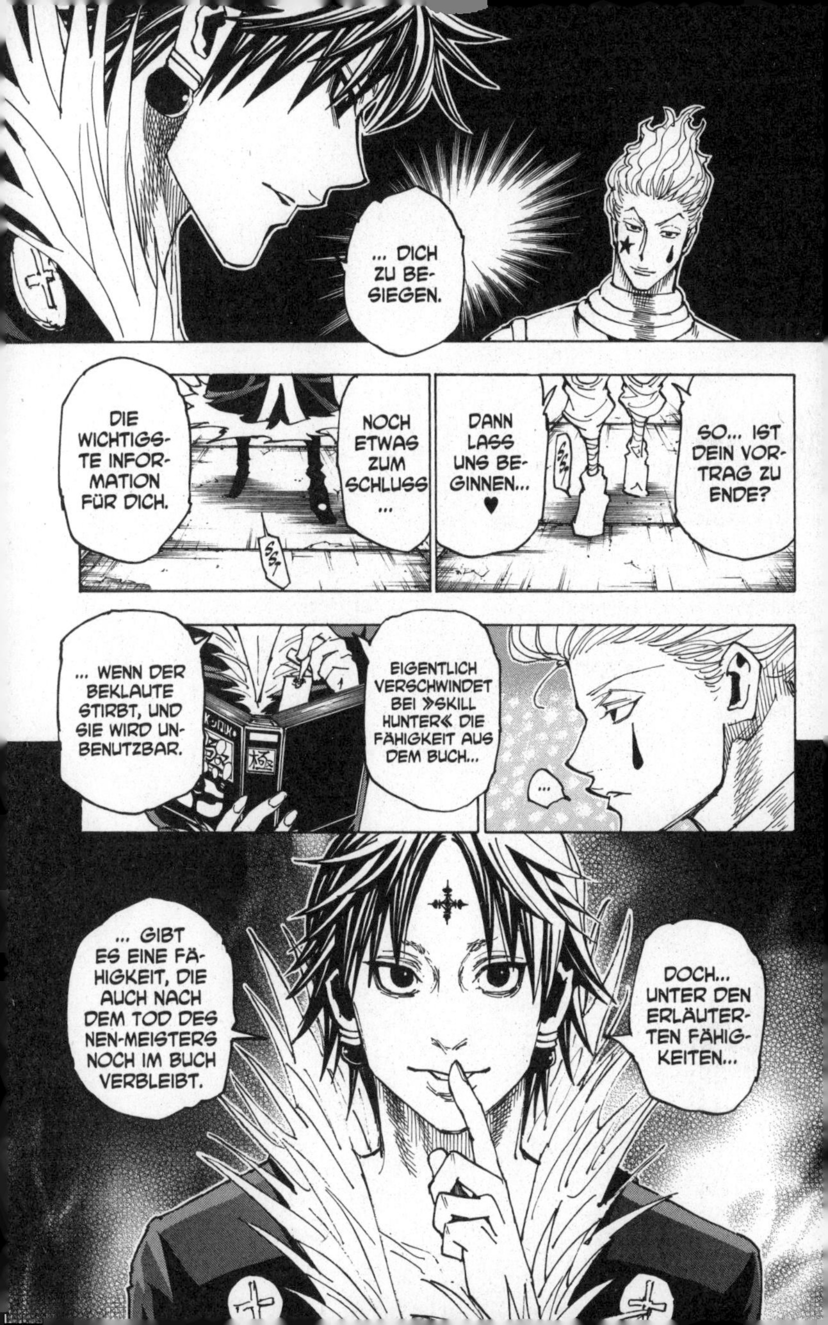
... DICH ZU BESIEGEN.
SO... IST DEIN VORTRAG ZU ENDE?
DANN LASS UNS BEGINNEN... ♥
NOCH ETWAS ZUM SCHLUSS ...
DIE WICHTIGSTE INFORMATION FÜR DICH.
...
EIGENTLICH VERSCHWINDET BEI »SKILL HUNTER« DIE FÄHIGKEIT AUS DEM BUCH...
... WENN DER BEKLAUTE STIRBT, UND SIE WIRD UNBENUTZBAR.
DOCH... UNTER DEN ERLÄUTERTEN FÄHIGKEITEN...
... GIBT ES EINE FÄHIGKEIT, DIE AUCH NACH DEM TOD DES NEN-MEISTERS NOCH IM BUCH VERBLEIBT.

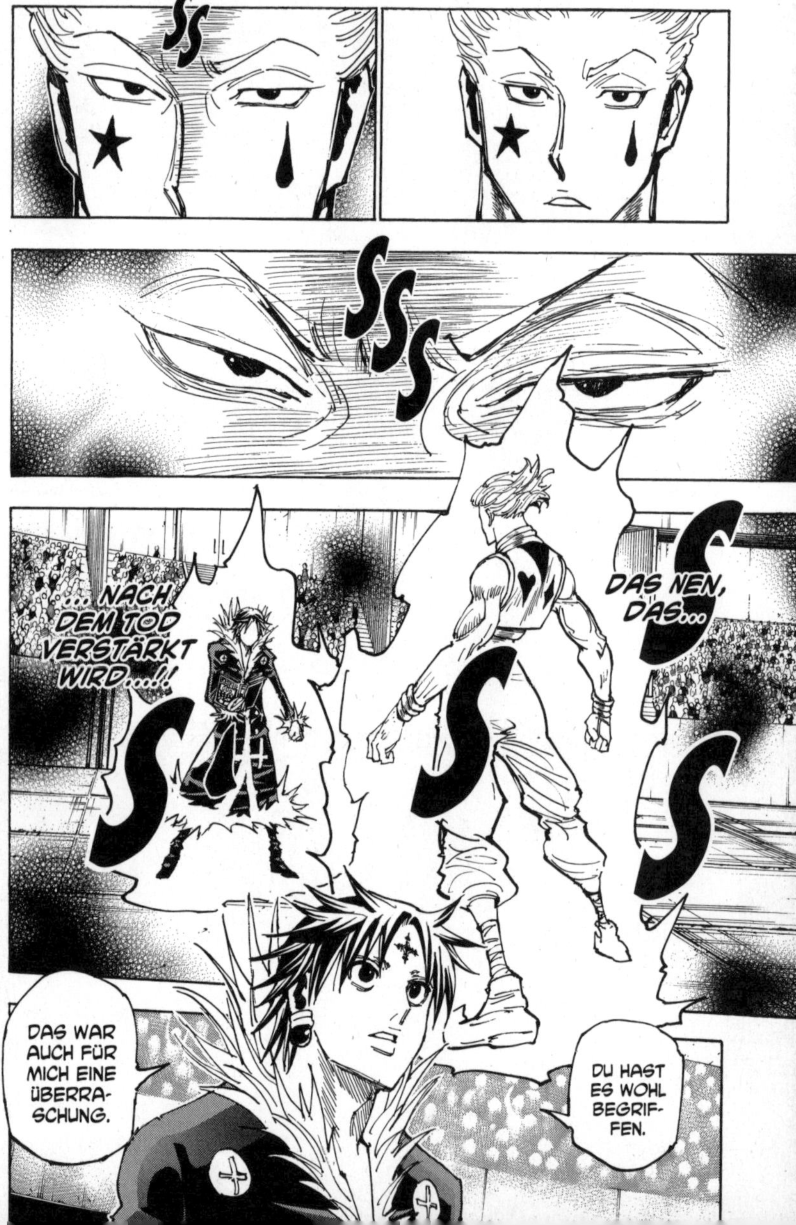
DAS NEN, DAS...
...NACH DEM TOD VERSTÄRKT WIRD...!!
DU HAST ES WOHL BEGRIFFEN.
DAS WAR AUCH FÜR MICH EINE ÜBERRASCHUNG.

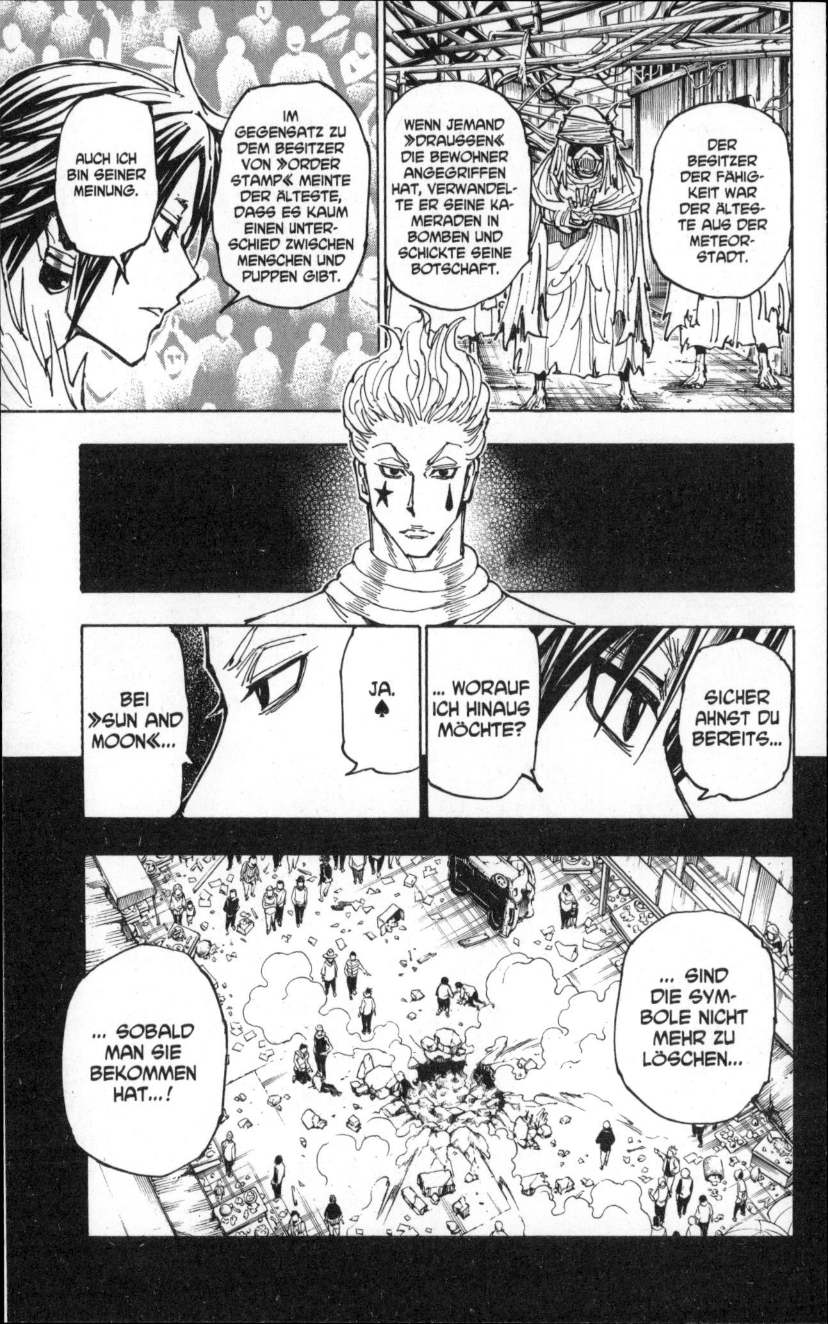
DER BESITZER DER FÄHIGKEIT WAR DER ÄLTESTE AUS DER METEORSTADT.
WENN JEMAND »DRAUSSEN« DIE BEWOHNER ANGEGRIFFEN HAT, VERWANDELTE ER SEINE KAMERADEN IN BOMBEN UND SCHICKTE SEINE BOTSCHAFT.
IM GEGENSATZ ZU DEM BESITZER VON »ORDER STAMP« MEINTE DER ÄLTESTE, DASS ES KAUM EINEN UNTERSCHIED ZWISCHEN MENSCHEN UND PUPPEN GIBT.
AUCH ICH BIN SEINER MEINUNG.
SICHER AHNST DU BEREITS...
... WORAUF ICH HINAUS MÖCHTE?
JA. ♠
BEI »SUN AND MOON«...
... SIND DIE SYMBOLE NICHT MEHR ZU LÖSCHEN...
... SOBALD MAN SIE BEKOMMEN HAT...!

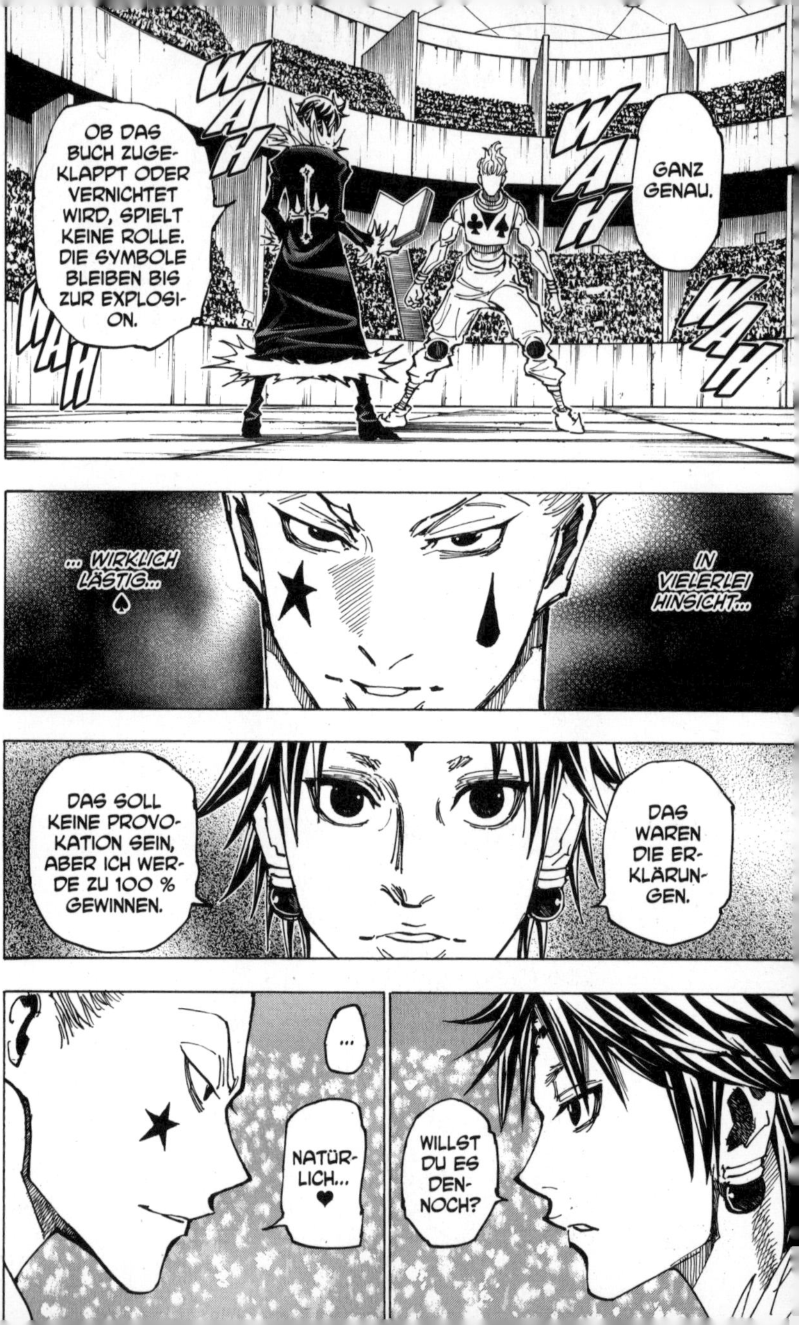
WAH
WAH
GANZ GENAU.
WAH
OB DAS BUCH ZUGEKLAPPT ODER VERNICHTET WIRD, SPIELT KEINE ROLLE. DIE SYMBOLE BLEIBEN BIS ZUR EXPLOSION.
WAH
IN VIELERLEI HINSICHT...
... WIRKLICH LÄSTIG... ♠
DAS WAREN DIE ERKLÄRUNGEN.
DAS SOLL KEINE PROVOKATION SEIN, ABER ICH WERDE ZU 100 % GEWINNEN.
WILLST DU ES DENNOCH?
...
NATÜRLICH... ♥

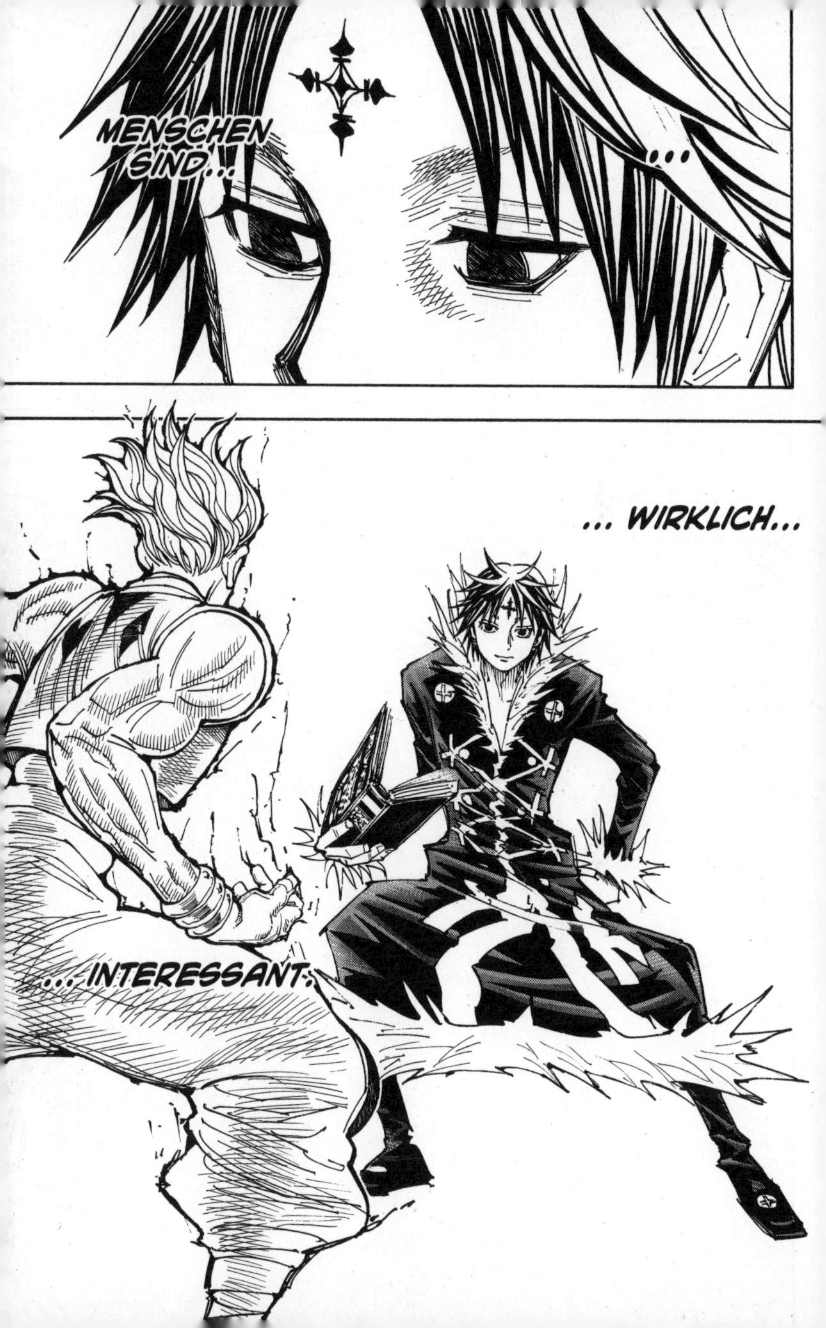
MENSCHEN SIND...
...
... WIRKLICH...
... INTERESSANT.

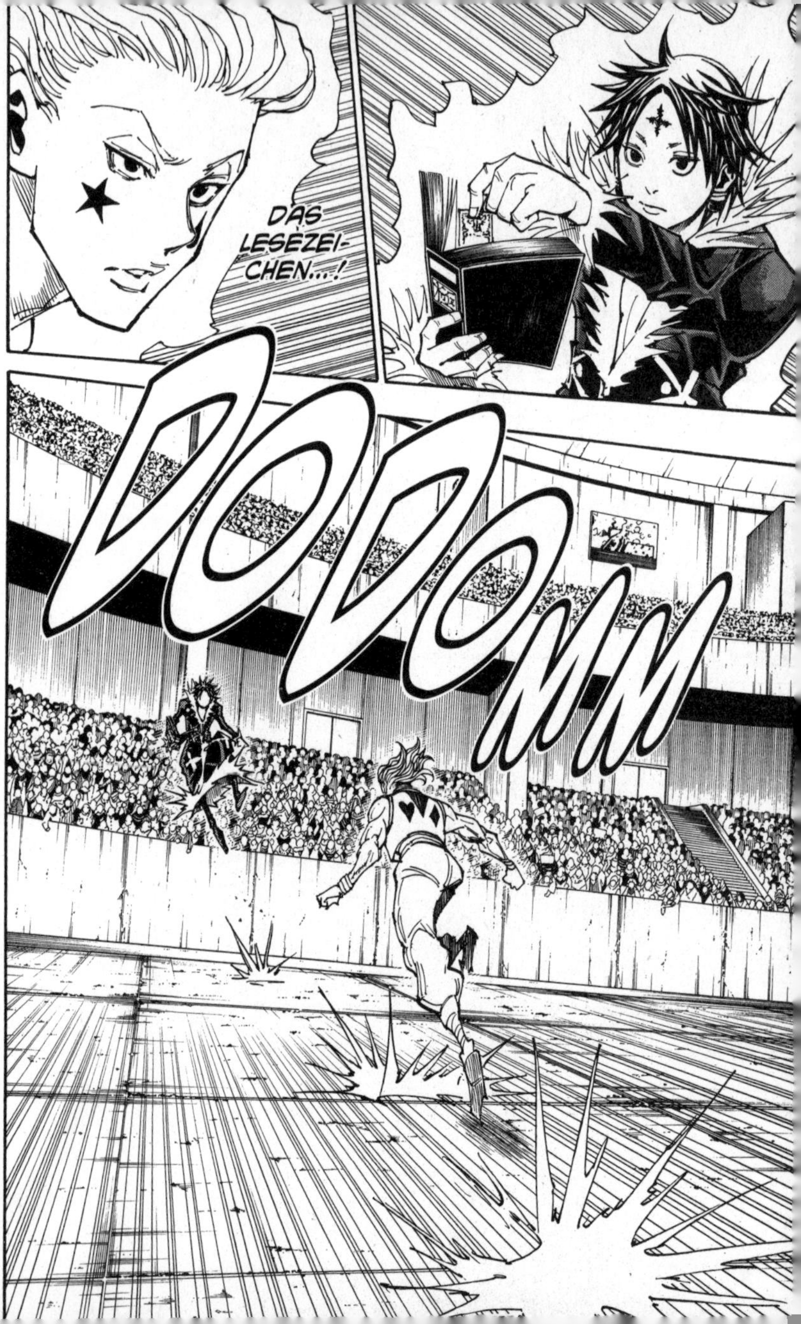
DAS LESEZEI-CHEN...!
DODOMM

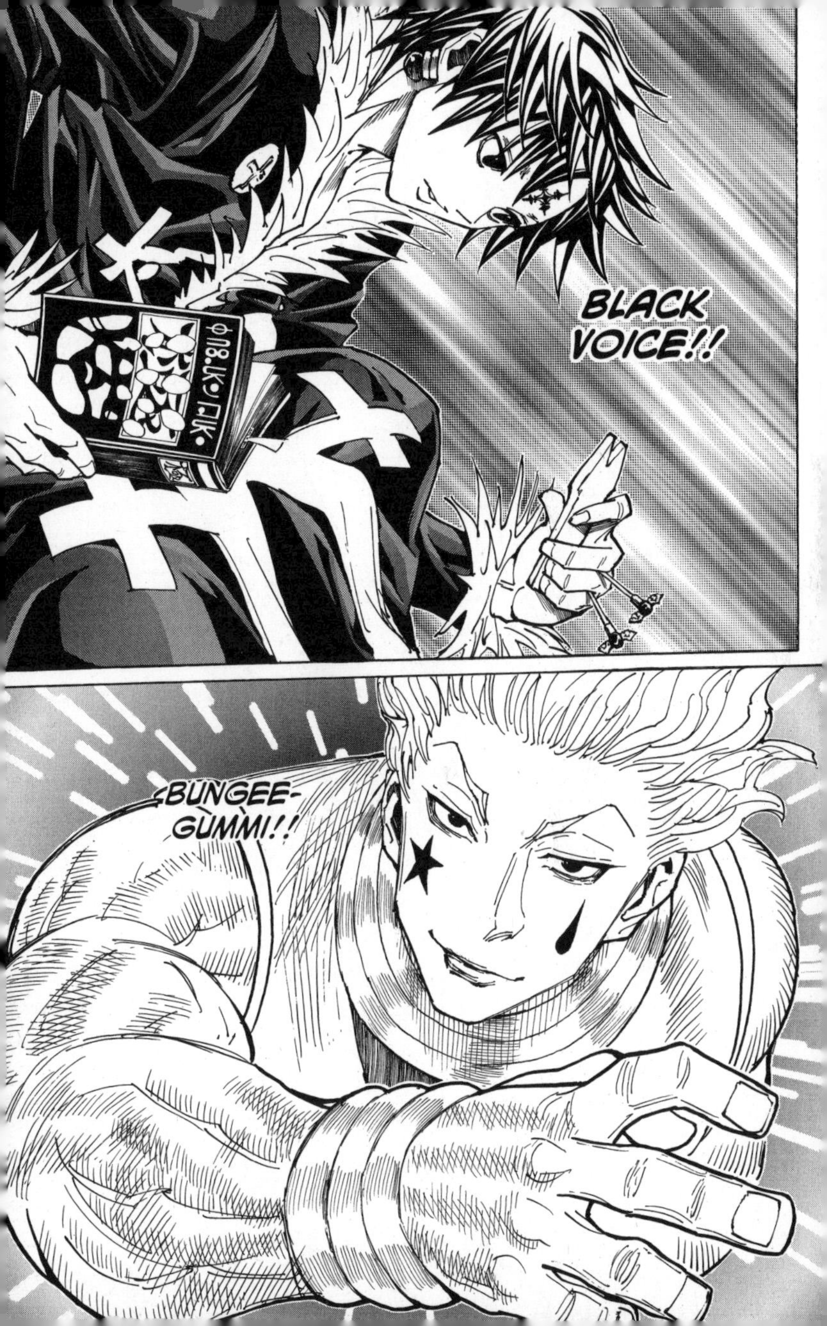
BLACK VOICE!!
BUNGEE-GUMMI!!

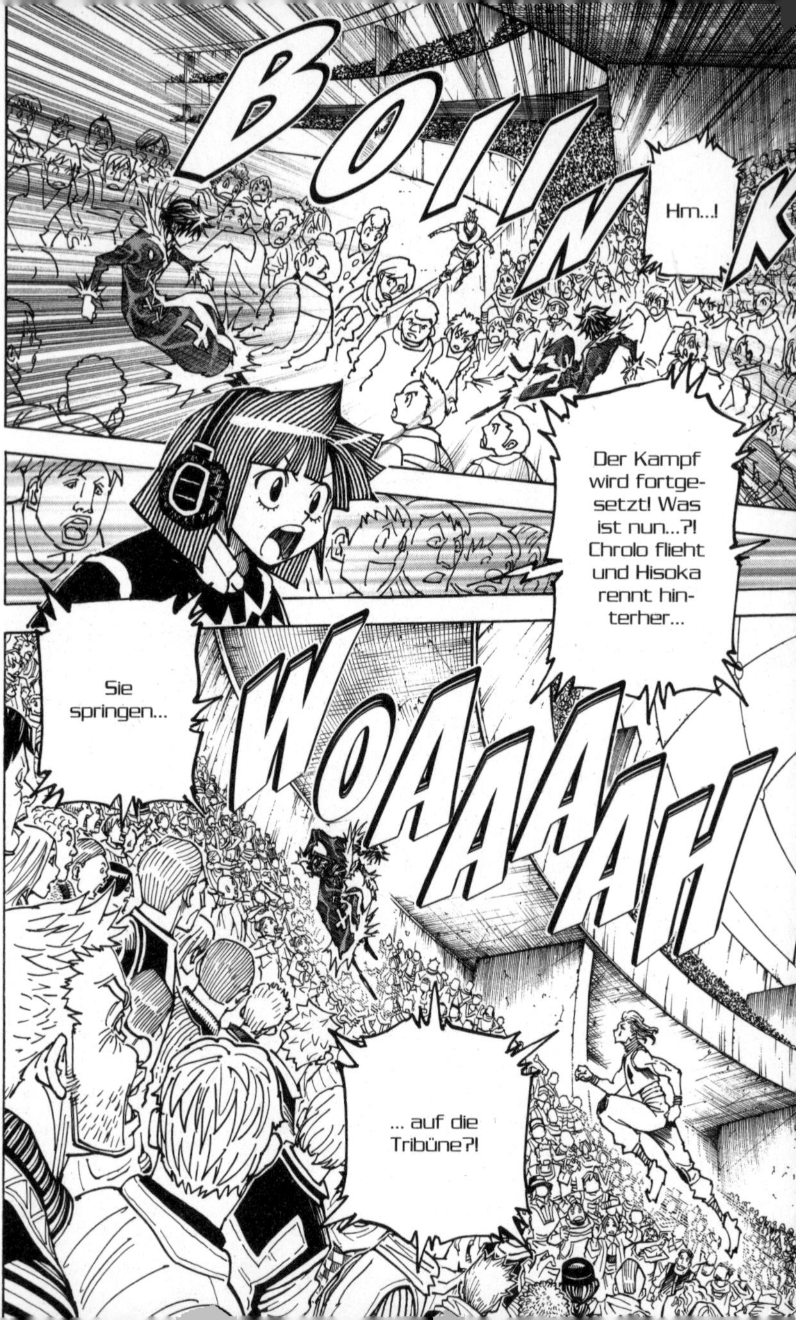
BOIINK
Hm...!
Der Kampf wird fortgesetzt! Was ist nun...?! Chrolo flieht und Hisoka rennt hinterher...
Sie springen...
WOAAAH
... auf die Tribüne?!

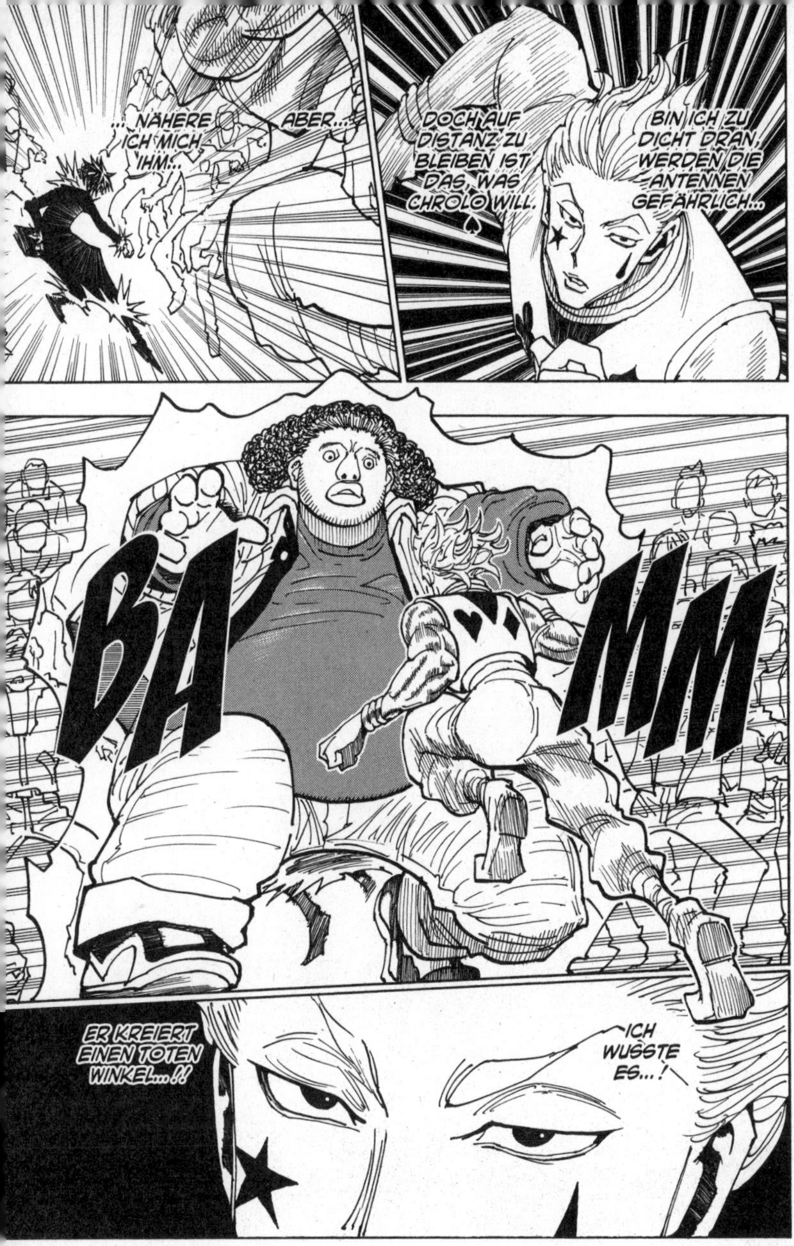
BIN ICH ZU DICHT DRAN, WERDEN DIE ANTENNEN GEFÄHRLICH...
DOCH AUF DISTANZ ZU BLEIBEN IST DAS, WAS CHROLO WILL.
ABER...
...NÄHERE ICH MICH IHM...
BAMM
ICH WUSSTE ES...!
ER KREIERT EINEN TOTEN WINKEL...!!

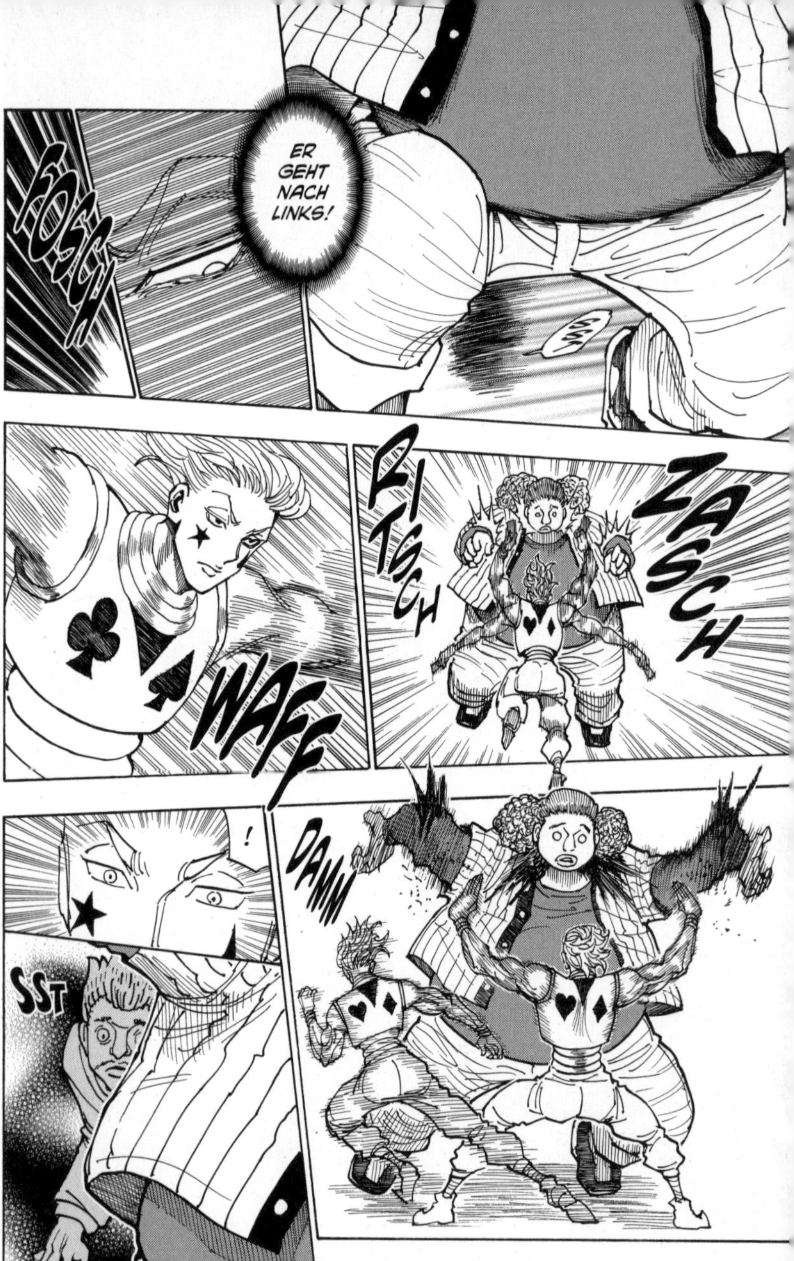
ER GEHT NACH LINKS!
FOSCH
ZASCH
RITSCH
WAFF
DAMM
!
SST

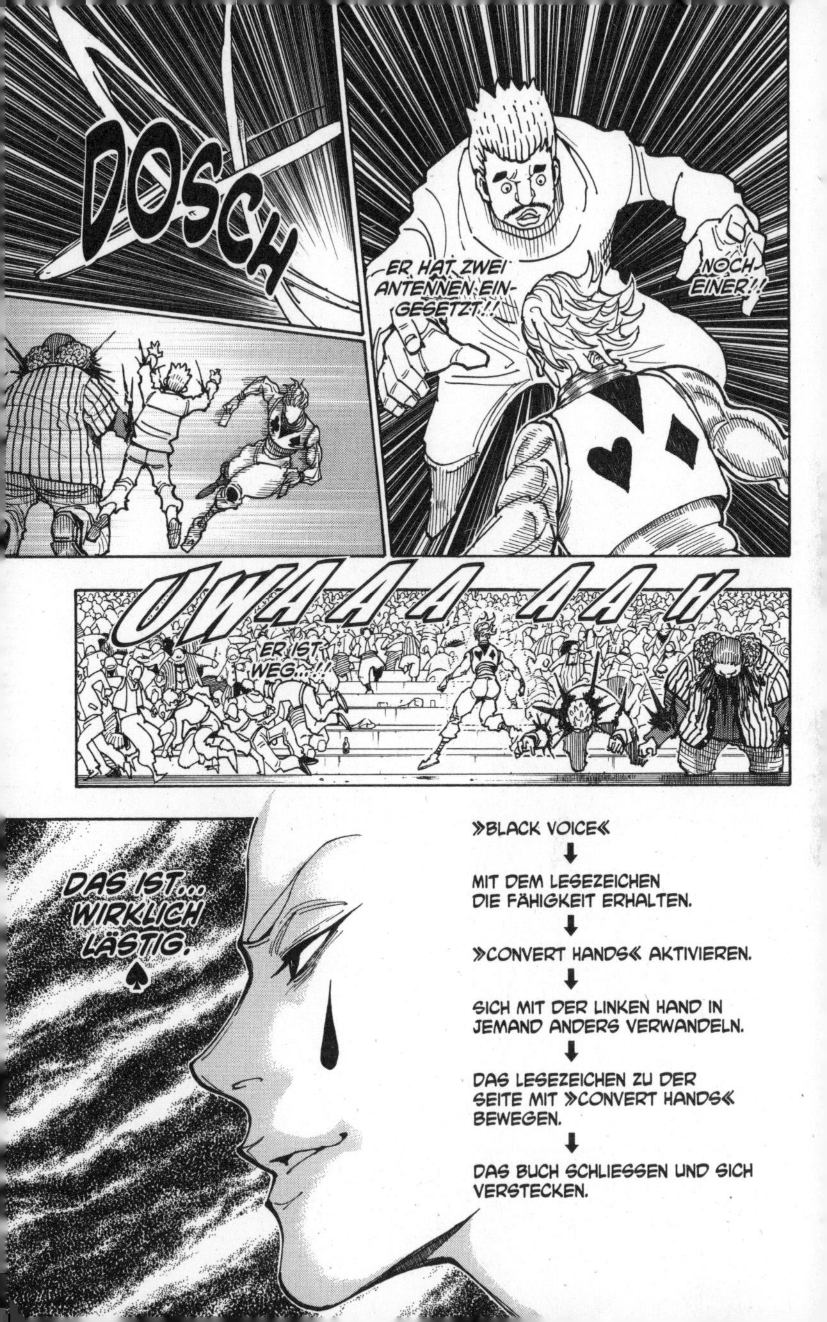
DOSCH
ER HAT ZWEI ANTENNEN EINGESETZT!!
NOCH EINER!!
UWAAAA AAAH
ER IST WEG...!!
DAS IST... WIRKLICH LÄSTIG. ♠
»BLACK VOICE«
MIT DEM LESEZEICHEN DIE FÄHIGKEIT ERHALTEN.
»CONVERT HANDS« AKTIVIEREN.
SICH MIT DER LINKEN HAND IN JEMAND ANDERS VERWANDELN.
DAS LESEZEICHEN ZU DER SEITE MIT »CONVERT HANDS« BEWEGEN.
DAS BUCH SCHLIESSEN UND SICH VERSTECKEN.

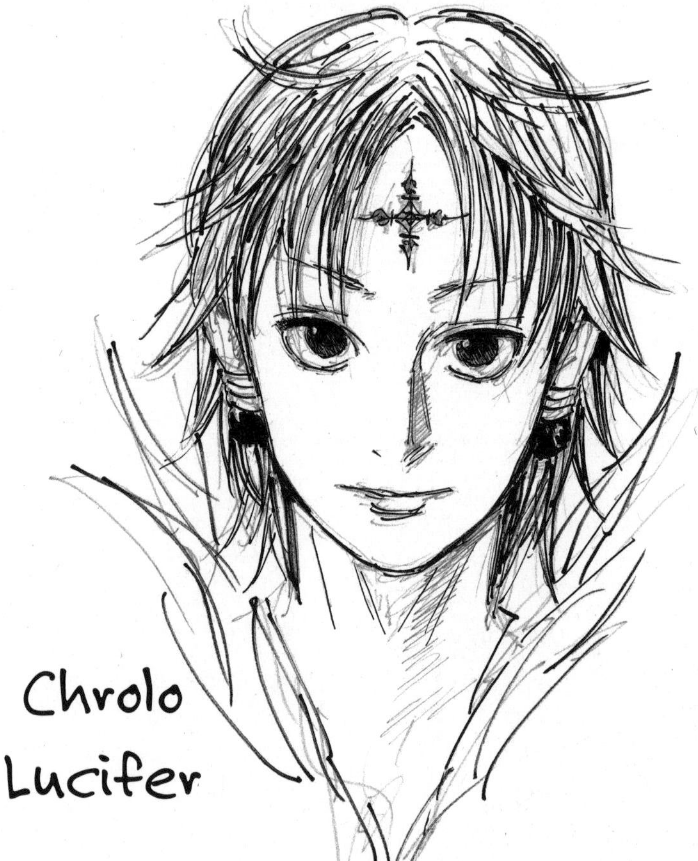
Chrolo
Lucifer

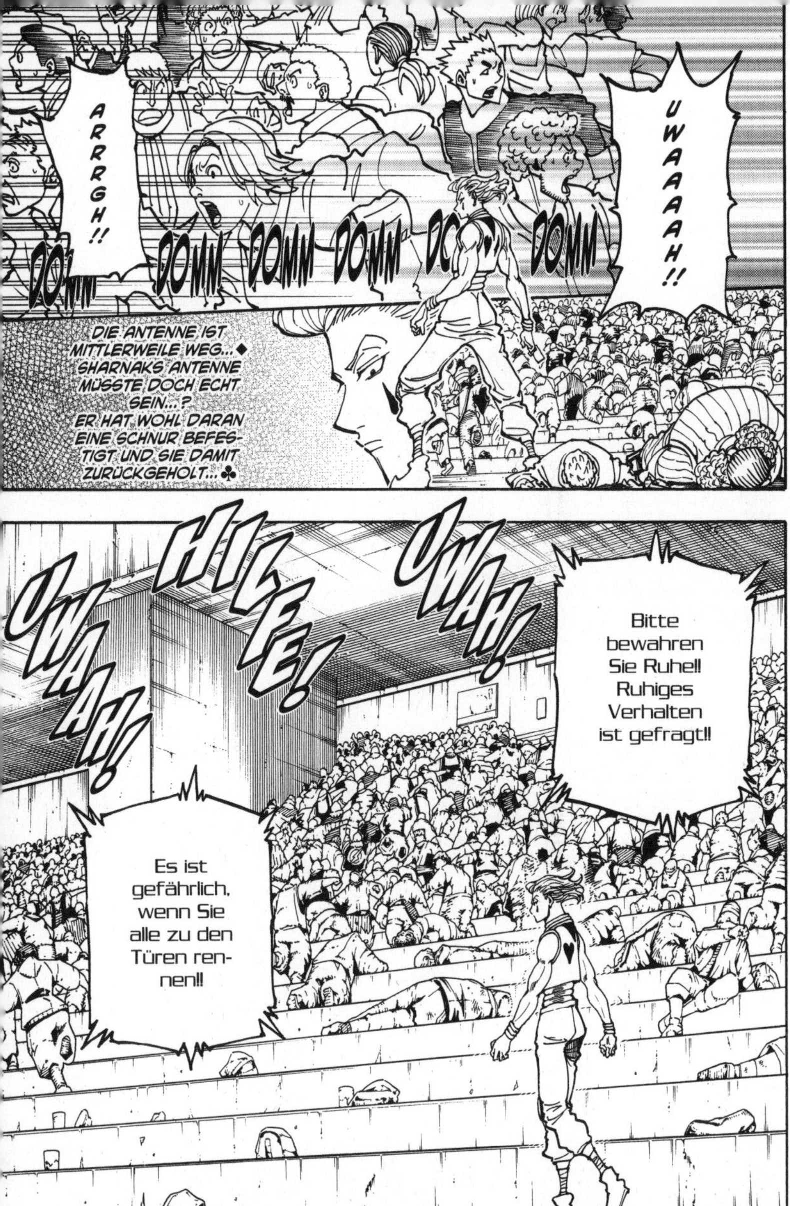
UWAAAAAH!!
ARRRGH!!
DOMM DOMM DOMM DOMM DOMM DO DOMM
DIE ANTENNE IST MITTLERWEILE WEG...◆ SHARNAKS ANTENNE MÜSSTE DOCH ECHT SEIN...? ER HAT WOHL DARAN EINE SCHNUR BEFES-TIGT UND SIE DAMIT ZURÜCKGEHOLT...♣
UWAH!
HILFE!
UWAAH!
Bitte bewahren Sie Ruhe!! Ruhiges Verhalten ist gefragt!!
Es ist gefährlich, wenn Sie alle zu den Türen ren-nen!!
353. KAPITEL: DIE KÄLTE

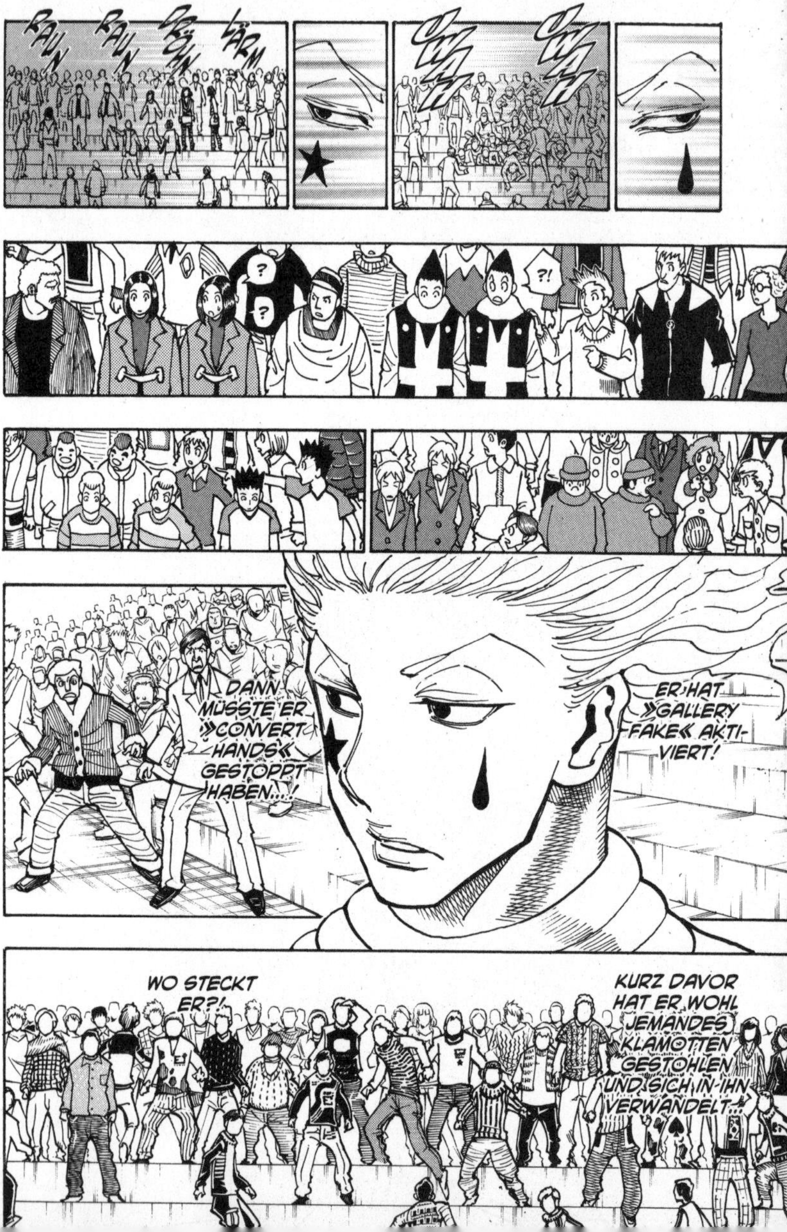

OWAH
OWAH
RAUN
RAUN
DRÖHN
LÄRM
?!
?
?
ER HAT »GALLERY FAKE« AKTIVIERT!
DANN MÜSSTE ER »CONVERT HANDS« GESTOPPT HABEN...!
KURZ DAVOR HAT ER WOHL JEMANDES KLAMOTTEN GESTOHLEN UND SICH IN IHN VERWANDELT...
WO STECKT ER?!

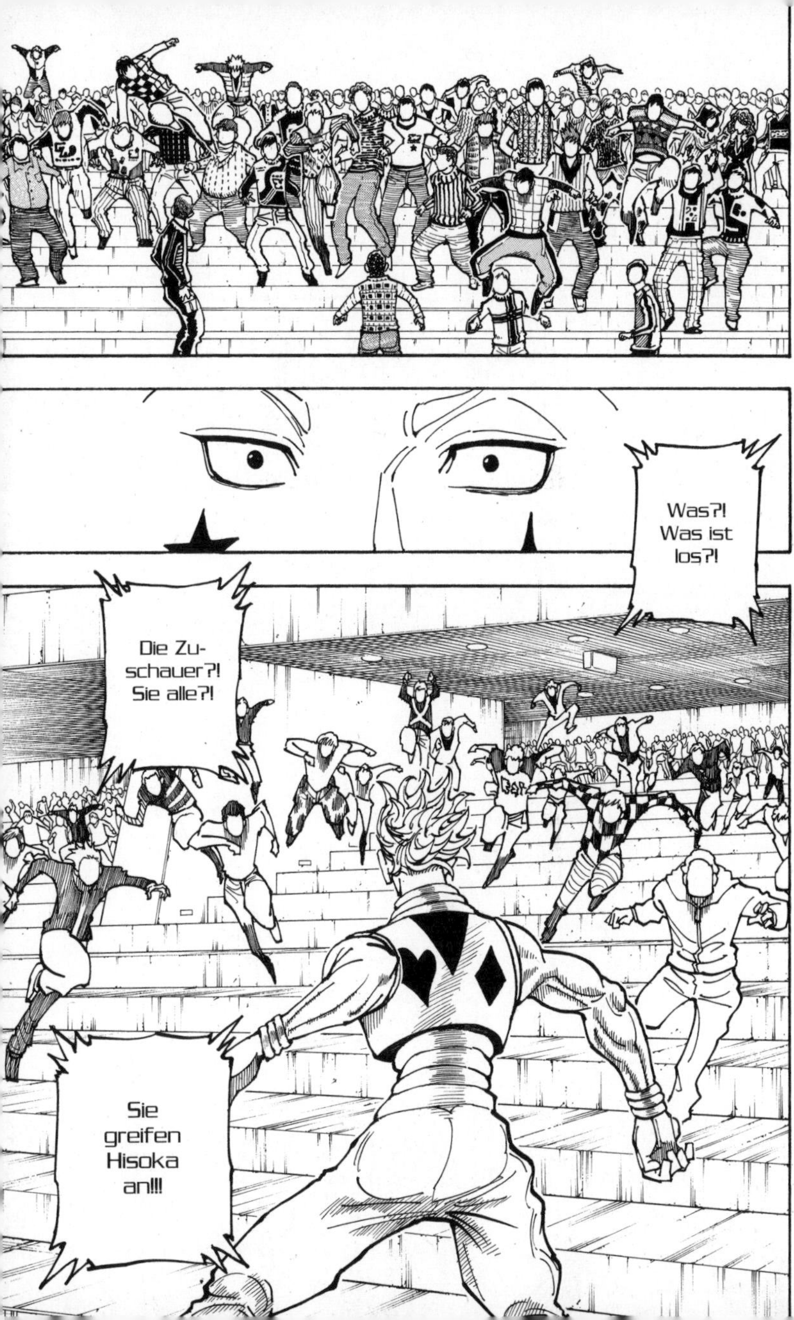
Was?! Was ist los?!
Die Zuschauer?! Sie alle?!
Sie greifen Hisoka an!!!

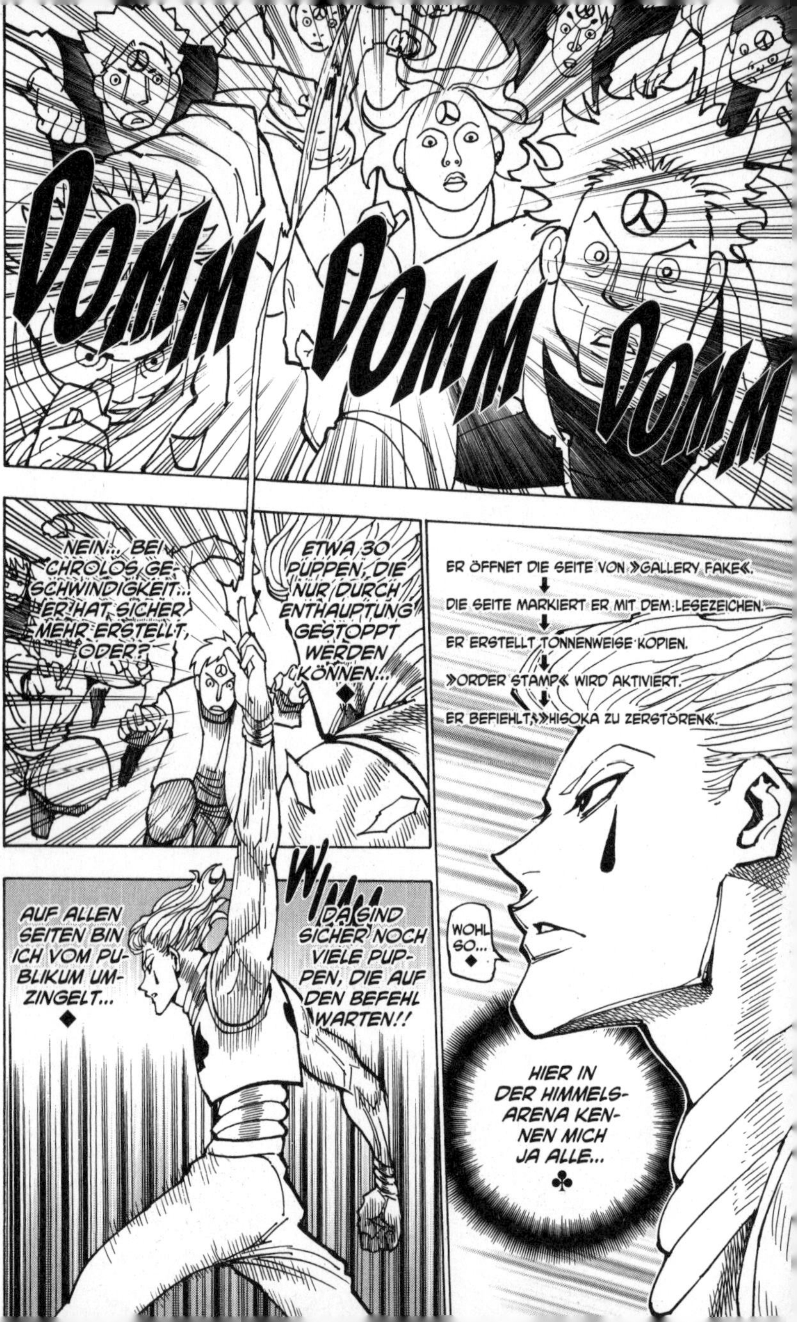
DOMM
DOMM
DOMM
ER ÖFFNET DIE SEITE VON »GALLERY FAKE«.
DIE SEITE MARKIERT ER MIT DEM LESEZEICHEN.
ER ERSTELLT TONNENWEISE KOPIEN.
»ORDER STAMP« WIRD AKTIVIERT.
ER BEFIEHLT, »HISOKA ZU ZERSTÖREN«.
WOHL SO... ◆
HIER IN DER HIMMELS-ARENA KENNEN MICH JA ALLE... ♣
ETWA 30 PUPPEN, DIE NUR DURCH ENTHAUPTUNG GESTOPPT WERDEN KÖNNEN... ◆
NEIN... BEI CHROLOS GESCHWINDIGKEIT... ER HAT SICHER MEHR ERSTELLT, ODER?
WUSCH
DA SIND SICHER NOCH VIELE PUPPEN, DIE AUF DEN BEFEHL WARTEN!!
AUF ALLEN SEITEN BIN ICH VOM PUBLIKUM UMZINGELT... ◆

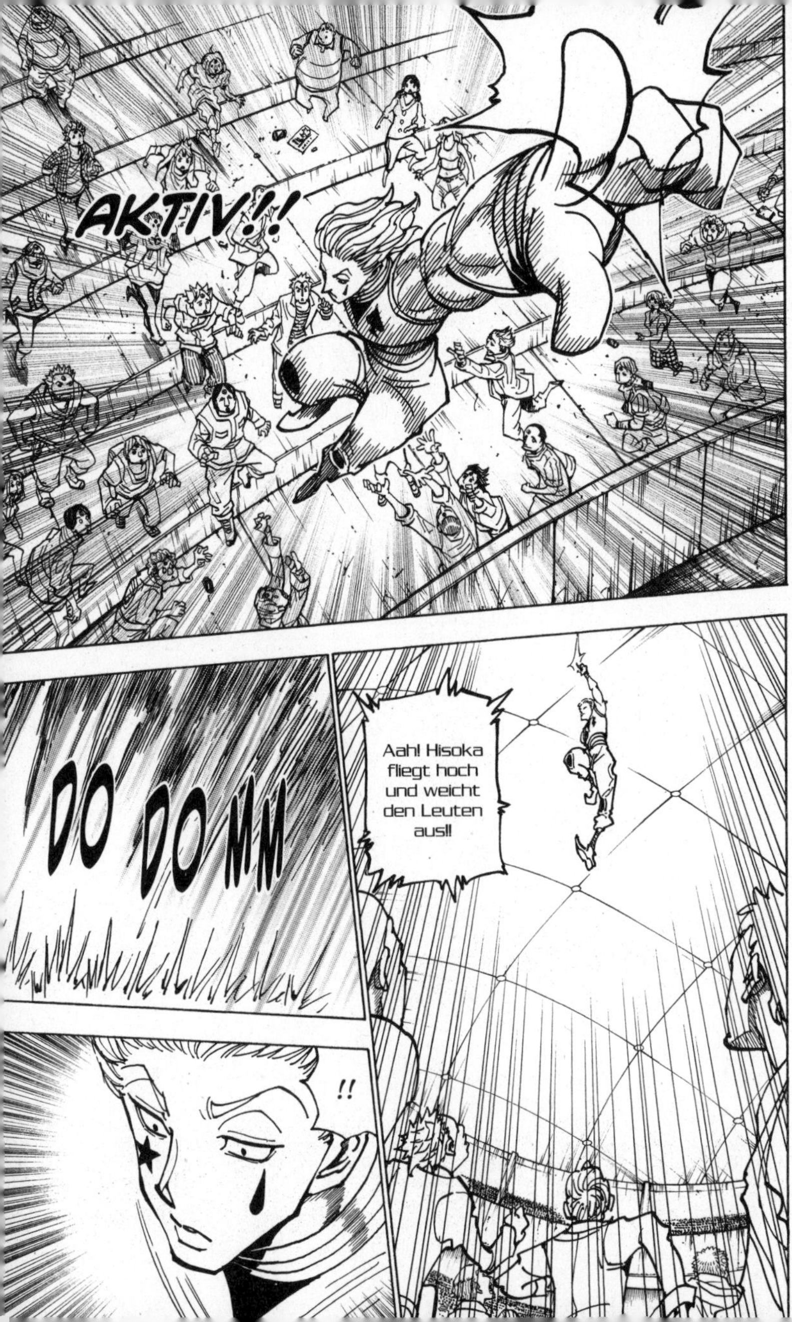
AKTIV!!
Aah! Hisoka fliegt hoch und weicht den Leuten aus!!
DO DO MM
!!

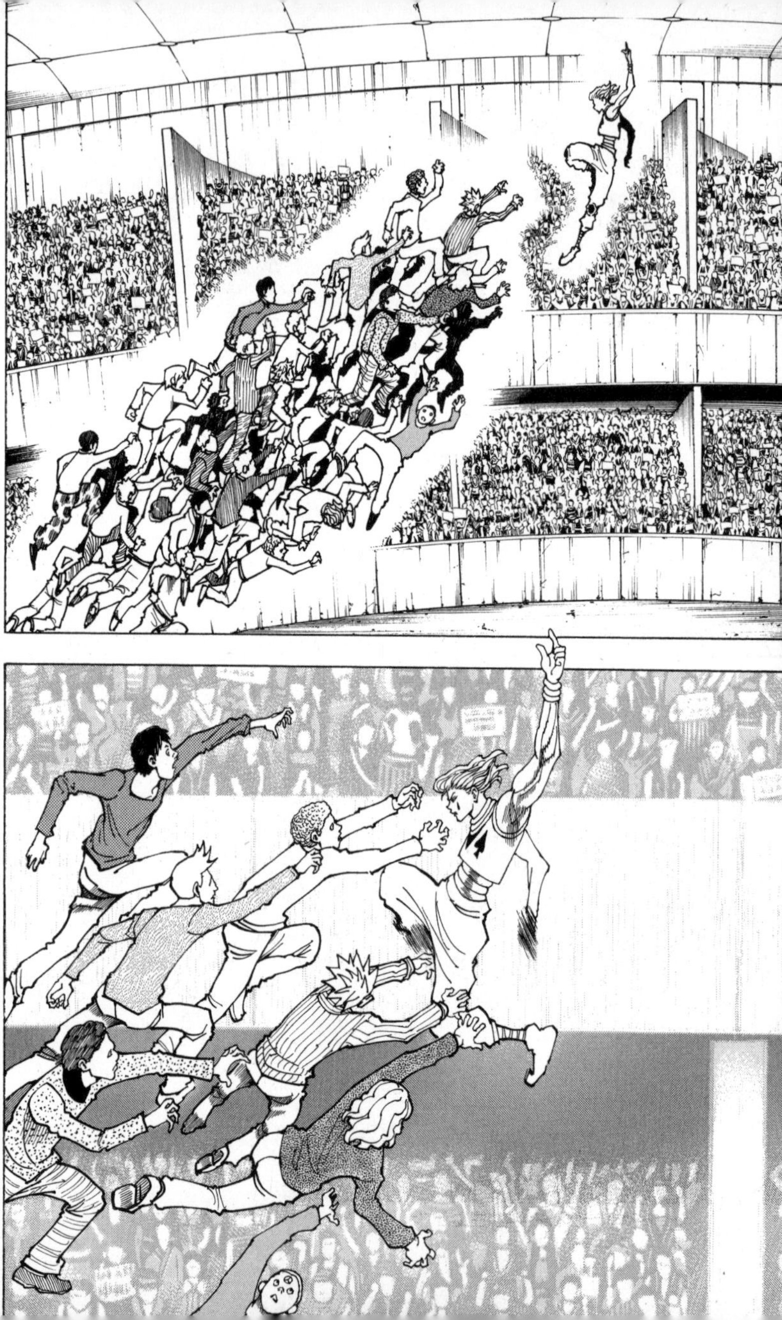

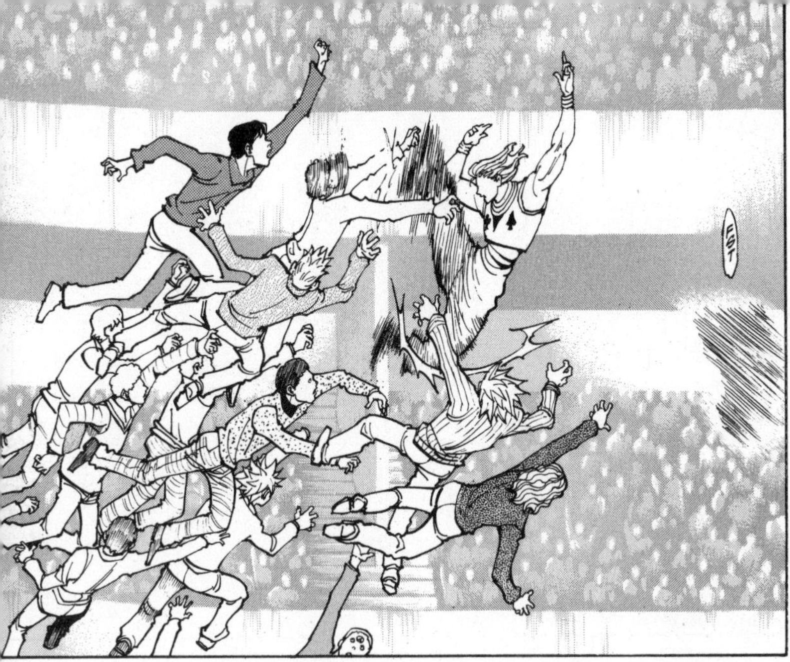
FST

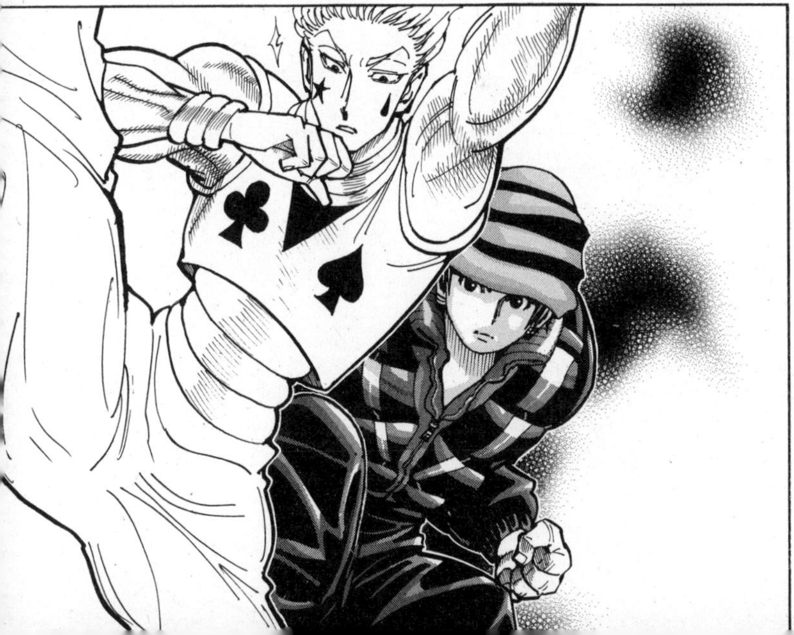

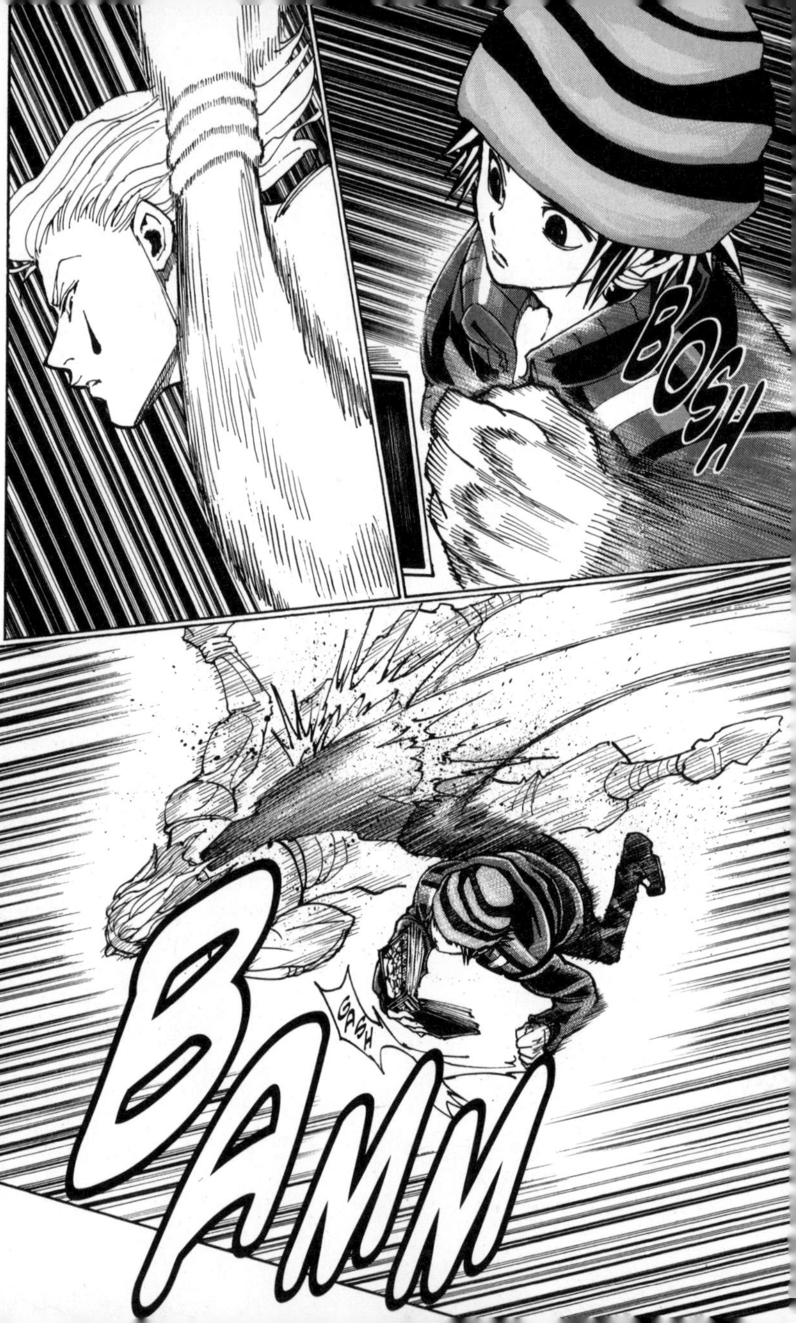
BOSH
GASH
BAMM

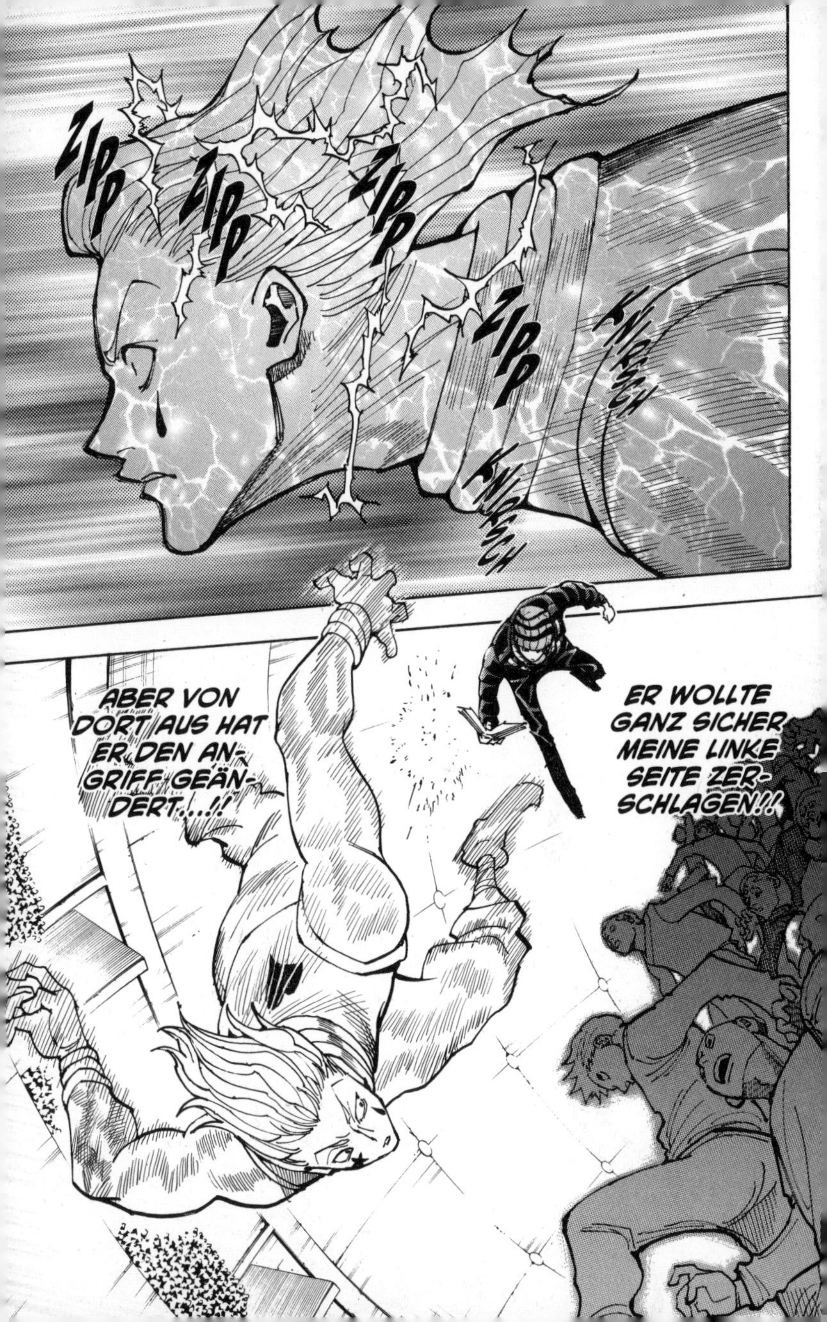
ZIPP
ZIPP
ZIPP
ZIPP
ER WOLLTE GANZ SICHER MEINE LINKE SEITE ZER-SCHLAGEN!!
ABER VON DORT AUS HAT ER DEN AN-GRIFF GEÄN-DERT...!!

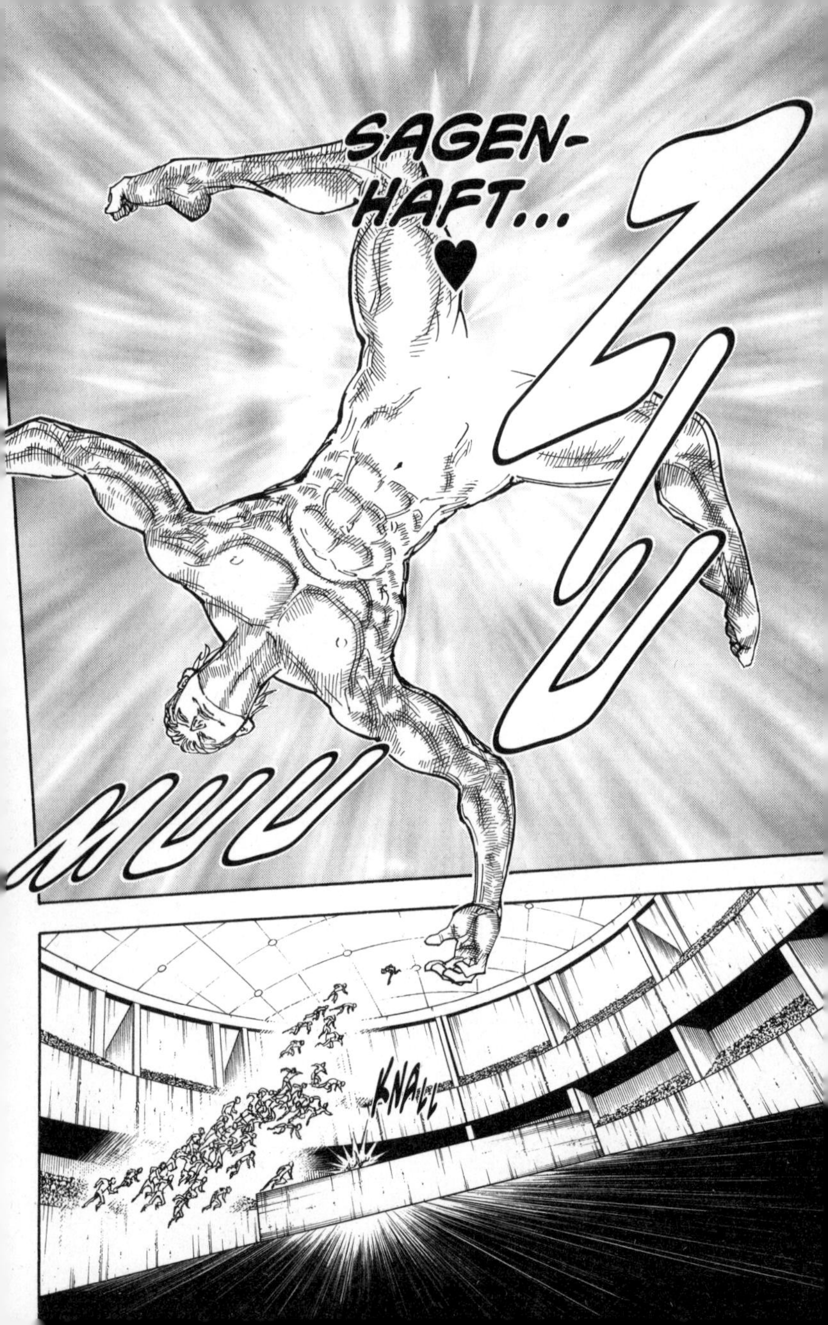
SAGEN-
HAFT...
♥
ZZ
ZZZ
KNALL

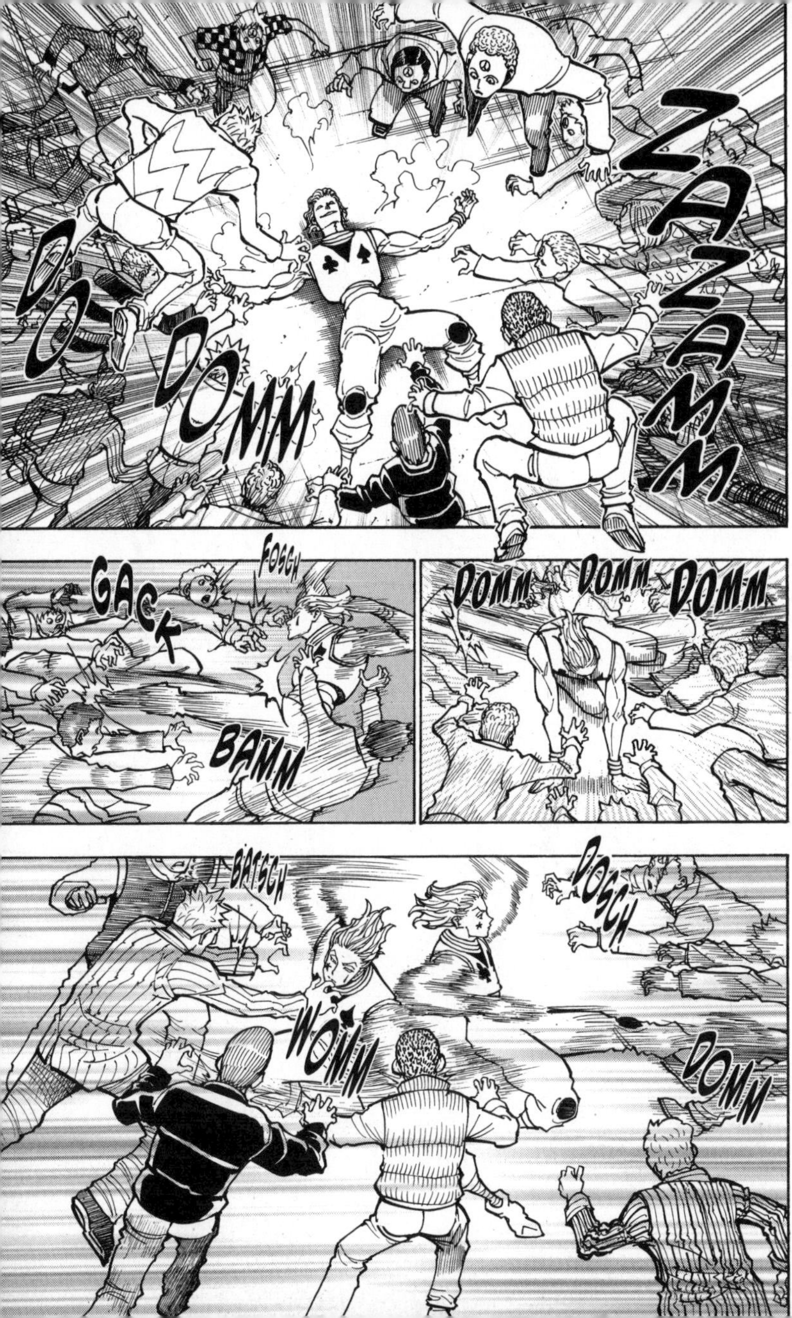
ZAZAMM
DO
DOMM
DOMM
DOMM
DOMM
FOSCH
GACK
BAMM
DOSCH
DOMM
BATSCH
WOMM

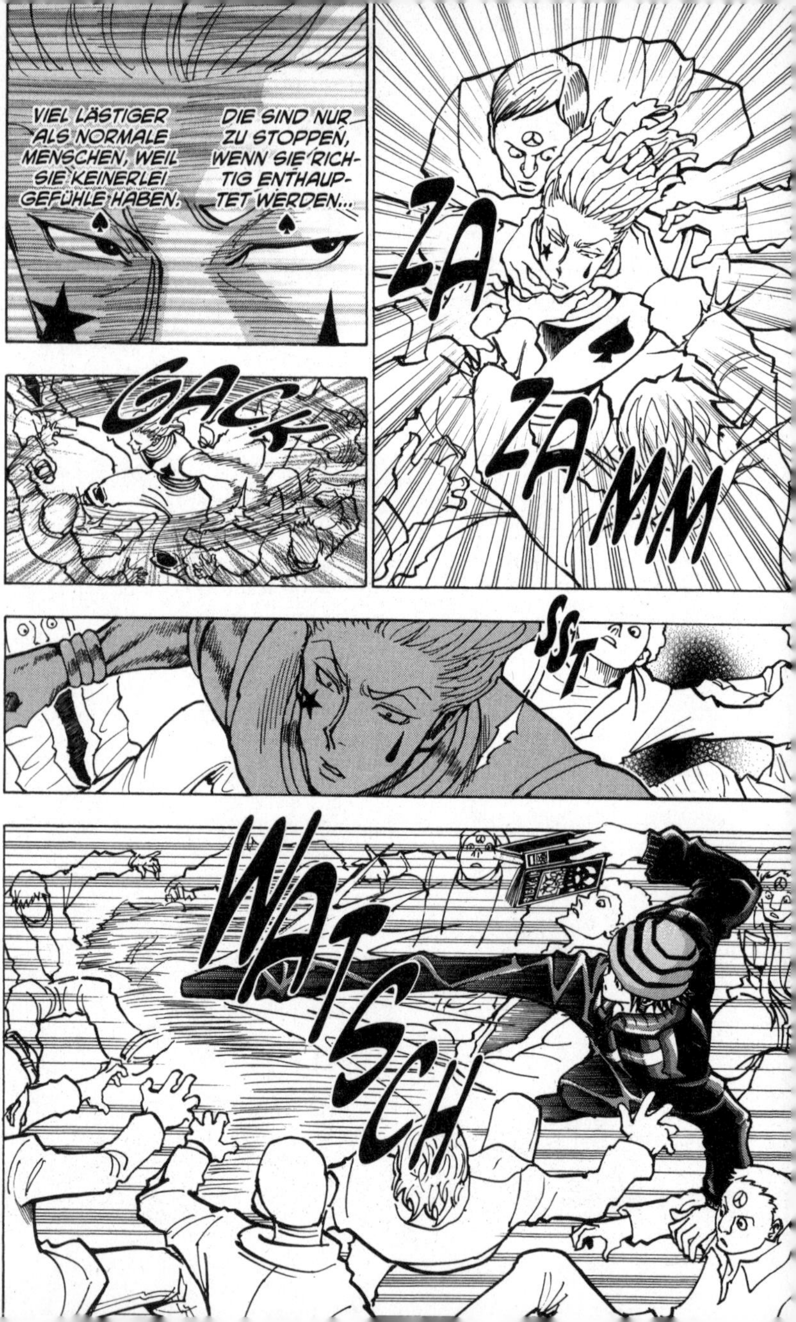
DIE SIND NUR ZU STOPPEN, WENN SIE RICHTIG ENTHAUPTET WERDEN...
VIEL LÄSTIGER ALS NORMALE MENSCHEN, WEIL SIE KEINERLEI GEFÜHLE HABEN.
ZA ZA ZAMM
GACK
SST
WATSCH

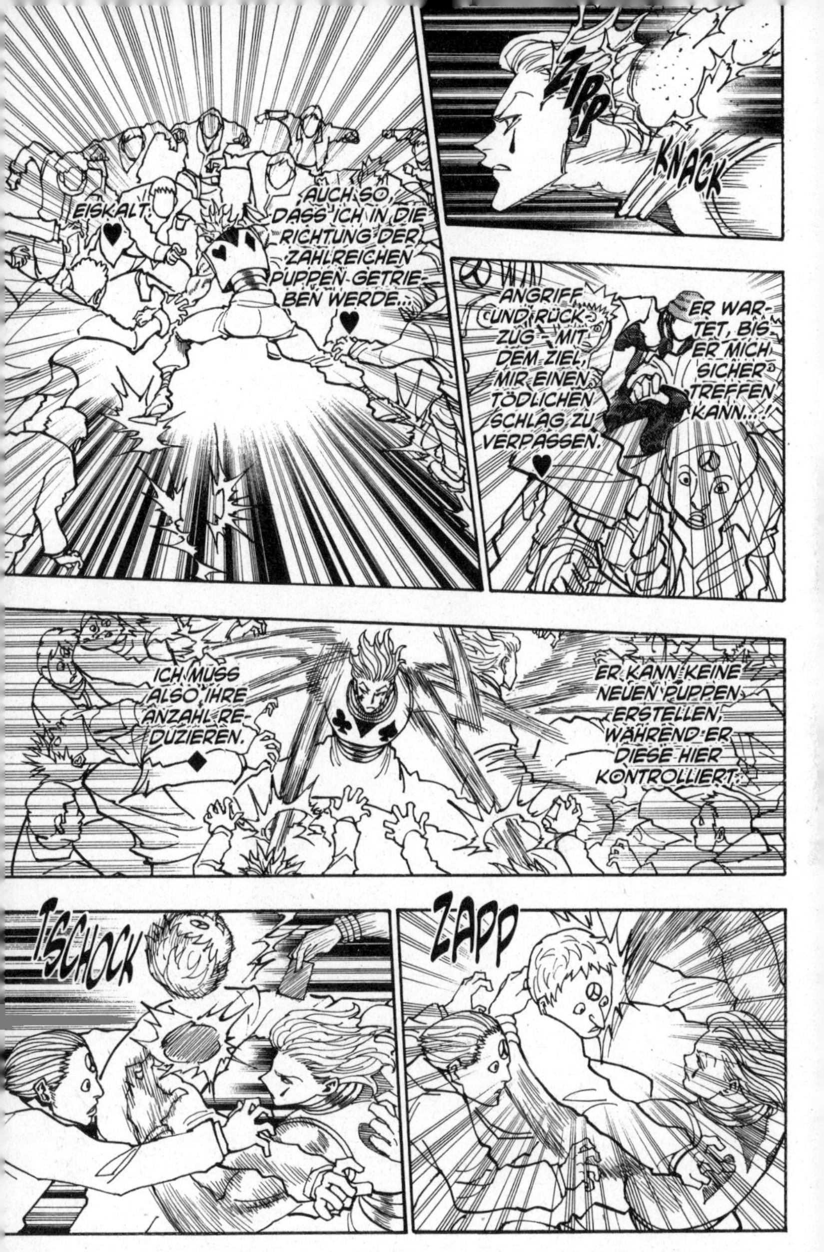
ZIPP
KNACK
ER WARTET, BIS ER MICH SICHER TREFFEN KANN...!
ANGRIFF UND RÜCKZUG - MIT DEM ZIEL, MIR EINEN TÖDLICHEN SCHLAG ZU VERPASSEN. ♥
AUCH SO, DASS ICH IN DIE RICHTUNG DER ZAHLREICHEN PUPPEN GETRIEBEN WERDE... ♥
EISKALT. ♥
ER KANN KEINE NEUEN PUPPEN ERSTELLEN, WÄHREND ER DIESE HIER KONTROLLIERT.
ICH MUSS ALSO IHRE ANZAHL REDUZIEREN. ♦
ZAPP
TSCHOCK

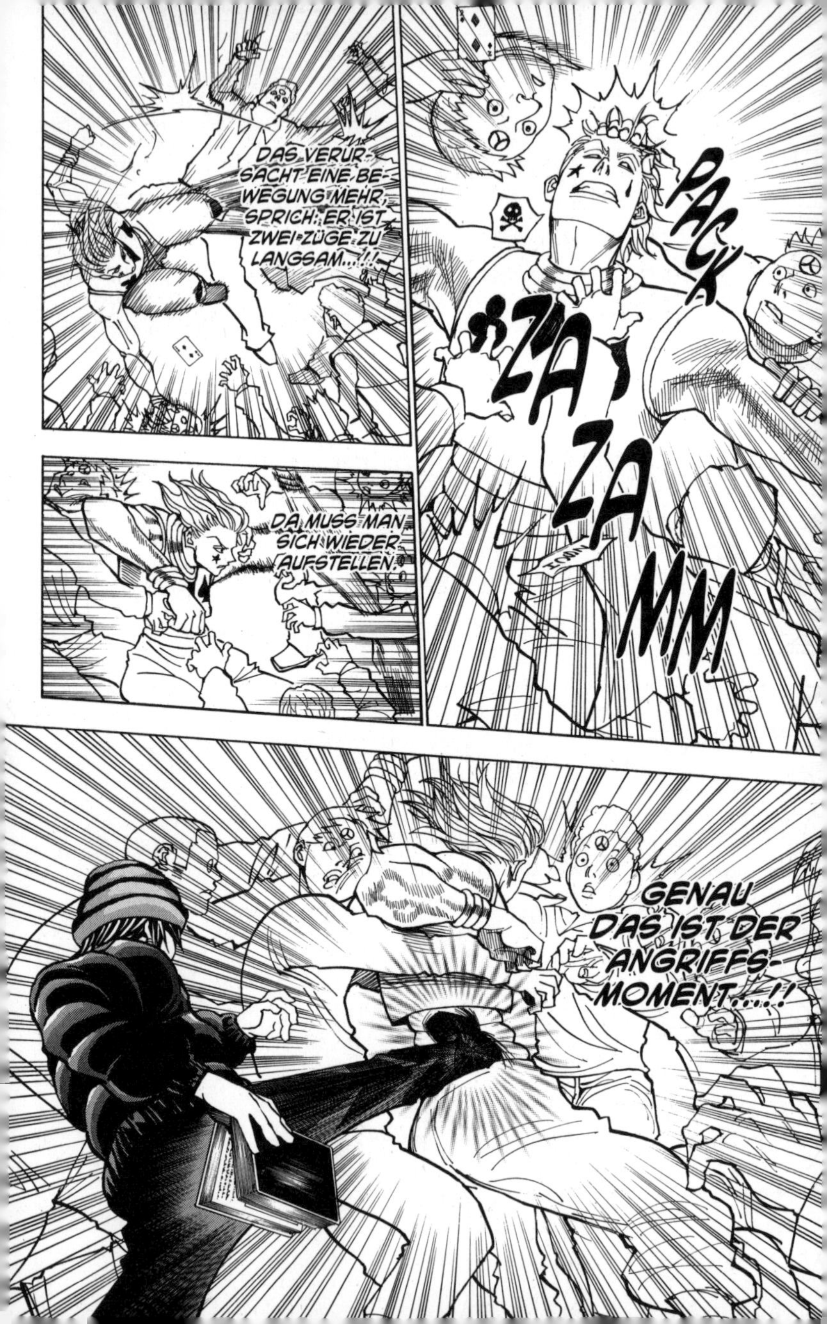
PACK
ZAZAZAMM
DAS VERURSACHT EINE BEWEGUNG MEHR, SPRICH: ER IST ZWEI ZÜGE ZU LANGSAM...!!
DA MUSS MAN SICH WIEDER AUFSTELLEN.
GENAU DAS IST DER ANGRIFFSMOMENT...!!

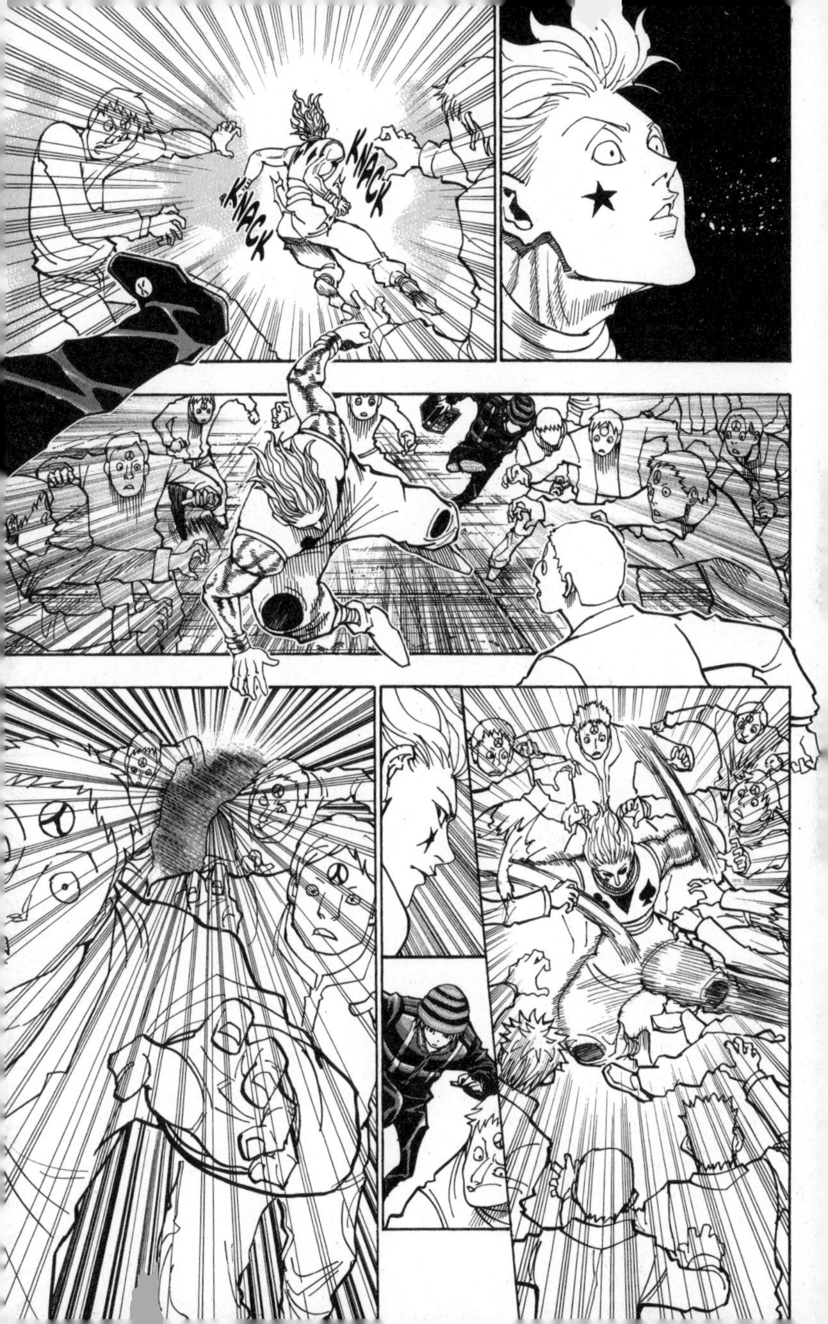
KNACK
KNACK

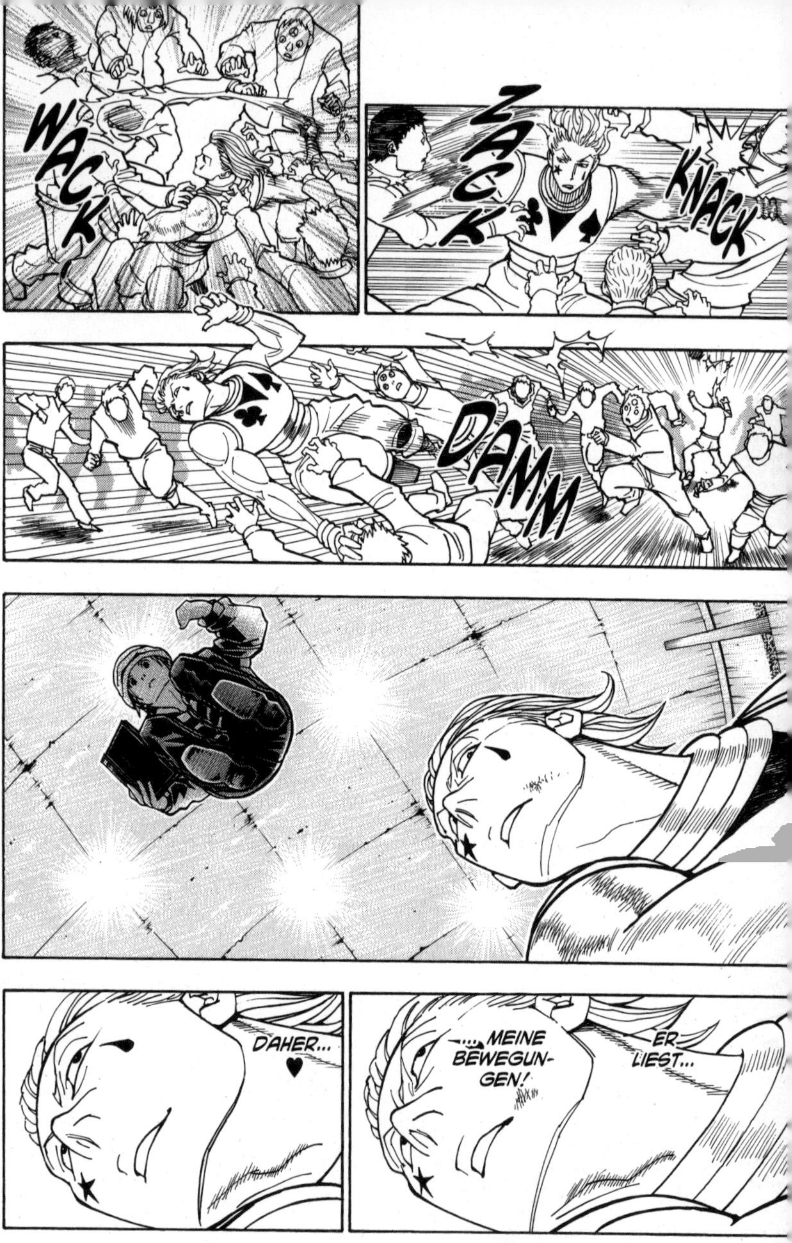
ZACK
KNACK
WACK
DAMM
ER LIEST...
...MEINE BEWEGUNGEN!
DAHER... ♥

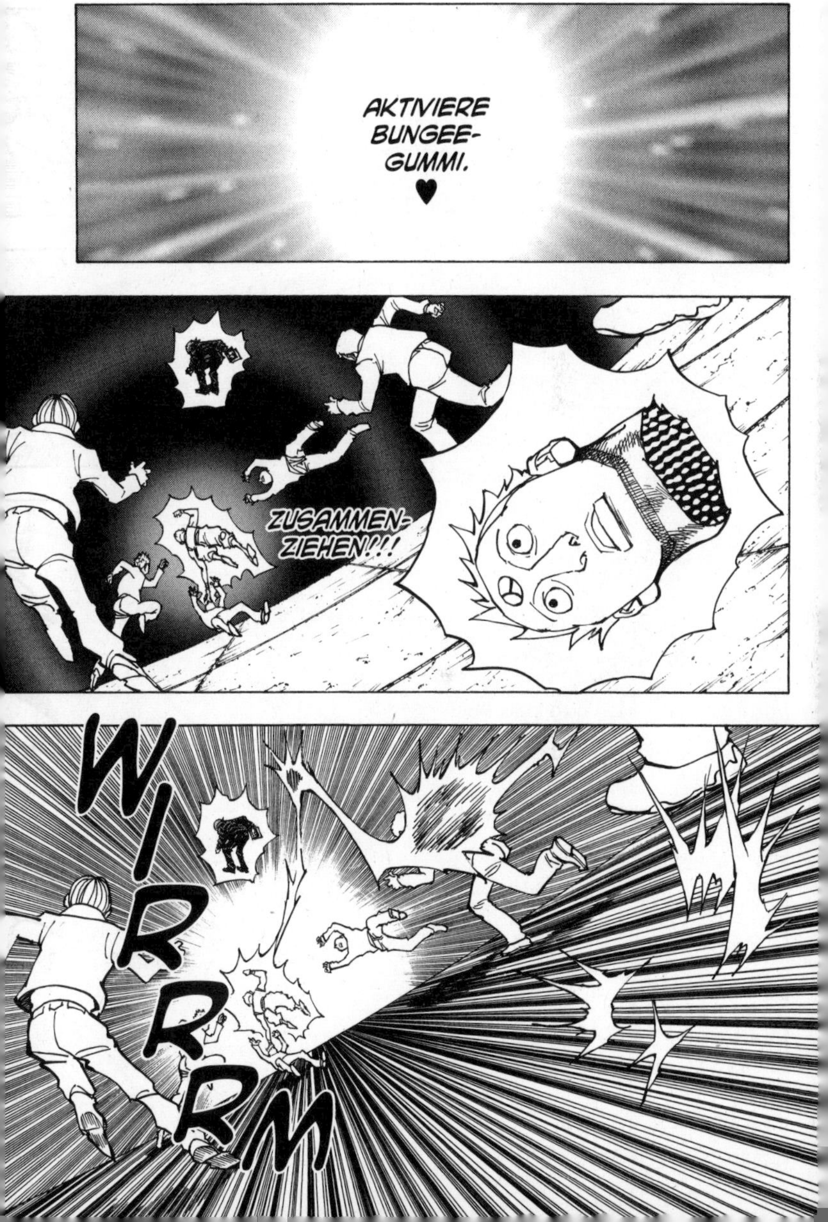
AKTIVIERE BUNGEE-GUMMI. ♥
ZUSAMMEN-ZIEHEN!!!
WIRRRM

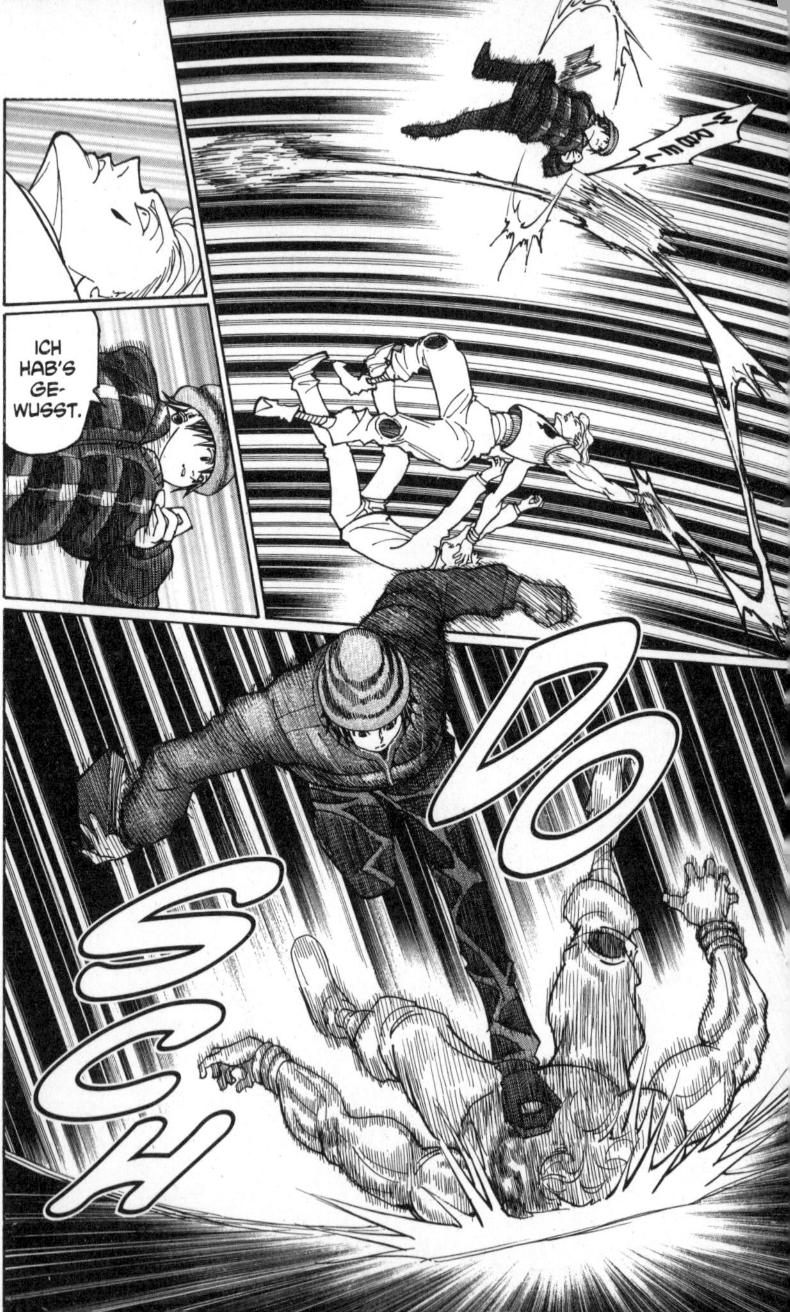
ICH HAB'S GE-WUSST.
DO
SCH

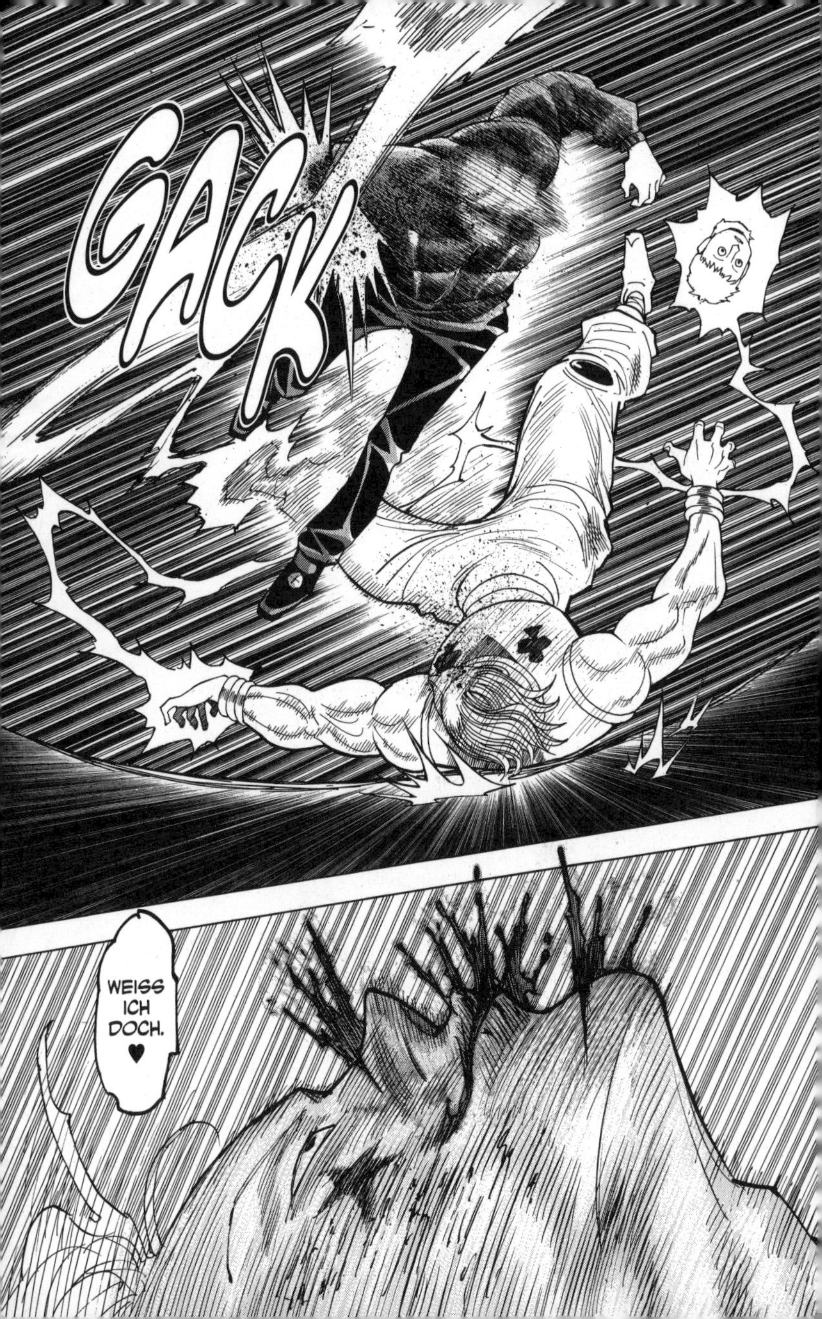
GACK
WEISS ICH DOCH. ♥

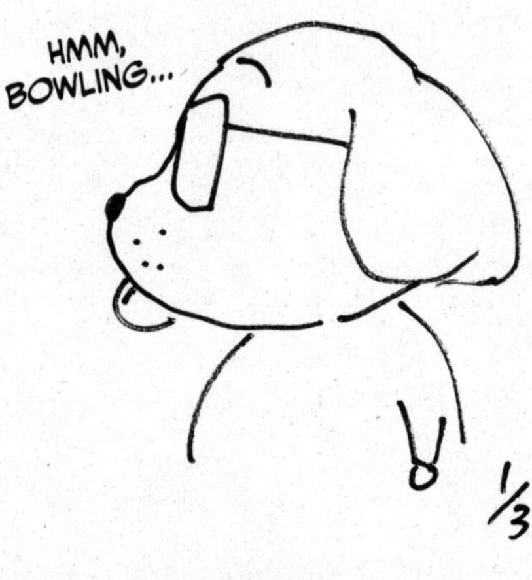
HMM,
BOWLING...
1/3

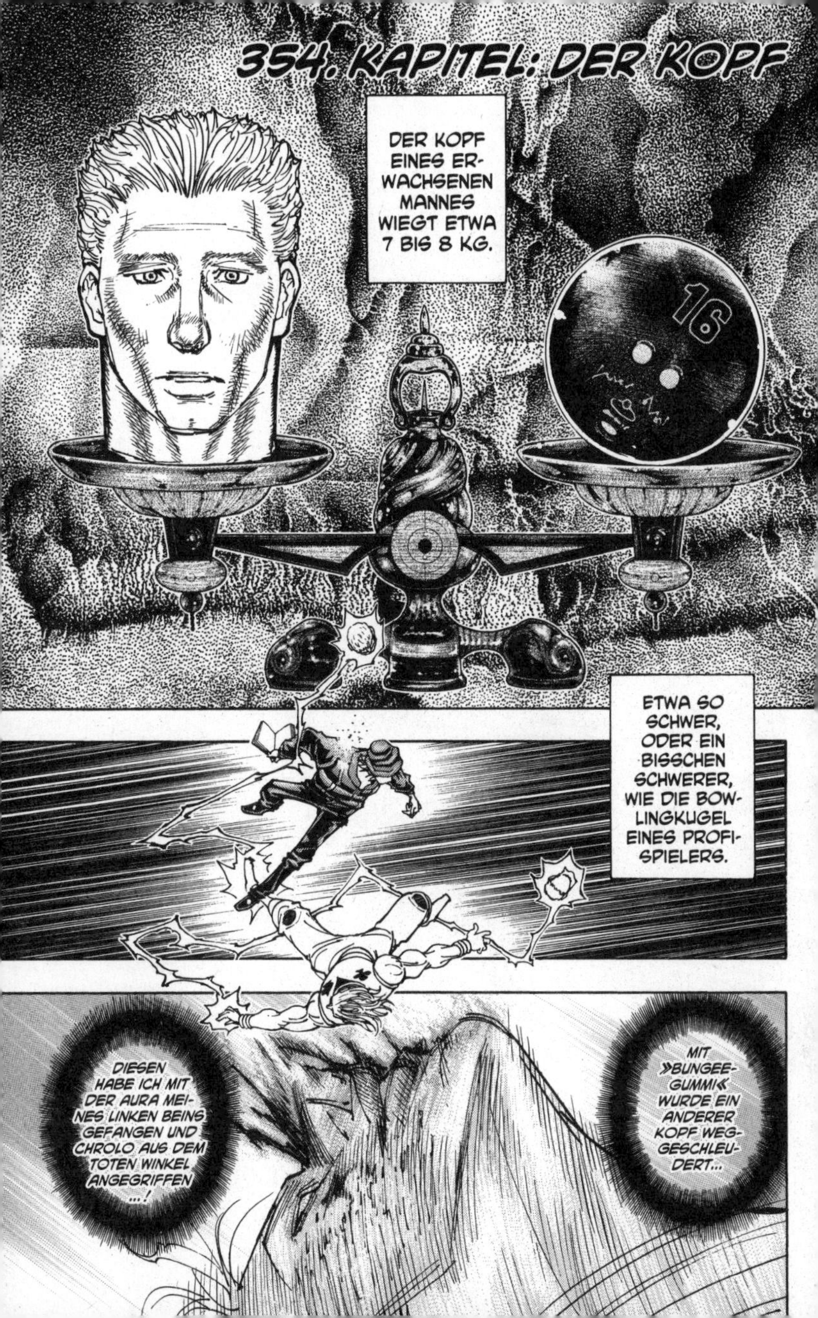
354. KAPITEL: DER KOPF
DER KOPF EINES ERWACHSENEN MANNES WIEGT ETWA 7 BIS 8 KG.
16
ETWA SO SCHWER, ODER EIN BISSCHEN SCHWERER, WIE DIE BOWLINGKUGEL EINES PROFISPIELERS.
MIT »BUNGEE-GUMMI« WURDE EIN ANDERER KOPF WEGGESCHLEUDERT…
DIESEN HABE ICH MIT DER AURA MEINES LINKEN BEINS GEFANGEN UND CHROLO AUS DEM TOTEN WINKEL ANGEGRIFFEN …!

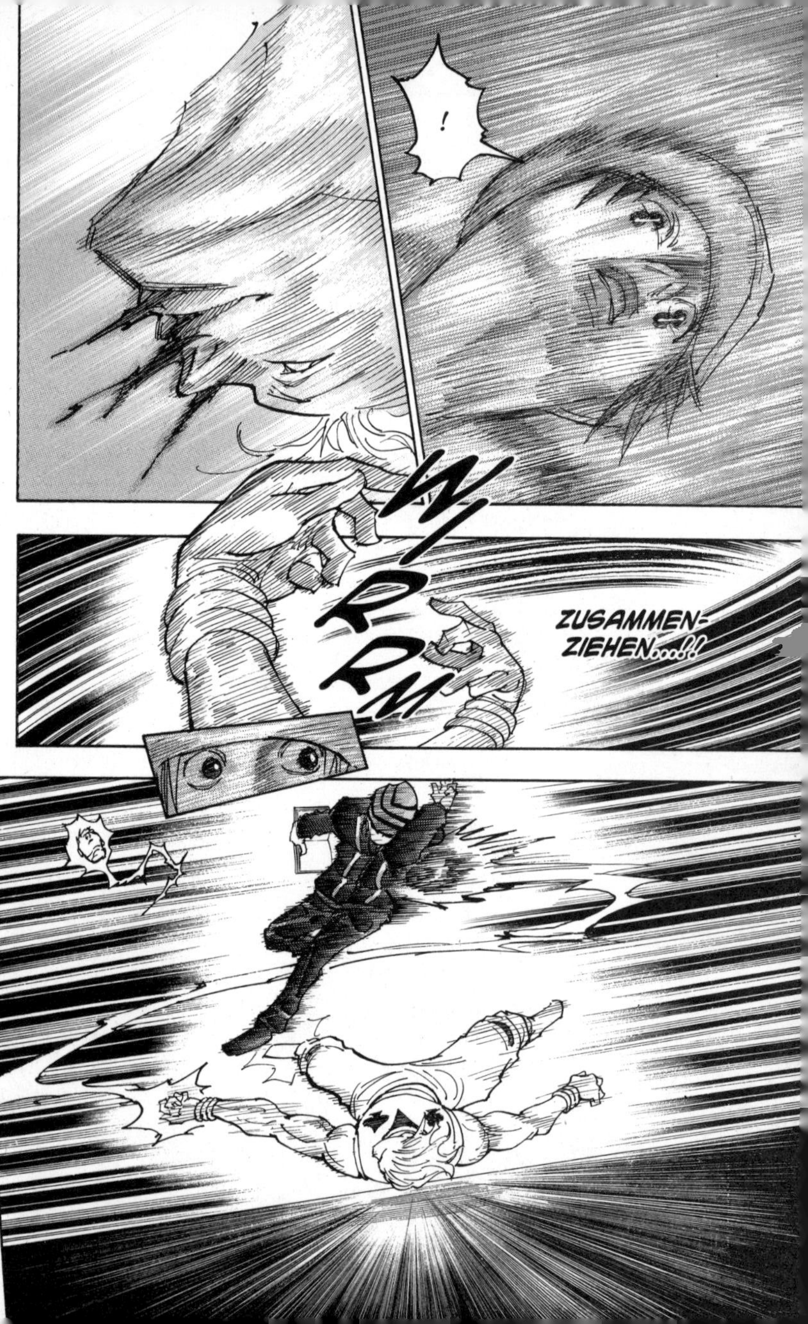
!
WIRRM
ZUSAMMEN-
ZIEHEN...!!

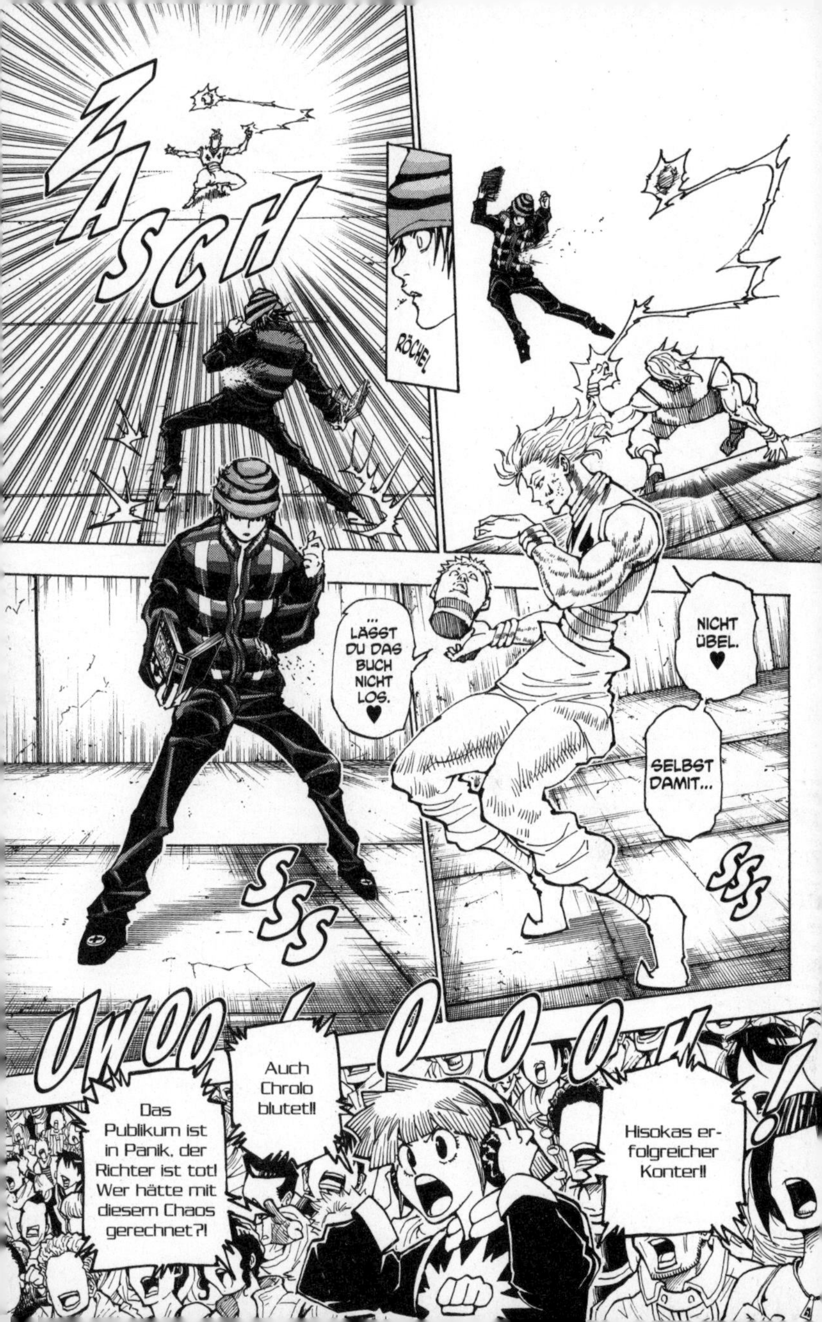
ZASCH
RÖCHEL
NICHT ÜBEL. ♥
SELBST DAMIT...
... LÄSST DU DAS BUCH NICHT LOS. ♥
SSS
SSS
UWOOOOOOH!
Hisokas erfolgreicher Konter!!
Auch Chrolo blutet!!
Das Publikum ist in Panik, der Richter ist tot! Wer hätte mit diesem Chaos gerechnet?!

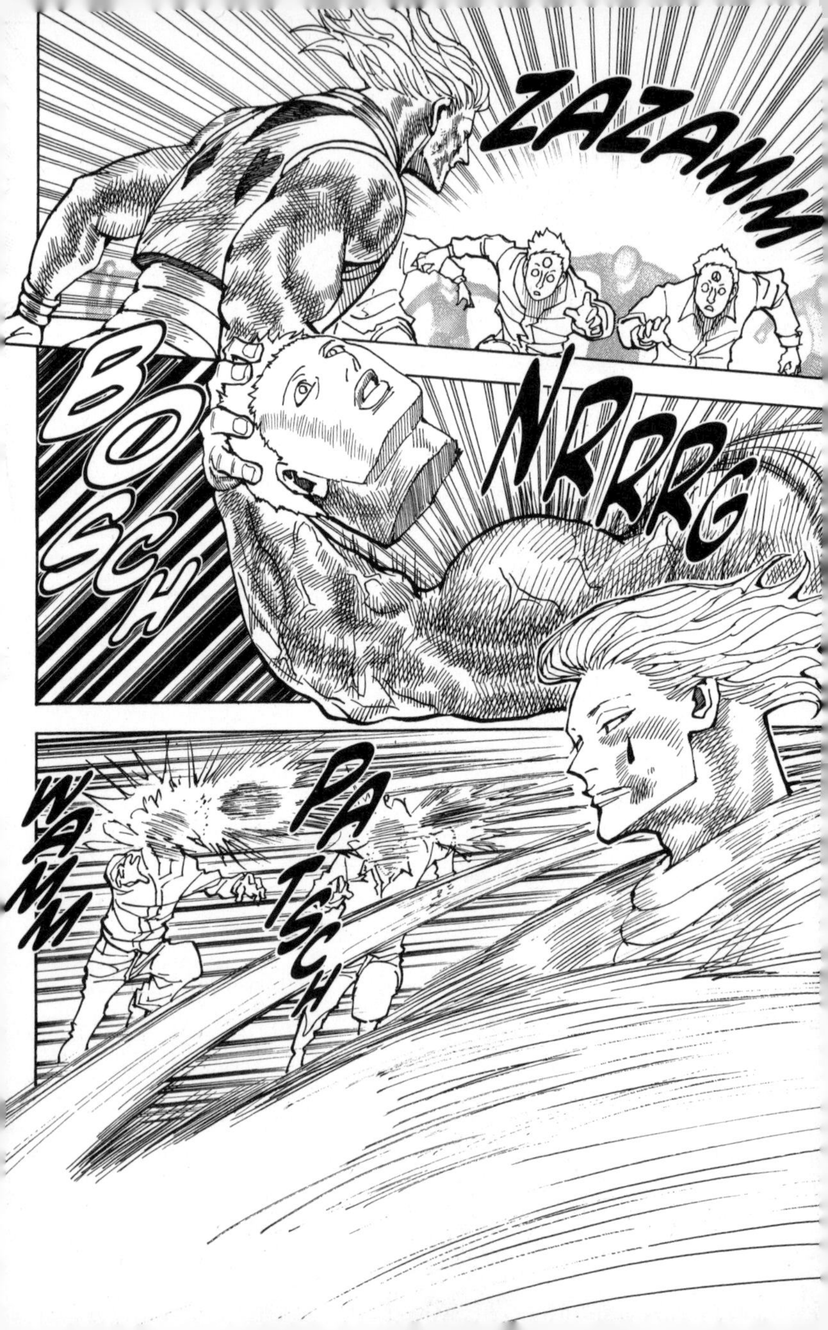
ZAZAMM
BOSCH
NRRRG
PATSCH
WAMM

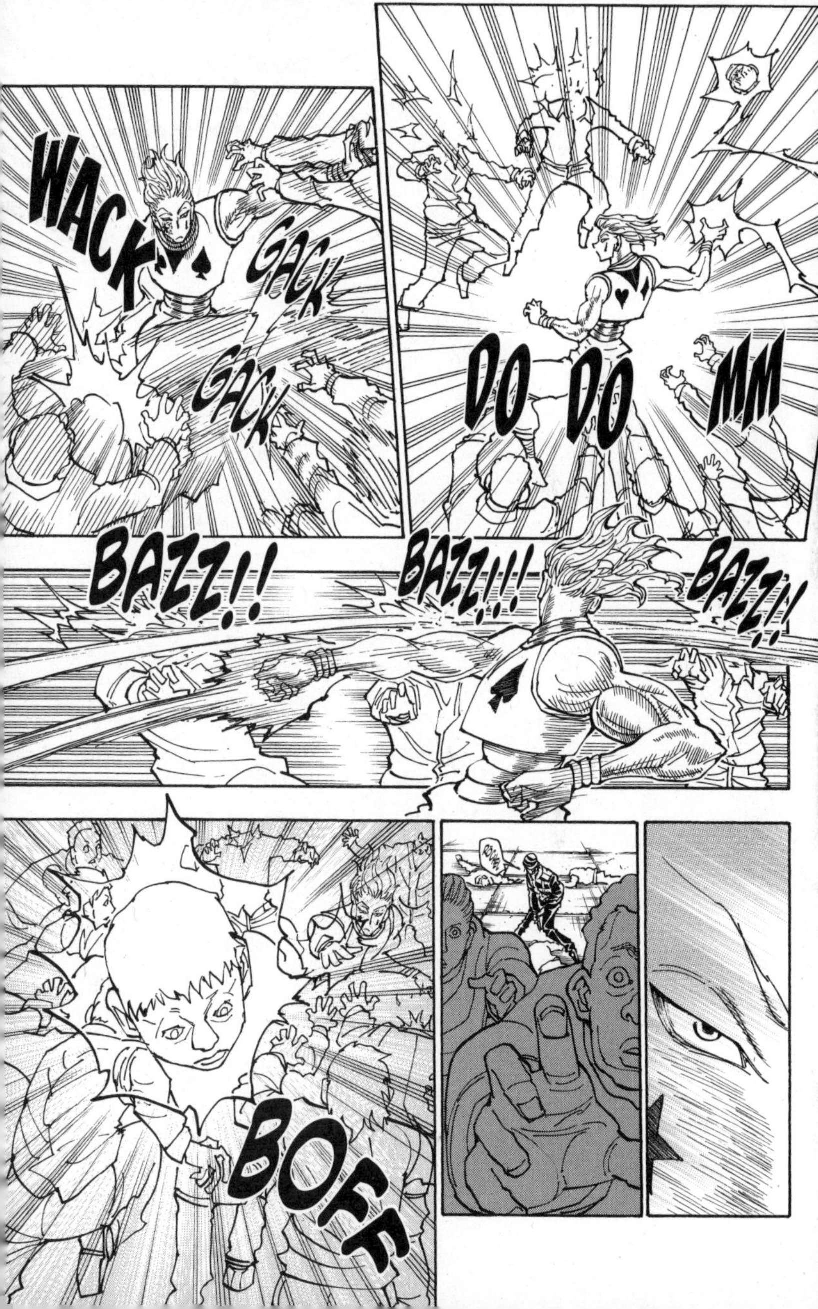
DO DO MM
WACK
GACK
GACK
BAZZ!!
BAZZ!!!
BAZZ!!
BOFF

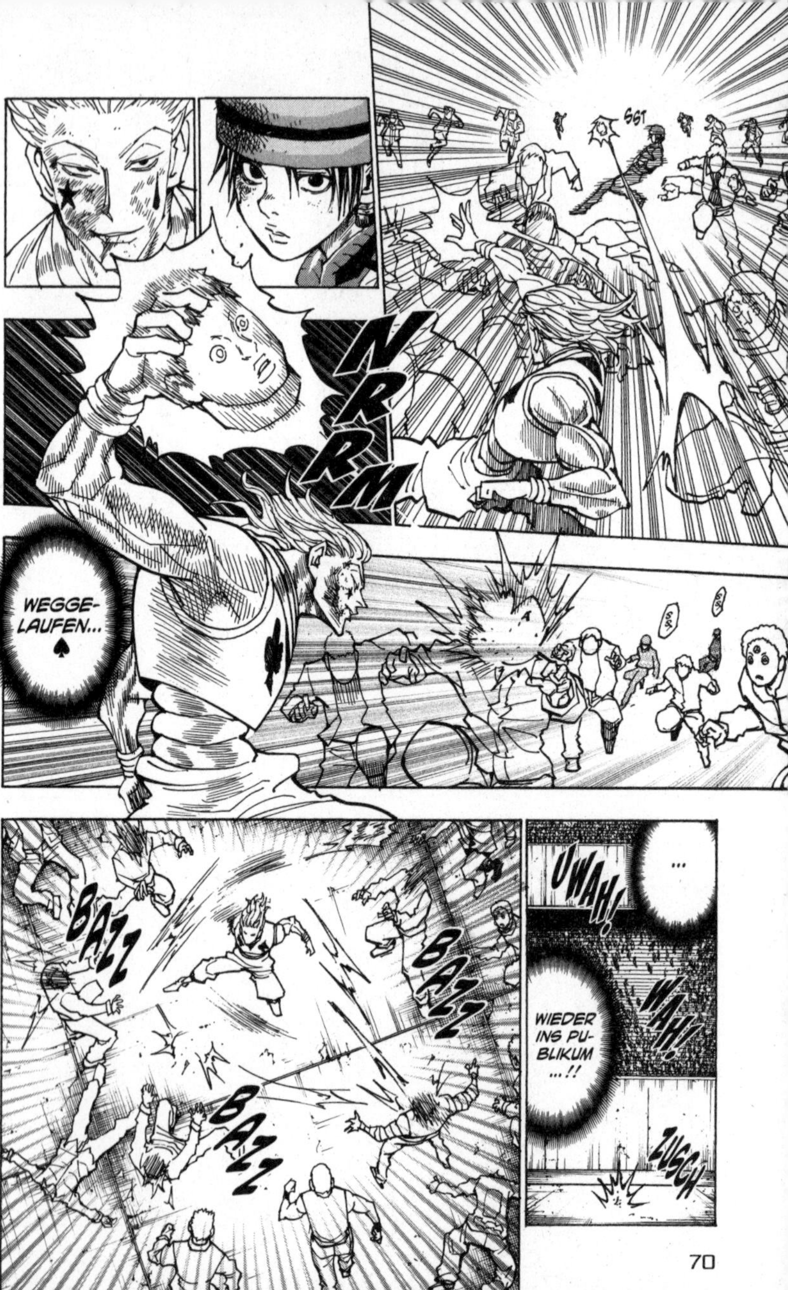
SST
NRRM
WEGGE-
LAUFEN... ♠
...
UWAH!
WAH!
WIEDER
INS PU-
BLIKUM
...!!
ZUSCH
BAZZ
BAZZ
BAZZ

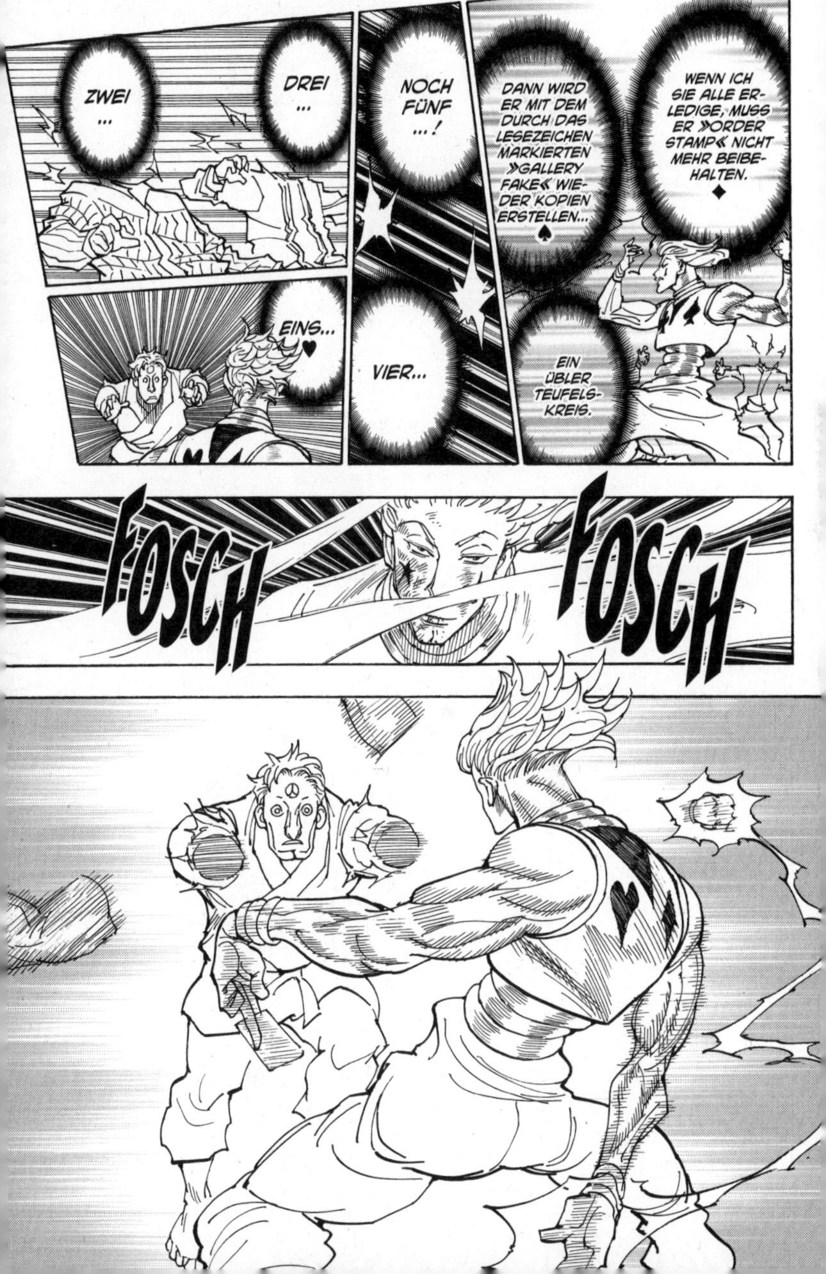
WENN ICH SIE ALLE ERLEDIGE, MUSS ER »ORDER STAMP« NICHT MEHR BEIBEHALTEN. ♦
DANN WIRD ER MIT DEM DURCH DAS LESEZEICHEN MARKIERTEN »GALLERY FAKE« WIEDER KOPIEN ERSTELLEN... ♠
EIN ÜBLER TEUFELSKREIS.
NOCH FÜNF ...!
VIER...
DREI ...
ZWEI ...
EINS... ♥
FOSCH
FOSCH

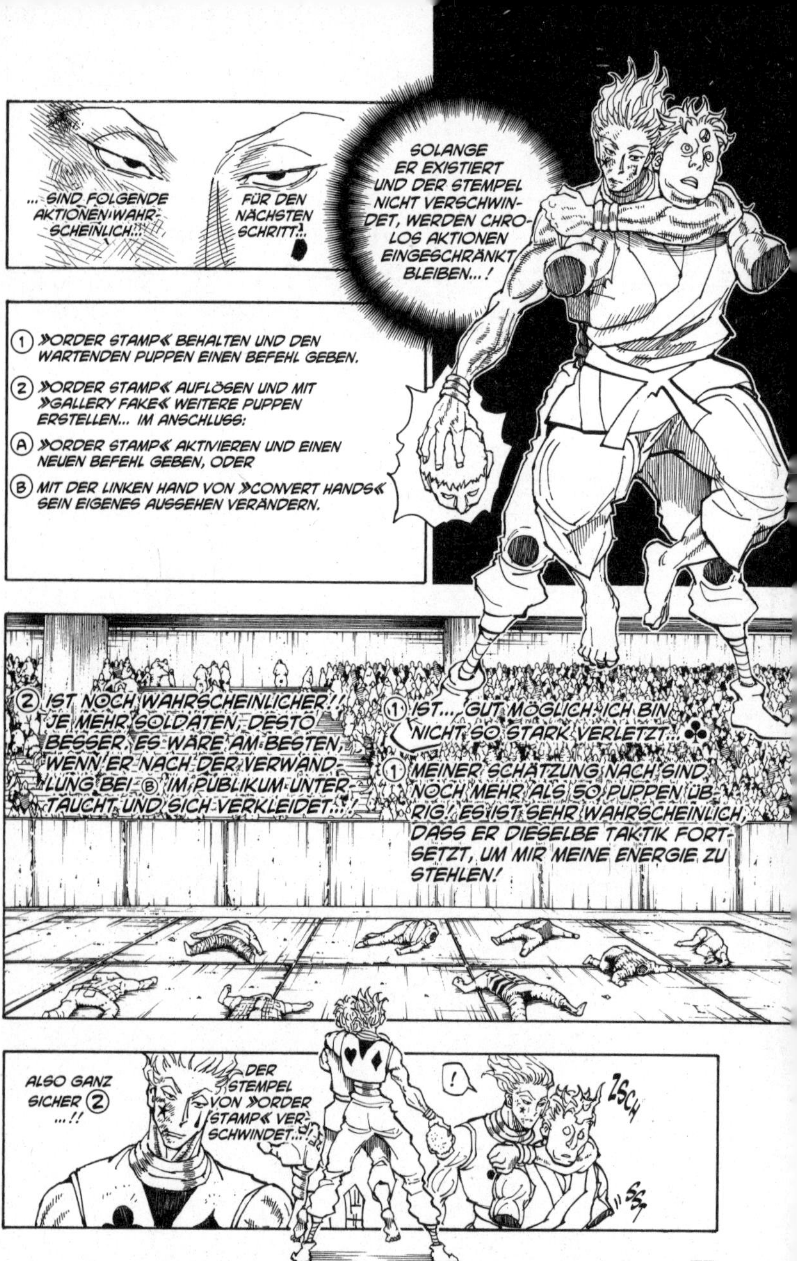

SOLANGE ER EXISTIERT UND DER STEMPEL NICHT VERSCHWINDET, WERDEN CHROLOS AKTIONEN EINGESCHRÄNKT BLEIBEN...!
FÜR DEN NÄCHSTEN SCHRITT...
... SIND FOLGENDE AKTIONEN WAHRSCHEINLICH...
(1) »ORDER STAMP« BEHALTEN UND DEN WARTENDEN PUPPEN EINEN BEFEHL GEBEN.
(2) »ORDER STAMP« AUFLÖSEN UND MIT »GALLERY FAKE« WEITERE PUPPEN ERSTELLEN... IM ANSCHLUSS:
(A) »ORDER STAMP« AKTIVIEREN UND EINEN NEUEN BEFEHL GEBEN, ODER
(B) MIT DER LINKEN HAND VON »CONVERT HANDS« SEIN EIGENES AUSSEHEN VERÄNDERN.
(1) IST... GUT MÖGLICH. ICH BIN NICHT SO STARK VERLETZT...♣
(1) MEINER SCHÄTZUNG NACH SIND NOCH MEHR ALS 50 PUPPEN ÜBRIG! ES IST SEHR WAHRSCHEINLICH, DASS ER DIESELBE TAKTIK FORTSETZT, UM MIR MEINE ENERGIE ZU STEHLEN!
(2) IST NOCH WAHRSCHEINLICHER!! JE MEHR SOLDATEN, DESTO BESSER. ES WÄRE AM BESTEN, WENN ER NACH DER VERWANDLUNG BEI (B) IM PUBLIKUM UNTERTAUCHT UND SICH VERKLEIDET...!
!
ZSCH
SST
DER STEMPEL VON »ORDER STAMP« VERSCHWINDET...!
ALSO GANZ SICHER (2) ...!!

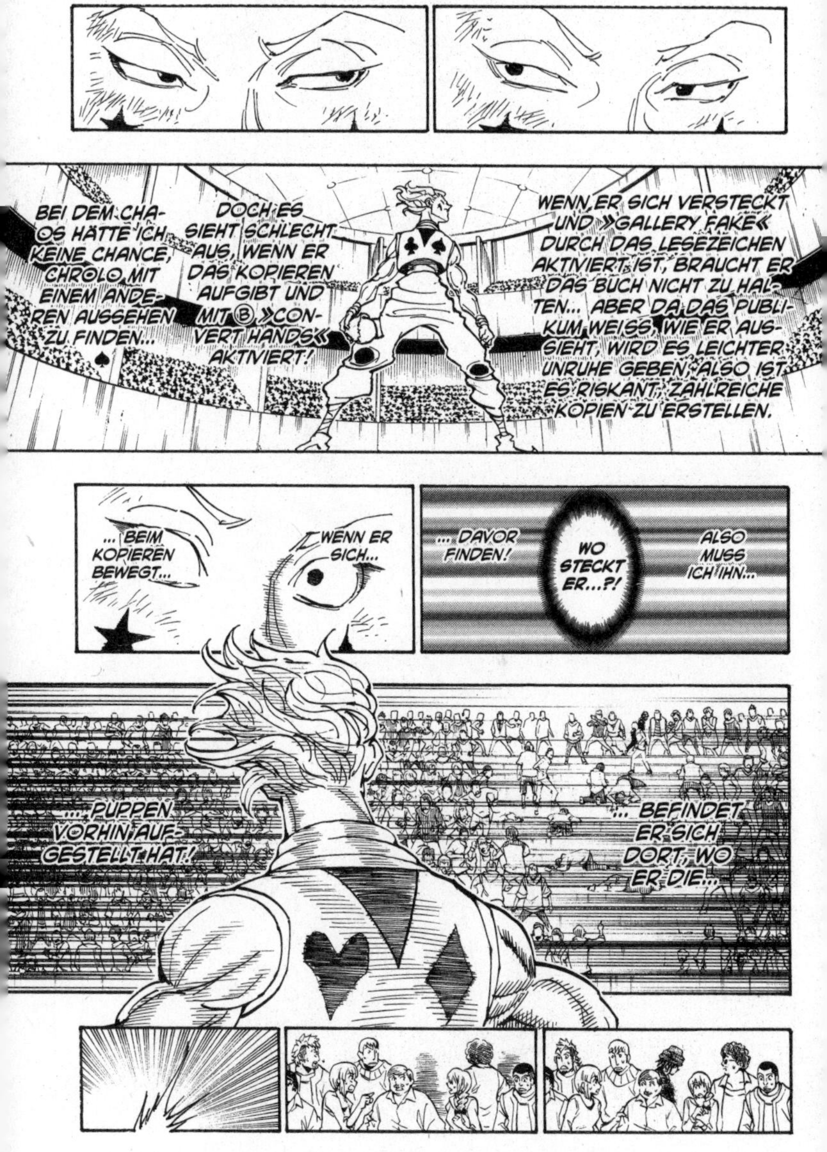
WENN ER SICH VERSTECKT UND »GALLERY FAKE« DURCH DAS LESEZEICHEN AKTIVIERT IST, BRAUCHT ER DAS BUCH NICHT ZU HALTEN... ABER DA DAS PUBLIKUM WEISS, WIE ER AUSSIEHT, WIRD ES LEICHTER UNRUHE GEBEN, ALSO IST ES RISKANT, ZAHLREICHE KOPIEN ZU ERSTELLEN.
BEI DEM CHAOS HÄTTE ICH KEINE CHANCE, CHROLO MIT EINEM ANDEREN AUSSEHEN ZU FINDEN...
DOCH ES SIEHT SCHLECHT AUS, WENN ER DAS KOPIEREN AUFGIBT UND MIT Ⓑ »CONVERT HANDS« AKTIVIERT!
ALSO MUSS ICH IHN...
WO STECKT ER...?!
... DAVOR FINDEN!
WENN ER SICH...
... BEIM KOPIEREN BEWEGT...
... BEFINDET ER SICH DORT, WO ER DIE...
... PUPPEN VORHIN AUFGESTELLT HAT!

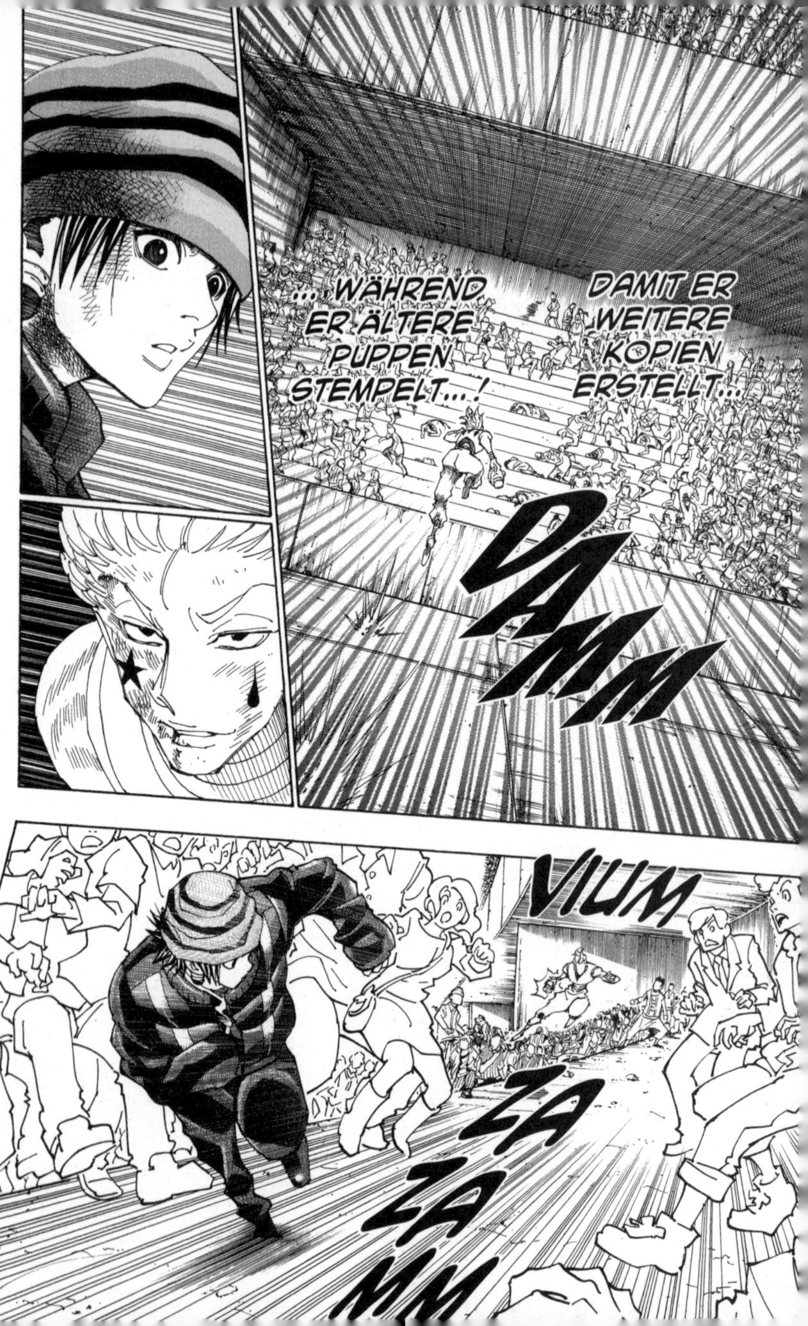
DAMIT ER WEITERE KOPIEN ERSTELLT...
... WÄHREND ER ÄLTERE PUPPEN STEMPELT...!
DAMM
VIUM
ZA ZA ZAMM

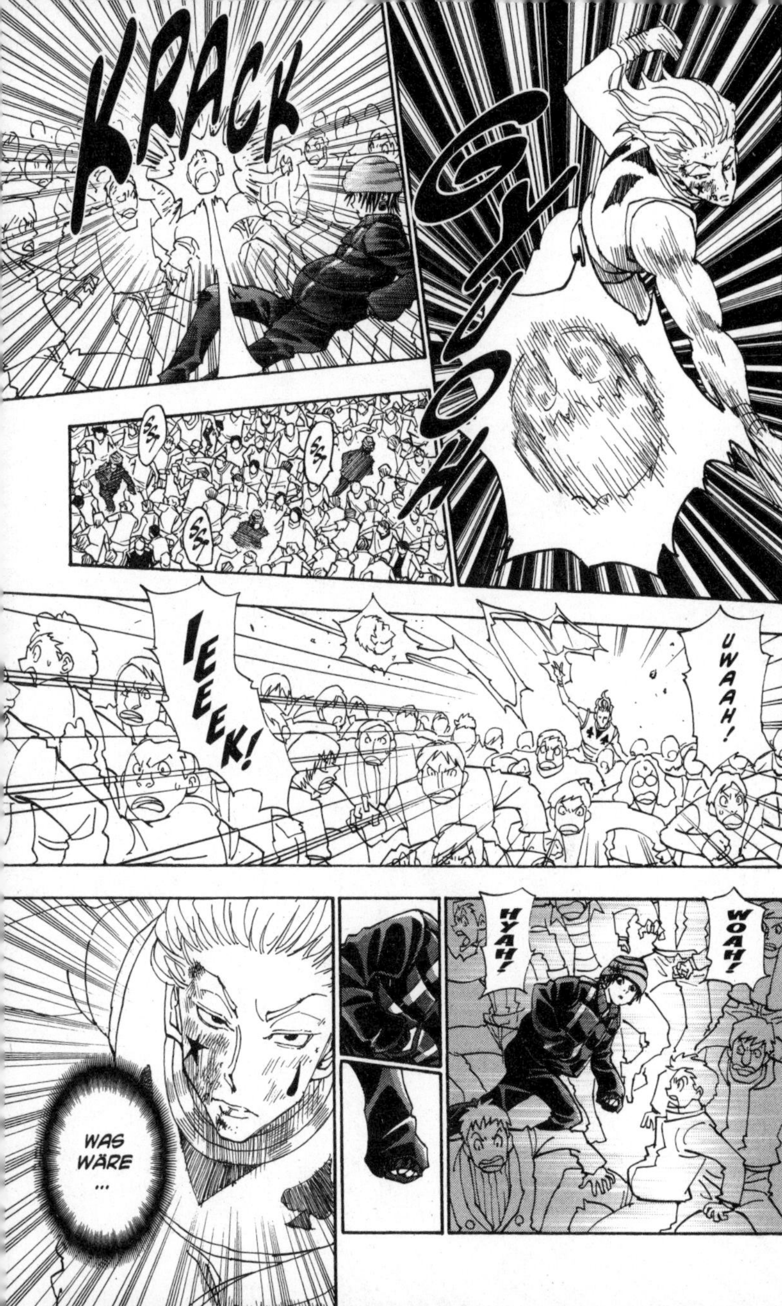
KRACK
IEEEK!
UWAAAH!
WOAH!
HYAH!
WAS WÄRE ...

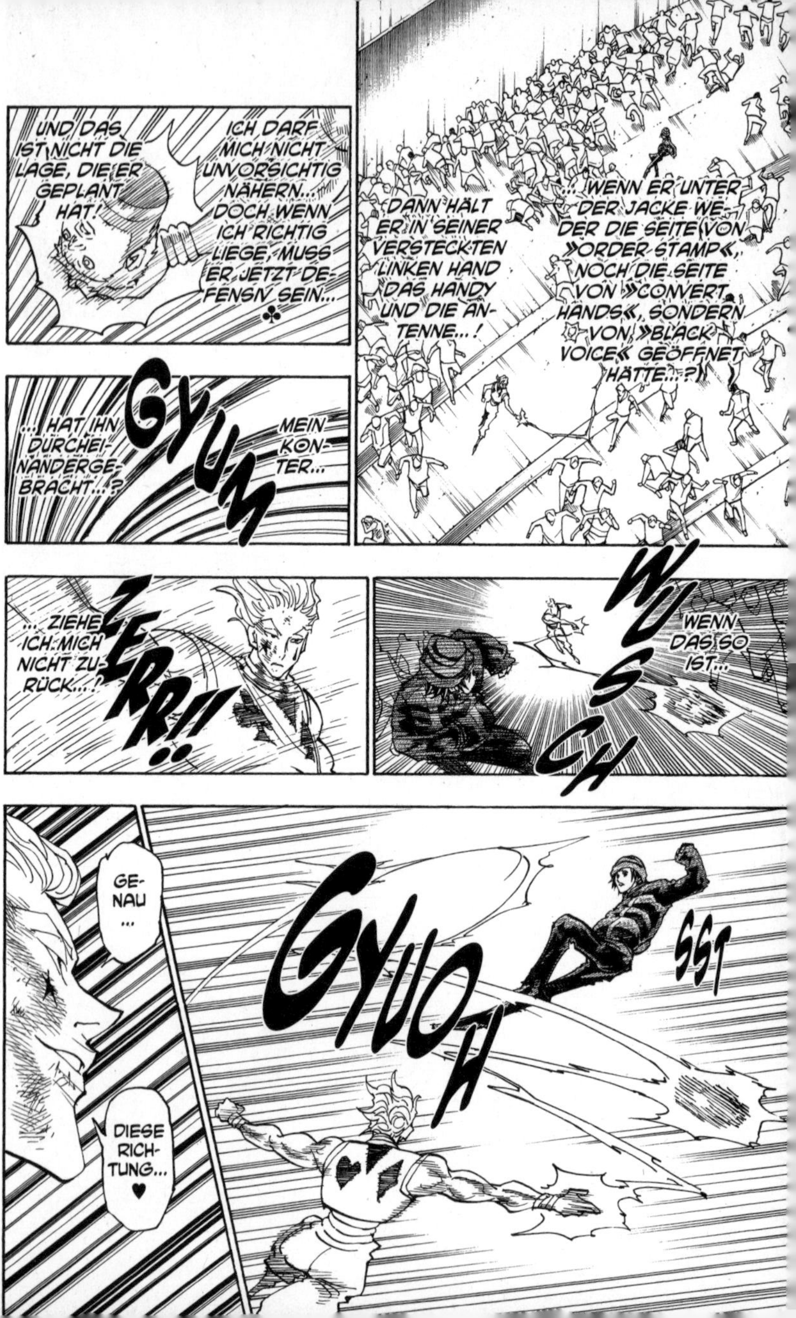
... WENN ER UNTER DER JACKE WEDER DIE SEITE VON »ORDER STAMP«, NOCH DIE SEITE VON »CONVERT HANDS«, SONDERN VON »BLACK VOICE« GEÖFFNET HÄTTE...?
DANN HÄLT ER IN SEINER VERSTECKTEN LINKEN HAND DAS HANDY UND DIE ANTENNE...!
ICH DARF MICH NICHT UNVORSICHTIG NÄHERN... DOCH WENN ICH RICHTIG LIEGE, MUSS ER JETZT DEFENSIV SEIN... ♣
UND DAS IST NICHT DIE LAGE, DIE ER GEPLANT HAT!
MEIN KONTER...
GYUM
... HAT IHN DURCHEINANDERGEBRACHT...?
WENN DAS SO IST...
WUSCH
... ZIEHE ICH MICH NICHT ZURÜCK...!
ZERR!!
SST
GYUOH
GENAU...
DIESE RICHTUNG... ♥

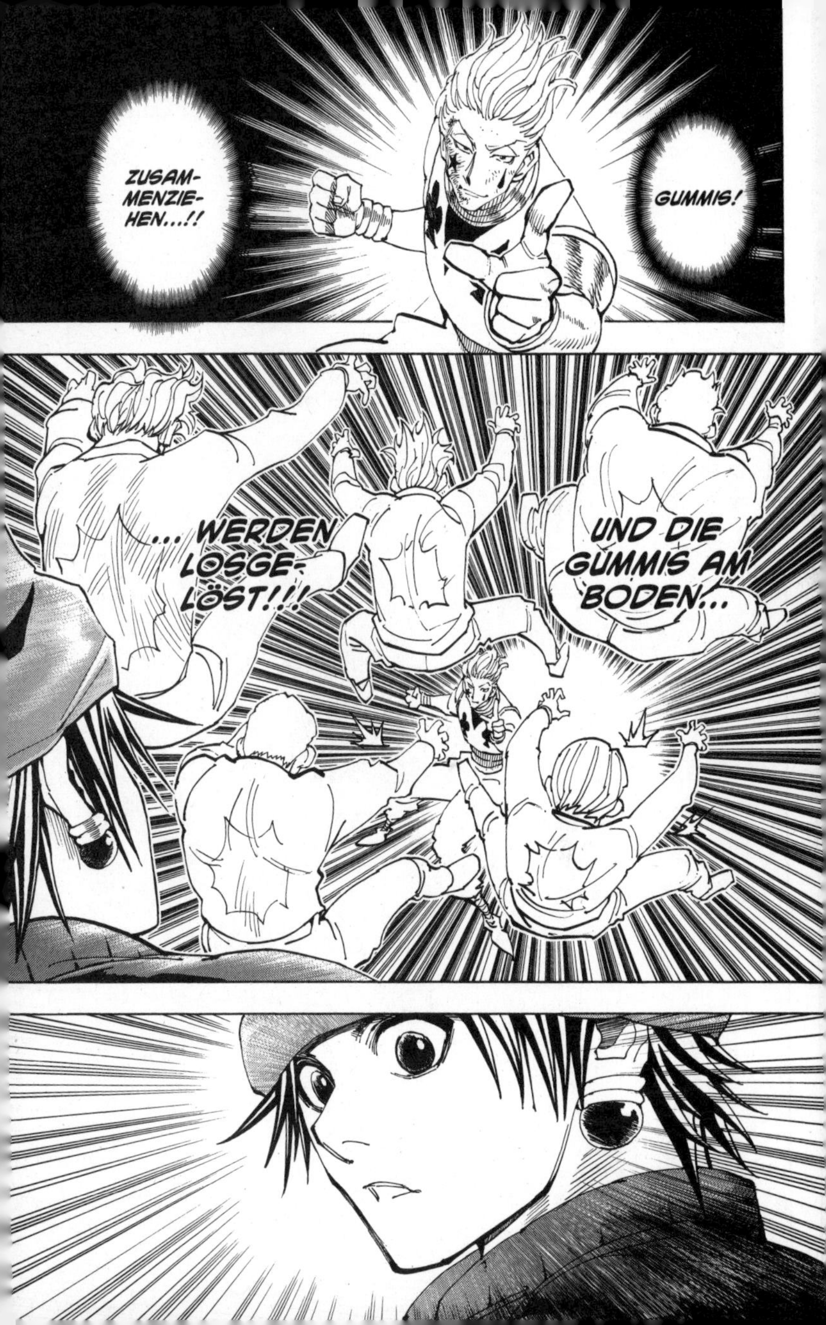
GUMMIS!
ZUSAM-
MENZIE-
HEN...!!
UND DIE
GUMMIS AM
BODEN...
... WERDEN
LOSGE-
LÖST!!!

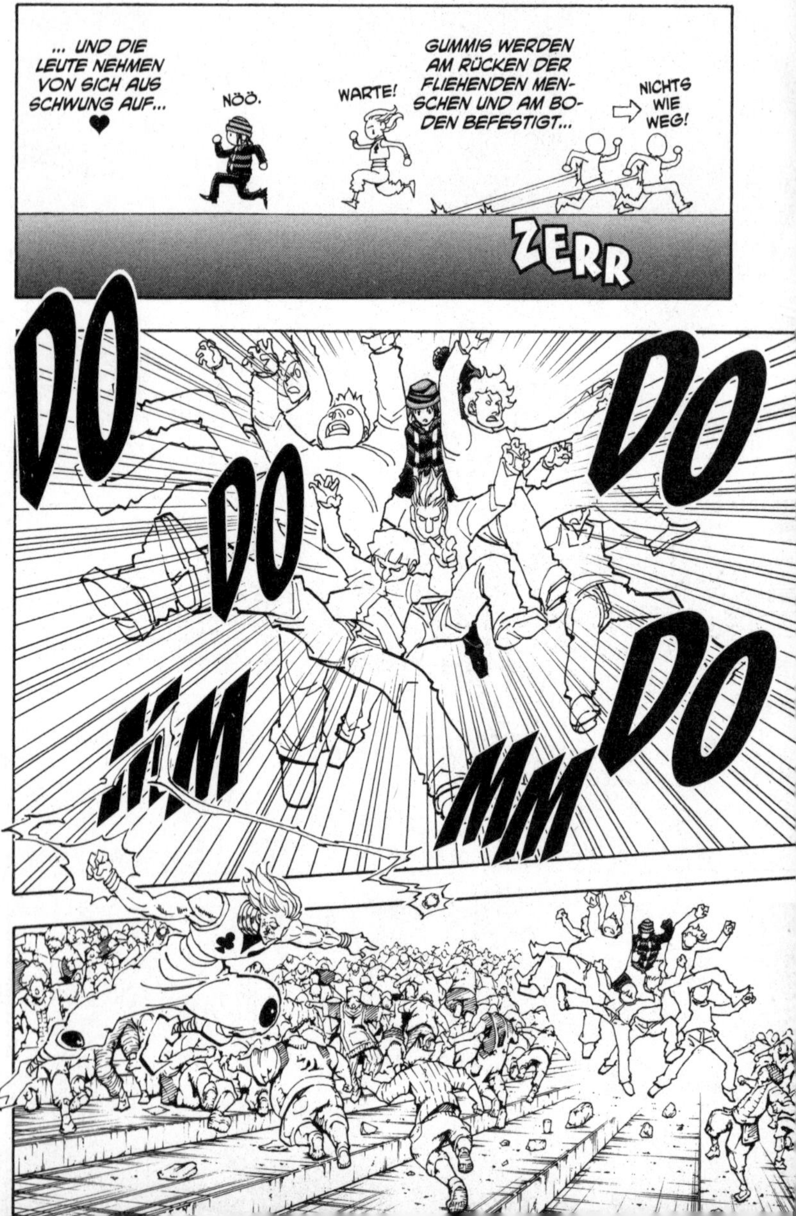

NICHTS WIE WEG!
GUMMIS WERDEN AM RÜCKEN DER FLIEHENDEN MENSCHEN UND AM BODEN BEFESTIGT...
WARTE!
NÖÖ.
... UND DIE LEUTE NEHMEN VON SICH AUS SCHWUNG AUF... ♥
ZERR
DO
DO
DO
DO
MM

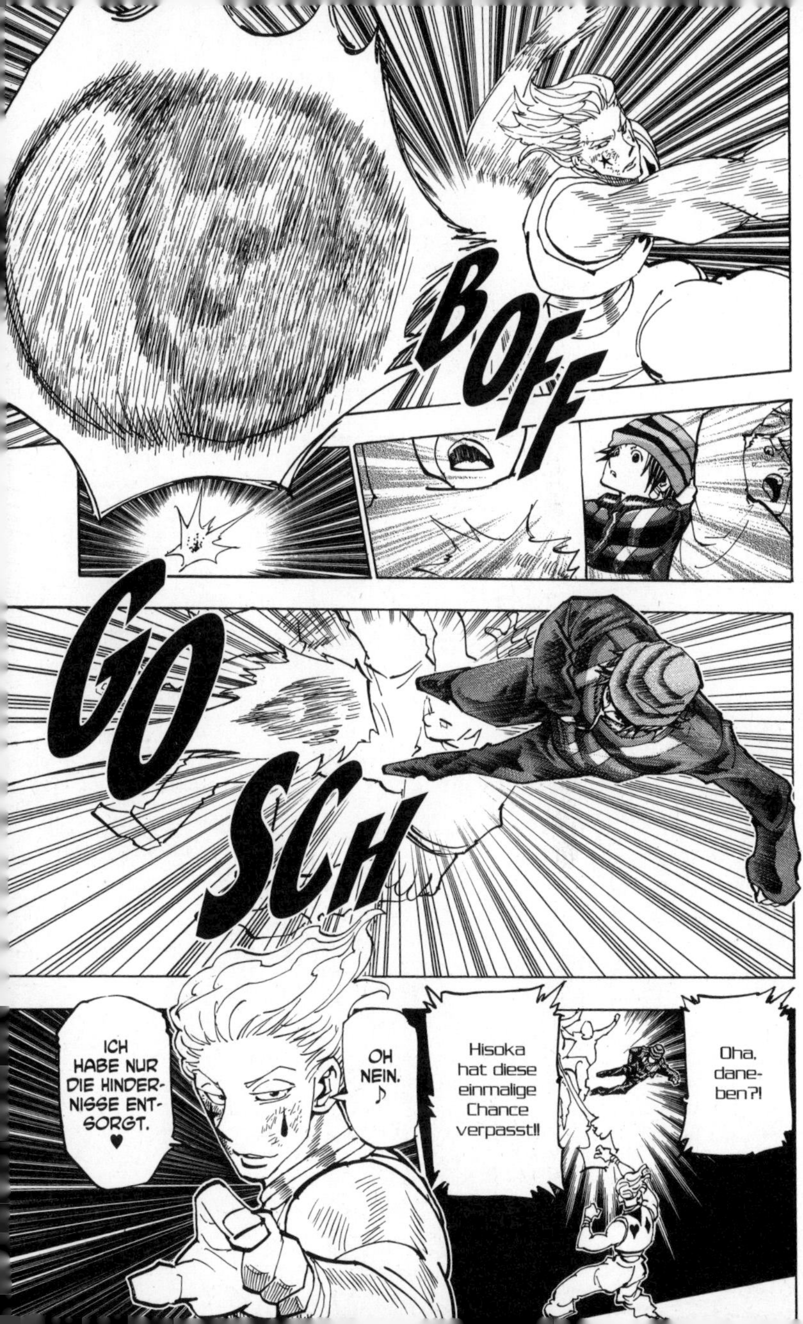
BOFF
GOSCH
Oha, daneben?!
Hisoka hat diese einmalige Chance verpasst!!
OH NEIN. ♪
ICH HABE NUR DIE HINDERNISSE ENTSORGT. ♥

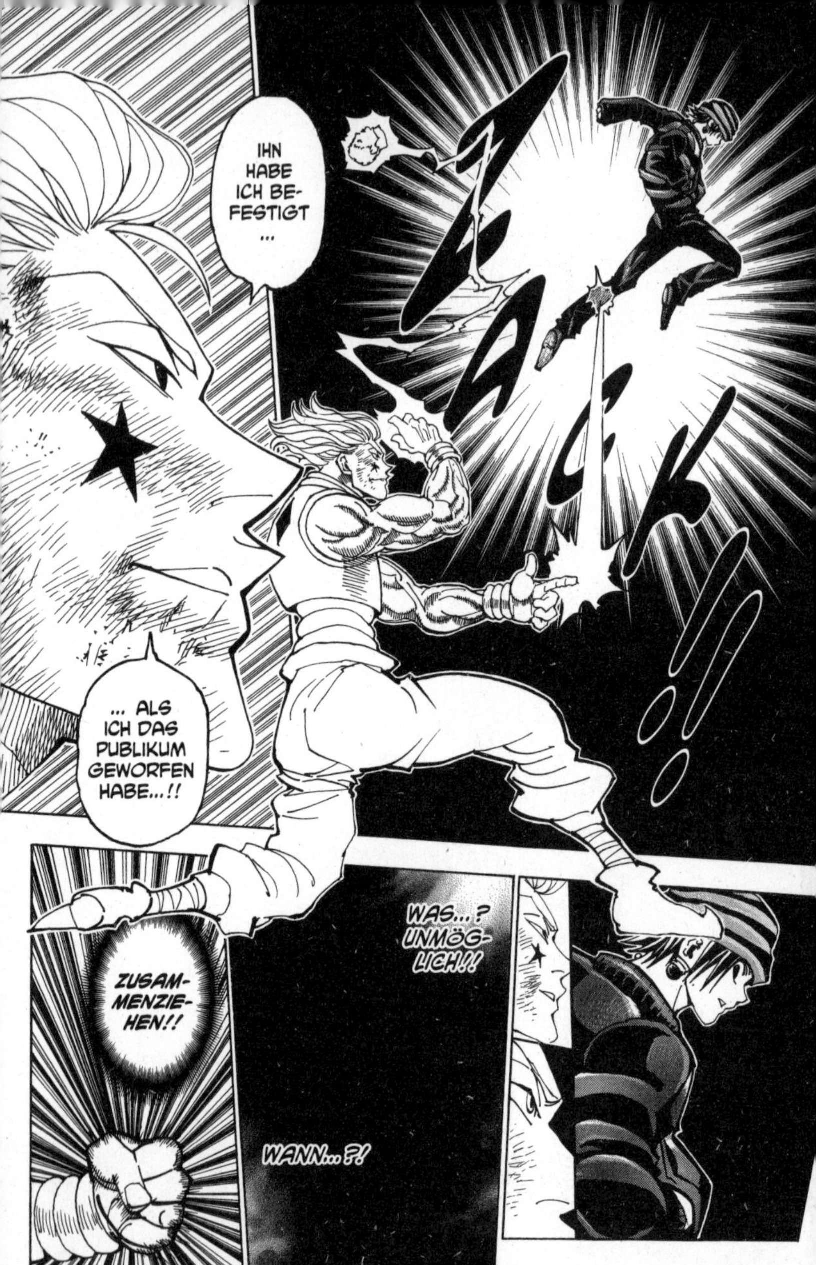

IHN HABE ICH BEFESTIGT ...
... ALS ICH DAS PUBLIKUM GEWORFEN HABE...!!
ZACK!!
WAS...? UNMÖGLICH!!
ZUSAMMENZIEHEN!!
WANN...?!

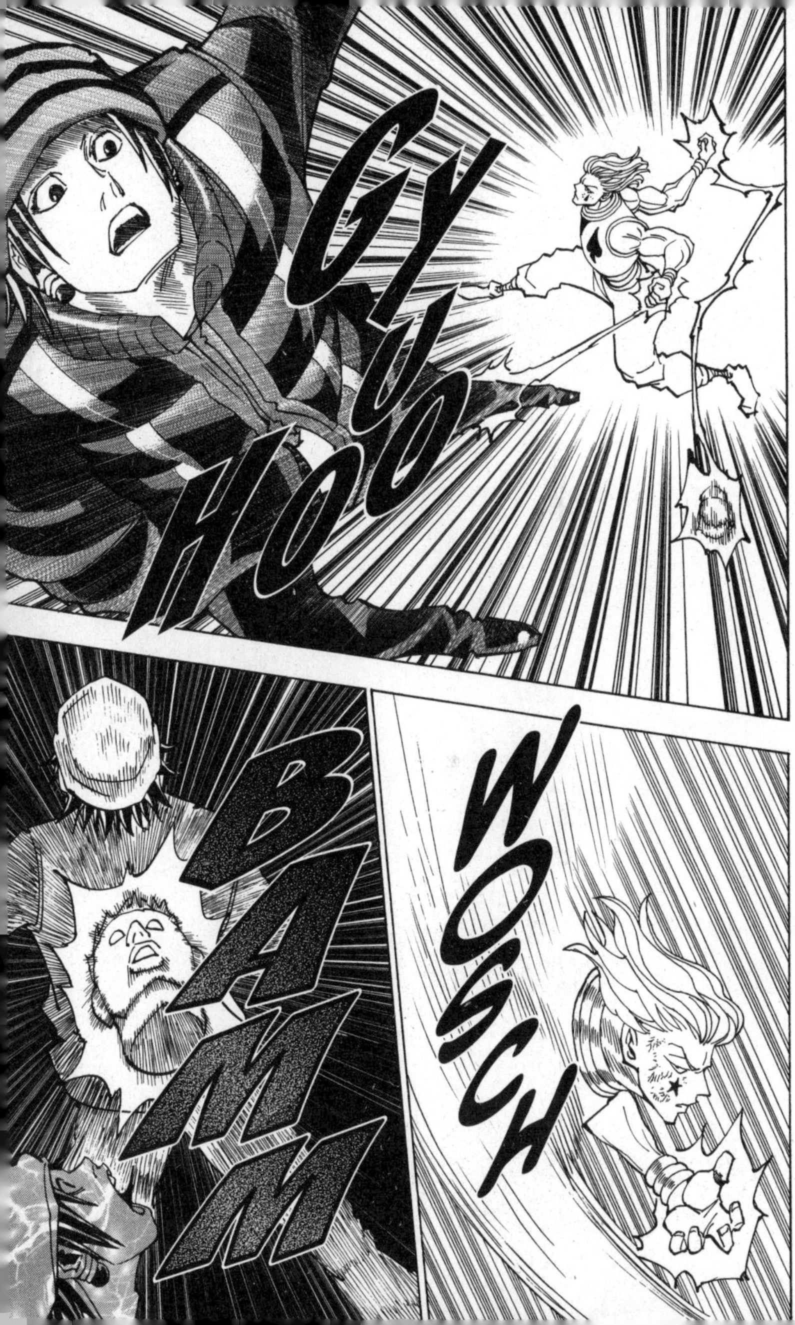
GYUOO
HOO
WOSSCH
BAMM

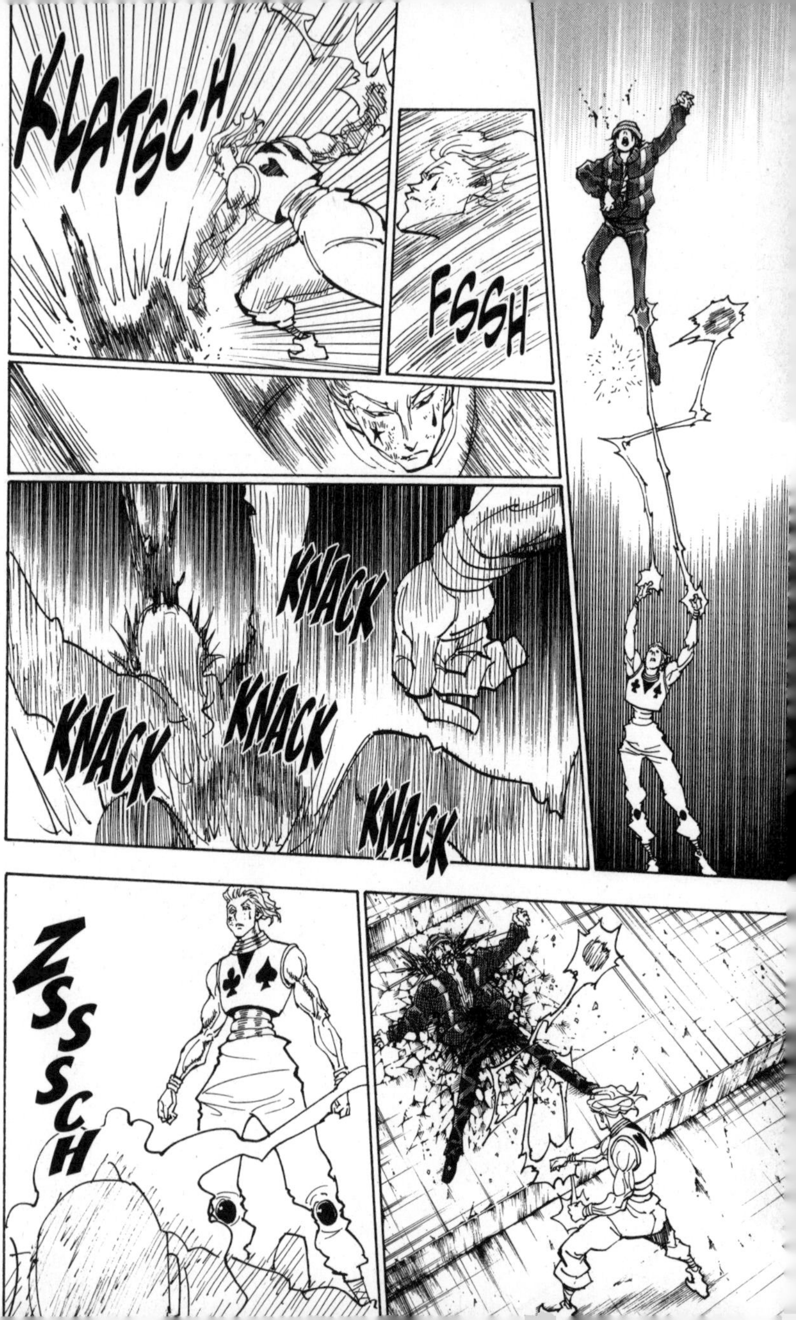
FSSH
KLATSCH
KNACK
KNACK
KNACK
KNACK
ZSSSCH

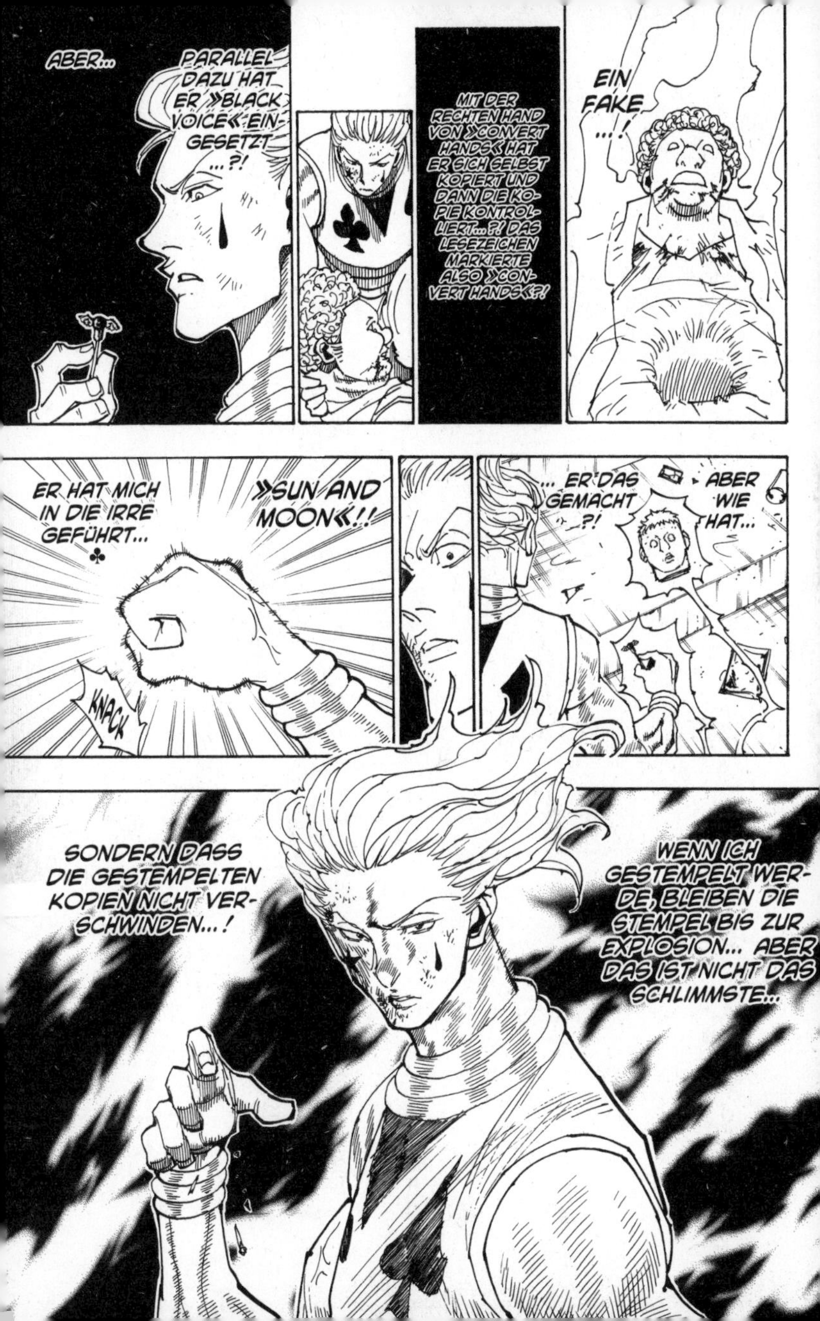
EIN FAKE ...!
MIT DER RECHTEN HAND VON »CONVERT HANDS« HAT ER SICH SELBST KOPIERT UND DANN DIE KOPIE KONTROLLIERT...?! DAS LESEZEICHEN MARKIERTE ALSO »CONVERT HANDS«?!
ABER...
PARALLEL DAZU HAT ER »BLACK VOICE« EINGESETZT ...?!
ABER WIE HAT...
... ER DAS GEMACHT ?!
»SUN AND MOON«!!
ER HAT MICH IN DIE IRRE GEFÜHRT... ♣
KNACK
WENN ICH GESTEMPELT WERDE, BLEIBEN DIE STEMPEL BIS ZUR EXPLOSION... ABER DAS IST NICHT DAS SCHLIMMSTE...
SONDERN DASS DIE GESTEMPELTEN KOPIEN NICHT VERSCHWINDEN...!

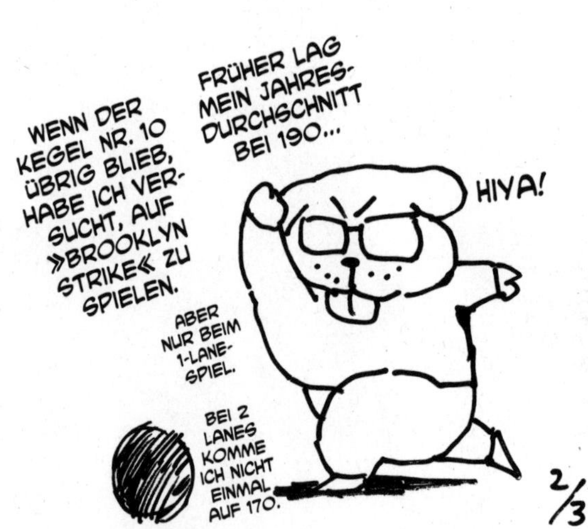
FRÜHER LAG MEIN JAHRES-DURCHSCHNITT BEI 190...
WENN DER KEGEL NR. 10 ÜBRIG BLIEB, HABE ICH VER-SUCHT, AUF »BROOKLYN STRIKE« ZU SPIELEN.
HIYA!
ABER NUR BEIM 1-LANE-SPIEL.
BEI 2 LANES KOMME ICH NICHT EINMAL AUF 170.
2/3

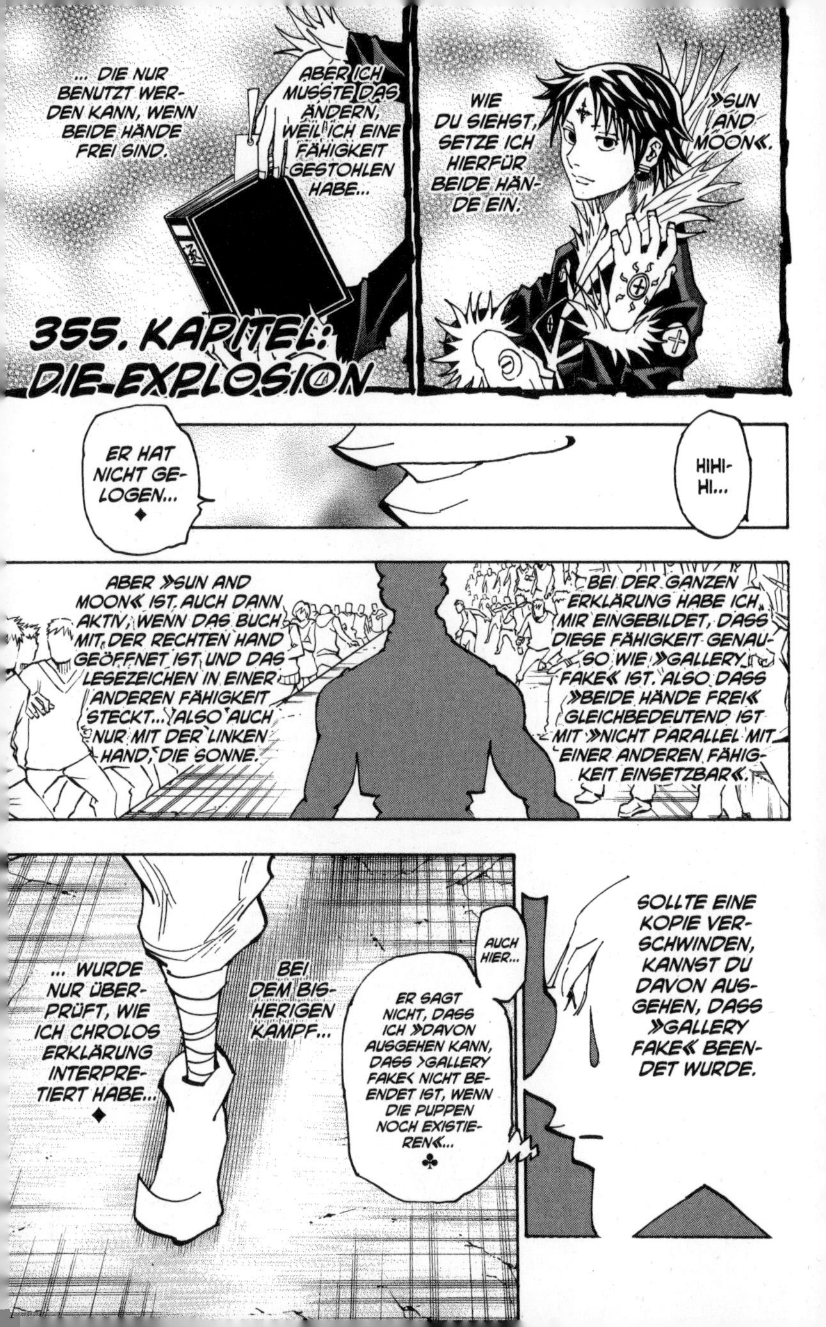
»SUN AND MOON«.
WIE DU SIEHST, SETZE ICH HIERFÜR BEIDE HÄNDE EIN.
ABER ICH MUSSTE DAS ÄNDERN, WEIL ICH EINE FÄHIGKEIT GESTOHLEN HABE...
... DIE NUR BENUTZT WERDEN KANN, WENN BEIDE HÄNDE FREI SIND.
355. KAPITEL: DIE EXPLOSION
HIHIHI...
ER HAT NICHT GELOGEN... ♦
BEI DER GANZEN ERKLÄRUNG HABE ICH MIR EINGEBILDET, DASS DIESE FÄHIGKEIT GENAUSO WIE »GALLERY FAKE« IST. ALSO DASS »BEIDE HÄNDE FREI« GLEICHBEDEUTEND IST MIT »NICHT PARALLEL MIT EINER ANDEREN FÄHIGKEIT EINSETZBAR«.
ABER »SUN AND MOON« IST AUCH DANN AKTIV, WENN DAS BUCH MIT DER RECHTEN HAND GEÖFFNET IST UND DAS LESEZEICHEN IN EINER ANDEREN FÄHIGKEIT STECKT... ALSO AUCH NUR MIT DER LINKEN HAND, DIE SONNE.
SOLLTE EINE KOPIE VERSCHWINDEN, KANNST DU DAVON AUSGEHEN, DASS »GALLERY FAKE« BEENDET WURDE.
AUCH HIER...
ER SAGT NICHT, DASS ICH »DAVON AUSGEHEN KANN, DASS ›GALLERY FAKE‹ NICHT BEENDET IST, WENN DIE PUPPEN NOCH EXISTIEREN«... ♣
BEI DEM BISHERIGEN KAMPF...
... WURDE NUR ÜBERPRÜFT, WIE ICH CHROLOS ERKLÄRUNG INTERPRETIERT HABE... ♦

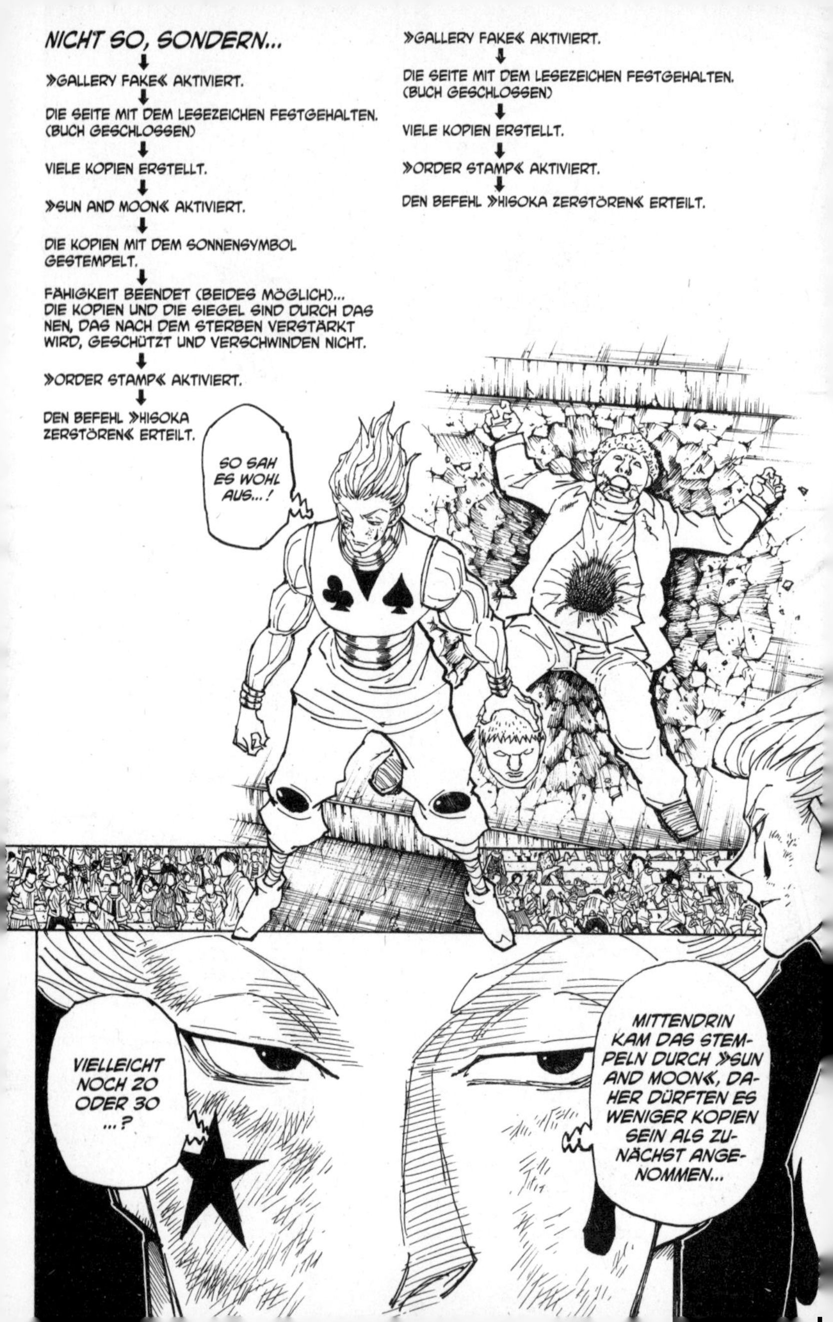
»GALLERY FAKE« AKTIVIERT.
↓
DIE SEITE MIT DEM LESEZEICHEN FESTGEHALTEN. (BUCH GESCHLOSSEN)
↓
VIELE KOPIEN ERSTELLT.
↓
»ORDER STAMP« AKTIVIERT.
↓
DEN BEFEHL »HISOKA ZERSTÖREN« ERTEILT.
NICHT SO, SONDERN...
↓
»GALLERY FAKE« AKTIVIERT.
↓
DIE SEITE MIT DEM LESEZEICHEN FESTGEHALTEN. (BUCH GESCHLOSSEN)
↓
VIELE KOPIEN ERSTELLT.
↓
»SUN AND MOON« AKTIVIERT.
↓
DIE KOPIEN MIT DEM SONNENSYMBOL GESTEMPELT.
↓
FÄHIGKEIT BEENDET (BEIDES MÖGLICH)... DIE KOPIEN UND DIE SIEGEL SIND DURCH DAS NEN, DAS NACH DEM STERBEN VERSTÄRKT WIRD, GESCHÜTZT UND VERSCHWINDEN NICHT.
↓
»ORDER STAMP« AKTIVIERT.
↓
DEN BEFEHL »HISOKA ZERSTÖREN« ERTEILT.
SO SAH ES WOHL AUS...!
MITTENDRIN KAM DAS STEMPELN DURCH »SUN AND MOON«, DAHER DÜRFTEN ES WENIGER KOPIEN SEIN ALS ZUNÄCHST ANGENOMMEN...
VIELLEICHT NOCH 20 ODER 30 ...?

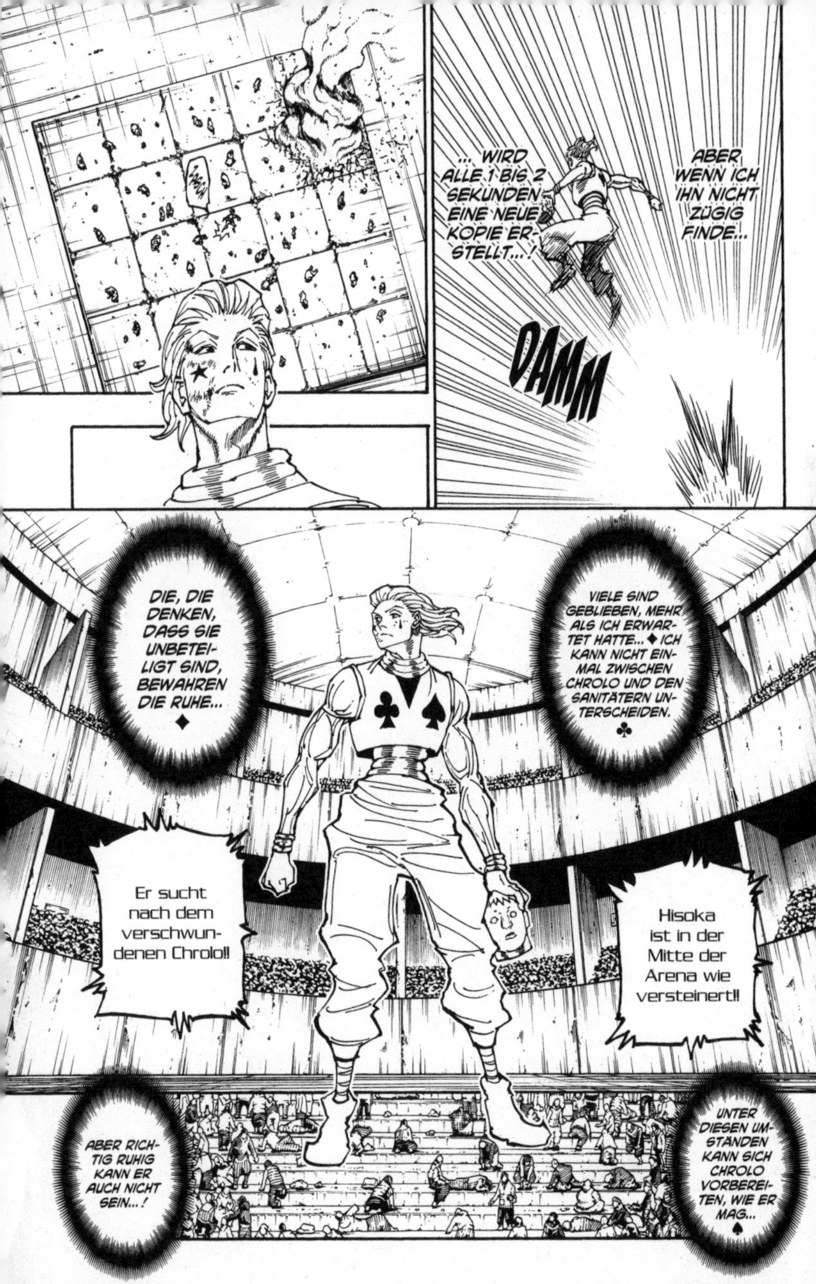
ABER WENN ICH IHN NICHT ZÜGIG FINDE...
... WIRD ALLE 1 BIS 2 SEKUNDEN EINE NEUE KOPIE ERSTELLT...!
DAMM
VIELE SIND GEBLIEBEN, MEHR ALS ICH ERWARTET HATTE... ♦ ICH KANN NICHT EINMAL ZWISCHEN CHROLO UND DEN SANITÄTERN UNTERSCHEIDEN. ♣
DIE, DIE DENKEN, DASS SIE UNBETEILIGT SIND, BEWAHREN DIE RUHE... ♦
Hisoka ist in der Mitte der Arena wie versteinert!!
Er sucht nach dem verschwundenen Chrolo!!
UNTER DIESEN UMSTÄNDEN KANN SICH CHROLO VORBEREITEN, WIE ER MAG... ♠
ABER RICHTIG RUHIG KANN ER AUCH NICHT SEIN...!

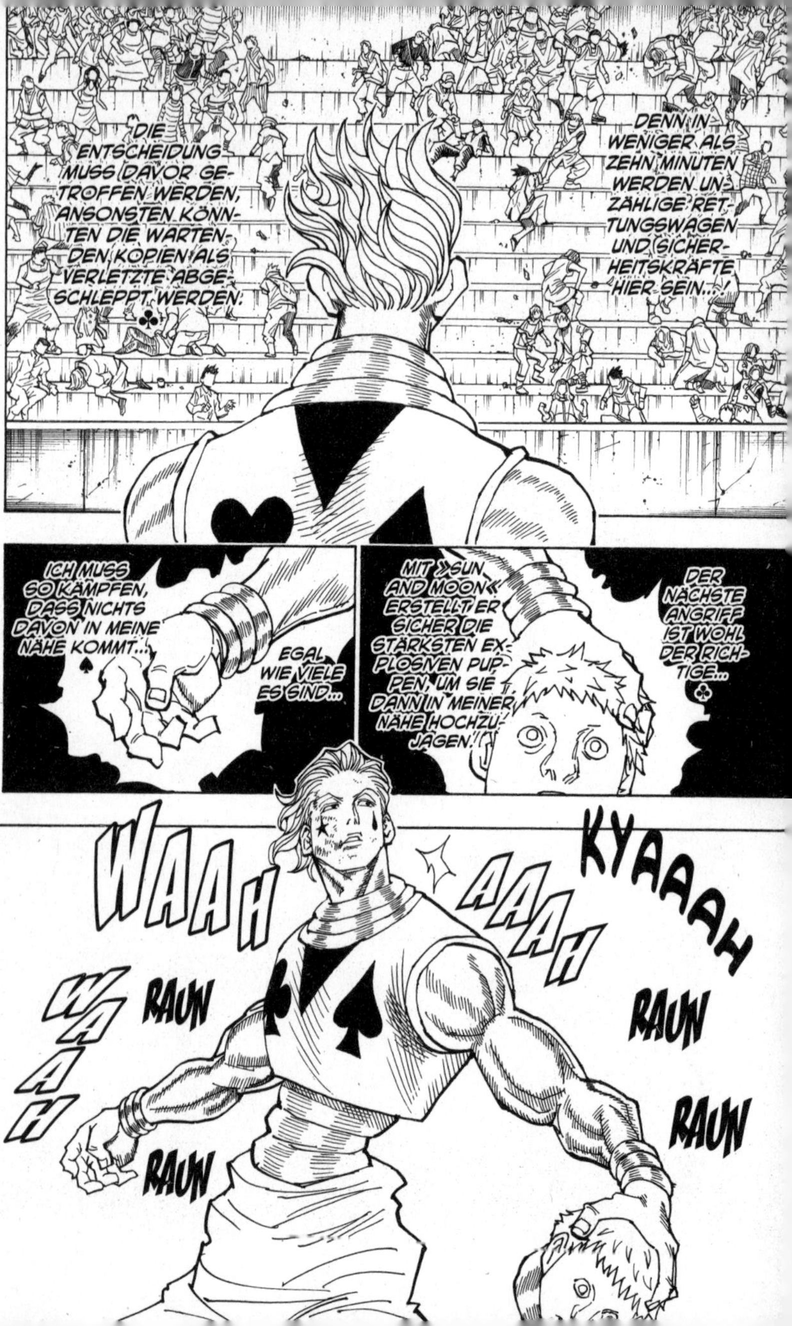
DENN IN WENIGER ALS ZEHN MINUTEN WERDEN UNZÄHLIGE RETTUNGSWAGEN UND SICHERHEITSKRÄFTE HIER SEIN…!
DIE ENTSCHEIDUNG MUSS DAVOR GETROFFEN WERDEN, ANSONSTEN KÖNNTEN DIE WARTENDEN KOPIEN ALS VERLETZTE ABGESCHLEPPT WERDEN. ♣
DER NÄCHSTE ANGRIFF IST WOHL DER RICHTIGE… ♣
MIT »SUN AND MOON« ERSTELLT ER SICHER DIE STÄRKSTEN EXPLOSIVEN PUPPEN, UM SIE DANN IN MEINER NÄHE HOCHZUJAGEN.
EGAL WIE VIELE ES SIND…
ICH MUSS SO KÄMPFEN, DASS NICHTS DAVON IN MEINE NÄHE KOMMT… ♠
KYAAAAH
AAAAH
WAAAH
RAUN
RAUN
WAAAH
RAUN
RAUN

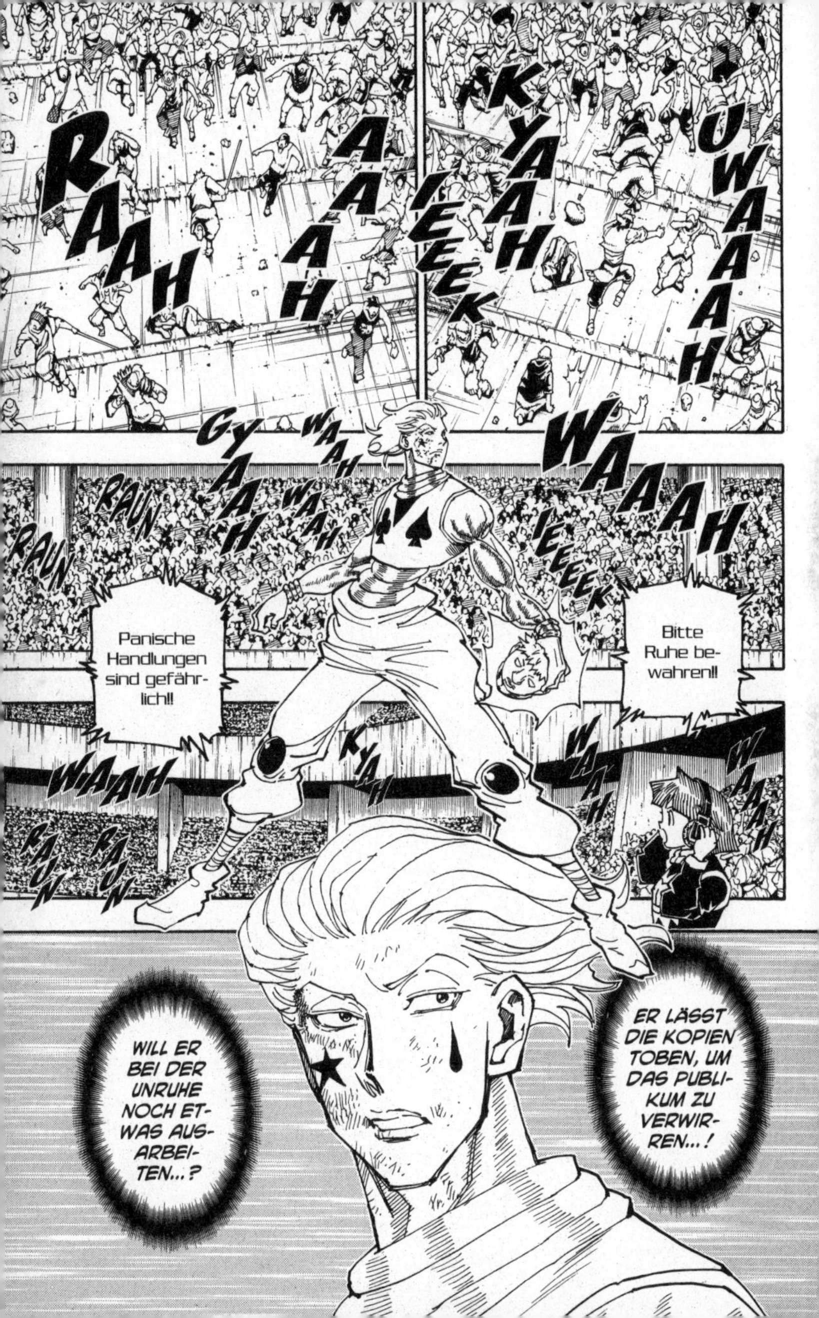

RAAAH
AAAAH
IEEEEK
KYAAAH
UWAAAAH
GYAAAH
WAAH
WAAH
RAUN
RAUN
WAAAAH
IEEEEK
Bitte Ruhe bewahren!!
Panische Handlungen sind gefährlich!!
WAAH
RAUN
RAUN
KYAAH
WAAH
WAAH
ER LÄSST DIE KOPIEN TOBEN, UM DAS PUBLIKUM ZU VERWIRREN...!
WILL ER BEI DER UNRUHE NOCH ETWAS AUSARBEITEN...?

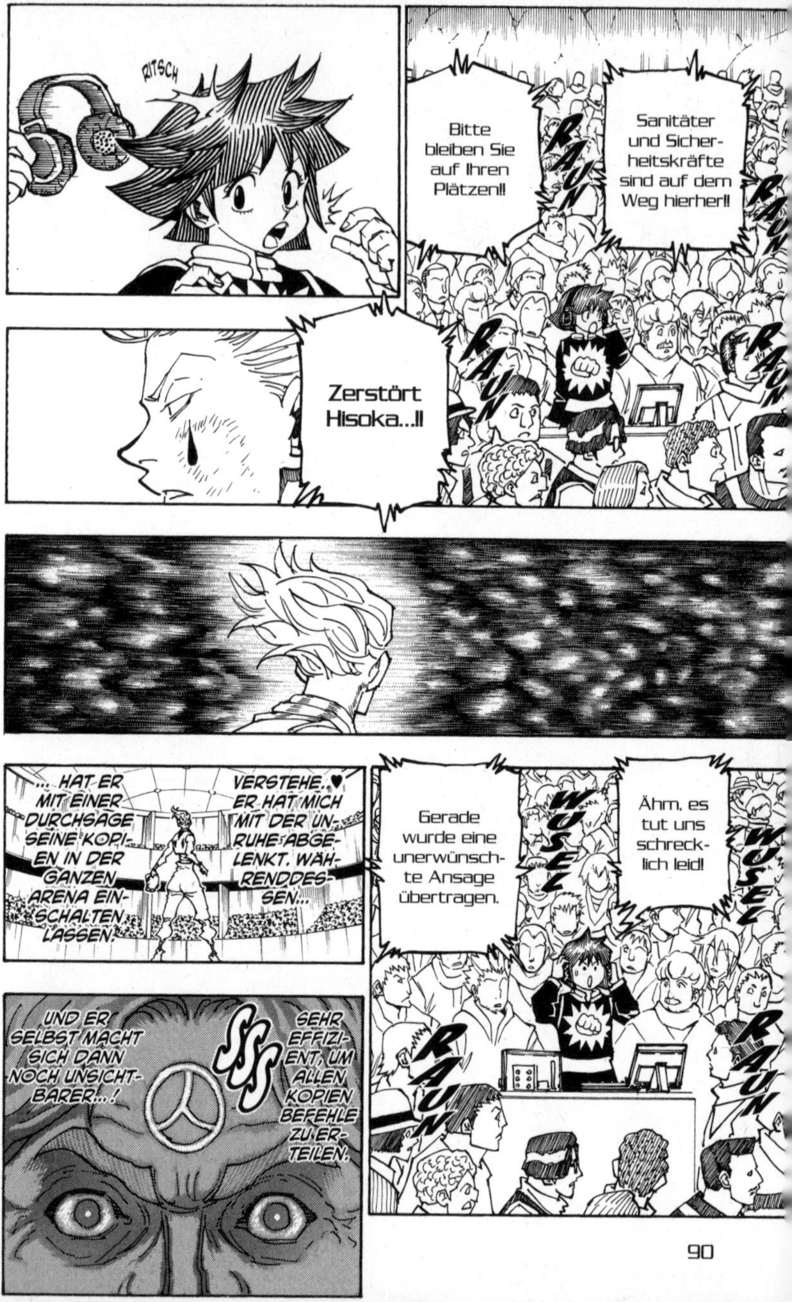
Sanitäter und Sicherheitskräfte sind auf dem Weg hierher!!
Bitte bleiben Sie auf Ihren Plätzen!!
RAUN
RAUN
RITSCH
RAUN
RAUN
Zerstört Hisoka...!!
Ähm, es tut uns schrecklich leid!
Gerade wurde eine unerwünschte Ansage übertragen.
WUSEL
WUSEL
RAUN
RAUN
VERSTEHE. ♥ ER HAT MICH MIT DER UNRUHE ABGELENKT. WÄHRENDDESSEN...
... HAT ER MIT EINER DURCHSAGE SEINE KOPIEN IN DER GANZEN ARENA EINSCHALTEN LASSEN.
SEHR EFFIZIENT, UM ALLEN KOPIEN BEFEHLE ZU ERTEILEN.
SSS
UND ER SELBST MACHT SICH DANN NOCH UNSICHTBARER...!

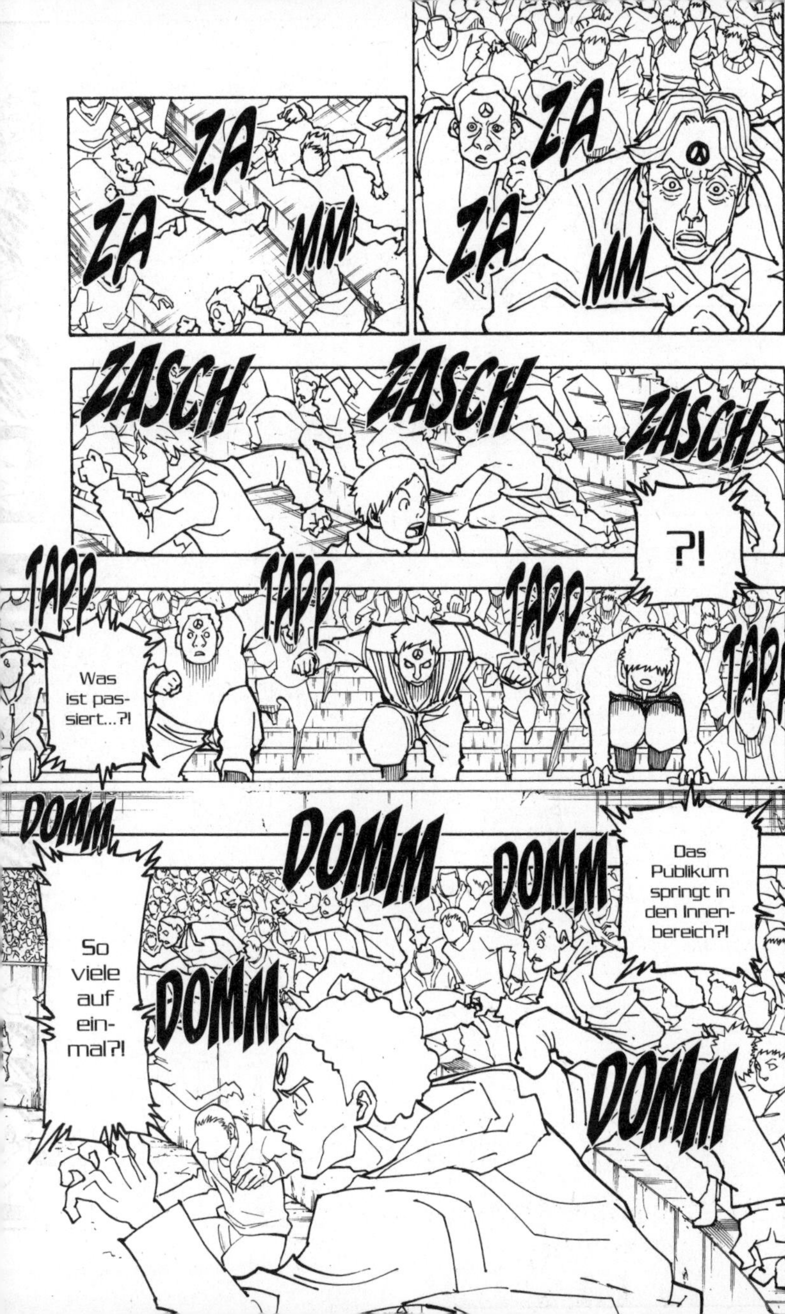
ZA
ZA
MM
ZA
ZA
MM
ZASCH
ZASCH
ZASCH
?!
TAPP
TAPP
TAPP
TAPP
Was ist passiert…?!
Das Publikum springt in den Innenbereich?!
DOMM
DOMM
DOMM
DOMM
DOMM
So viele auf einmal?!

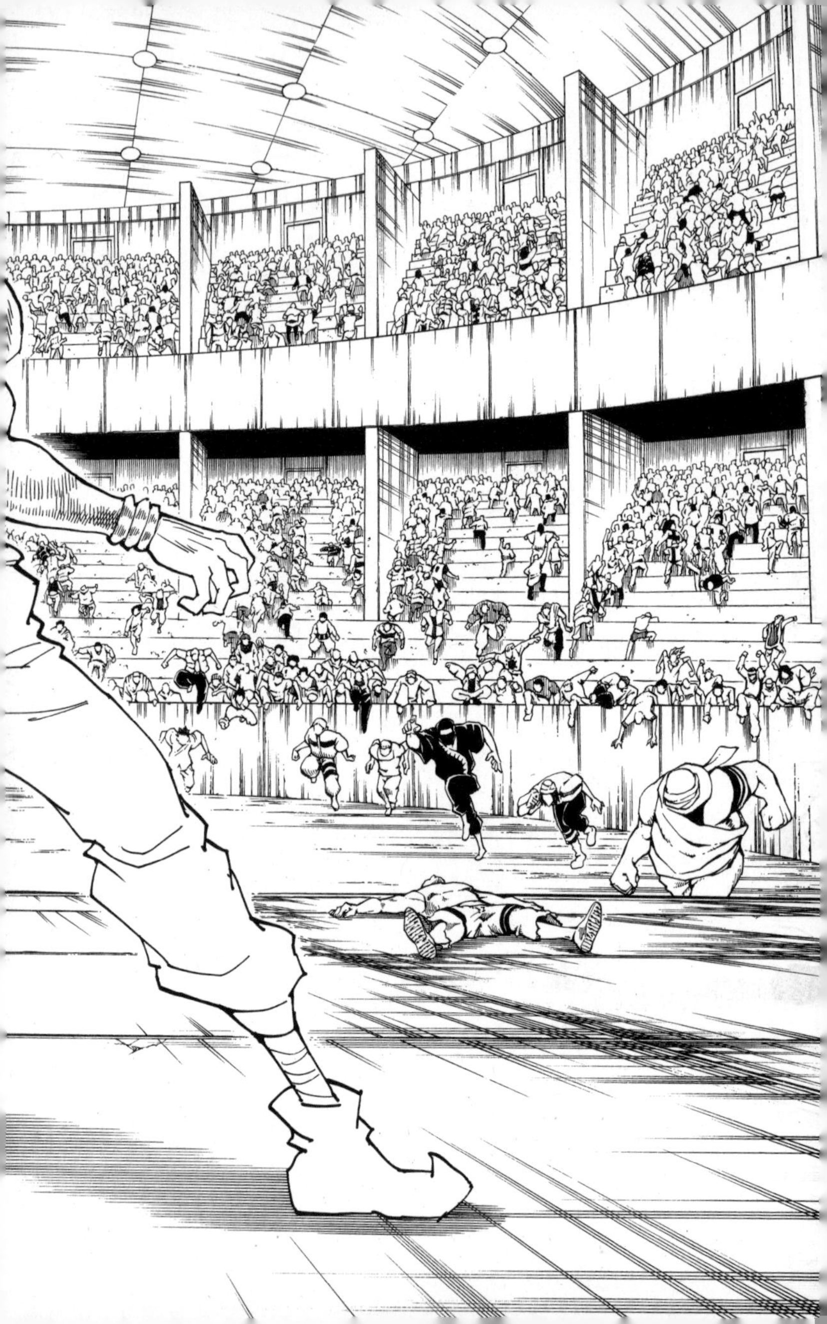

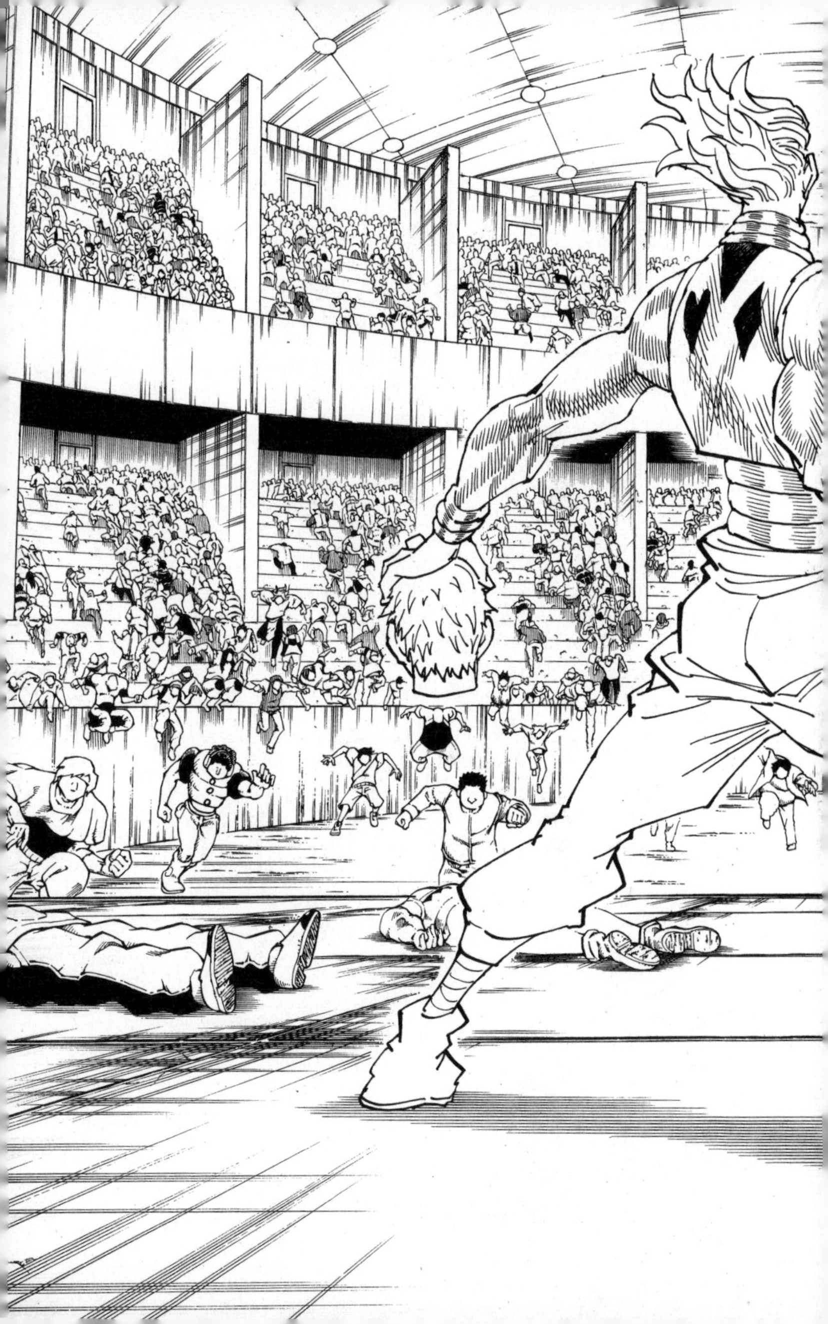

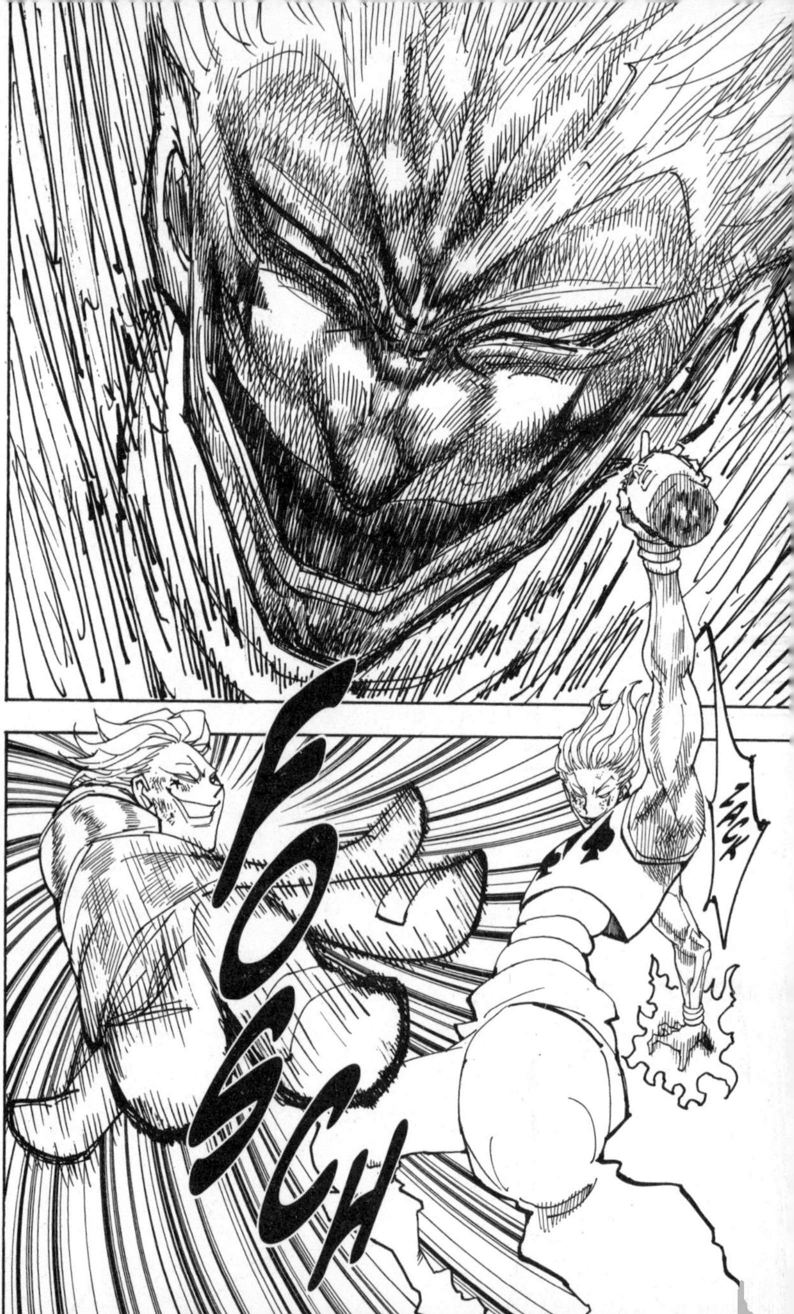
ZACK
FOSSCH

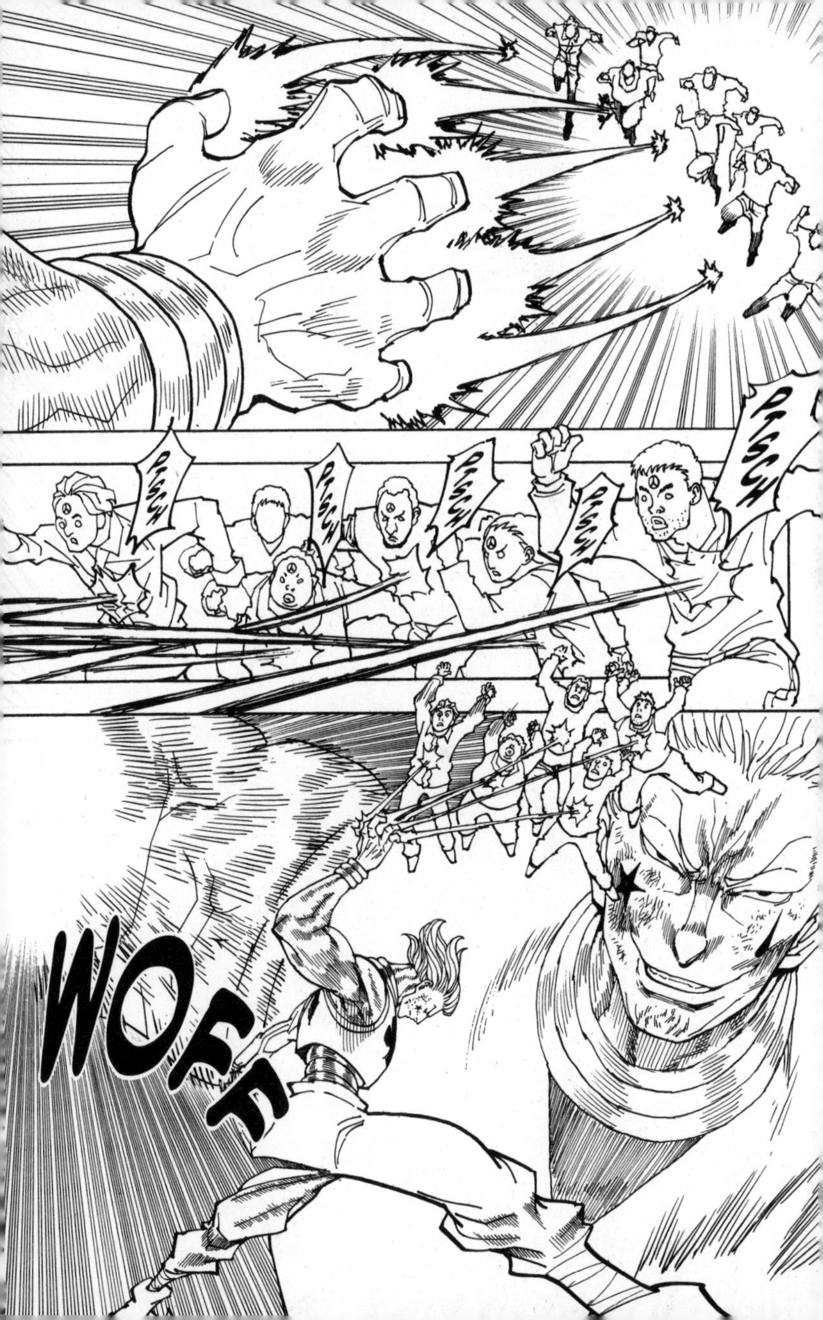
PISCH
PISCH
PISCH
PISCH
PISCH
WOFF

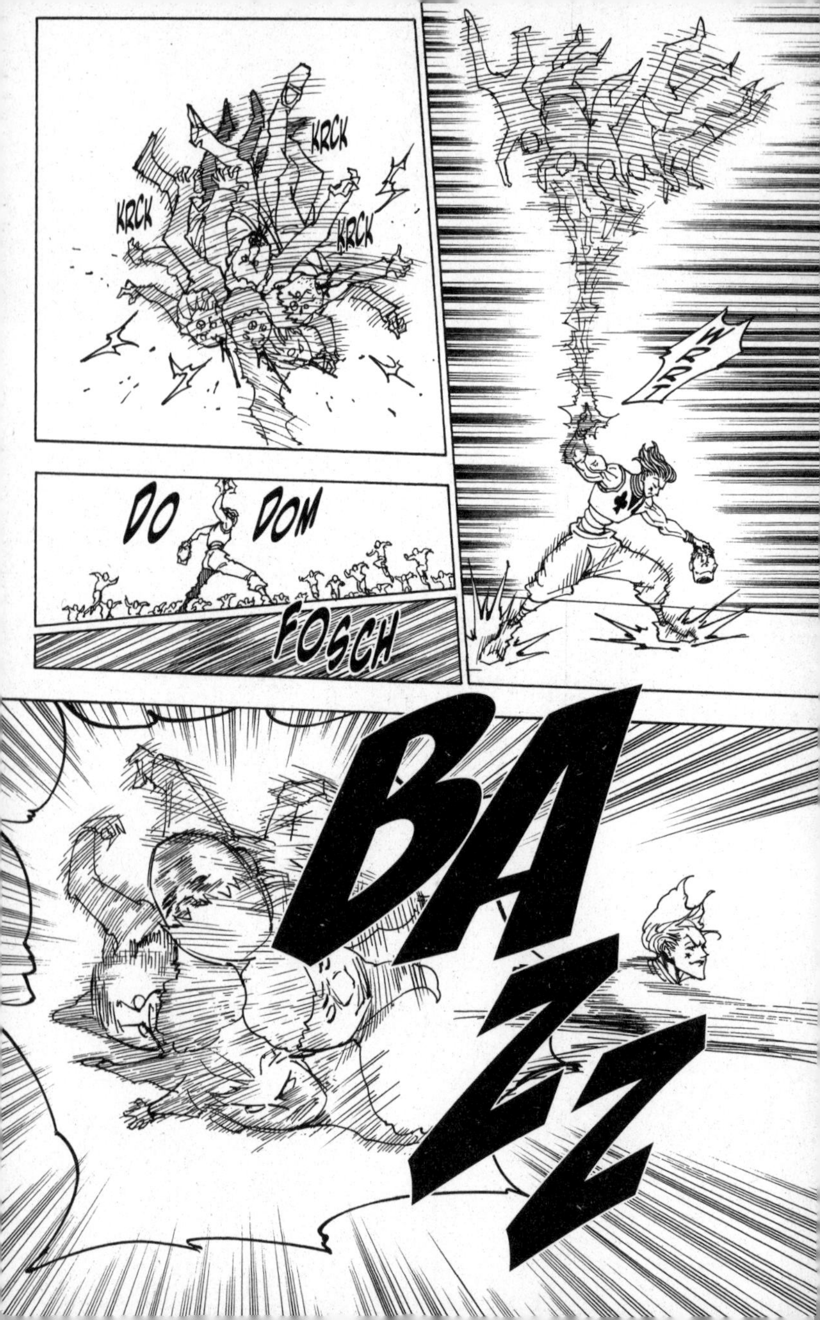
WRRT
KRCK
KRCK
KRCK
DO
DOM
FOSCH
BAZZ

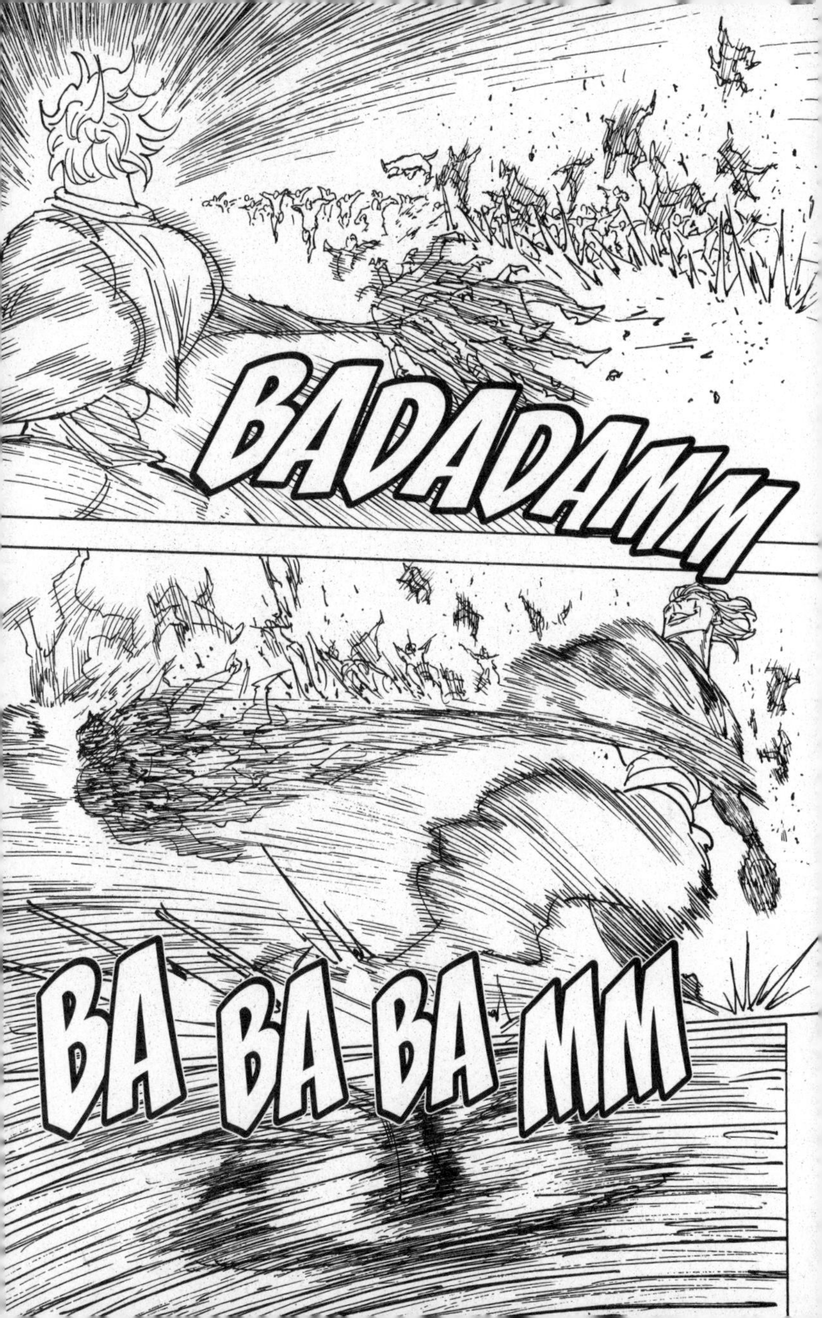
BADADAMM
BA BA BA MM

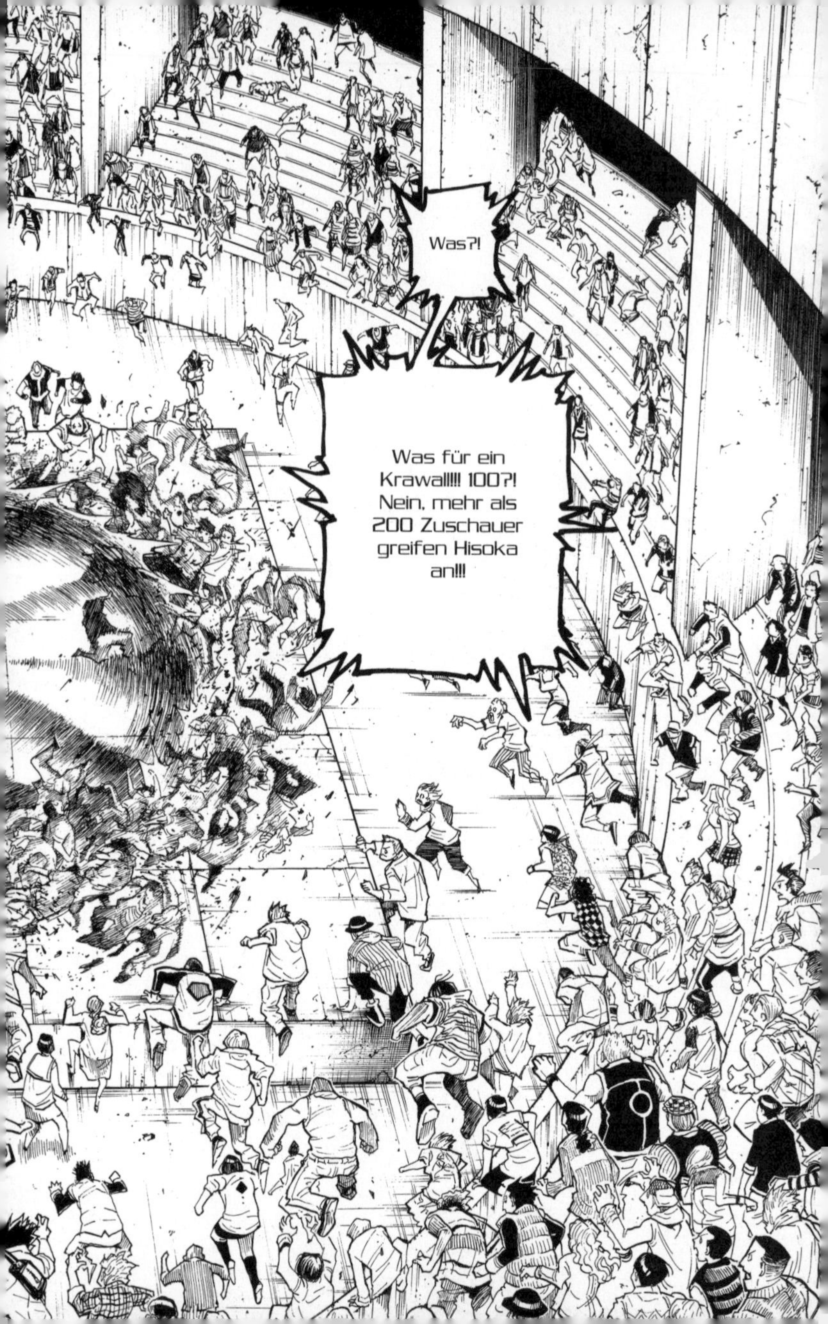
Was?!
Was für ein Krawall!!! 100?! Nein, mehr als 200 Zuschauer greifen Hisoka an!!!

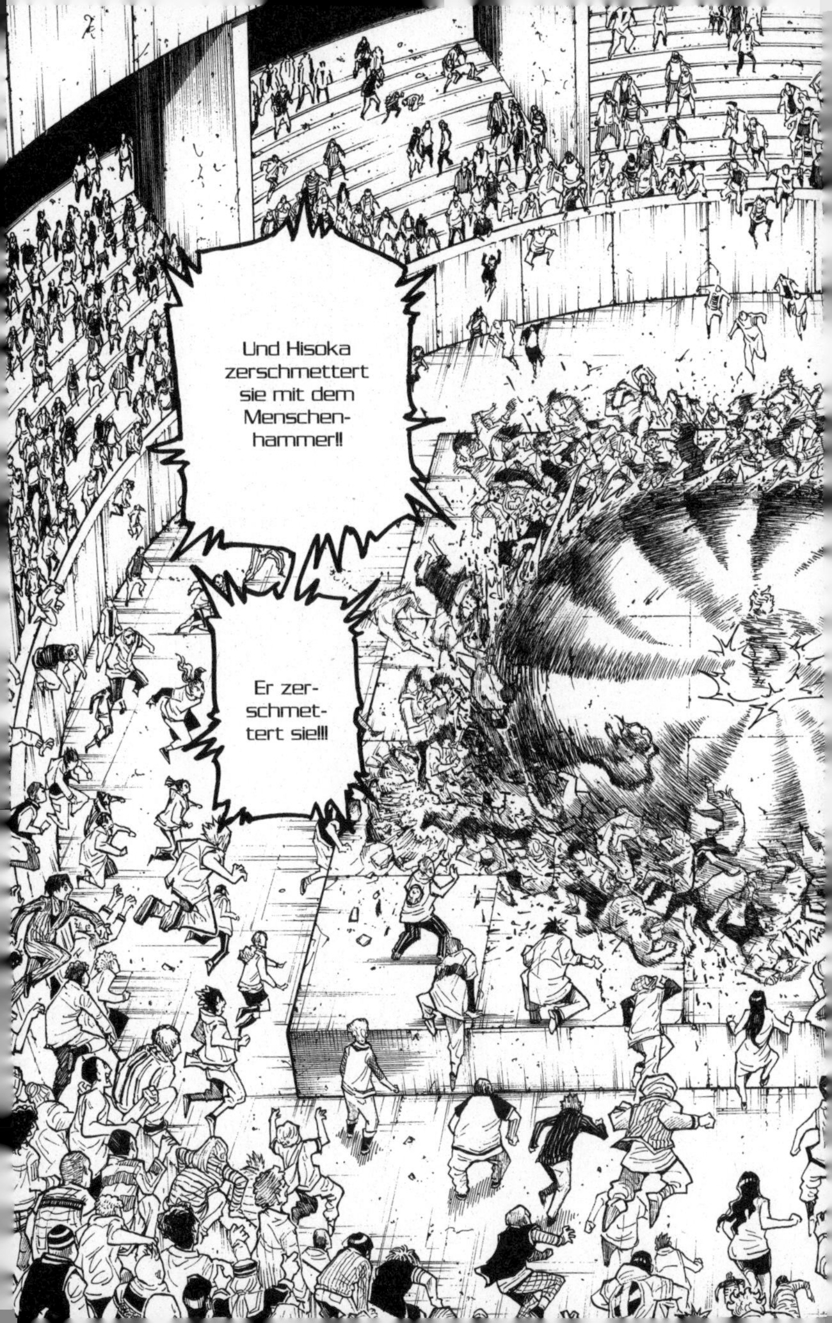
Und Hisoka zerschmettert sie mit dem Menschenhammer!!
Er zerschmettert sie!!!

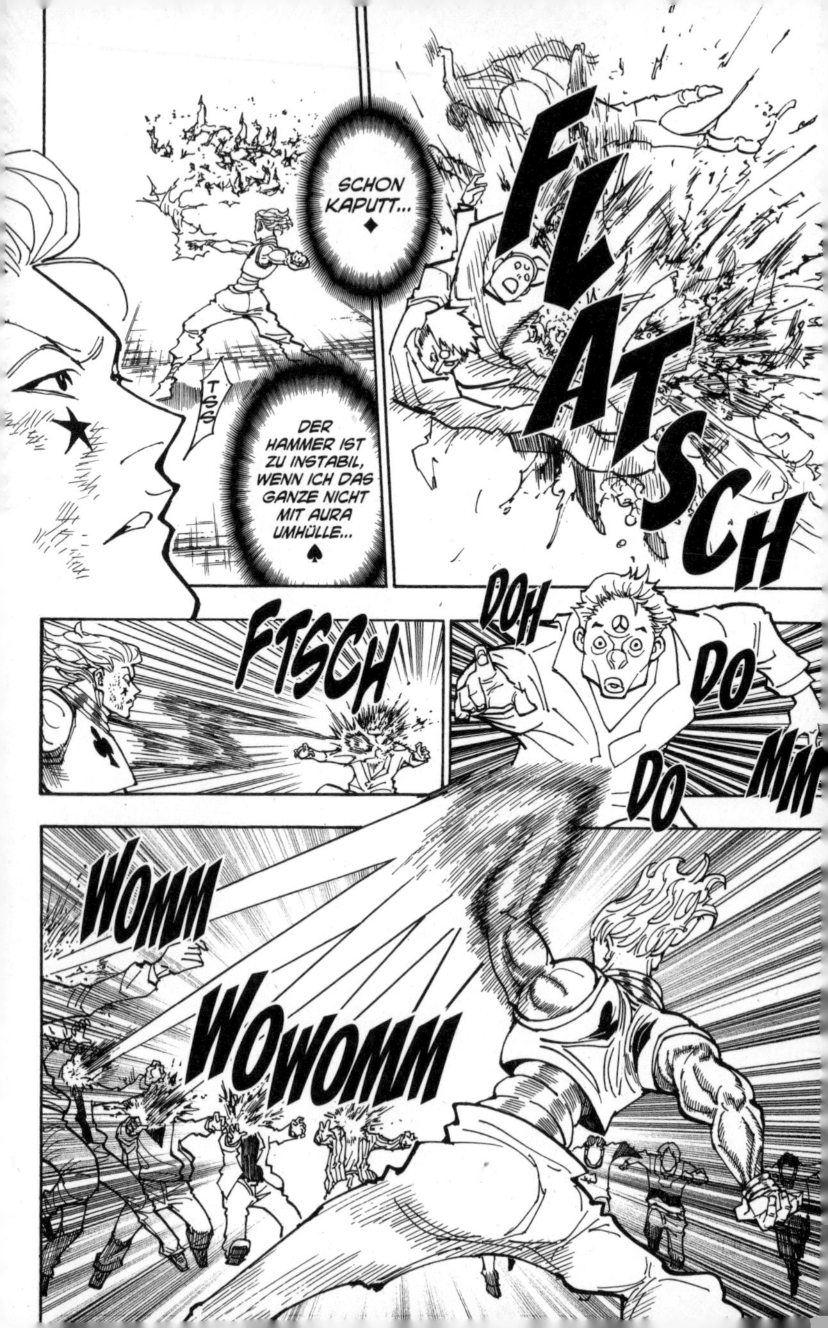
FLATSCH
SCHON KAPUTT... ◆
TSS
DER HAMMER IST ZU INSTABIL, WENN ICH DAS GANZE NICHT MIT AURA UMHÜLLE... ♠
DOH
DO
DO
MM
FTSCH
WOMM
WOWOMM

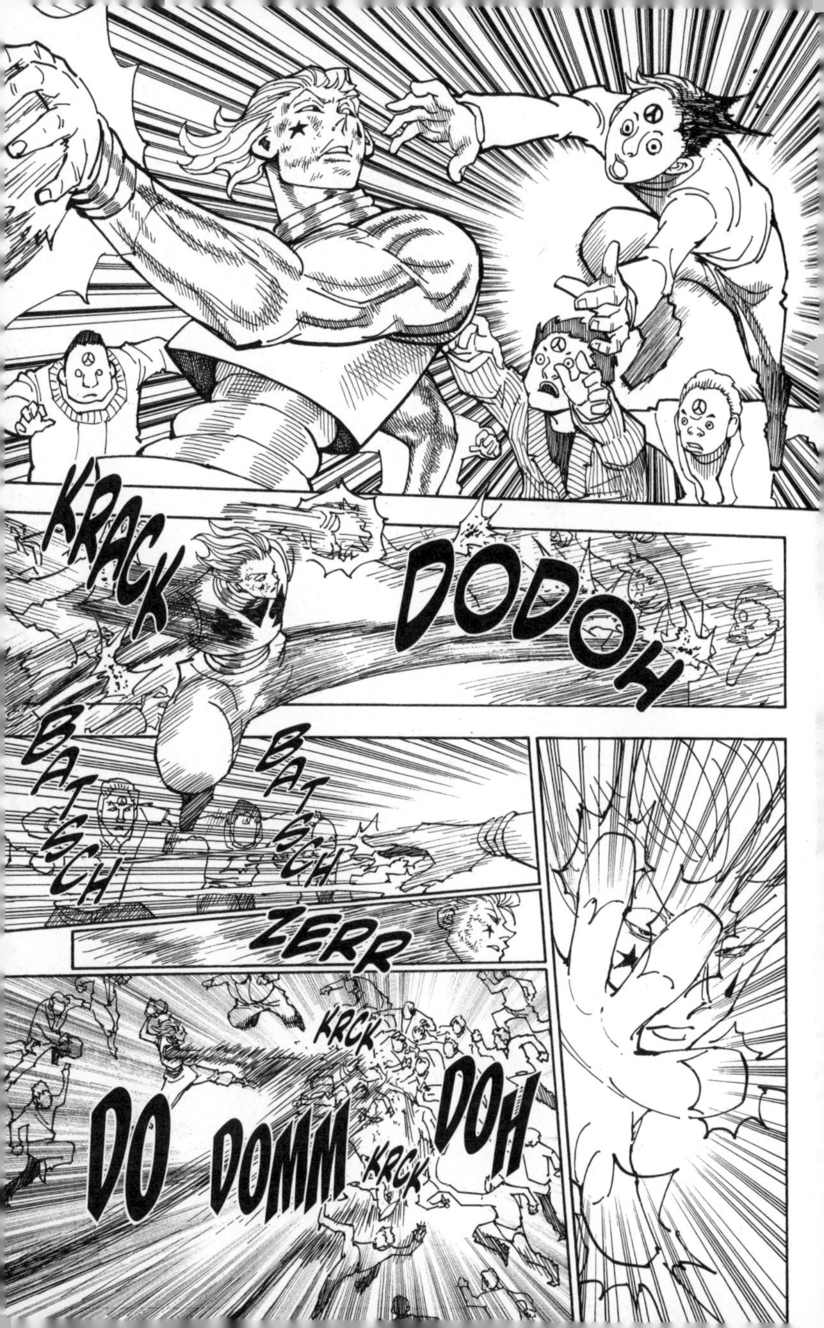
KRACK
DODOH
BATSCH
BATSCH
ZERR
KRCK
DO
DOMM
KRCK
DOH

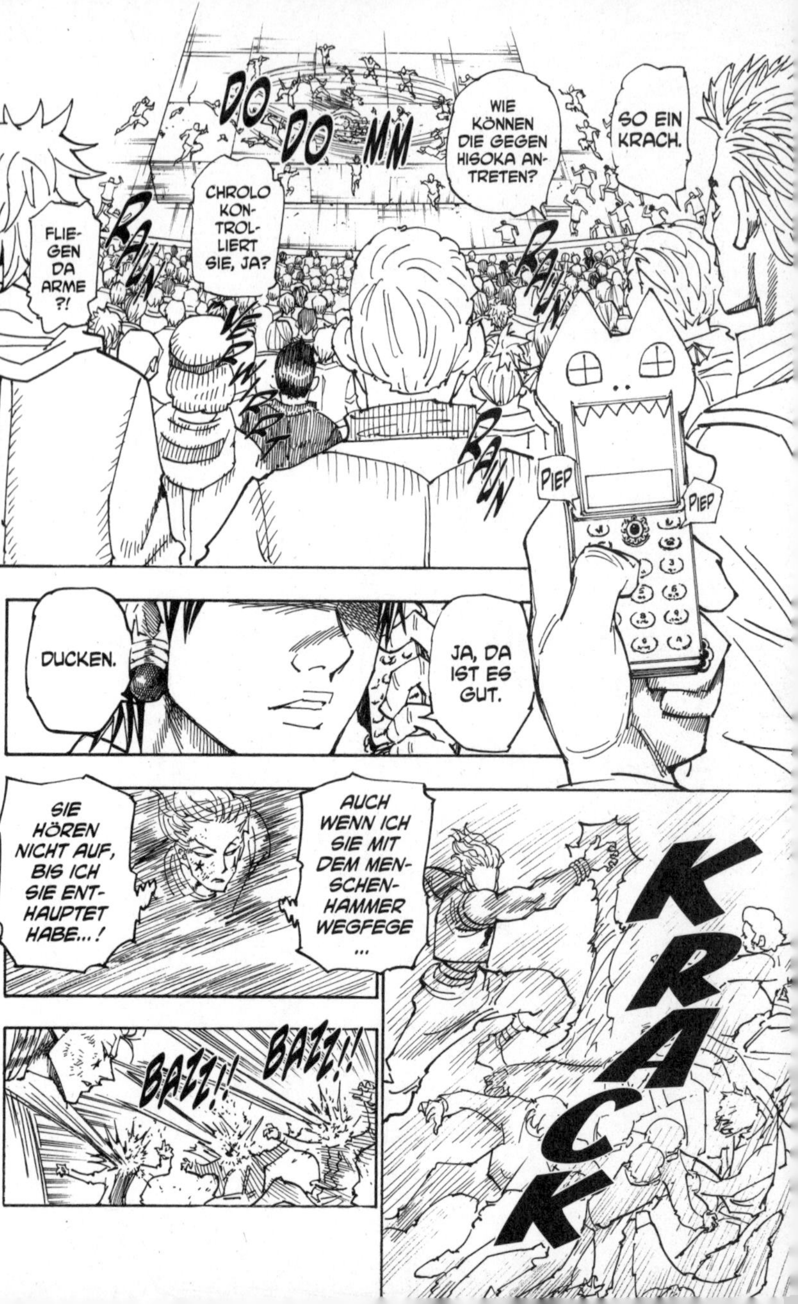
SO EIN KRACH.
WIE KÖNNEN DIE GEGEN HISOKA ANTRETEN?
DO DO MM
CHROLO KONTROLLIERT SIE, JA?
FLIEGEN DA ARME ?!
RAUN
RAUN
RAUN
PIEP
PIEP
JA, DA IST ES GUT.
DUCKEN.
AUCH WENN ICH SIE MIT DEM MENSCHENHAMMER WEGFEGE ...
SIE HÖREN NICHT AUF, BIS ICH SIE ENTHAUPTET HABE...!
KRACK
BAZZ!!
BAZZ!!

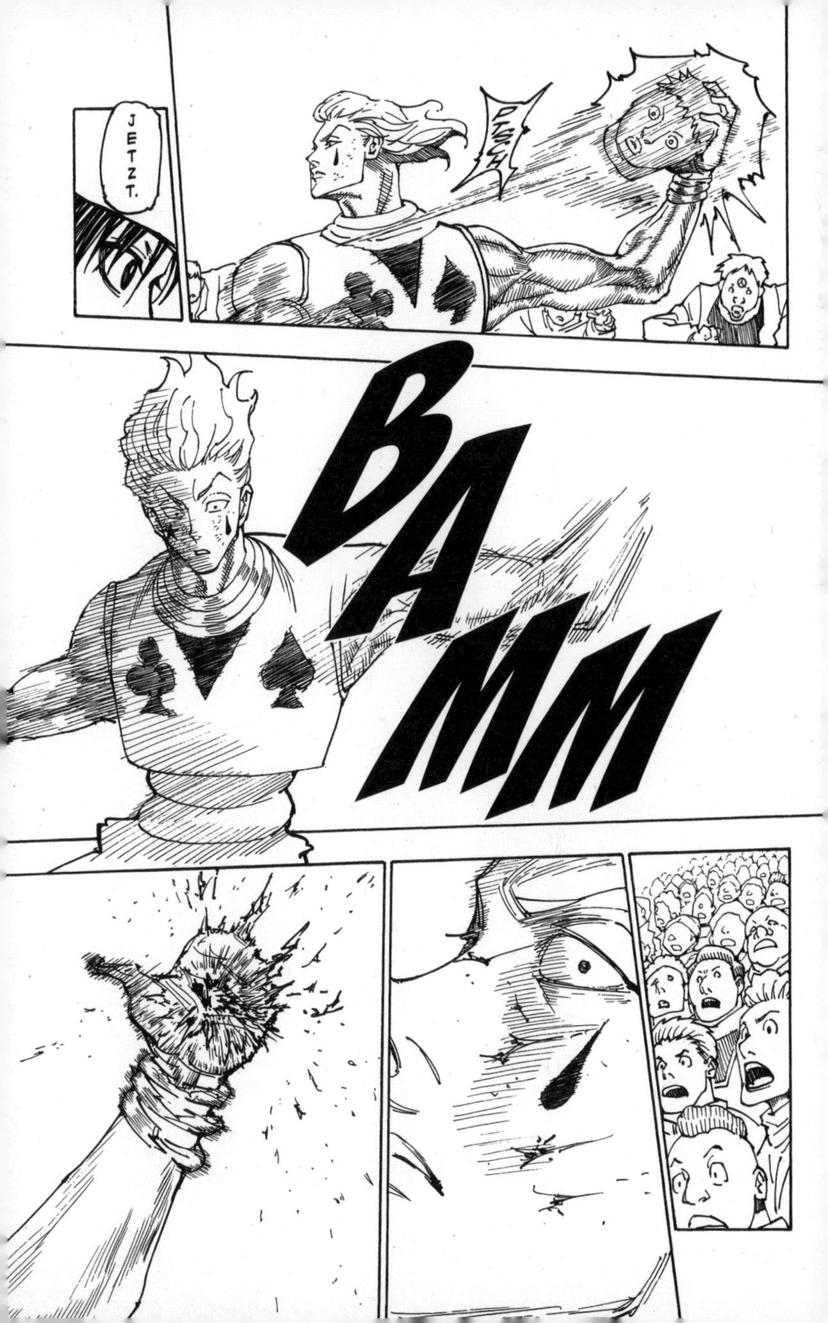
JETZT.
DISCH
BAMM

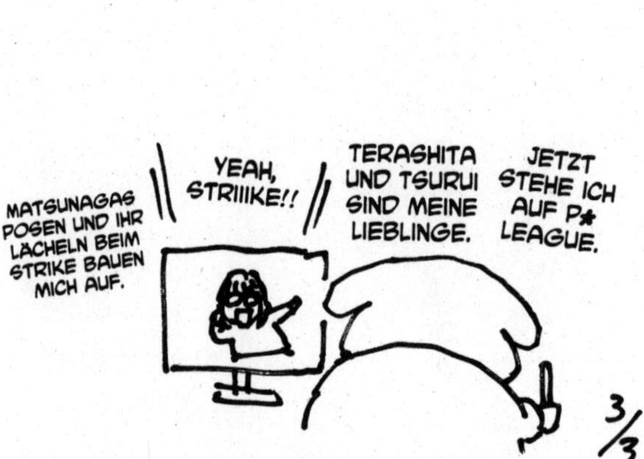
JETZT STEHE ICH AUF P★ LEAGUE.
TERASHITA UND TSURUI SIND MEINE LIEBLINGE.
YEAH, STRIIIKE!!
MATSUNAGAS POSEN UND IHR LÄCHELN BEIM STRIKE BAUEN MICH AUF.
3/3

356. KAPITEL: DAS BEDAUERN ①

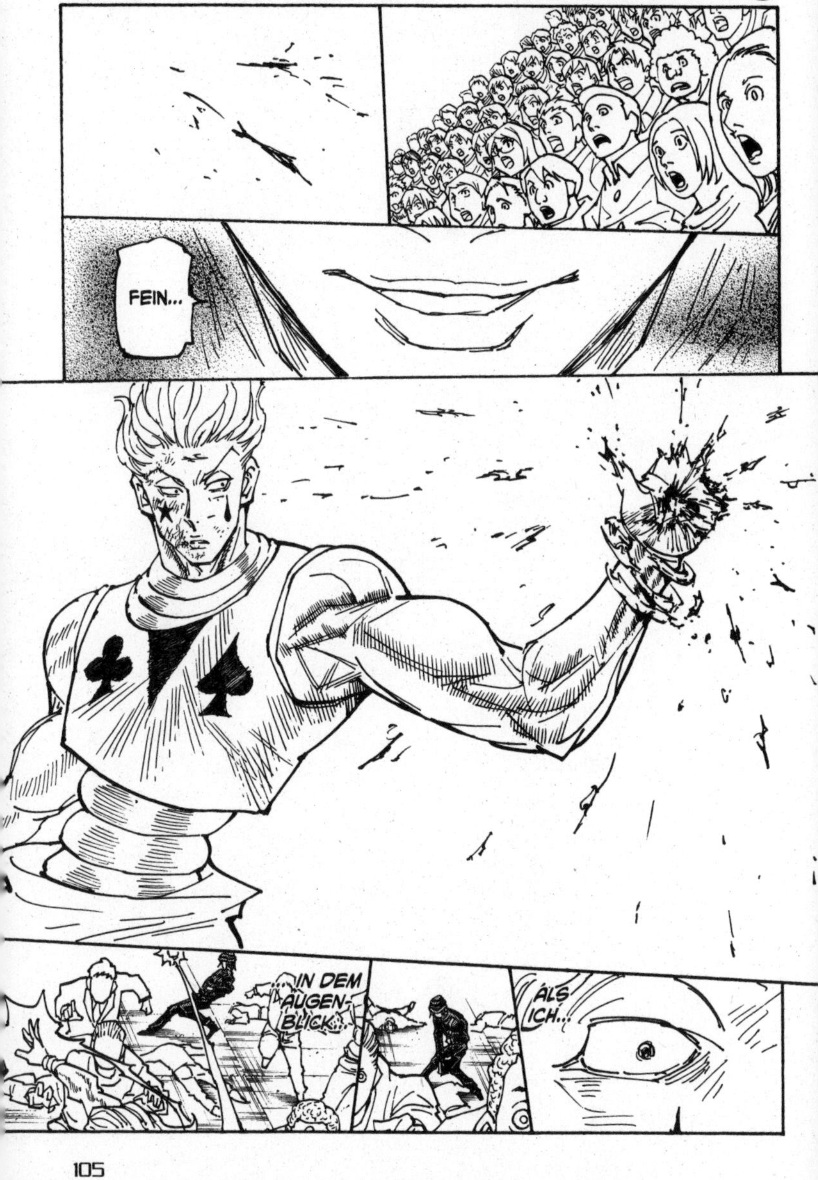

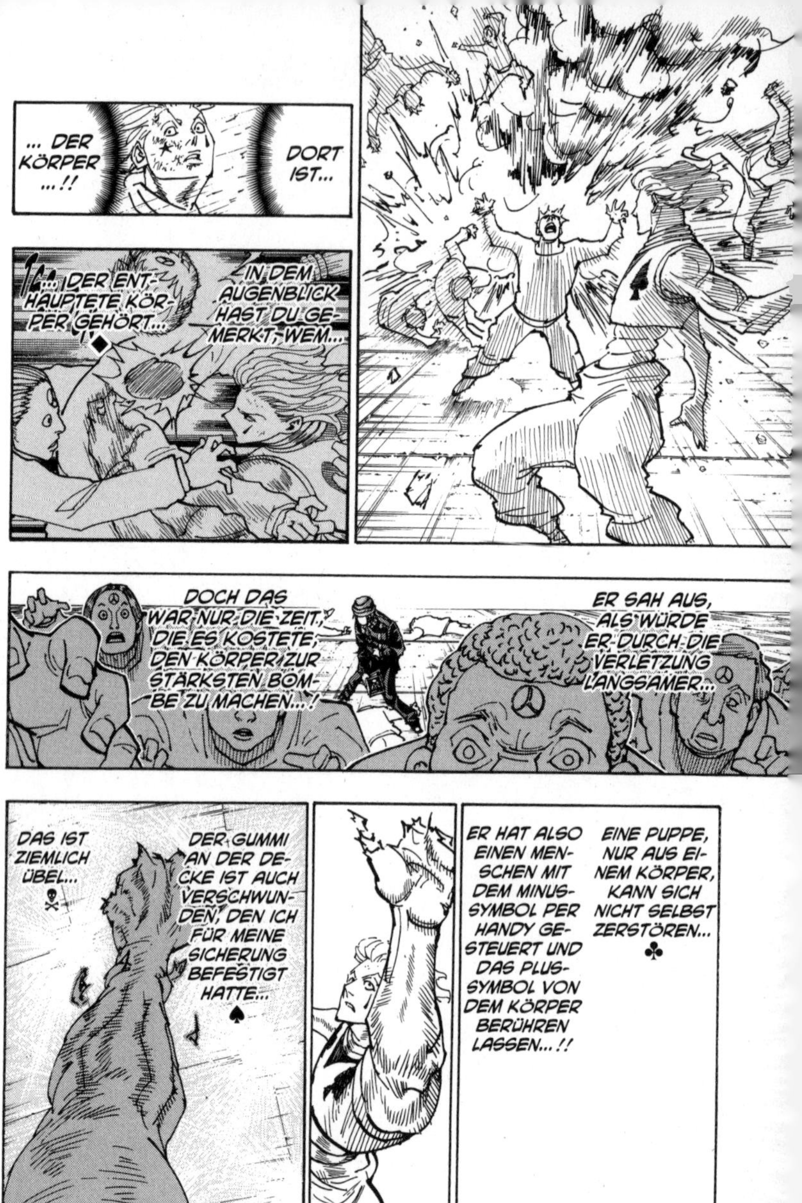
DORT IST...
... DER KÖRPER ...!!
IN DEM AUGENBLICK HAST DU GEMERKT, WEM...
... DER ENTHAUPTETE KÖRPER GEHÖRT...
ER SAH AUS, ALS WÜRDE ER DURCH DIE VERLETZUNG LANGSAMER...
DOCH DAS WAR NUR DIE ZEIT, DIE ES KOSTETE, DEN KÖRPER ZUR STÄRKSTEN BOMBE ZU MACHEN...!
EINE PUPPE, NUR AUS EINEM KÖRPER, KANN SICH NICHT SELBST ZERSTÖREN...
ER HAT ALSO EINEN MENSCHEN MIT DEM MINUSSYMBOL PER HANDY GESTEUERT UND DAS PLUSSYMBOL VON DEM KÖRPER BERÜHREN LASSEN...!!
DER GUMMI AN DER DECKE IST AUCH VERSCHWUNDEN, DEN ICH FÜR MEINE SICHERUNG BEFESTIGT HATTE...
DAS IST ZIEMLICH ÜBEL...

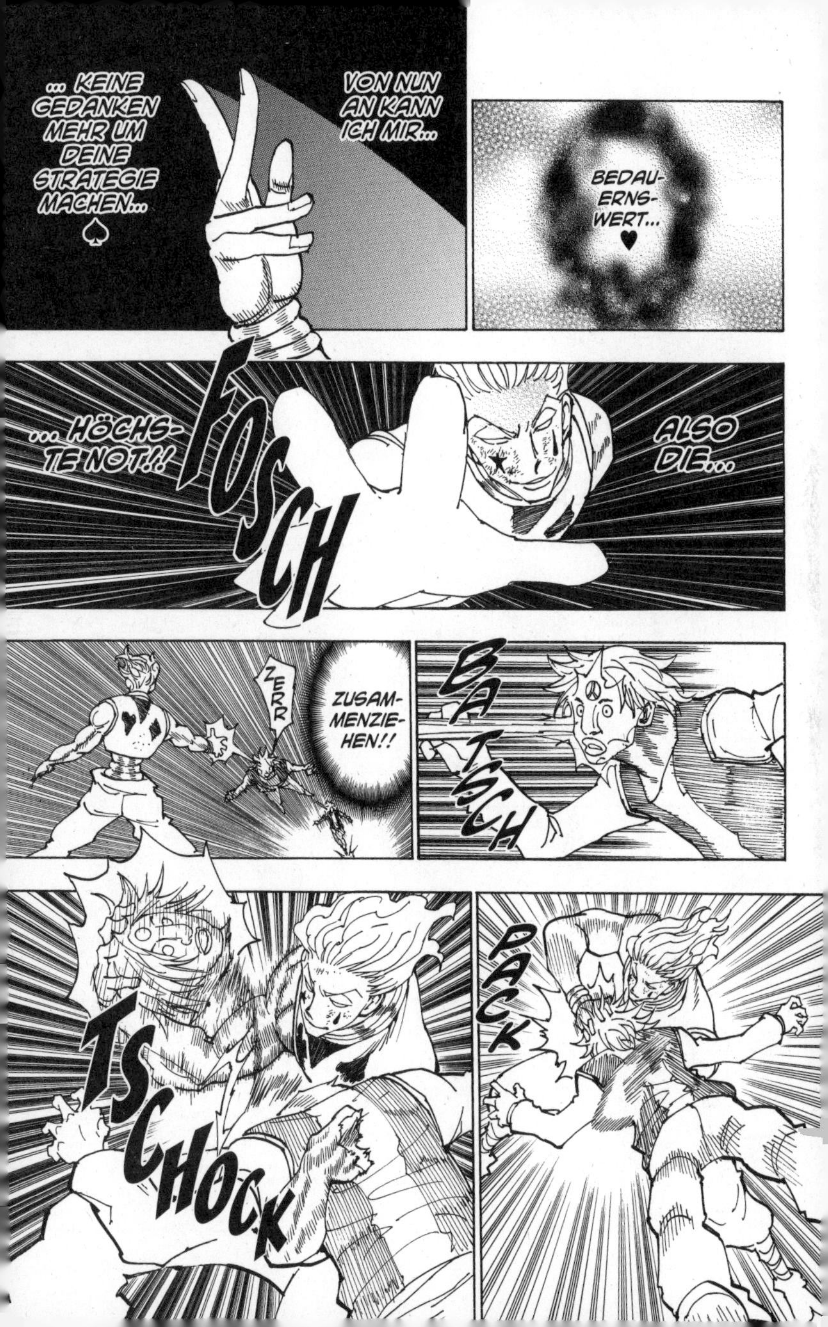
BEDAUERNSWERT... ♥
VON NUN AN KANN ICH MIR...
... KEINE GEDANKEN MEHR UM DEINE STRATEGIE MACHEN... ♠
ALSO DIE...
... HÖCHSTE NOT!!
FOSCH
BATSCH
ZUSAMMENZIEHEN!!
ZERR
PACK
TSCHOCK

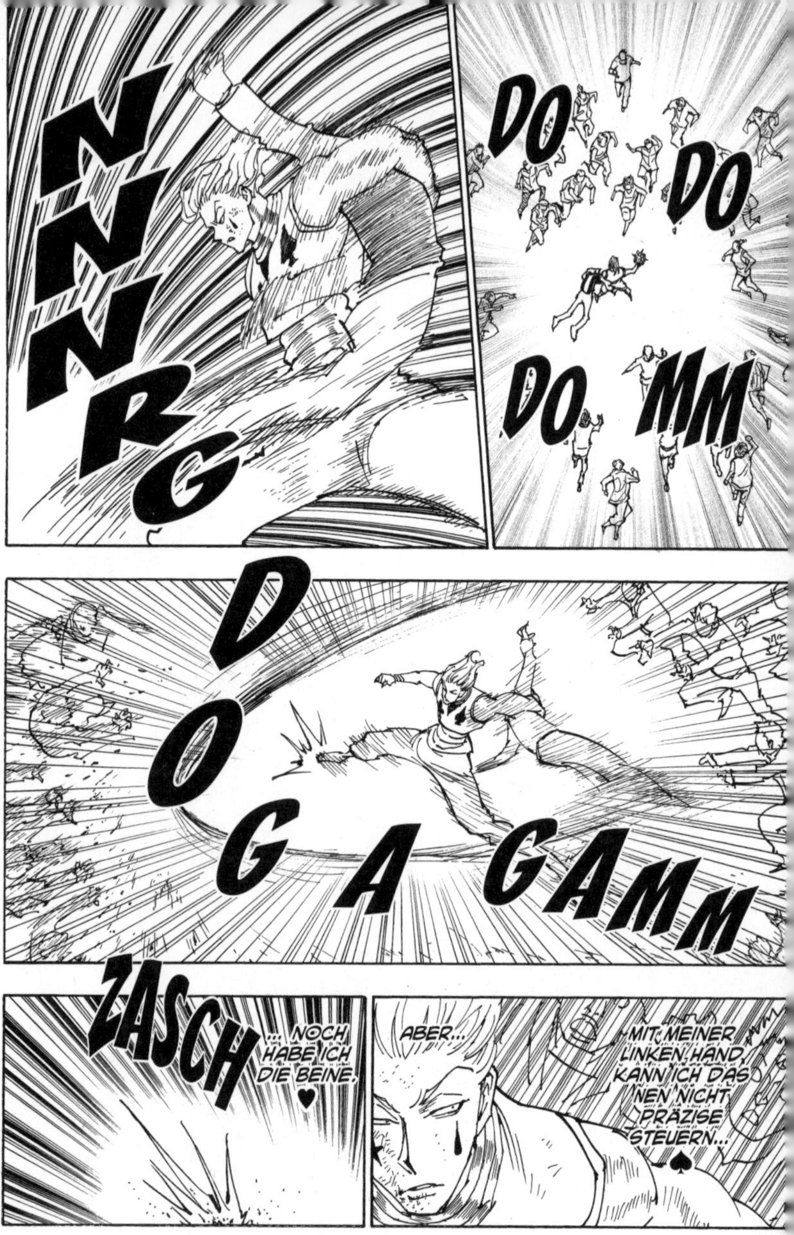
DO DO DO MM
NNNRG
DOGAGAMM
ABER...
MIT MEINER LINKEN HAND KANN ICH DAS NEN NICHT PRÄZISE STEUERN...
ZASCH
... NOCH HABE ICH DIE BEINE.

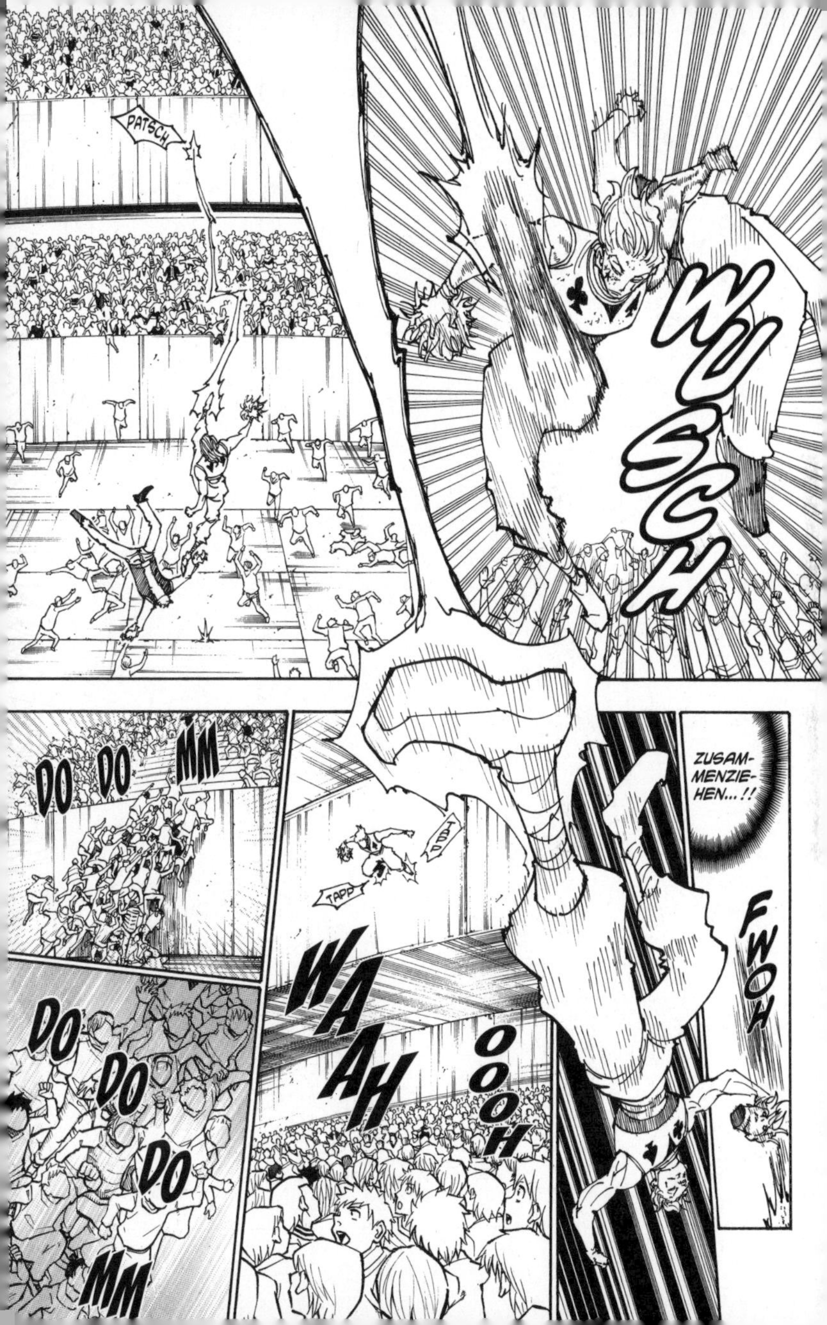

WUSCH
PATSCH
ZUSAM-
MENZIE-
HEN...!!
FWOH
TAPP
TAPP
WAAAH
OOOOH
DODOMM
DODODODOMM

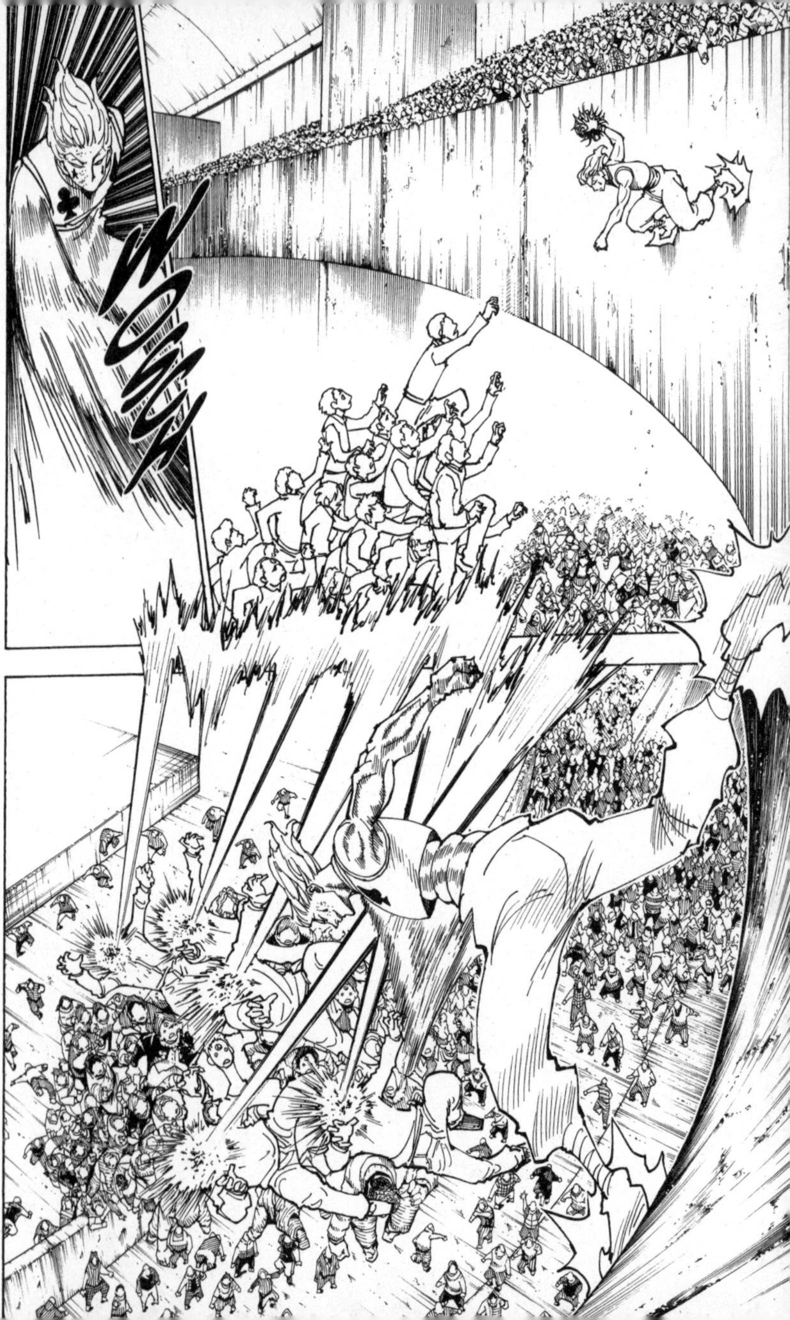

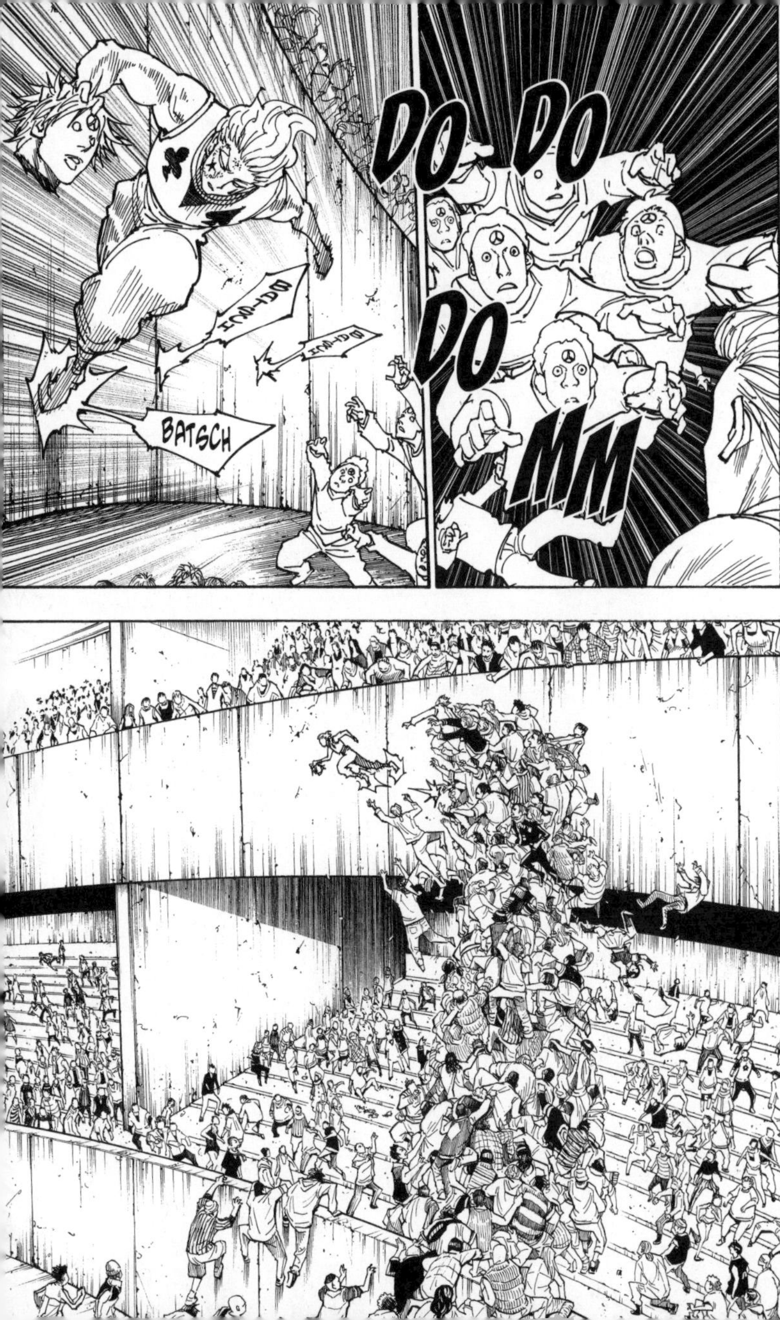
DO DO
DO
MM
BATSCH

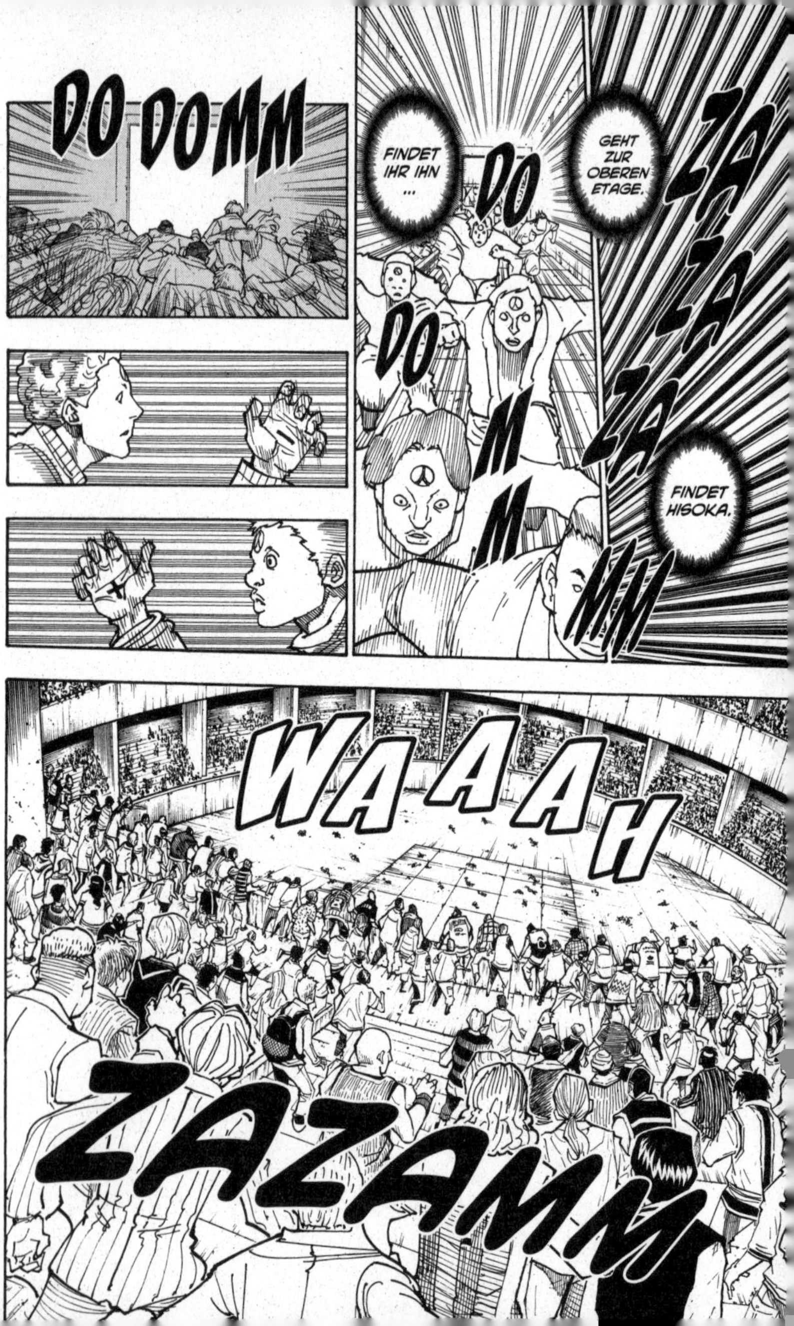

ZAZAZAZA
GEHT ZUR OBEREN ETAGE.
FINDET HISOKA.
MM
FINDET IHR IHN ...
DODOMMM
DO DOMM
WAAAAH
ZAZAMM

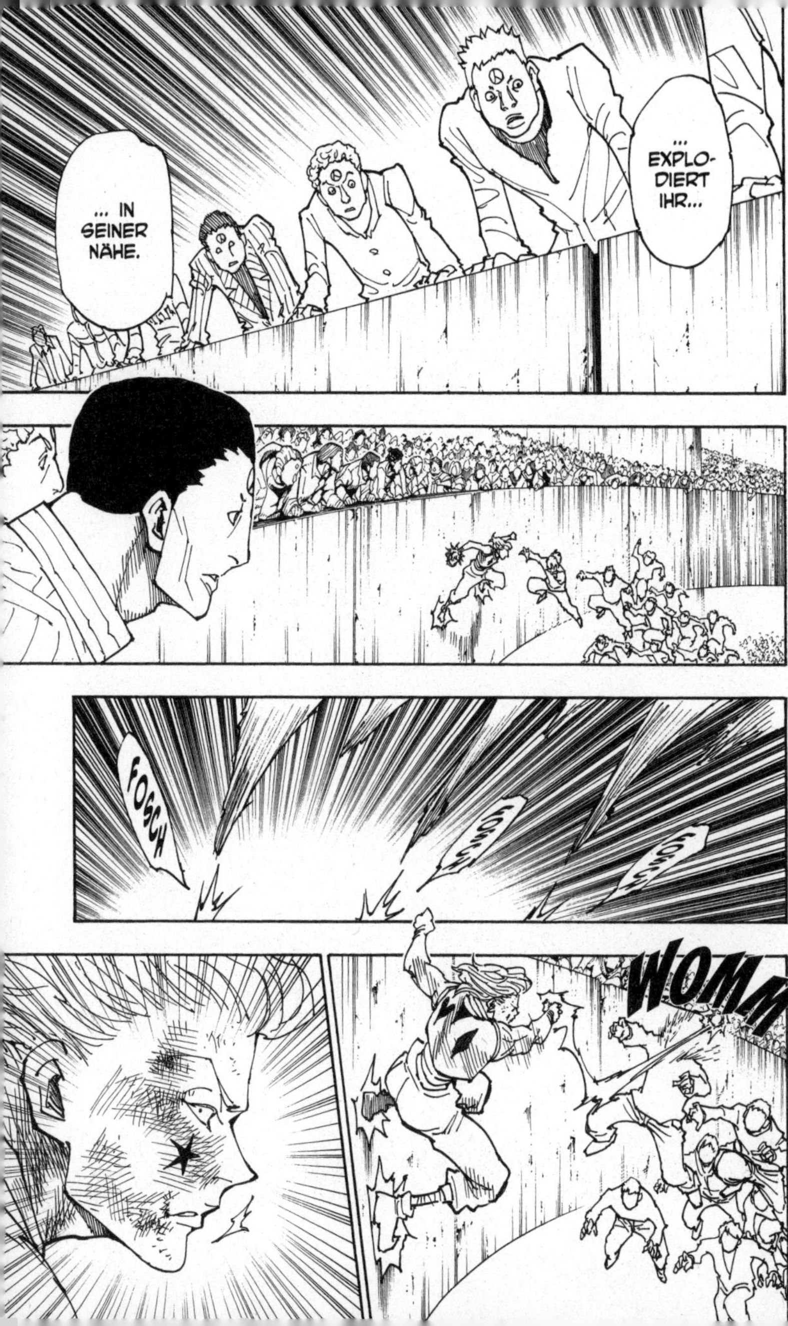

... EXPLODIERT IHR...
... IN SEINER NÄHE.
FOSCH
FOSCH
FOSCH
WOMM

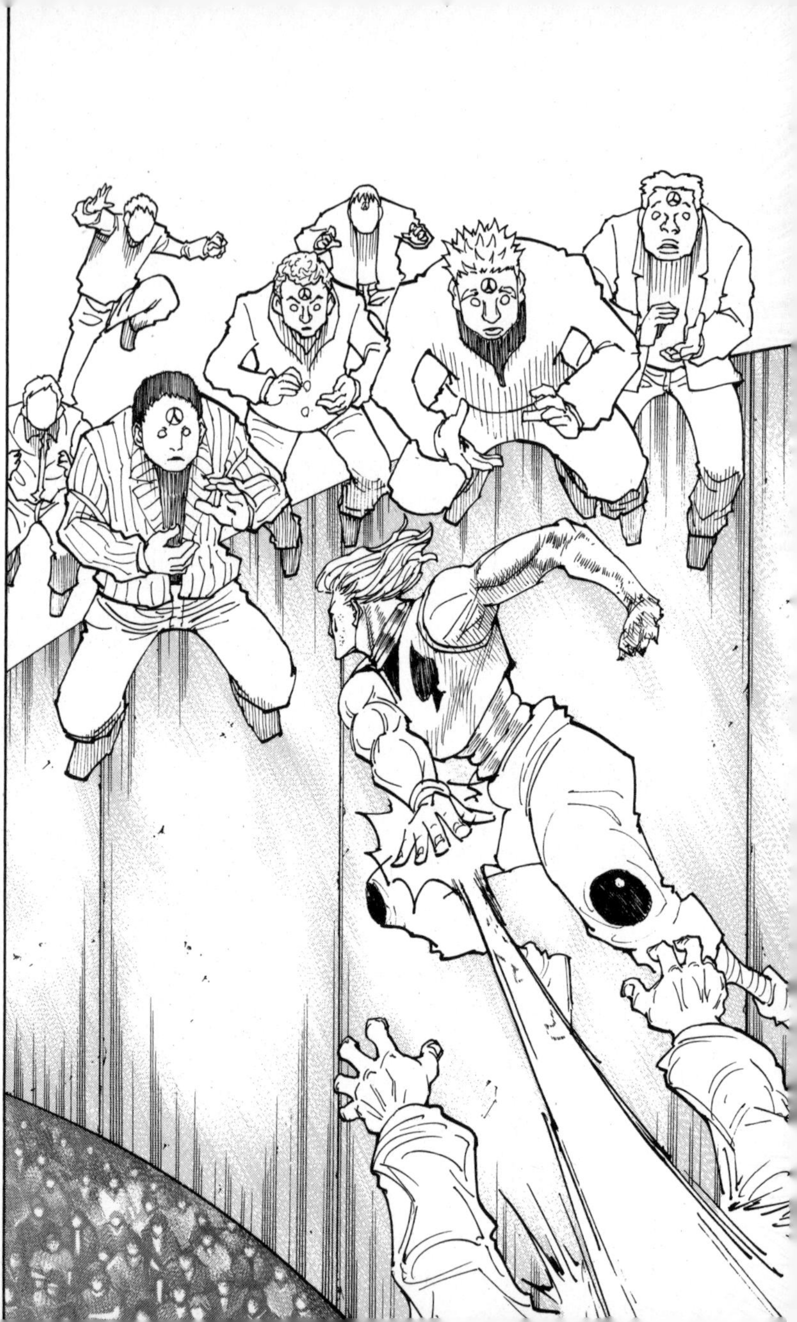

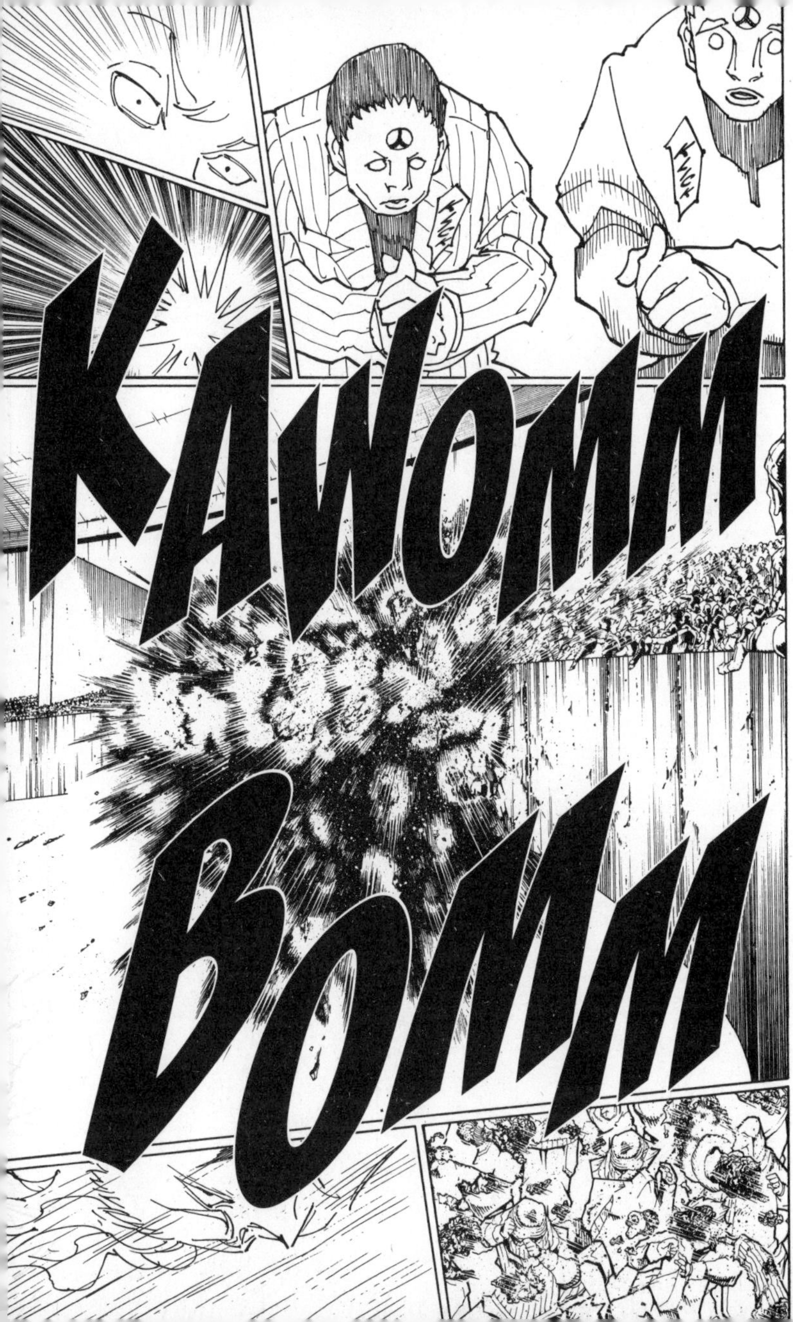

KNICK
KNICK
KAWOMM
BOMM

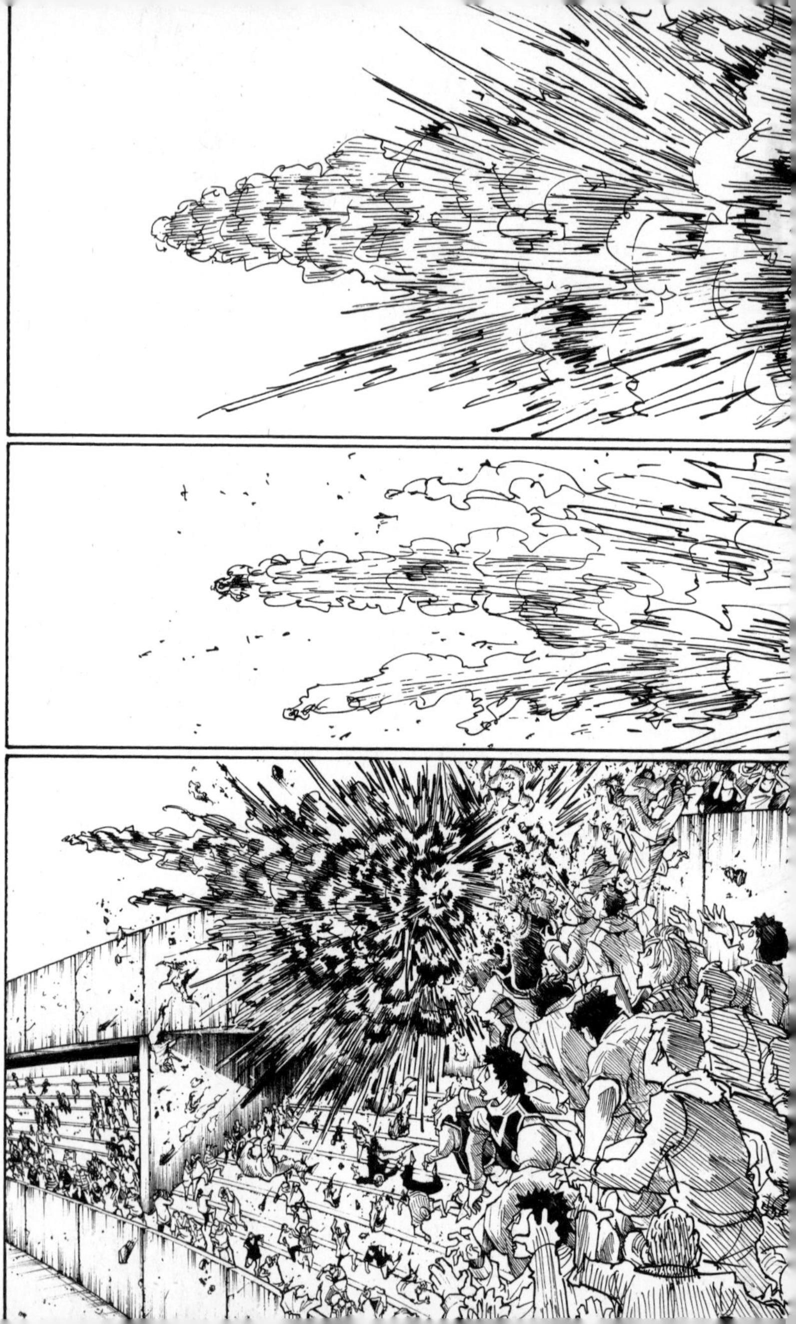

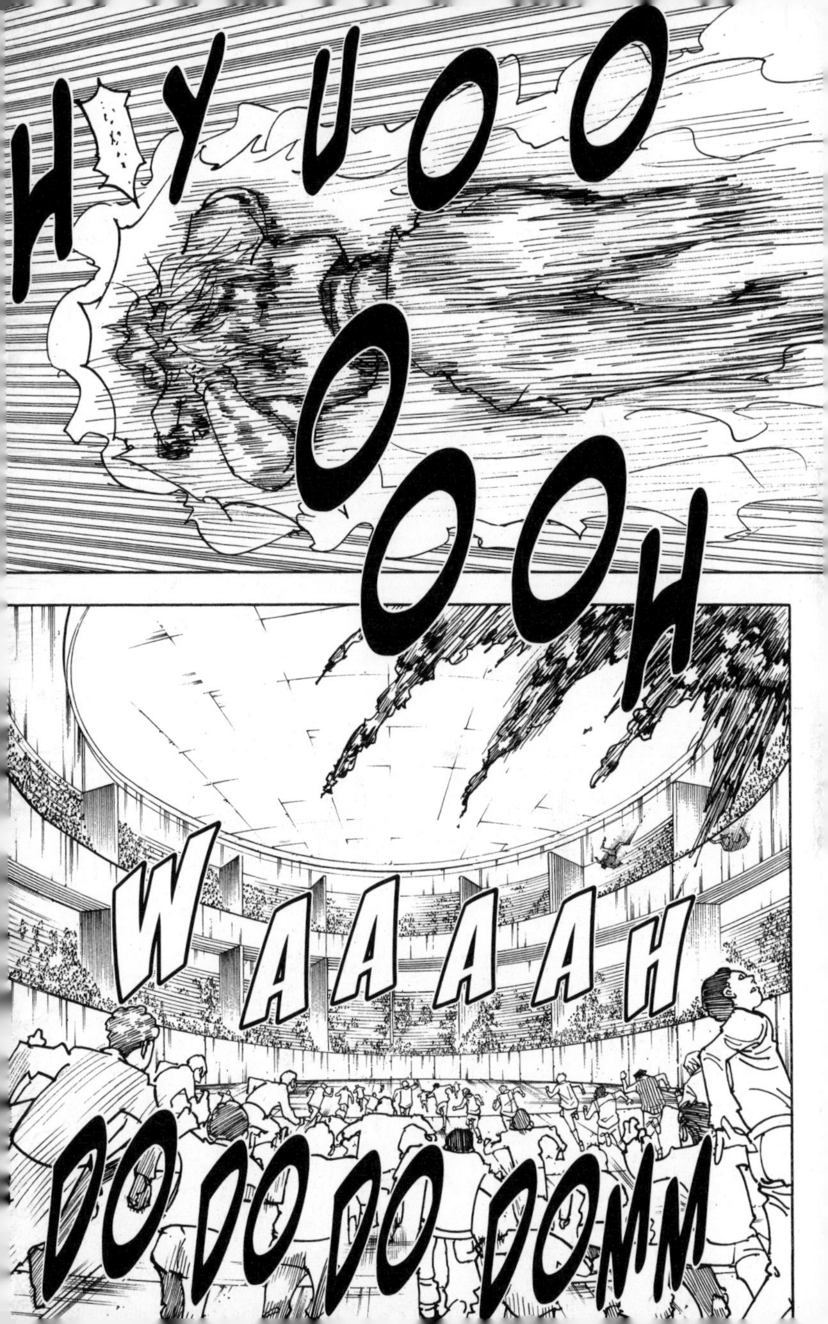
HYUOOOOOH
WAAAAH
DODODODOMM

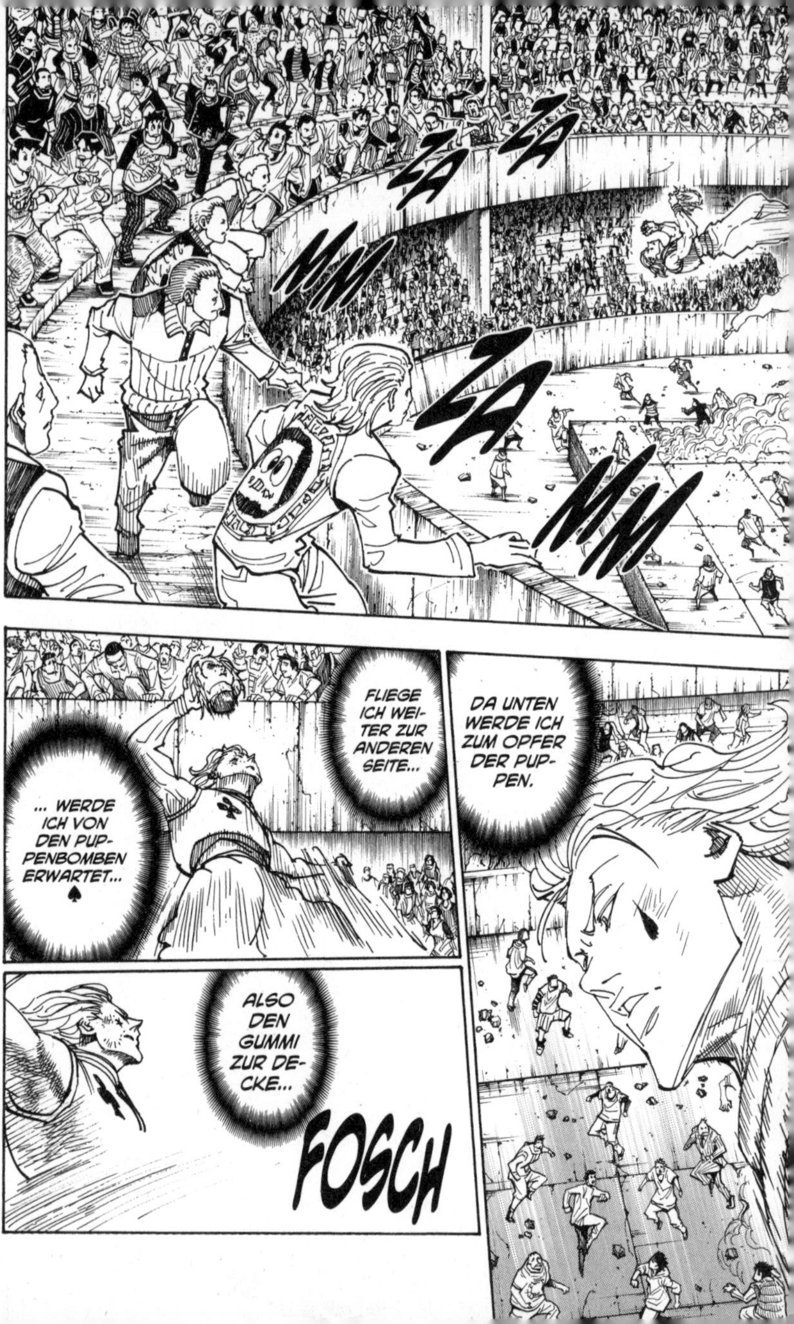
ZAZAMM
ZAZAMM
DA UNTEN WERDE ICH ZUM OPFER DER PUPPEN.
FLIEGE ICH WEITER ZUR ANDEREN SEITE...
... WERDE ICH VON DEN PUPPENBOMBEN ERWARTET... ♠
ALSO DEN GUMMI ZUR DECKE...
FOSCH

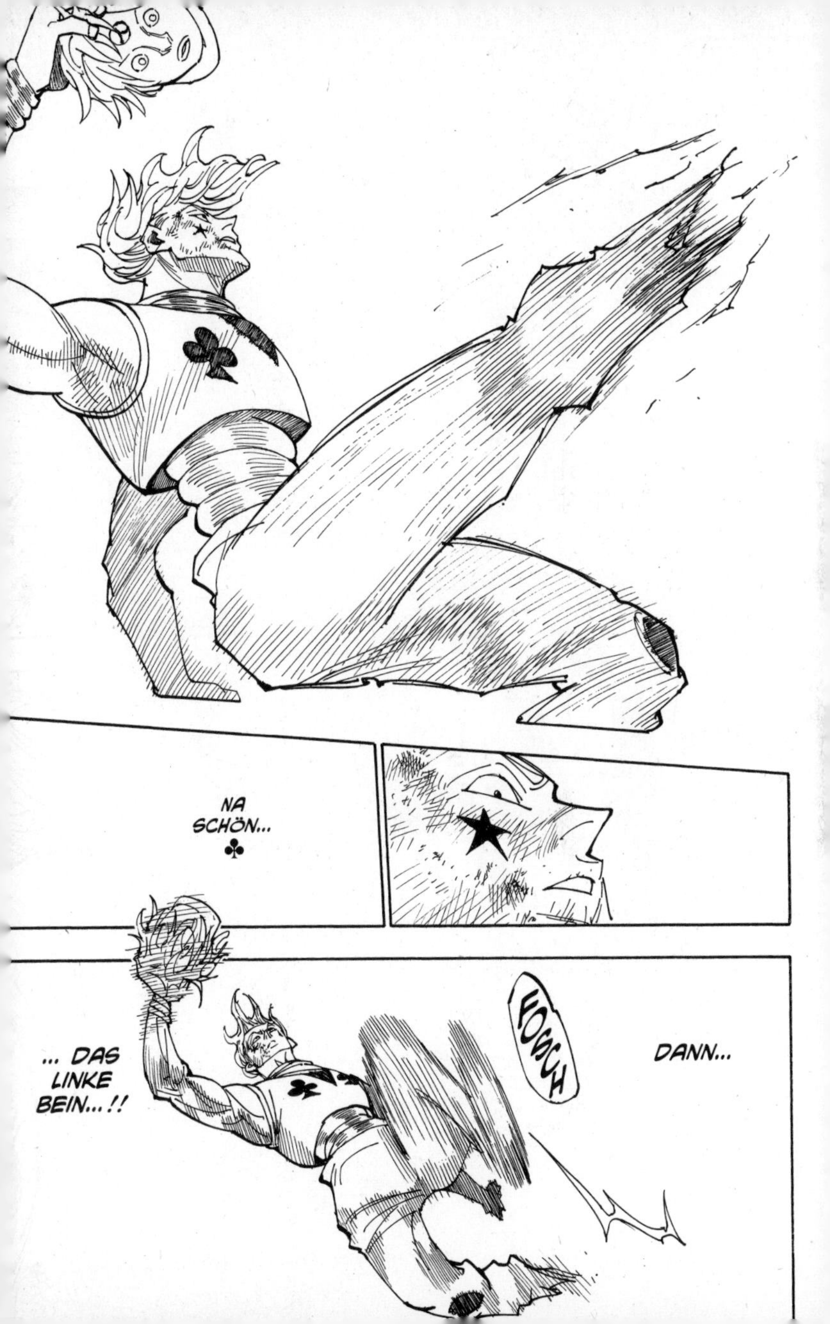
NA SCHÖN... ♣
DANN...
FOSCH
... DAS LINKE BEIN...!!

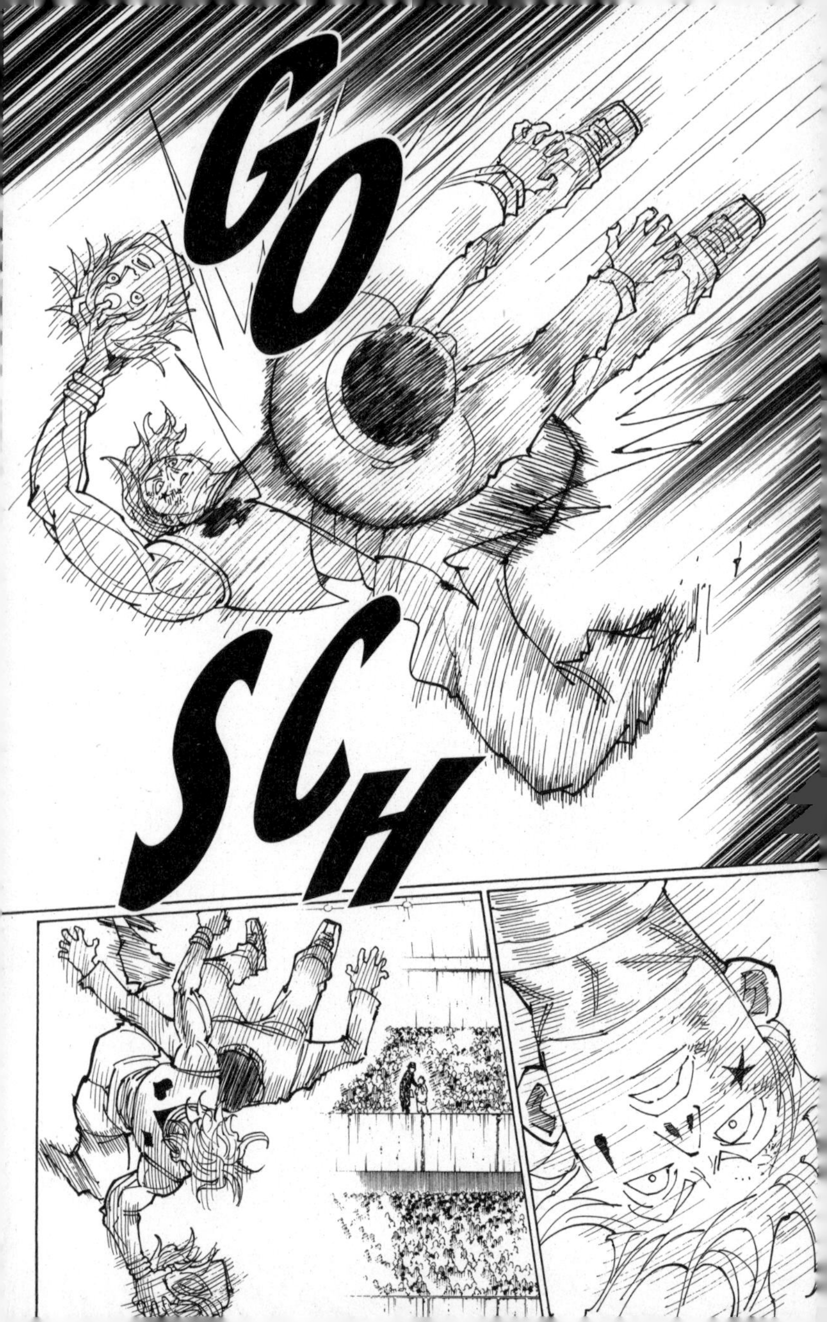
GOSCH

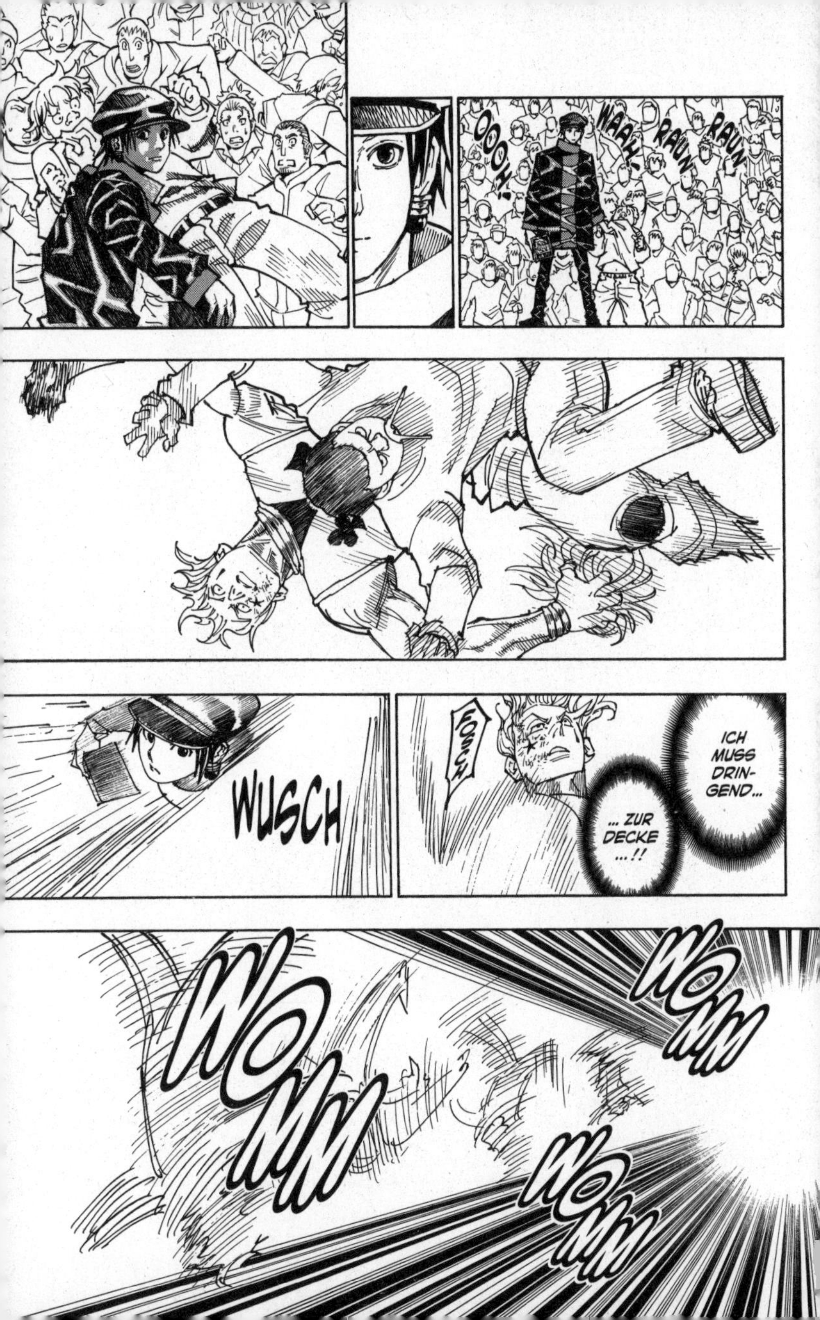

RAUN
RAUN
WAAH!
OOOH!
ICH MUSS DRINGEND...
... ZUR DECKE ...!!
FOSCH
WUSCH
WOMM
WOMM
WOMM

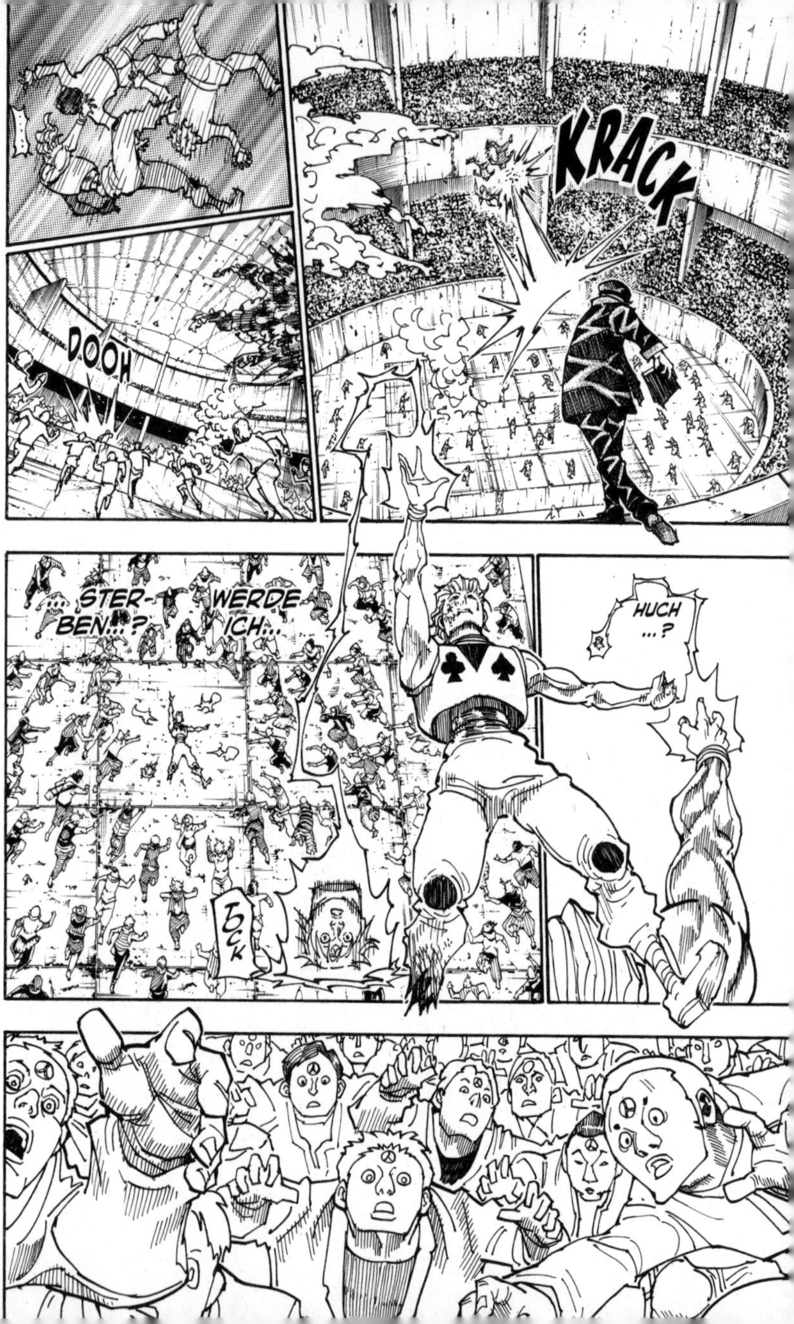
KRACK
DOOH
HUCH ...?
WERDE ICH...
... STER-BEN...?
TOCK

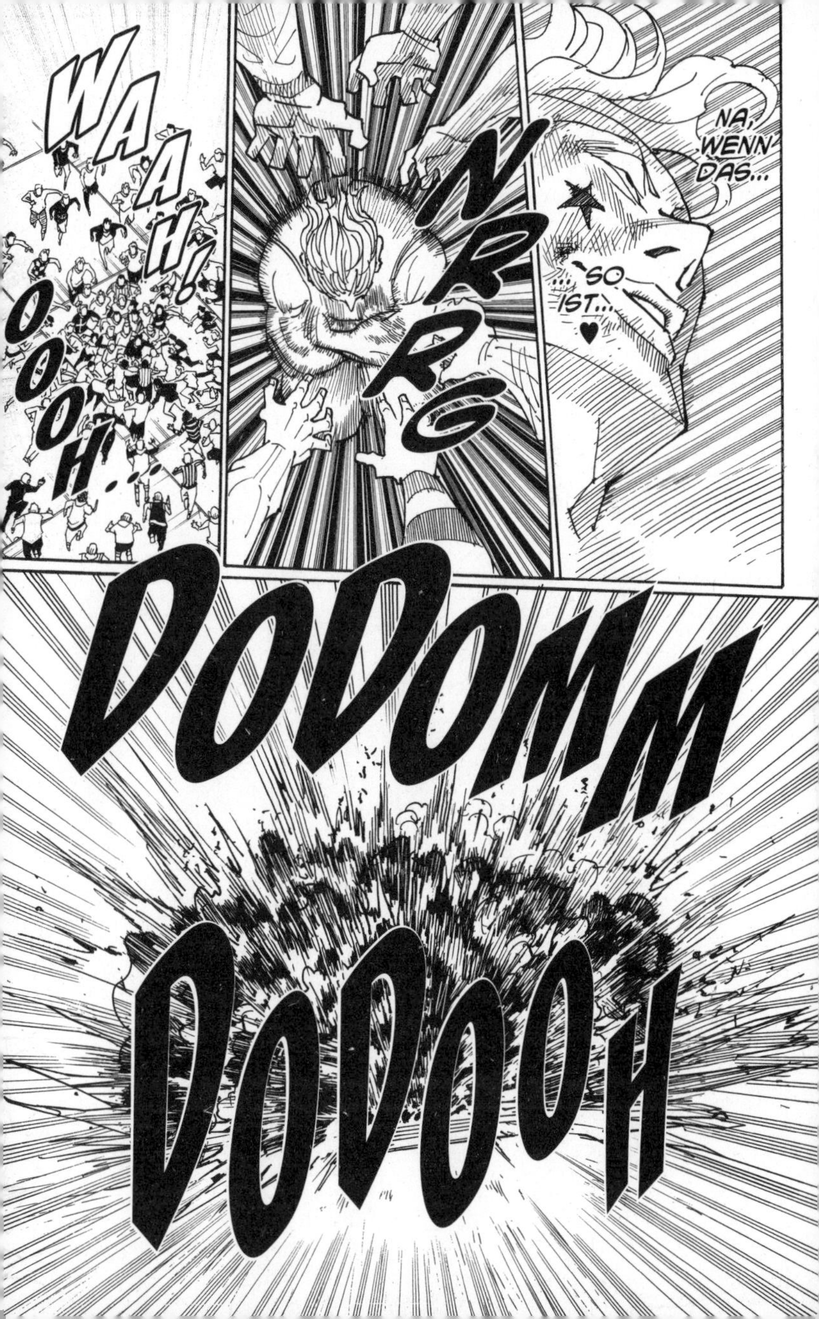
NA, WENN DAS...
...SO IST... ♥
NRRG
WAAH!
OOOOH...
DODOMM
DODOOH

Mati
Komatineito

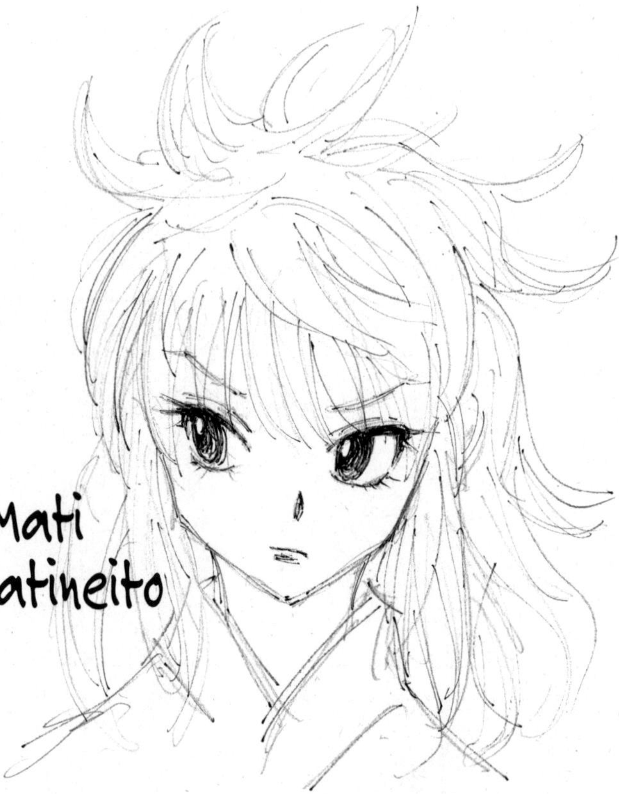

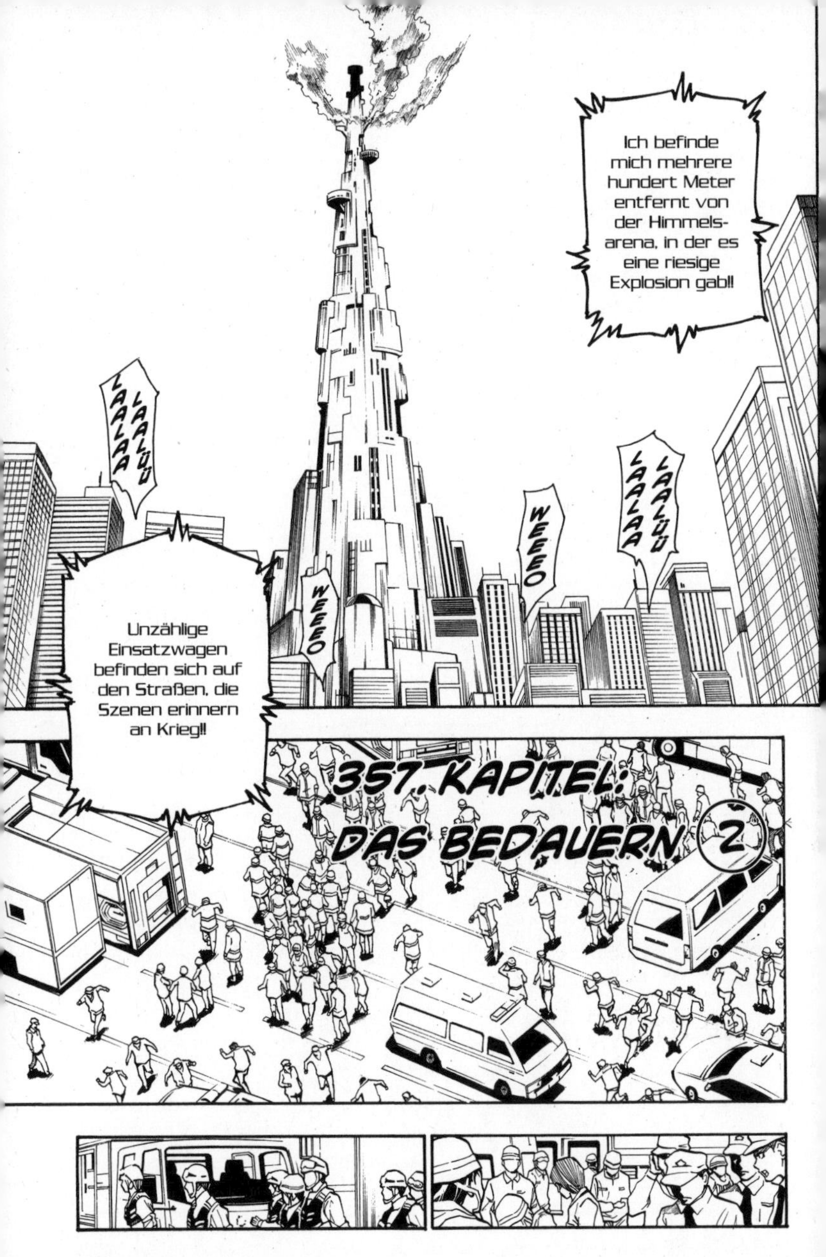

Ich befinde mich mehrere hundert Meter entfernt von der Himmels-arena, in der es eine riesige Explosion gab!!
LAAALAA LAAALÜÜ
WEEEO
WEEEO
LAAALAA LAAALÜÜ
Unzählige Einsatzwagen befinden sich auf den Straßen, die Szenen erinnern an Krieg!!
357. KAPITEL: DAS BEDAUERN 2

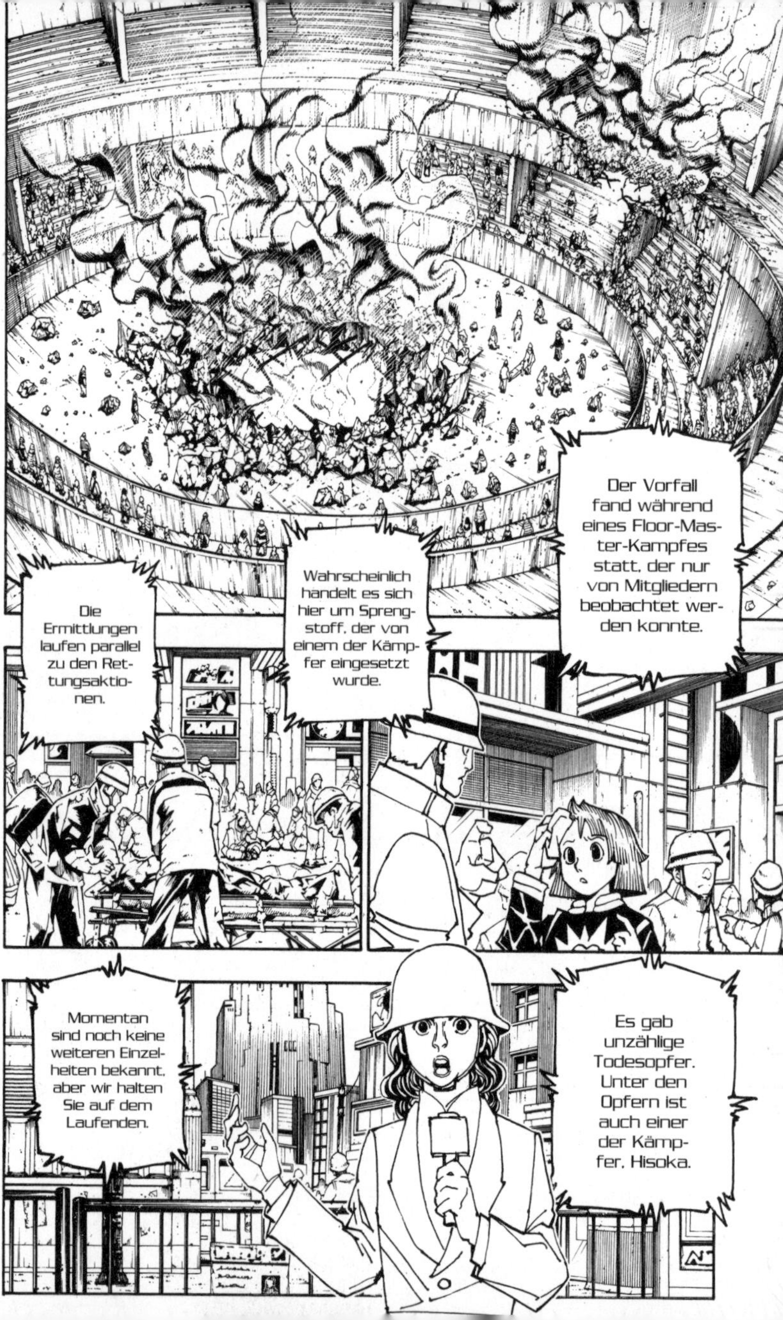
Der Vorfall fand während eines Floor-Master-Kampfes statt, der nur von Mitgliedern beobachtet werden konnte.
Wahrscheinlich handelt es sich hier um Sprengstoff, der von einem der Kämpfer eingesetzt wurde.
Die Ermittlungen laufen parallel zu den Rettungsaktionen.
Es gab unzählige Todesopfer. Unter den Opfern ist auch einer der Kämpfer, Hisoka.
Momentan sind noch keine weiteren Einzelheiten bekannt, aber wir halten Sie auf dem Laufenden.

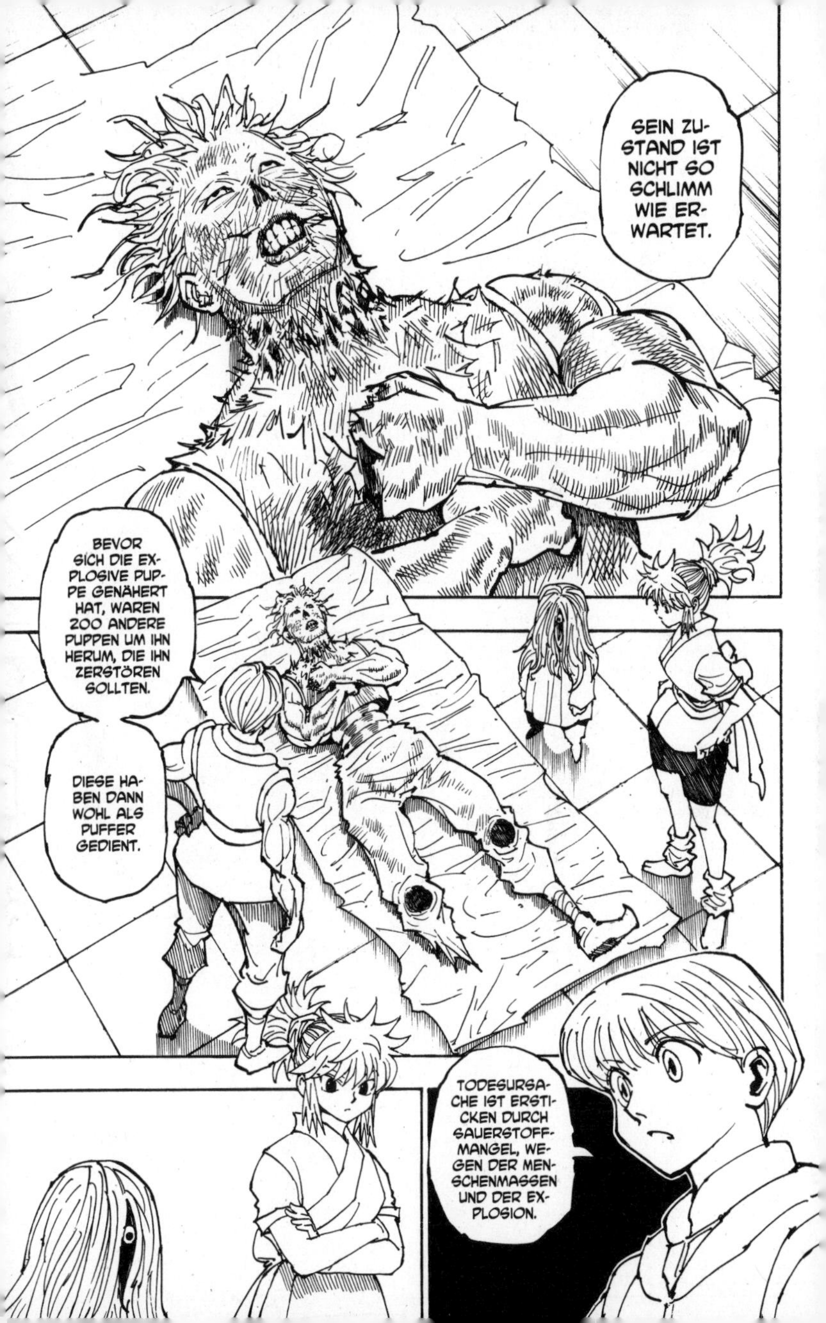
SEIN ZUSTAND IST NICHT SO SCHLIMM WIE ERWARTET.
BEVOR SICH DIE EXPLOSIVE PUPPE GENÄHERT HAT, WAREN 200 ANDERE PUPPEN UM IHN HERUM, DIE IHN ZERSTÖREN SOLLTEN.
DIESE HABEN DANN WOHL ALS PUFFER GEDIENT.
TODESURSACHE IST ERSTICKEN DURCH SAUERSTOFFMANGEL, WEGEN DER MENSCHENMASSEN UND DER EXPLOSION.

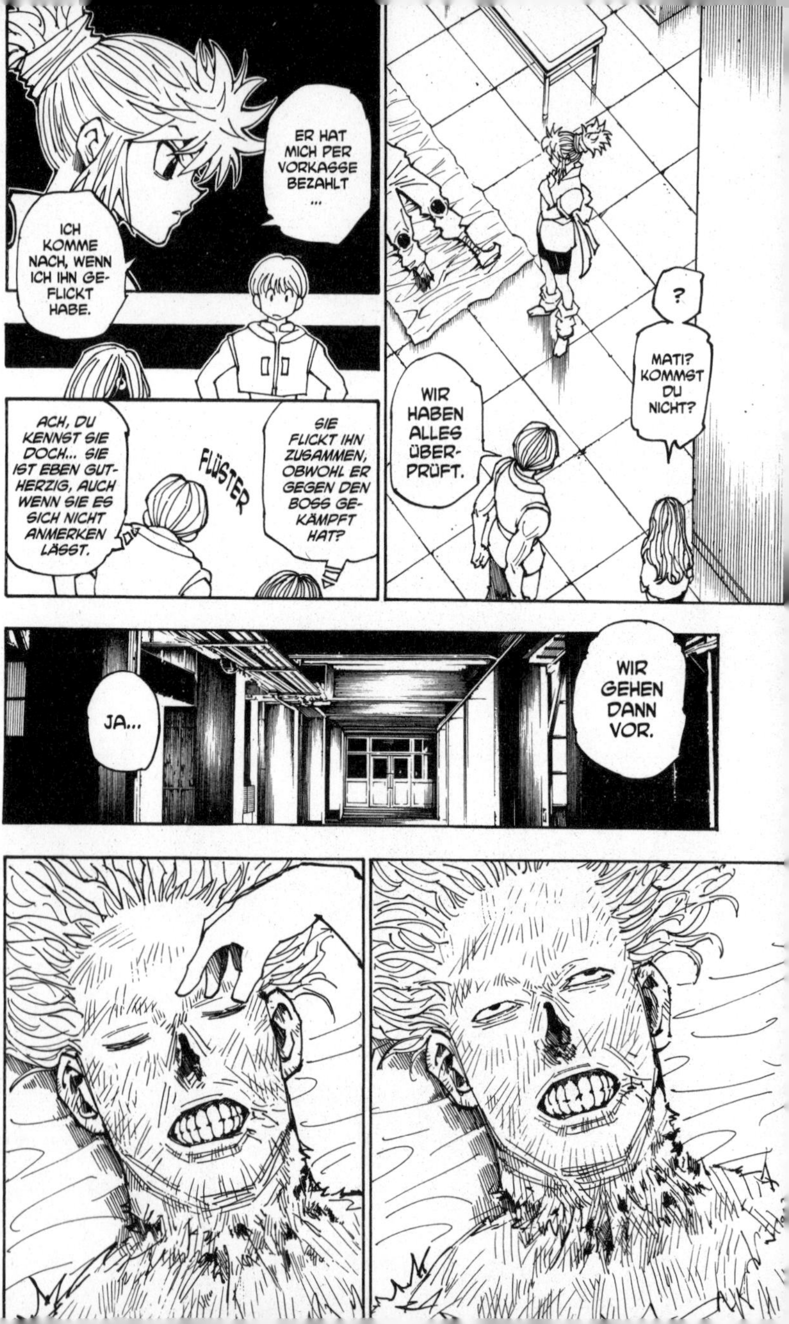
?
MATI? KOMMST DU NICHT?
WIR HABEN ALLES ÜBERPRÜFT.
ER HAT MICH PER VORKASSE BEZAHLT ...
ICH KOMME NACH, WENN ICH IHN GEFLICKT HABE.
SIE FLICKT IHN ZUSAMMEN, OBWOHL ER GEGEN DEN BOSS GEKÄMPFT HAT?
FLÜSTER
ACH, DU KENNST SIE DOCH... SIE IST EBEN GUTHERZIG, AUCH WENN SIE ES SICH NICHT ANMERKEN LÄSST.
WIR GEHEN DANN VOR.
JA...

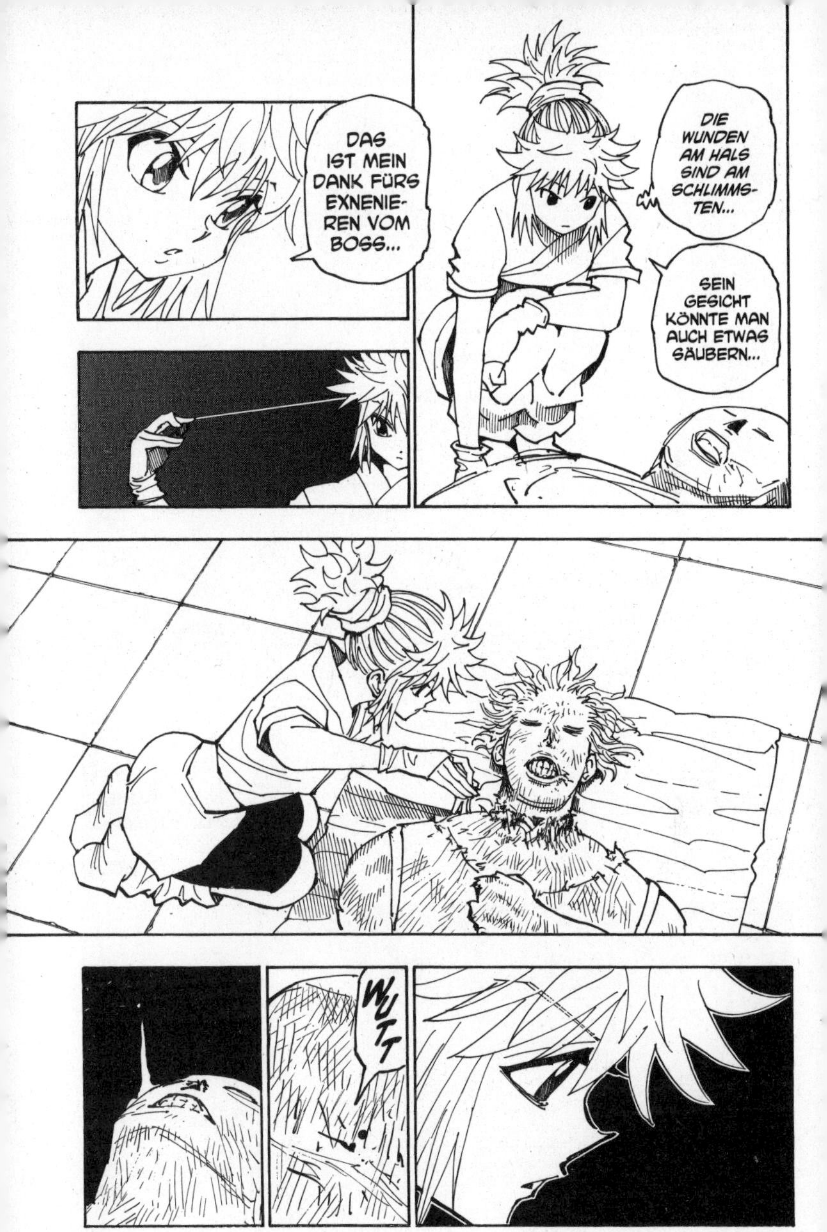
DIE WUNDEN AM HALS SIND AM SCHLIMMS-TEN...
SEIN GESICHT KÖNNTE MAN AUCH ETWAS SÄUBERN...
DAS IST MEIN DANK FÜRS EXNENIE-REN VOM BOSS...
WUTT

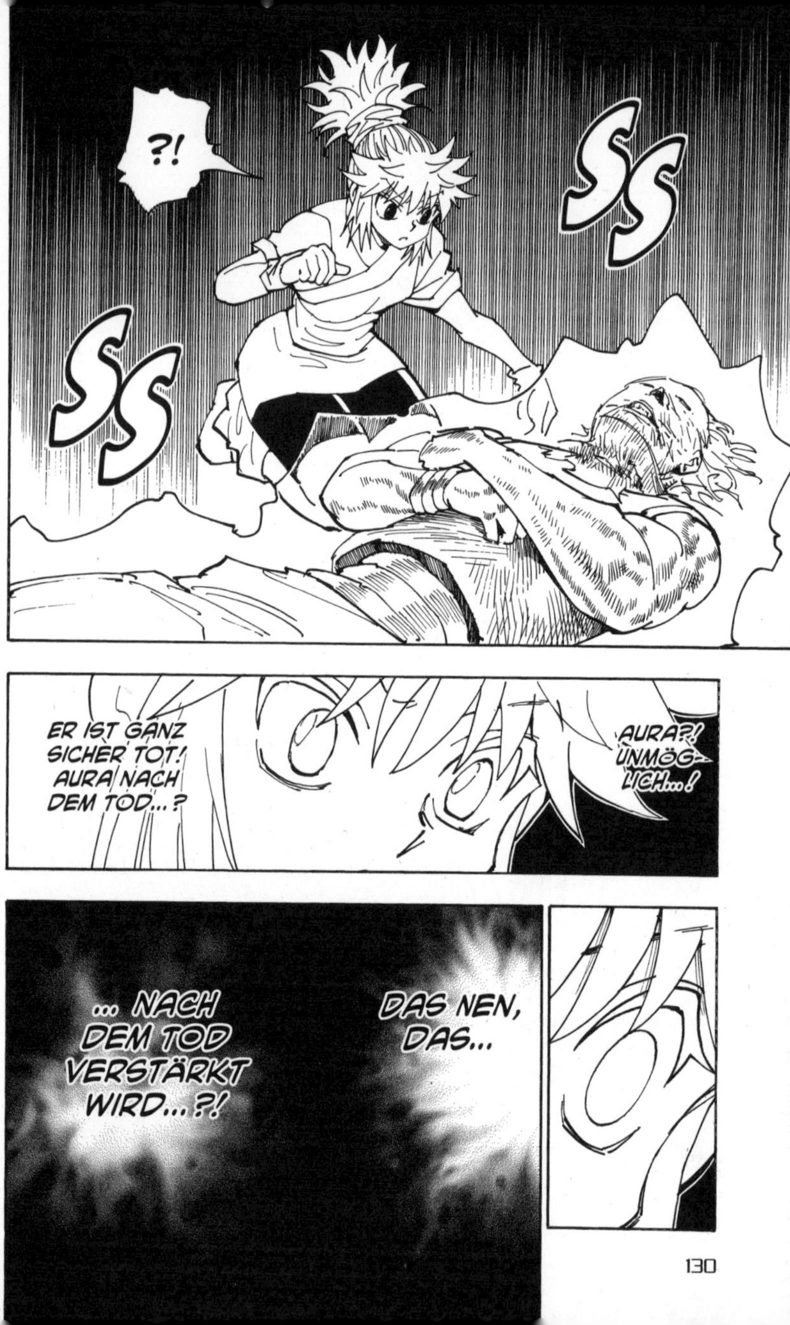
?!
SS
SS
AURA?! UNMÖG-LICH...!
ER IST GANZ SICHER TOT! AURA NACH DEM TOD...?
DAS NEN, DAS...
... NACH DEM TOD VERSTÄRKT WIRD...?!

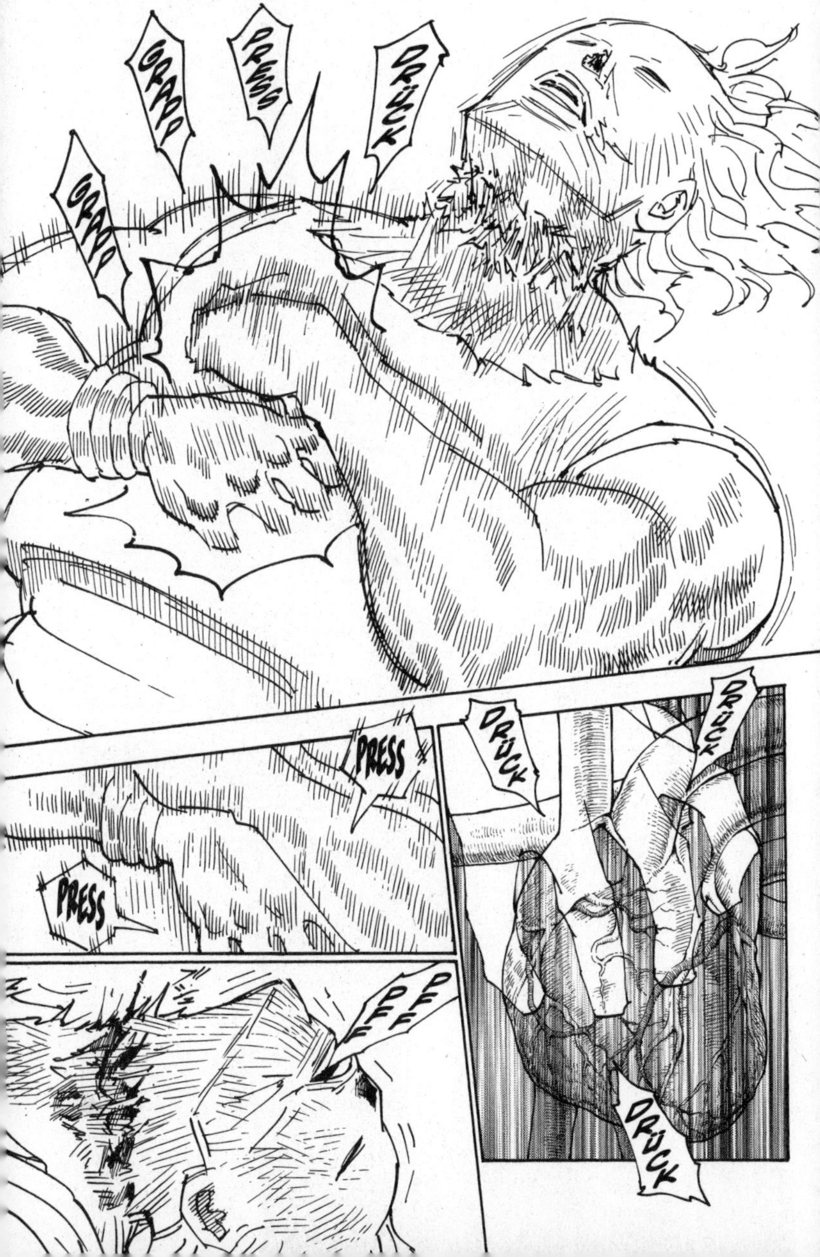
DRÜCK
PRESS
GRRRR
GRRRR
PRESS
PRESS
DRÜCK
DRÜCK
DRÜCK
FFF
FFF

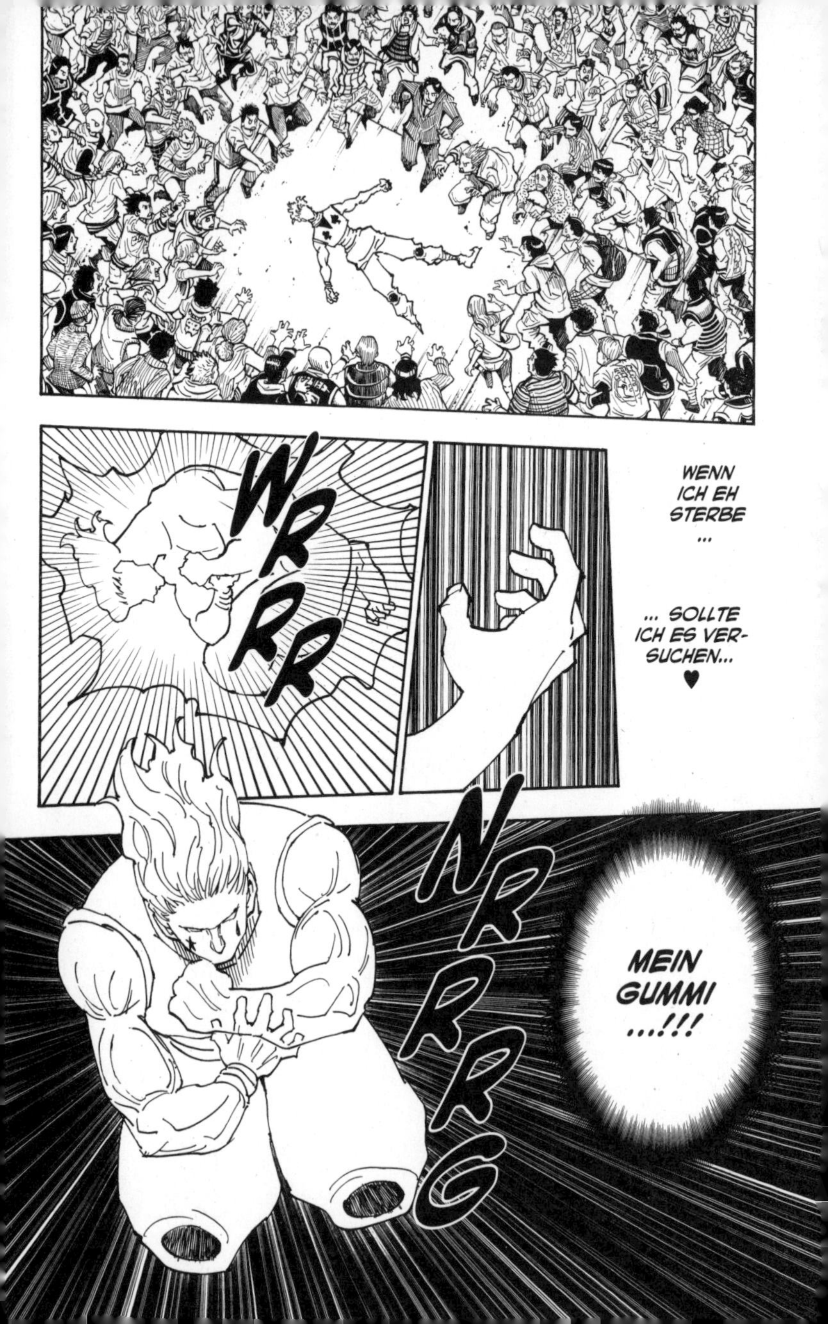
WENN ICH EH STERBE ...
... SOLLTE ICH ES VER- SUCHEN... ♥
WRRRR
NRRRRG
MEIN GUMMI ...!!!

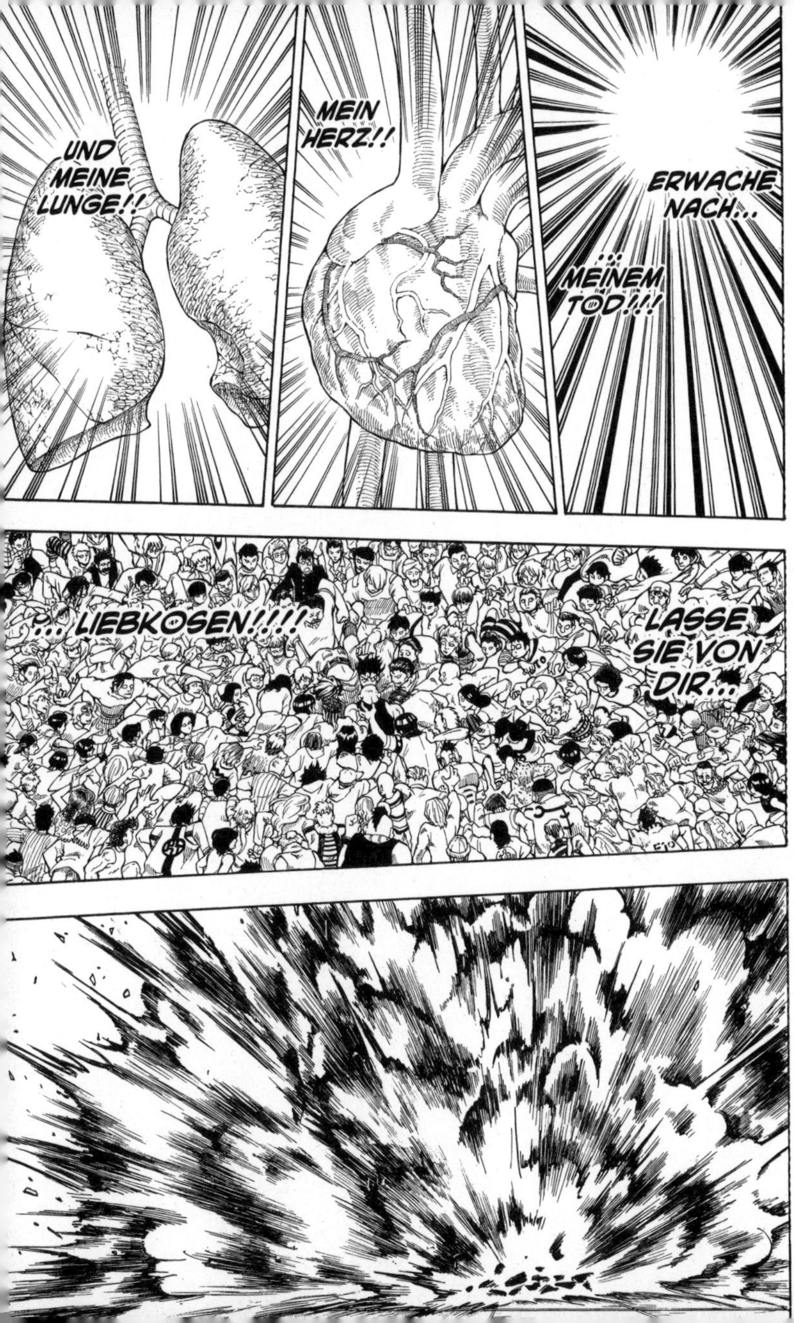
ERWACHE NACH...
...MEINEM TOD!!!
MEIN HERZ!!
UND MEINE LUNGE!!
LASSE SIE VON DIR...
...LIEBKOSEN!!!!

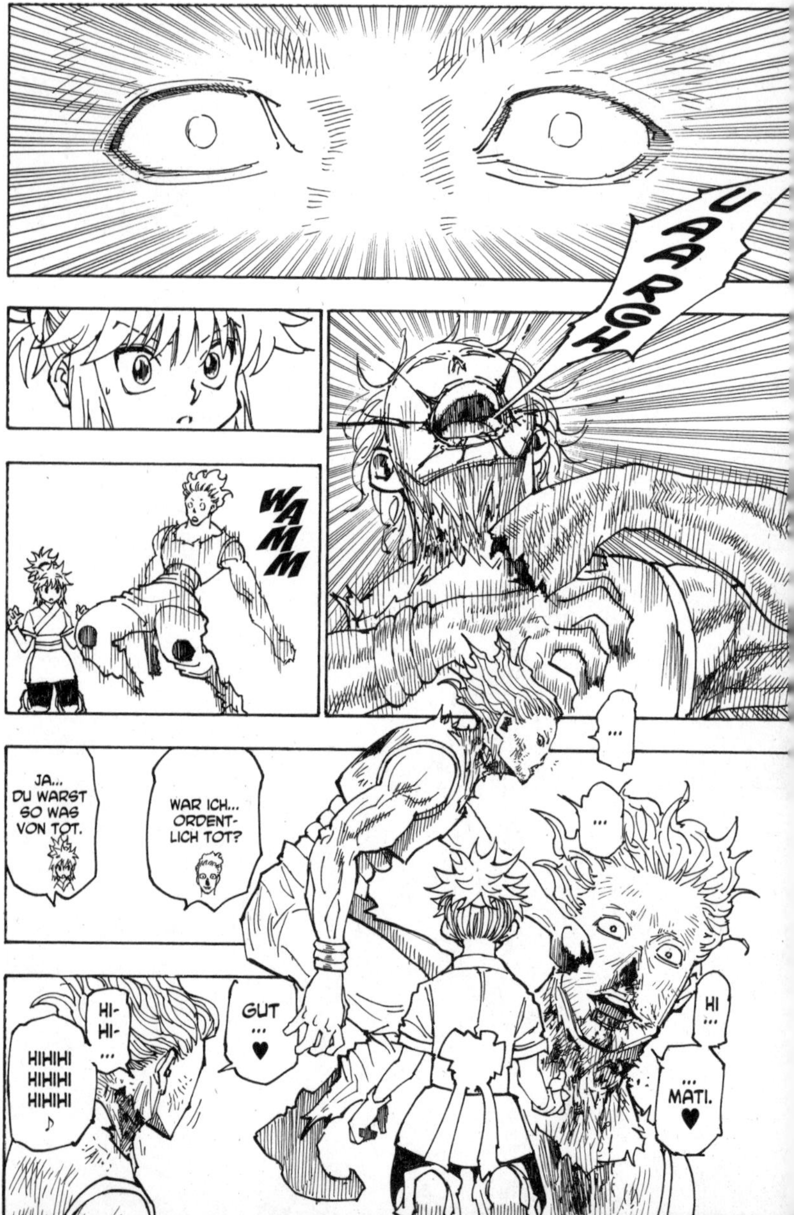
UAARGH
WAMM
...
WAR ICH... ORDENT-LICH TOT?
JA... DU WARST SO WAS VON TOT.
...
HI ... ... MATI. ♥
GUT ... ♥
HI- HI- ...
HIHIHI HIHIHI HIHIHI ♪

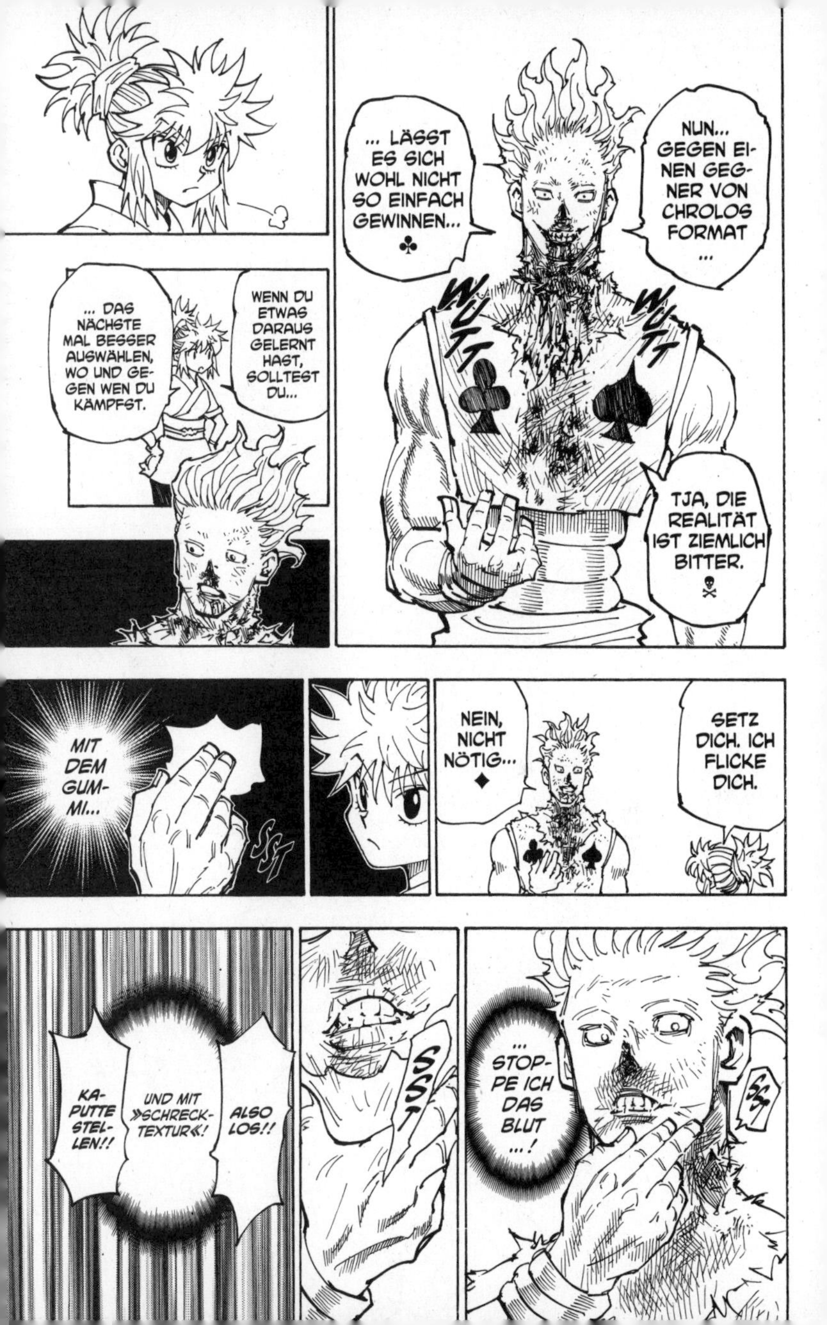
NUN... GEGEN EINEN GEGNER VON CHROLOS FORMAT ...
... LÄSST ES SICH WOHL NICHT SO EINFACH GEWINNEN... ♣
WUTT
WUTT
TJA, DIE REALITÄT IST ZIEMLICH BITTER. ☠
WENN DU ETWAS DARAUS GELERNT HAST, SOLLTEST DU...
... DAS NÄCHSTE MAL BESSER AUSWÄHLEN, WO UND GEGEN WEN DU KÄMPFST.
SETZ DICH. ICH FLICKE DICH.
NEIN, NICHT NÖTIG... ♦
MIT DEM GUMMI...
SST
... STOPPE ICH DAS BLUT ...!
SST
SST
ALSO LOS!!
UND MIT »SCHRECKTEXTUR«!
KAPUTTE STELLEN!!

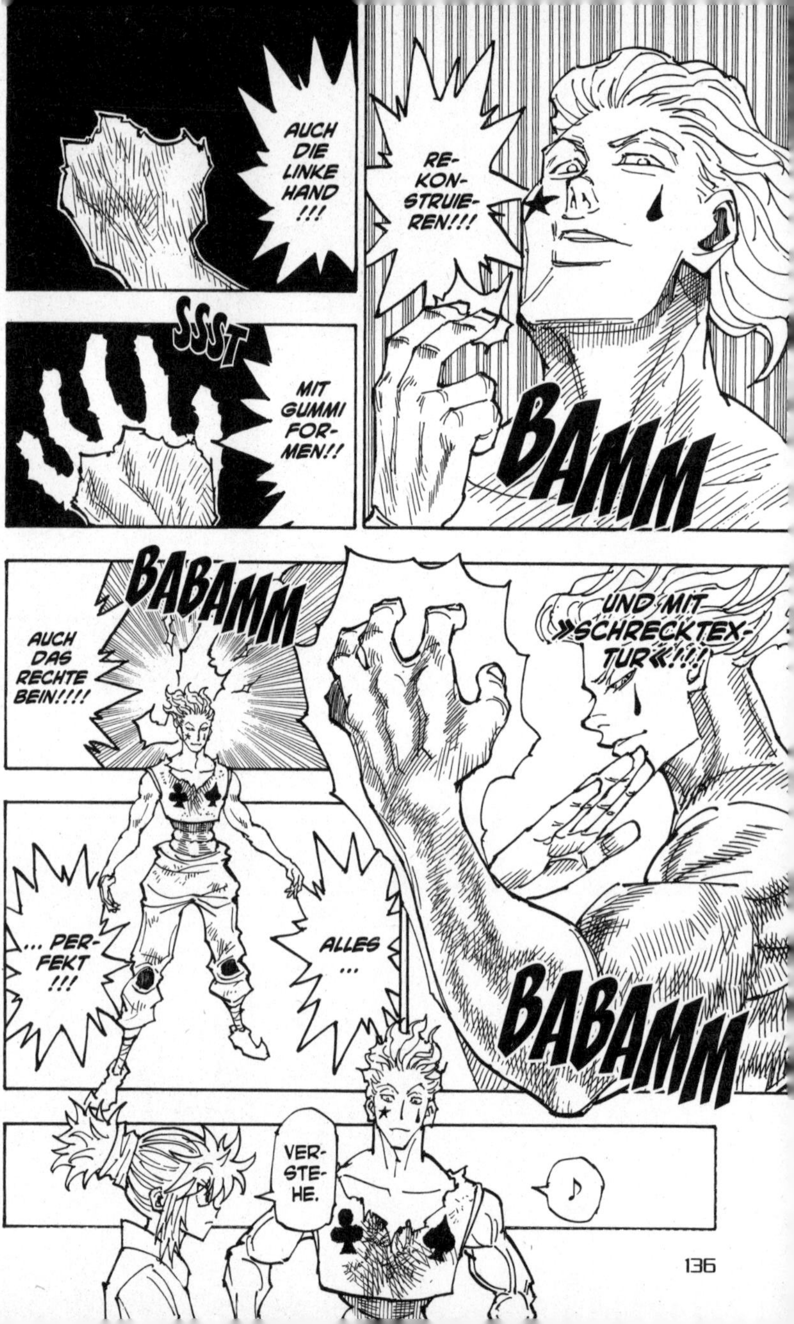
RE-KON-STRUIE-REN!!!
BAMM
AUCH DIE LINKE HAND!!!
SSST
MIT GUMMI FOR-MEN!!
UND MIT »SCHRECKTEX-TUR«!!!
BABAMM
BABAMM
AUCH DAS RECHTE BEIN!!!!
ALLES ...
... PER-FEKT!!!
♪
VER-STE-HE.

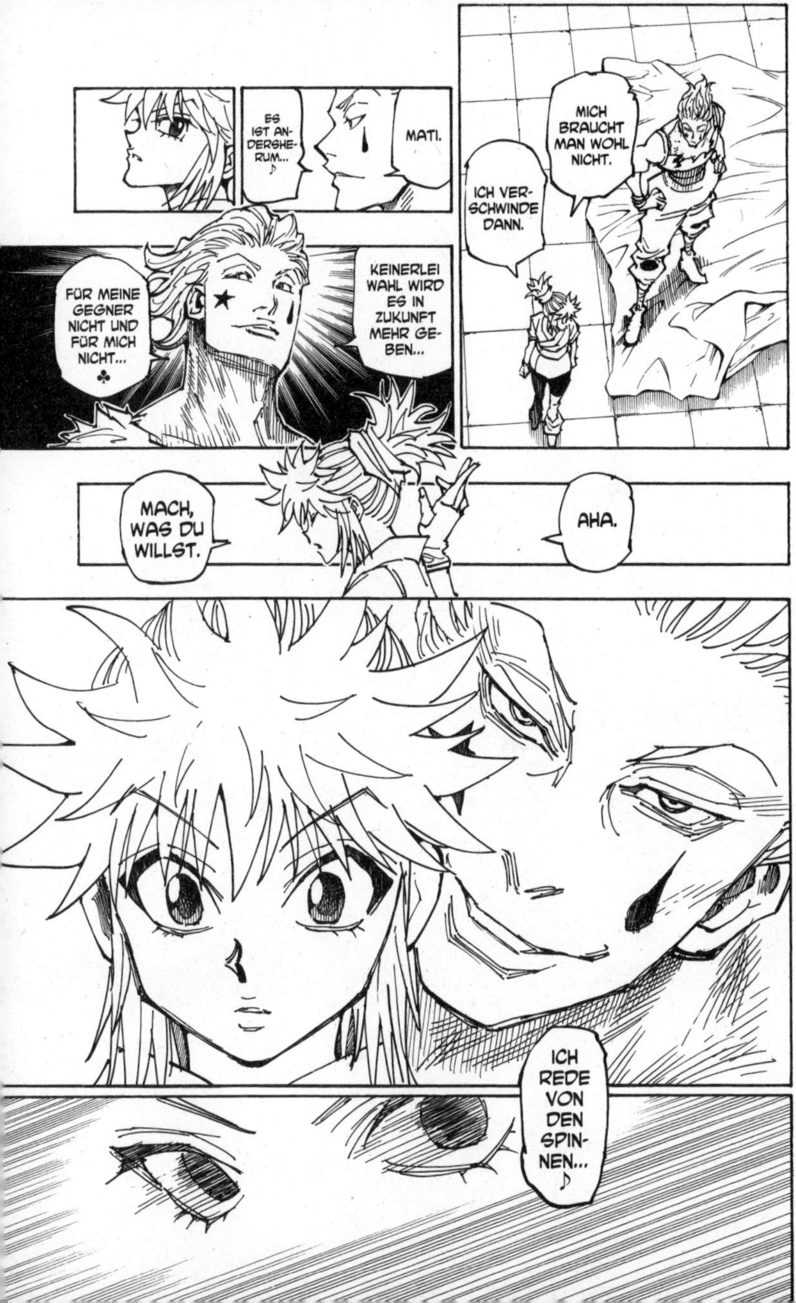
MICH BRAUCHT MAN WOHL NICHT.
ICH VERSCHWINDE DANN.
MATI.
ES IST ANDERSHERUM... ♪
KEINERLEI WAHL WIRD ES IN ZUKUNFT MEHR GEBEN...
FÜR MEINE GEGNER NICHT UND FÜR MICH NICHT... ♣
AHA.
MACH, WAS DU WILLST.
ICH REDE VON DEN SPINNEN... ♪

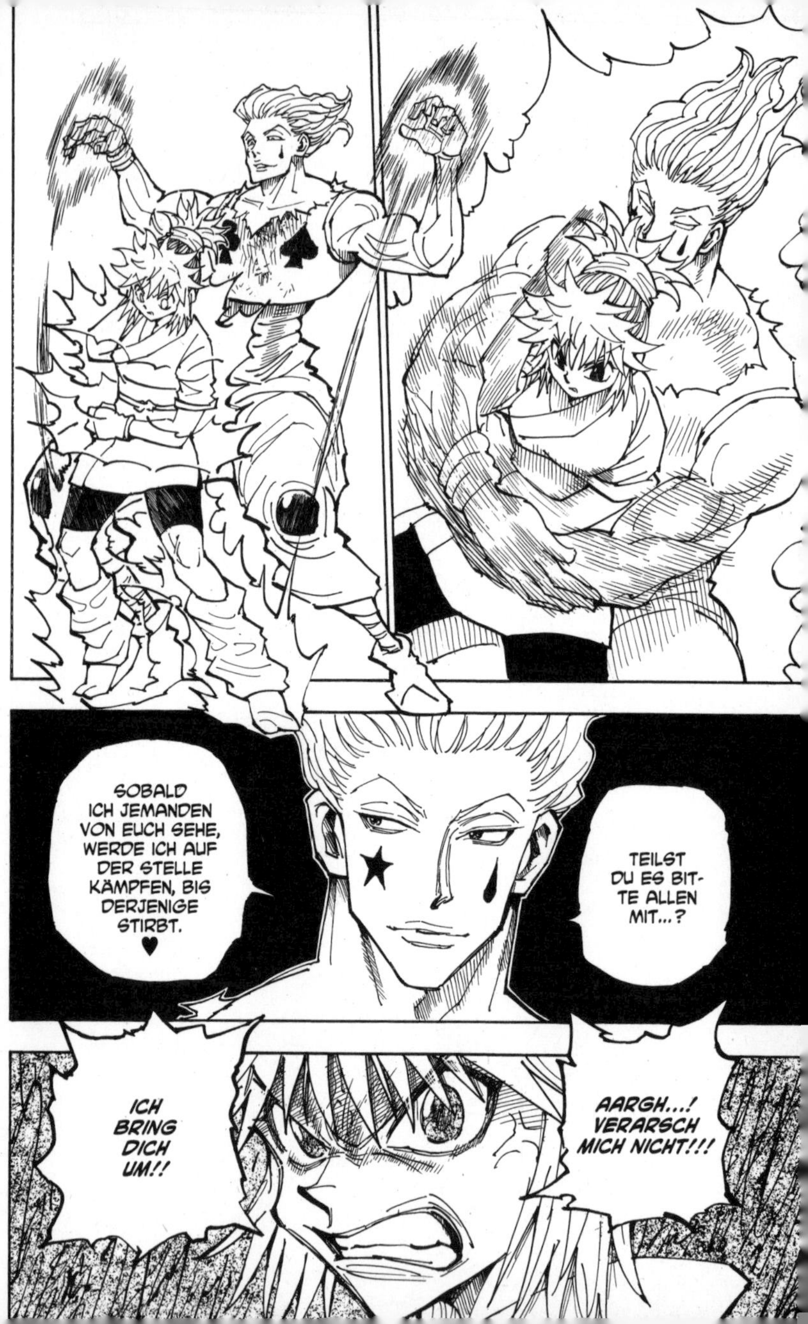
TEILST DU ES BITTE ALLEN MIT...?
SOBALD ICH JEMANDEN VON EUCH SEHE, WERDE ICH AUF DER STELLE KÄMPFEN, BIS DERJENIGE STIRBT. ♥
AARGH...! VERARSCH MICH NICHT!!!
ICH BRING DICH UM!!

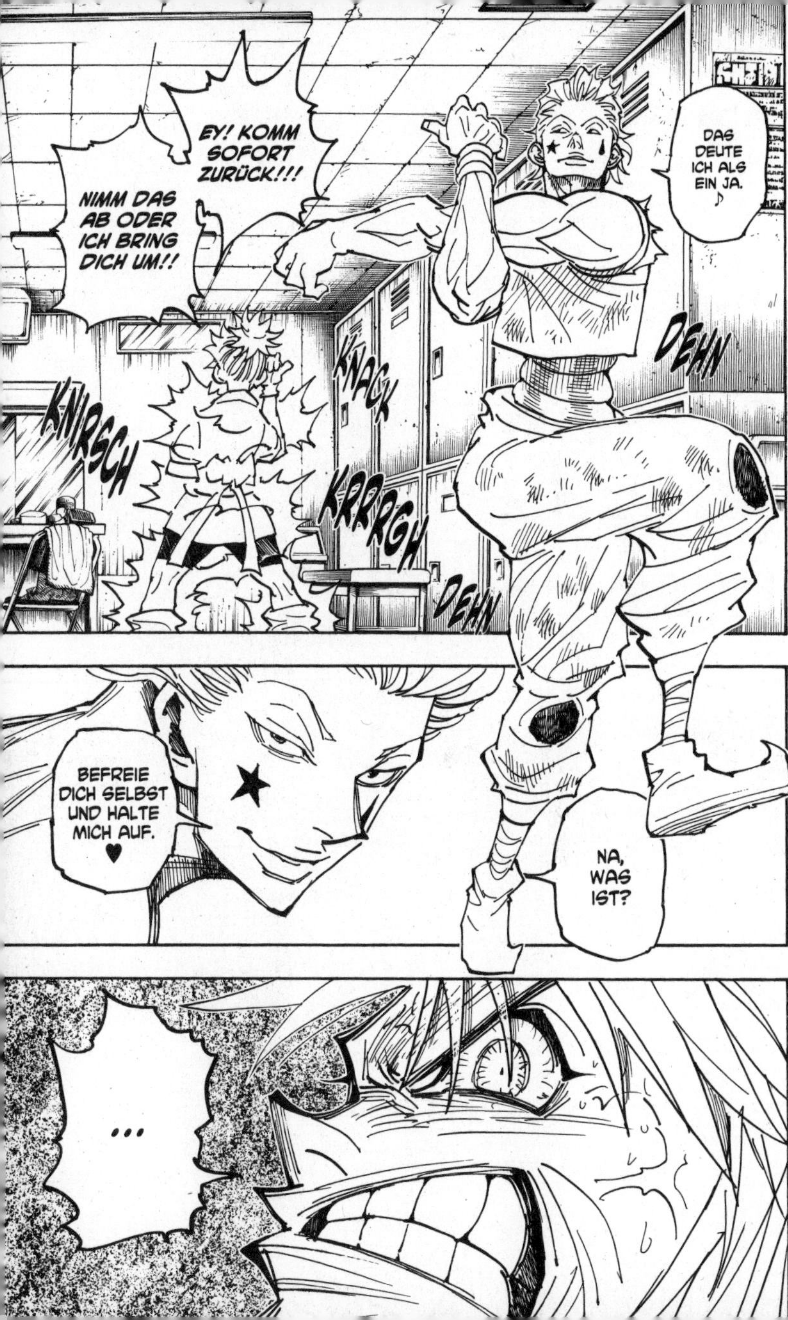
DAS DEUTE ICH ALS EIN JA. ♪
EY! KOMM SOFORT ZURÜCK!!!
NIMM DAS AB ODER ICH BRING DICH UM!!
DEHN
KNACK
KRRRGH
DEHN
KNIRSCH
NA, WAS IST?
BEFREIE DICH SELBST UND HALTE MICH AUF. ♥
...

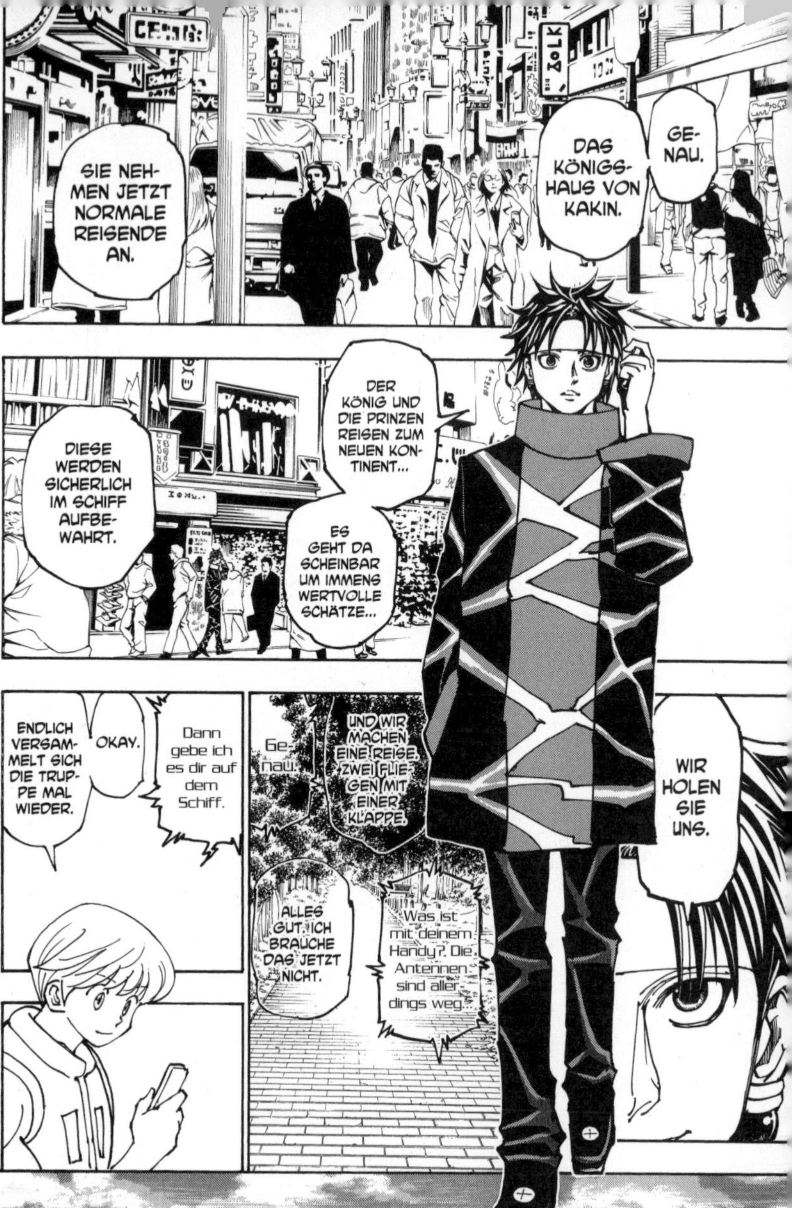
GENAU.
DAS KÖNIGSHAUS VON KAKIN.
SIE NEHMEN JETZT NORMALE REISENDE AN.
DER KÖNIG UND DIE PRINZEN REISEN ZUM NEUEN KONTINENT...
ES GEHT DA SCHEINBAR UM IMMENS WERTVOLLE SCHÄTZE...
DIESE WERDEN SICHERLICH IM SCHIFF AUFBEWAHRT.
WIR HOLEN SIE UNS.
UND WIR MACHEN EINE REISE. ZWEI FLIEGEN MIT EINER KLAPPE.
Genau.
Was ist mit deinem Handy? Die Antennen sind allerdings weg...
ALLES GUT. ICH BRAUCHE DAS JETZT NICHT.
Dann gebe ich es dir auf dem Schiff.
OKAY.
ENDLICH VERSAMMELT SICH DIE TRUPPE MAL WIEDER.

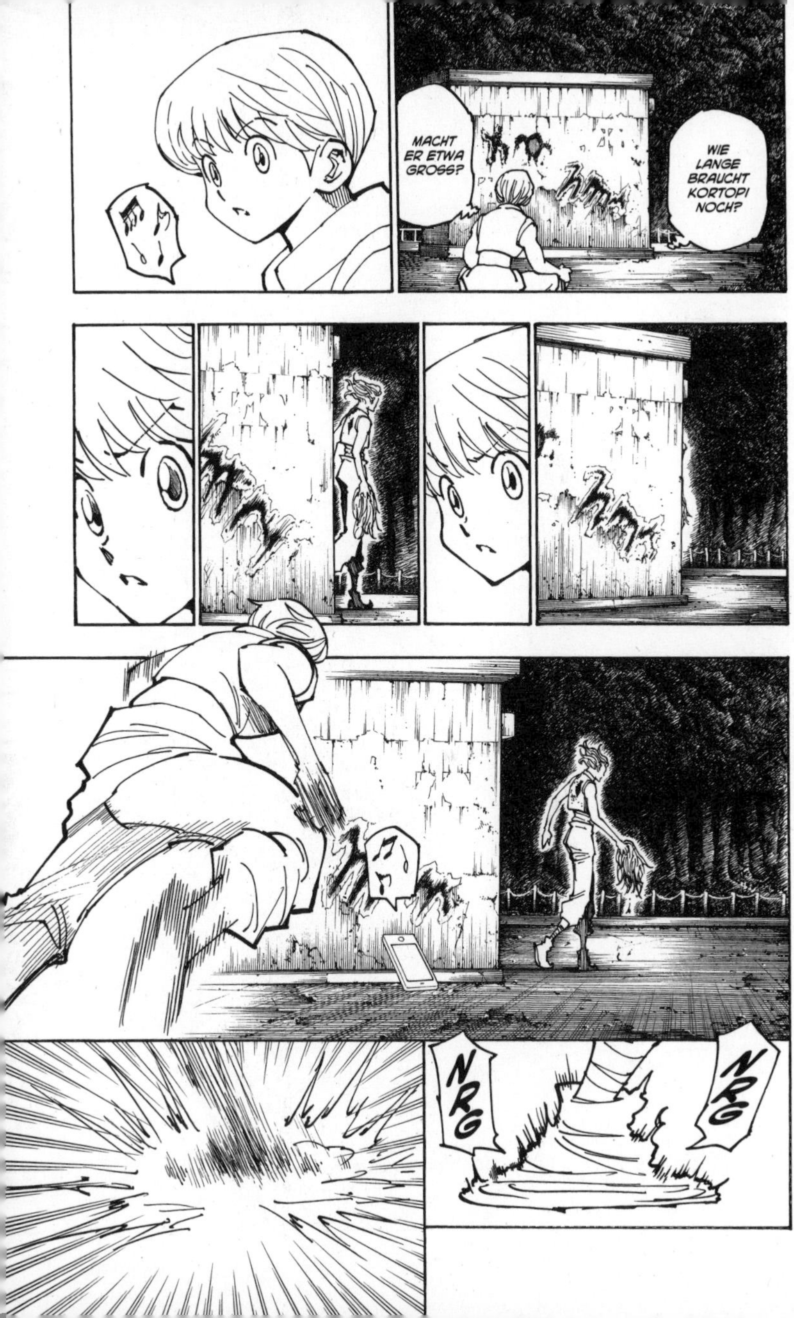
WIE LANGE BRAUCHT KORTOPI NOCH?
MACHT ER ETWA GROSS?
NRG
NRG

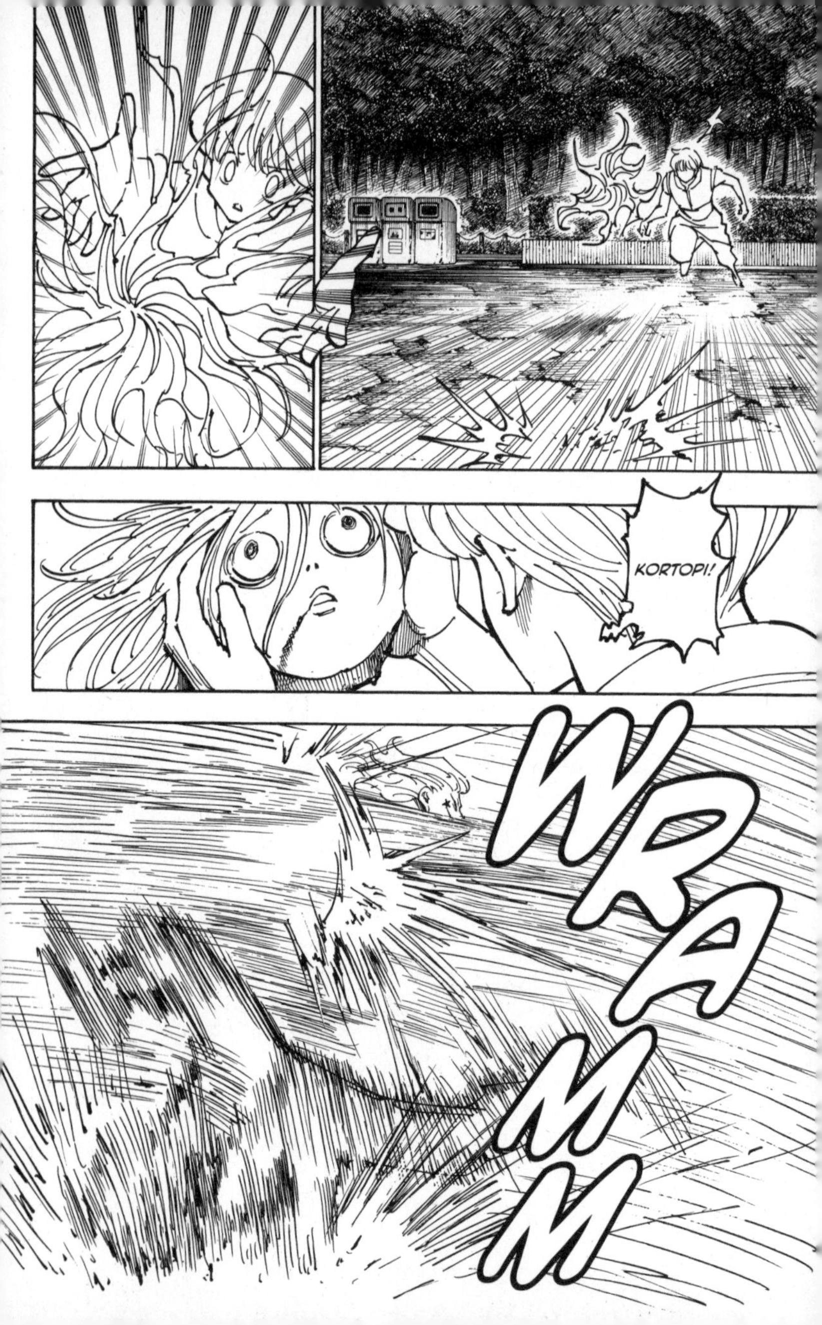
KORTOPI!
WRAMMM

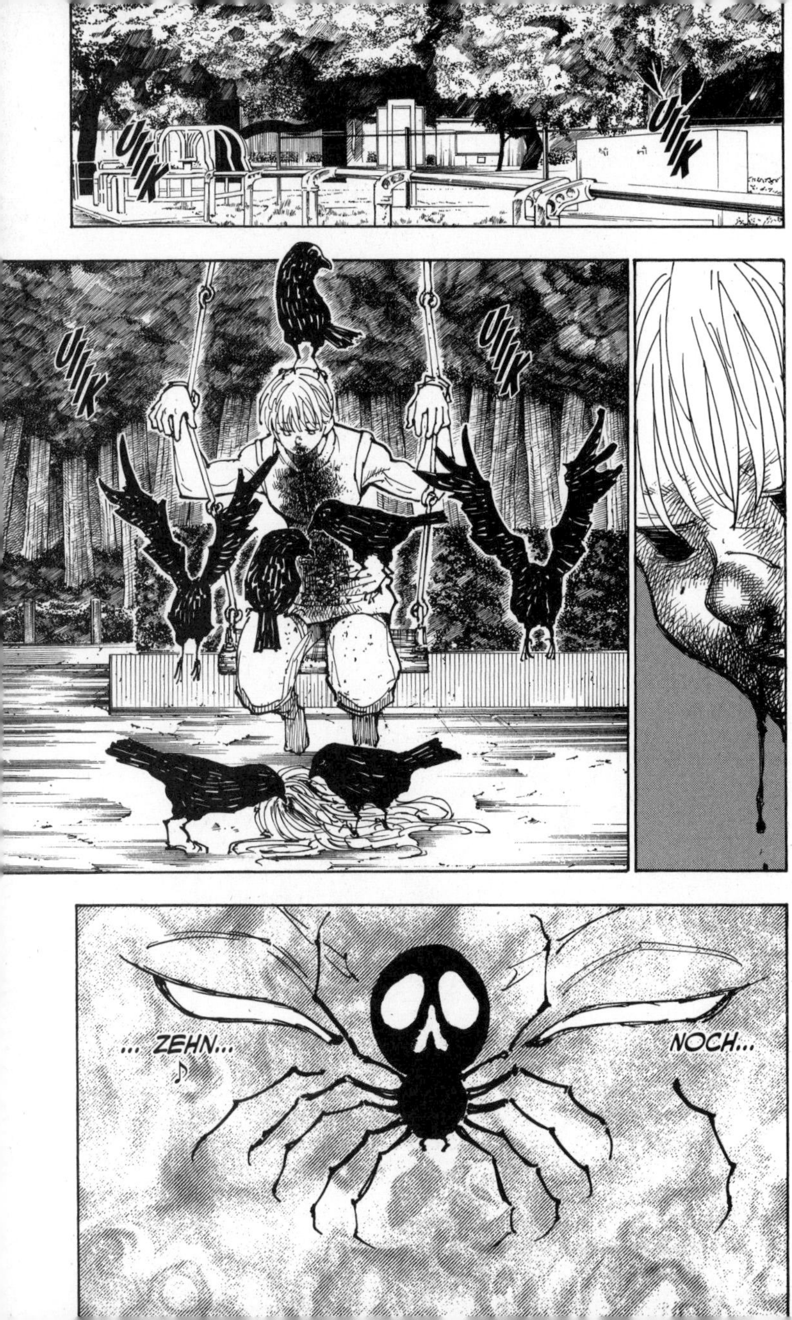
UIIK
UIIK
UIIK
UIIK
NOCH...
... ZEHN... ♪

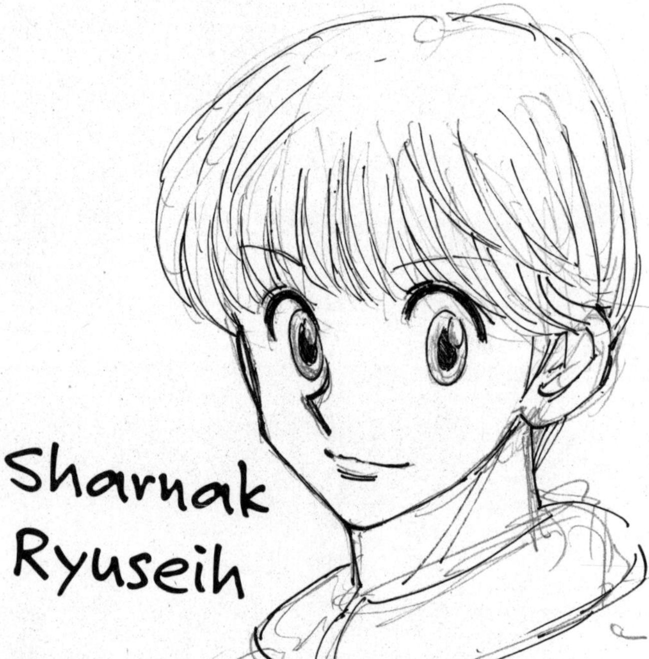
Sharnak
Ryuseih

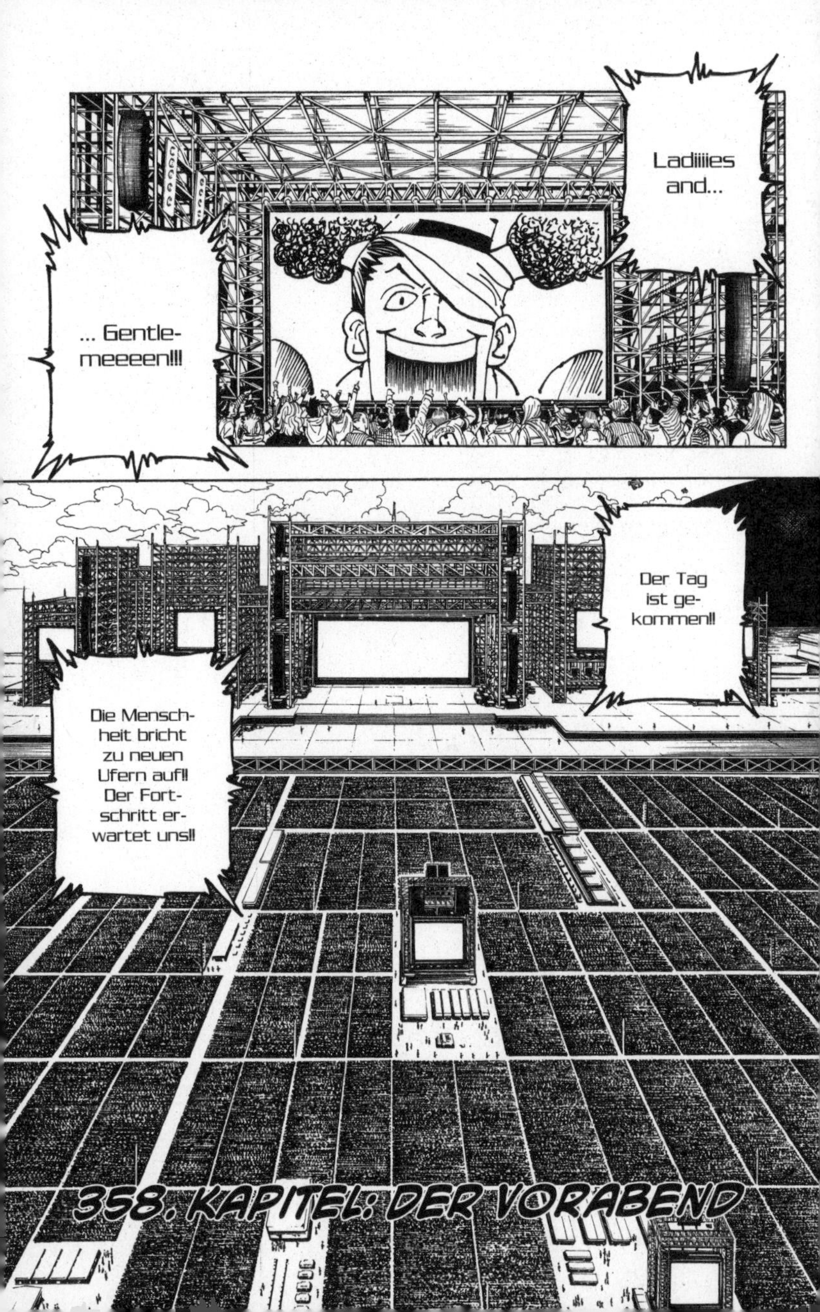
Ladiiies and...
... Gentle-meeeen!!!
Der Tag ist ge-kommen!!
Die Mensch-heit bricht zu neuen Ufern auf!! Der Fort-schritt er-wartet uns!!
358. Kapitel: Der Vorabend

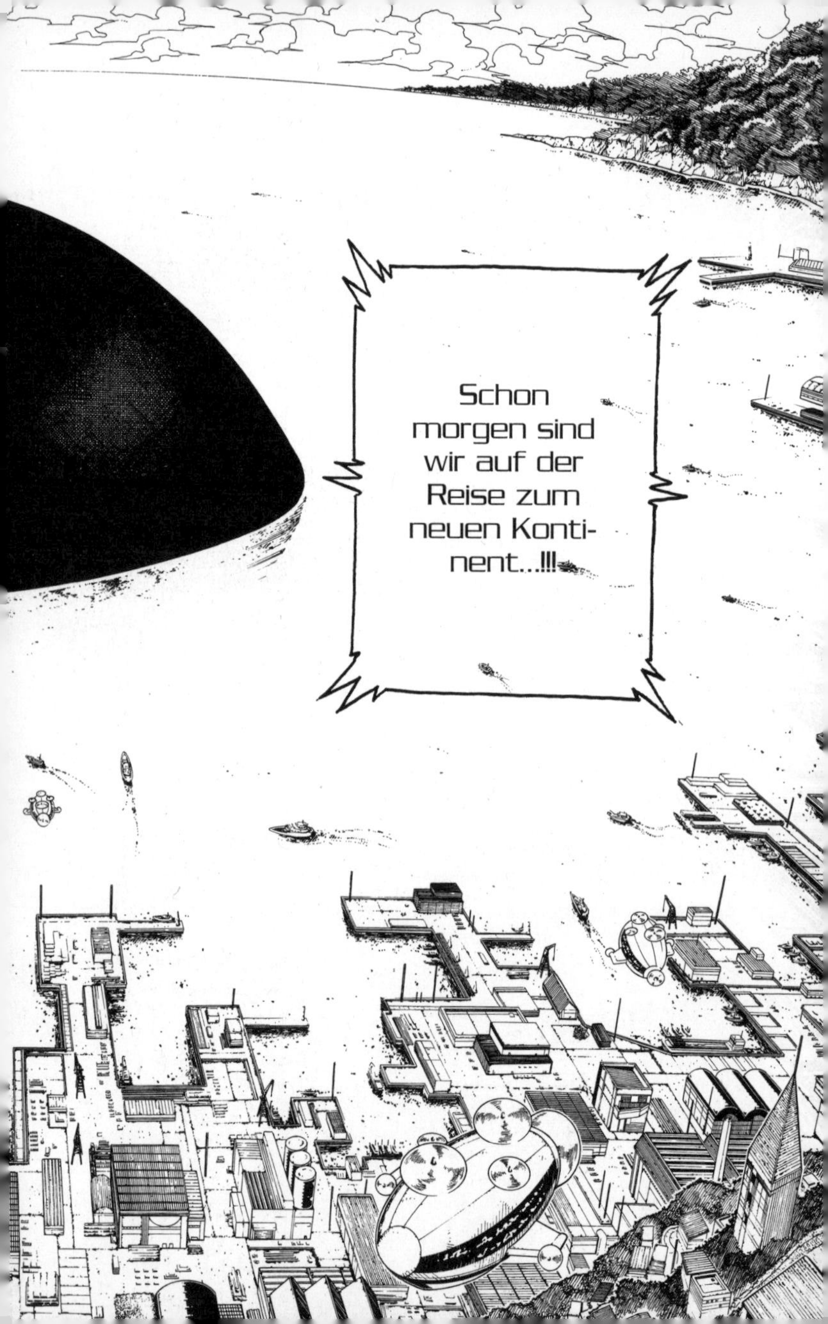
Schon morgen sind wir auf der Reise zum neuen Konti-nent...!!!

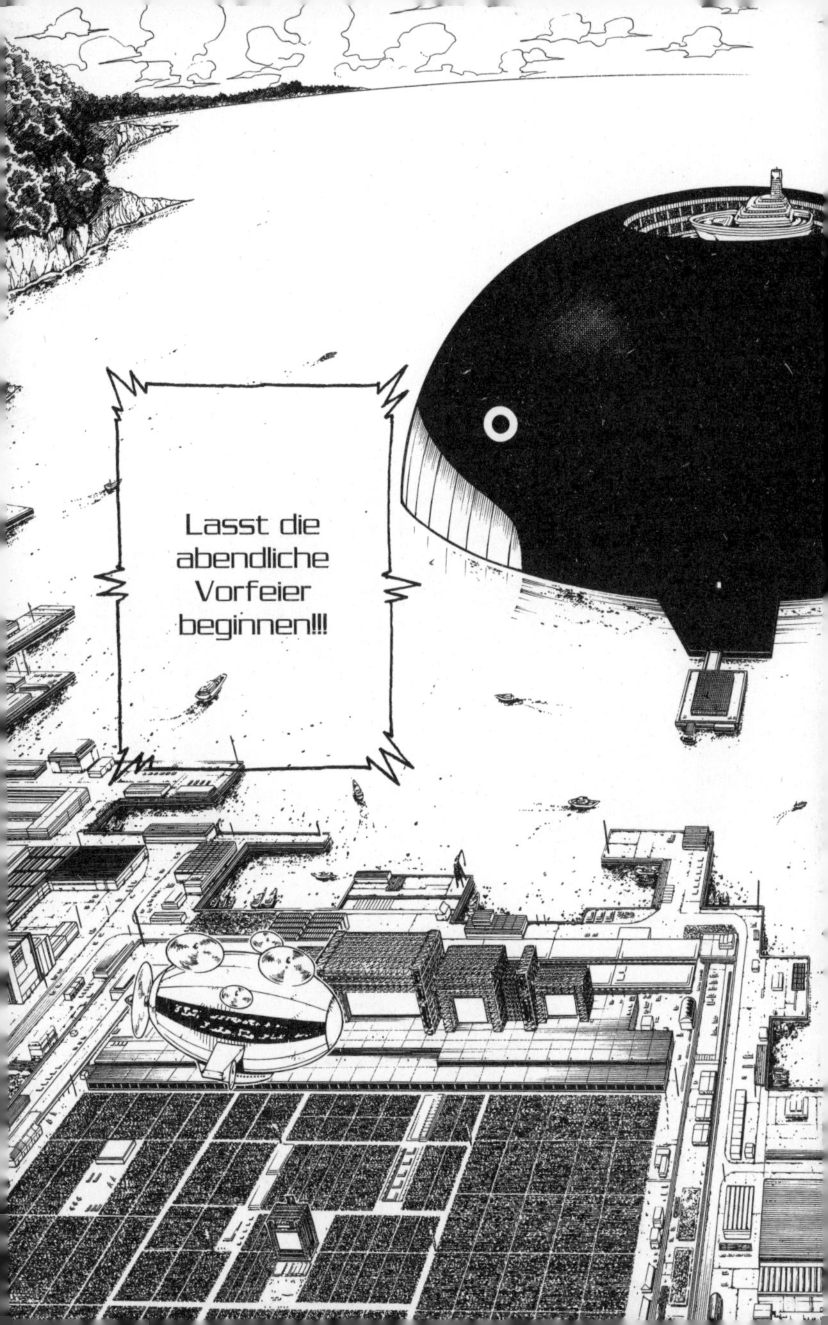
Lasst die abendliche Vorfeier beginnen!!!

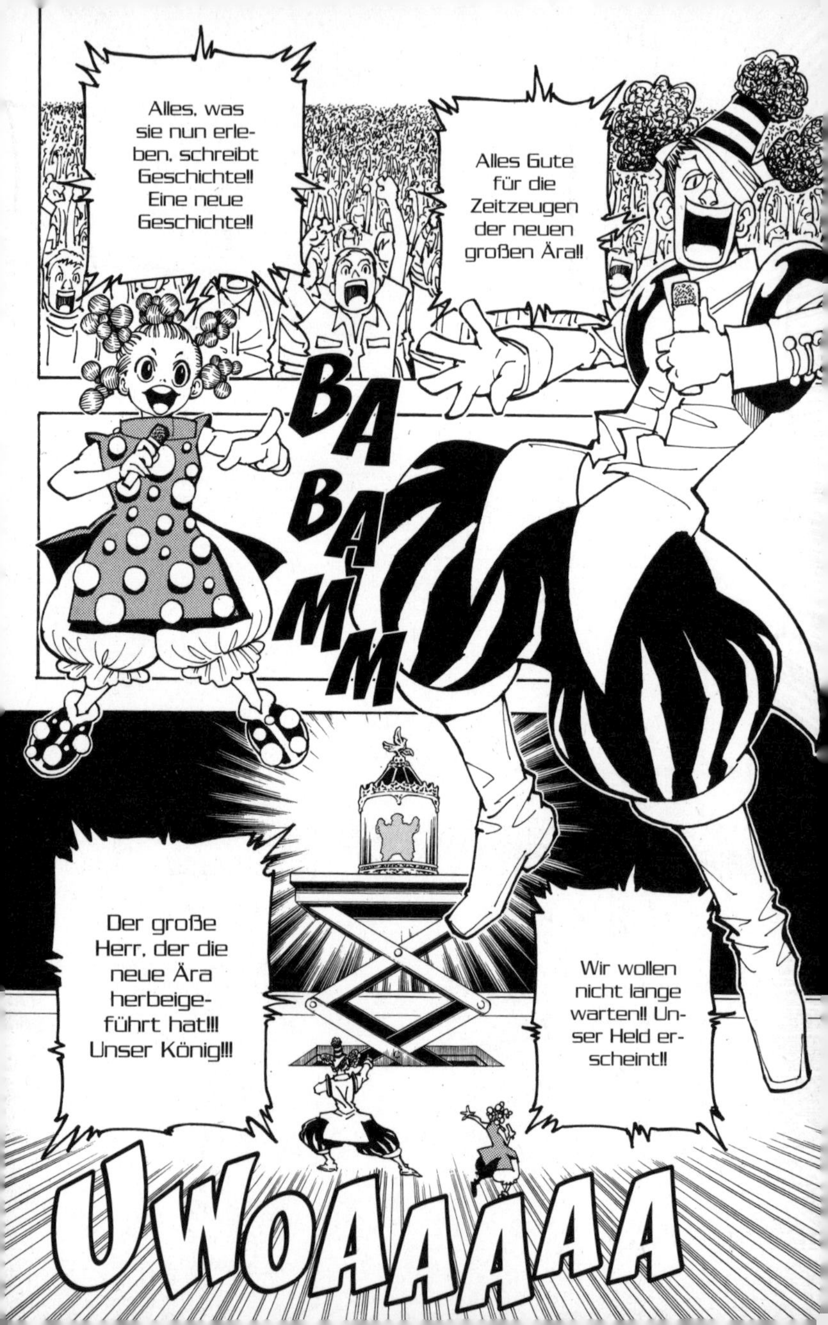
Alles Gute für die Zeitzeugen der neuen großen Ära!!
Alles, was sie nun erleben, schreibt Geschichte!! Eine neue Geschichte!!
BA BAMM
Wir wollen nicht lange warten!! Unser Held erscheint!!
Der große Herr, der die neue Ära herbeigeführt hat!!! Unser König!!!
UWOAAAAAA

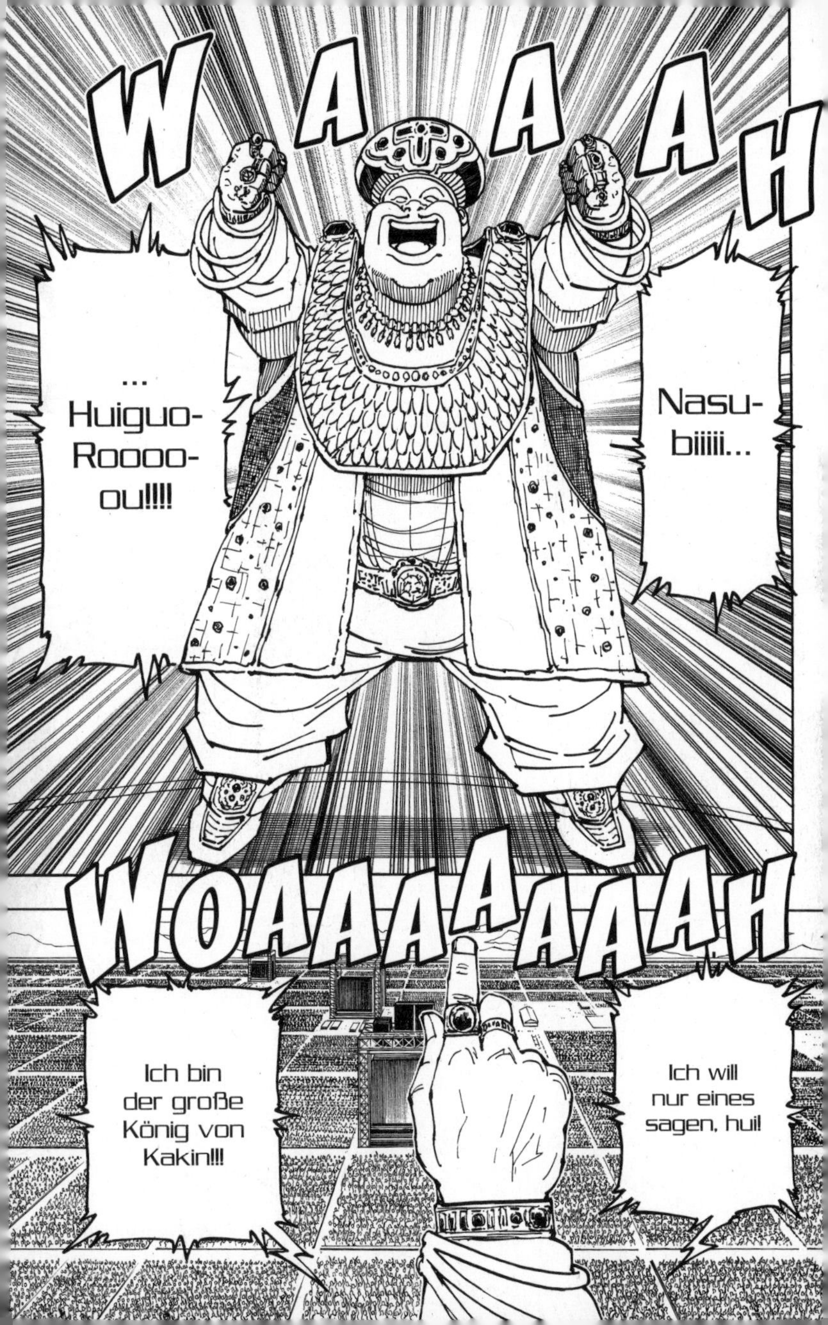
WAAAH
Nasu-biiiii...
... Huiguo-Rooooo-ou!!!!
WOAAAAAAAAH
Ich will nur eines sagen, hui!
Ich bin der große König von Kakin!!!

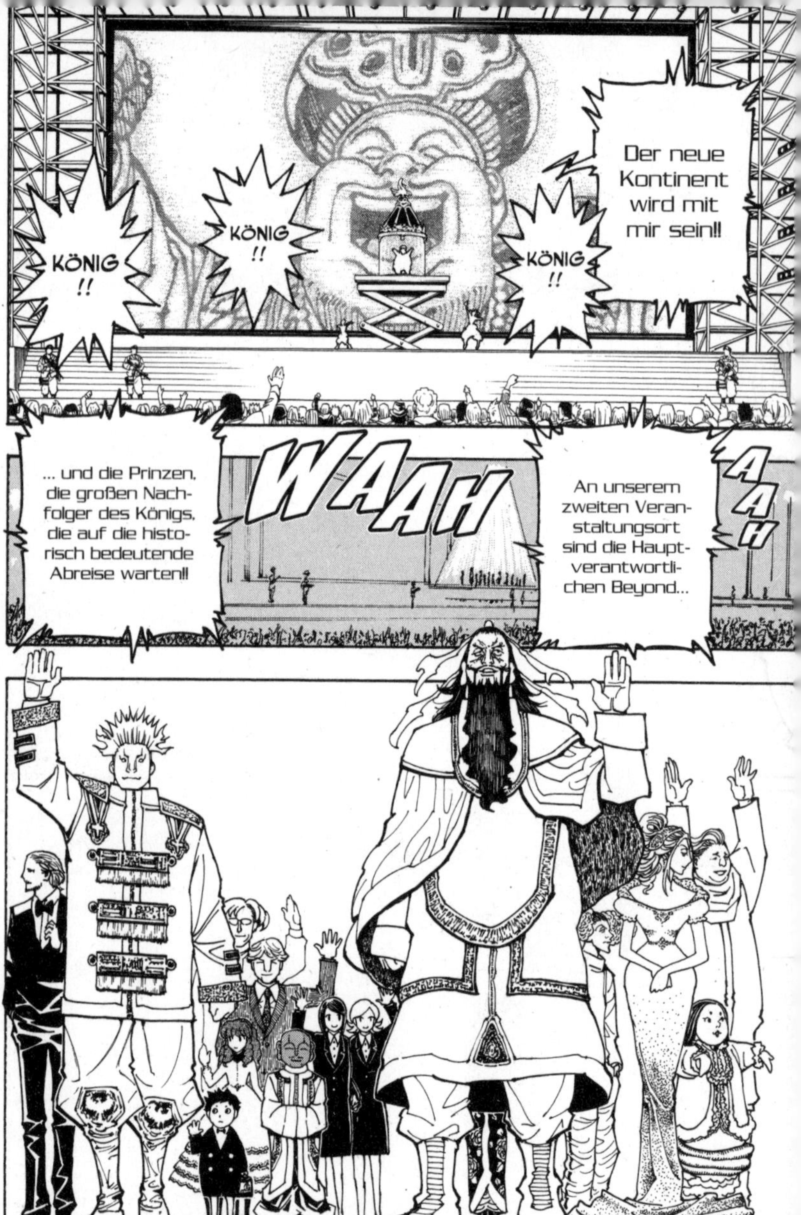
Der neue Kontinent wird mit mir sein!!
KÖNIG !!
KÖNIG !!
KÖNIG !!
An unserem zweiten Veranstaltungsort sind die Hauptverantwortlichen Beyond...
AAAH
WAAAH
... und die Prinzen, die großen Nachfolger des Königs, die auf die historisch bedeutende Abreise warten!!

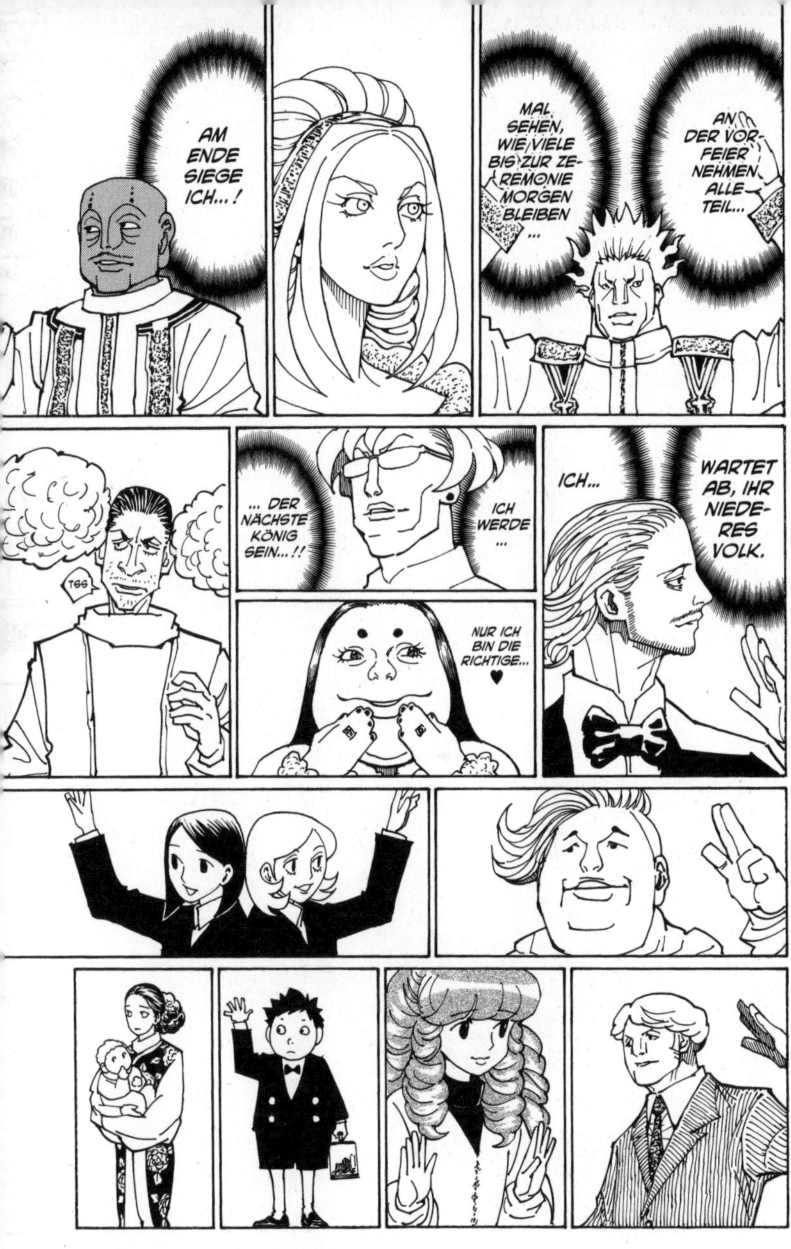
AN DER VORFEIER NEHMEN ALLE TEIL...
MAL SEHEN, WIE VIELE BIS ZUR ZEREMONIE MORGEN BLEIBEN ...
AM ENDE SIEGE ICH...!
WARTET AB, IHR NIEDERES VOLK.
ICH...
ICH WERDE ...
... DER NÄCHSTE KÖNIG SEIN...!!
TSS
NUR ICH BIN DIE RICHTIGE... ♥

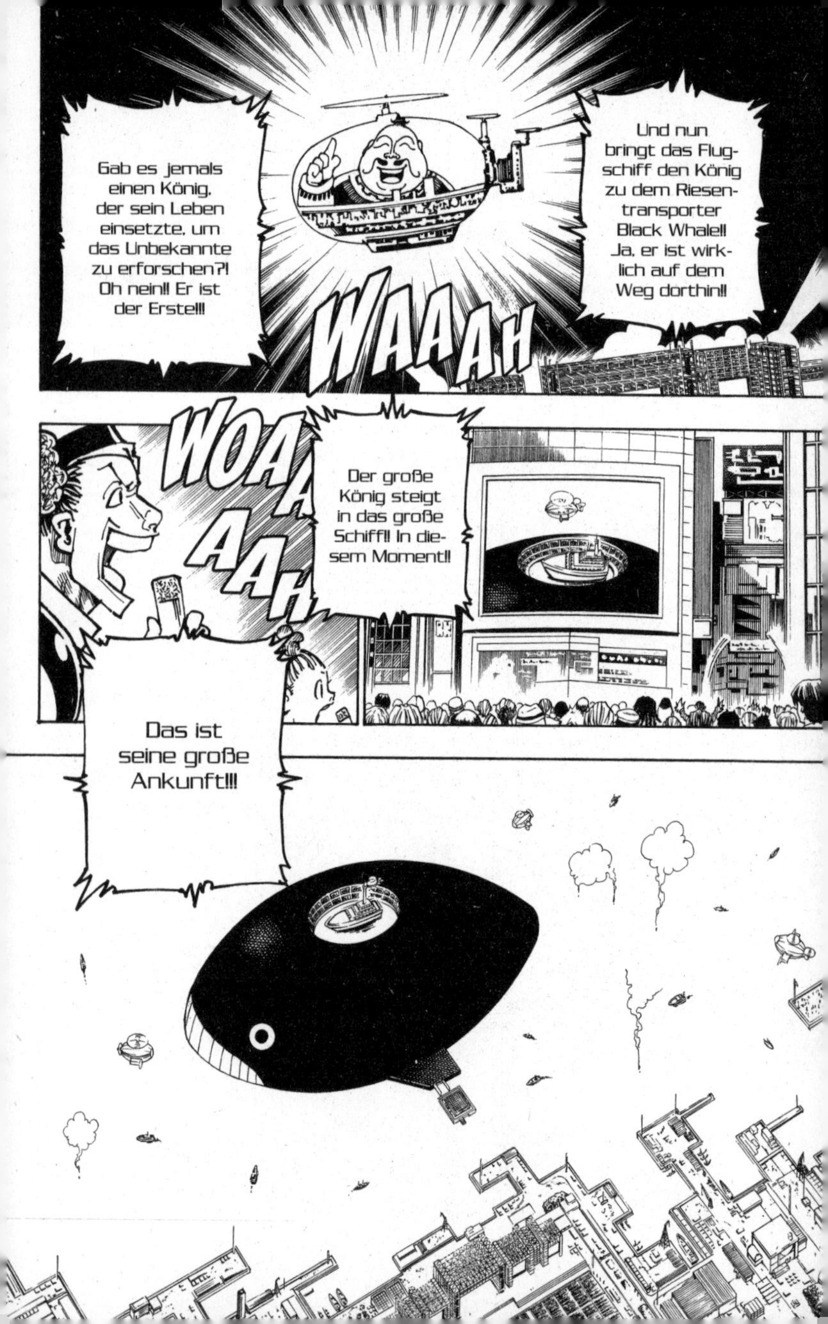
Und nun bringt das Flugschiff den König zu dem Riesentransporter Black Whale!! Ja, er ist wirklich auf dem Weg dorthin!!
Gab es jemals einen König, der sein Leben einsetzte, um das Unbekannte zu erforschen?! Oh nein!! Er ist der Erste!!!
WAAAAH
Der große König steigt in das große Schiff!! In diesem Moment!!
WOAAAAAH
Das ist seine große Ankunft!!!

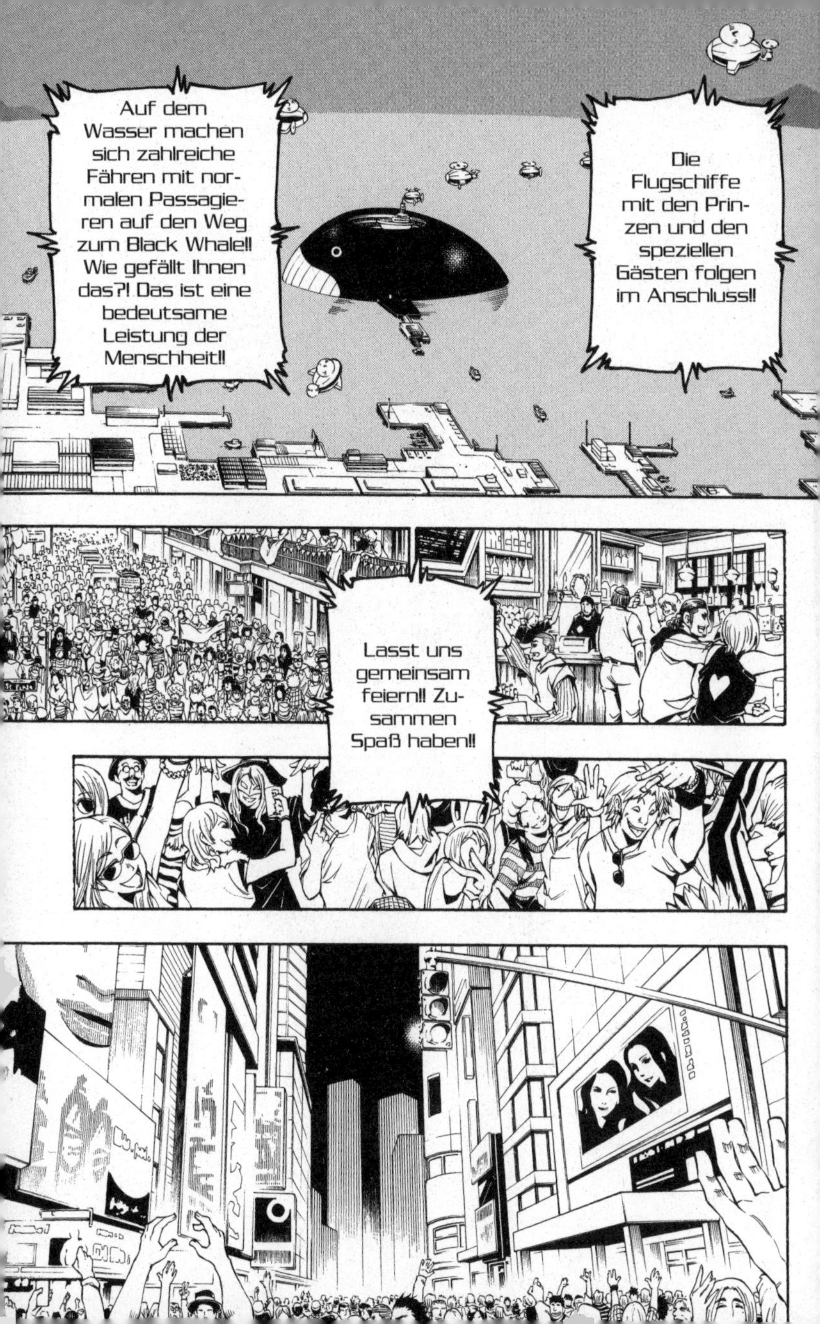
Die Flugschiffe mit den Prinzen und den speziellen Gästen folgen im Anschluss!!
Auf dem Wasser machen sich zahlreiche Fähren mit normalen Passagieren auf den Weg zum Black Whale!! Wie gefällt Ihnen das?! Das ist eine bedeutsame Leistung der Menschheit!!
Lasst uns gemeinsam feiern!! Zusammen Spaß haben!!

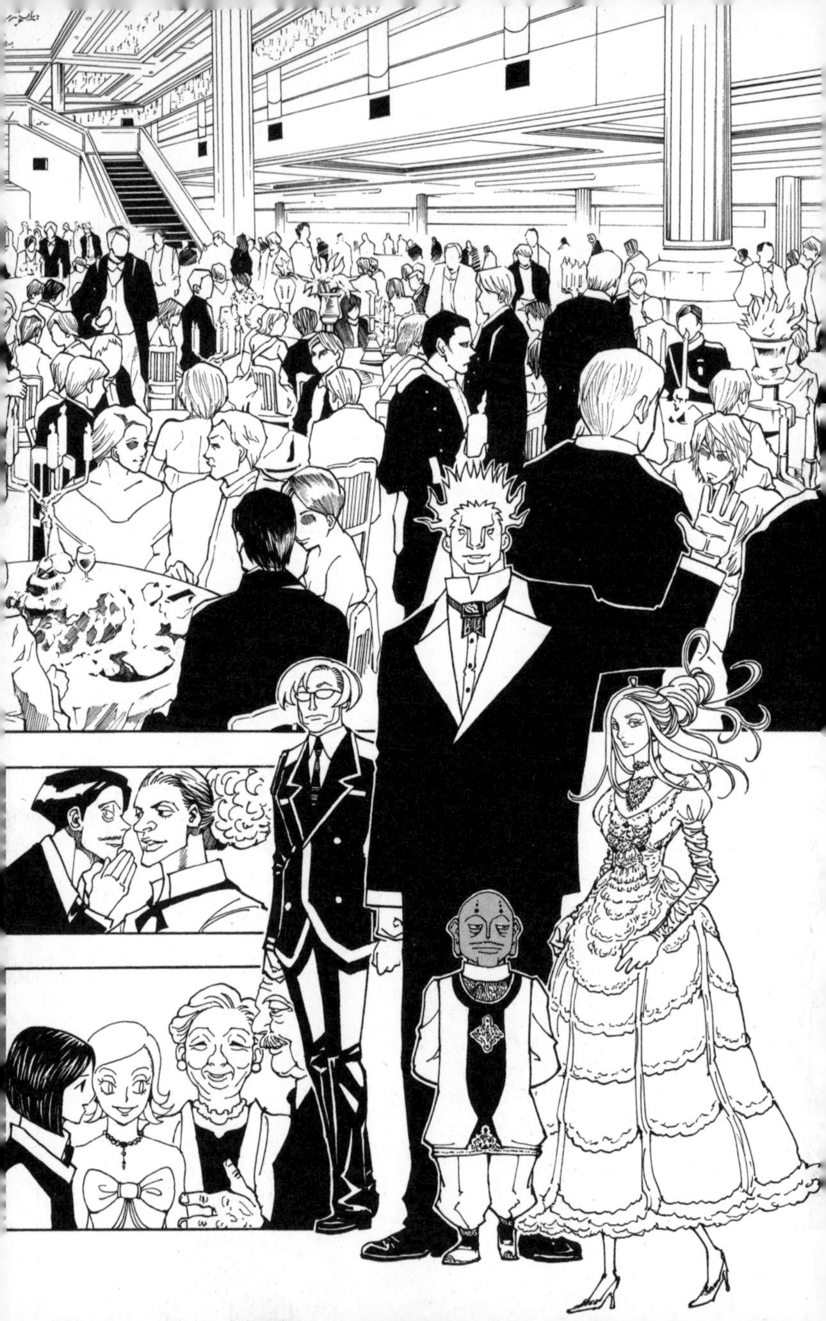

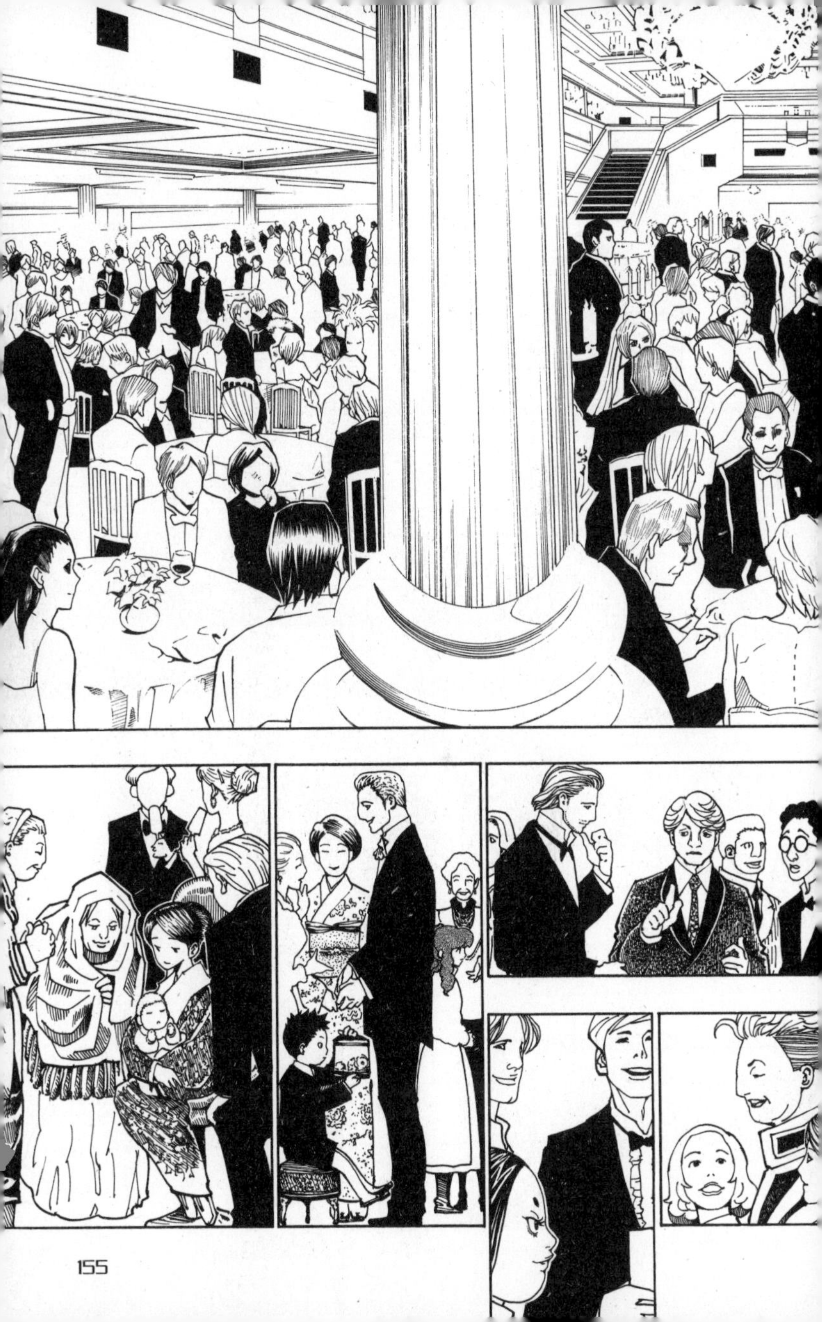

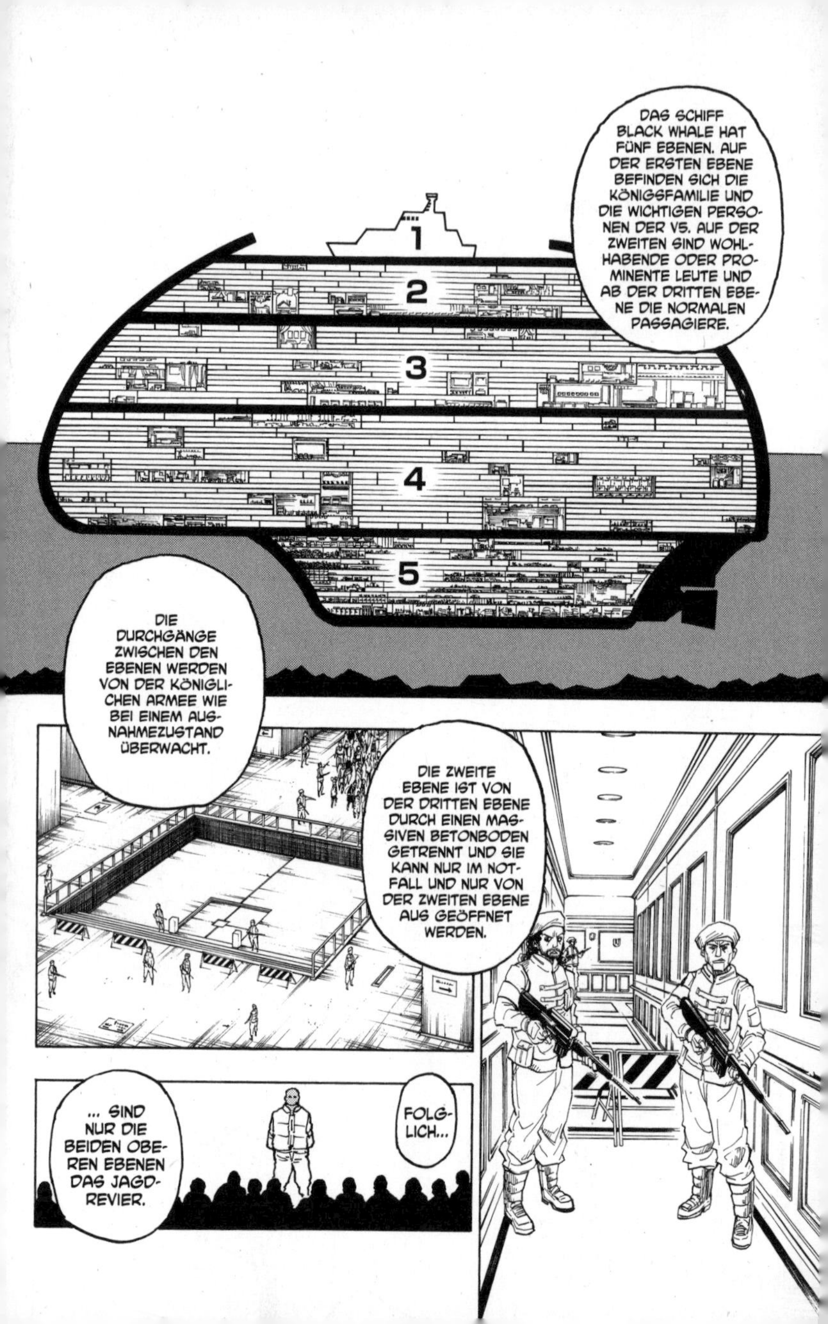
DAS SCHIFF BLACK WHALE HAT FÜNF EBENEN. AUF DER ERSTEN EBENE BEFINDEN SICH DIE KÖNIGSFAMILIE UND DIE WICHTIGEN PERSONEN DER VS. AUF DER ZWEITEN SIND WOHLHABENDE ODER PROMINENTE LEUTE UND AB DER DRITTEN EBENE DIE NORMALEN PASSAGIERE.
1
2
3
4
5
DIE DURCHGÄNGE ZWISCHEN DEN EBENEN WERDEN VON DER KÖNIGLICHEN ARMEE WIE BEI EINEM AUSNAHMEZUSTAND ÜBERWACHT.
DIE ZWEITE EBENE IST VON DER DRITTEN EBENE DURCH EINEN MASSIVEN BETONBODEN GETRENNT UND SIE KANN NUR IM NOTFALL UND NUR VON DER ZWEITEN EBENE AUS GEÖFFNET WERDEN.
FOLGLICH...
... SIND NUR DIE BEIDEN OBEREN EBENEN DAS JAGDREVIER.

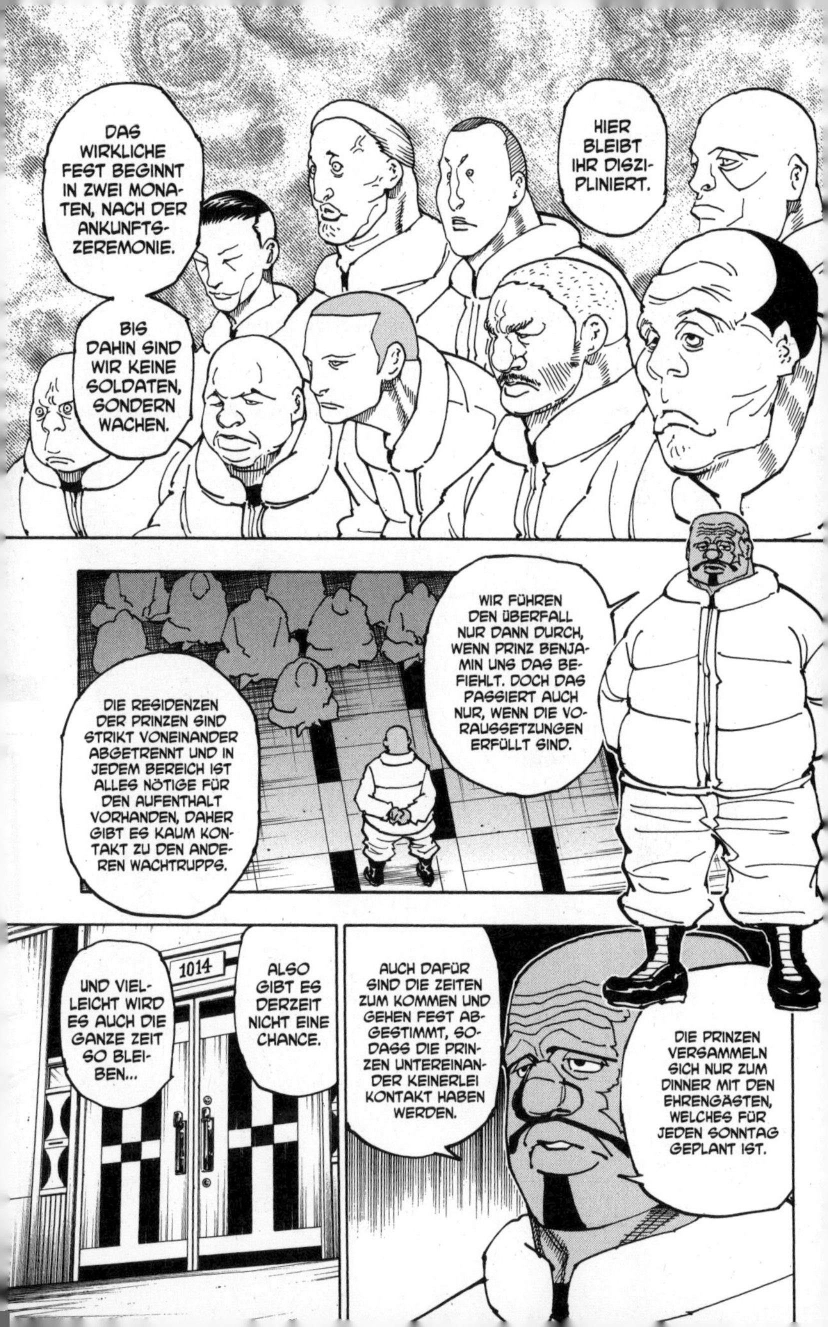
HIER BLEIBT IHR DISZIPLINIERT.
DAS WIRKLICHE FEST BEGINNT IN ZWEI MONATEN, NACH DER ANKUNFTSZEREMONIE.
BIS DAHIN SIND WIR KEINE SOLDATEN, SONDERN WACHEN.
WIR FÜHREN DEN ÜBERFALL NUR DANN DURCH, WENN PRINZ BENJAMIN UNS DAS BEFIEHLT. DOCH DAS PASSIERT AUCH NUR, WENN DIE VORAUSSETZUNGEN ERFÜLLT SIND.
DIE RESIDENZEN DER PRINZEN SIND STRIKT VONEINANDER ABGETRENNT UND IN JEDEM BEREICH IST ALLES NÖTIGE FÜR DEN AUFENTHALT VORHANDEN, DAHER GIBT ES KAUM KONTAKT ZU DEN ANDEREN WACHTRUPPS.
DIE PRINZEN VERSAMMELN SICH NUR ZUM DINNER MIT DEN EHRENGÄSTEN, WELCHES FÜR JEDEN SONNTAG GEPLANT IST.
AUCH DAFÜR SIND DIE ZEITEN ZUM KOMMEN UND GEHEN FEST ABGESTIMMT, SODASS DIE PRINZEN UNTEREINANDER KEINERLEI KONTAKT HABEN WERDEN.
1014
ALSO GIBT ES DERZEIT NICHT EINE CHANCE.
UND VIELLEICHT WIRD ES AUCH DIE GANZE ZEIT SO BLEIBEN...

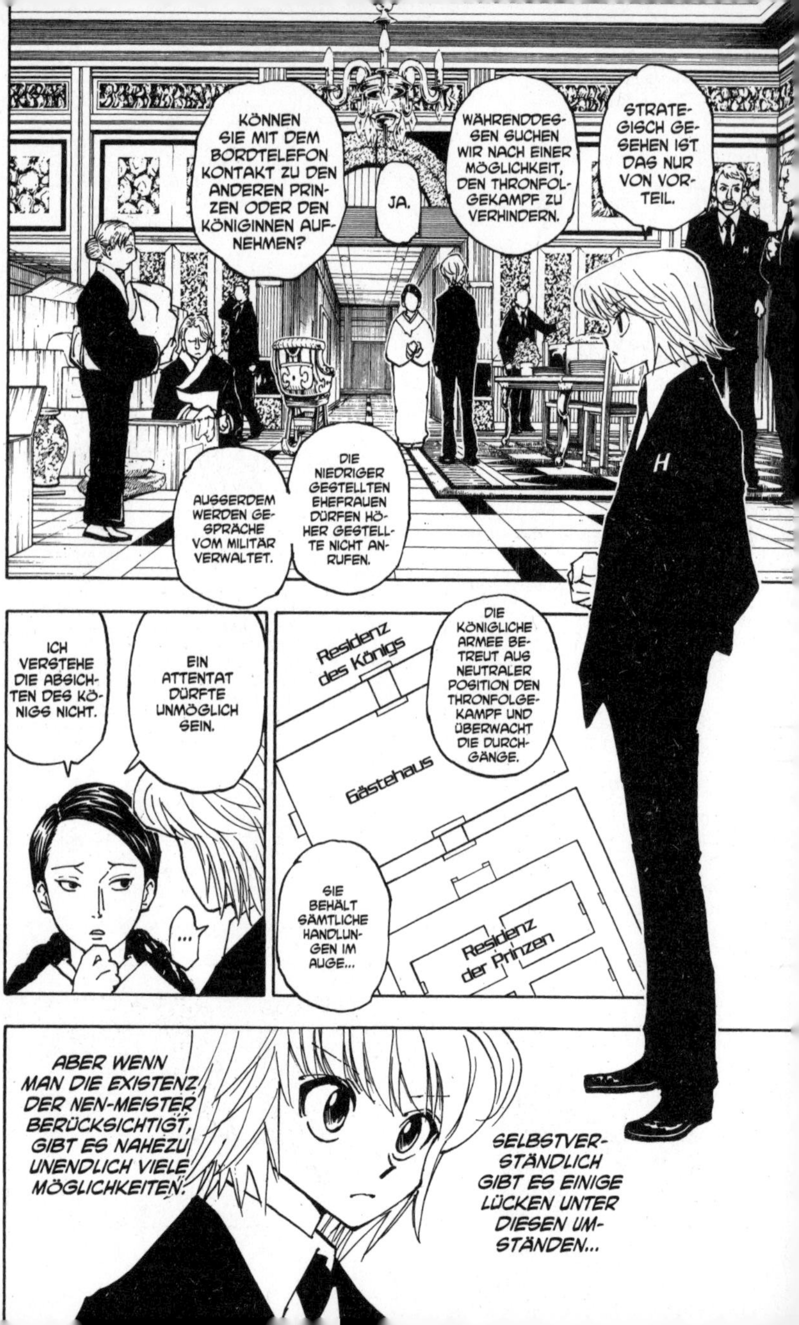

STRATEGISCH GESEHEN IST DAS NUR VON VORTEIL.
WÄHRENDDESSEN SUCHEN WIR NACH EINER MÖGLICHKEIT, DEN THRONFOLGEKAMPF ZU VERHINDERN.
JA.
KÖNNEN SIE MIT DEM BORDTELEFON KONTAKT ZU DEN ANDEREN PRINZEN ODER DEN KÖNIGINNEN AUFNEHMEN?
DIE NIEDRIGER GESTELLTEN EHEFRAUEN DÜRFEN HÖHER GESTELLTE NICHT ANRUFEN.
AUSSERDEM WERDEN GESPRÄCHE VOM MILITÄR VERWALTET.
DIE KÖNIGLICHE ARMEE BETREUT AUS NEUTRALER POSITION DEN THRONFOLGEKAMPF UND ÜBERWACHT DIE DURCHGÄNGE.
Residenz des Königs
Gästehaus
Residenz der Prinzen
SIE BEHÄLT SÄMTLICHE HANDLUNGEN IM AUGE...
EIN ATTENTAT DÜRFTE UNMÖGLICH SEIN.
ICH VERSTEHE DIE ABSICHTEN DES KÖNIGS NICHT.
...
SELBSTVERSTÄNDLICH GIBT ES EINIGE LÜCKEN UNTER DIESEN UMSTÄNDEN...
ABER WENN MAN DIE EXISTENZ DER NEN-MEISTER BERÜCKSICHTIGT, GIBT ES NAHEZU UNENDLICH VIELE MÖGLICHKEITEN.

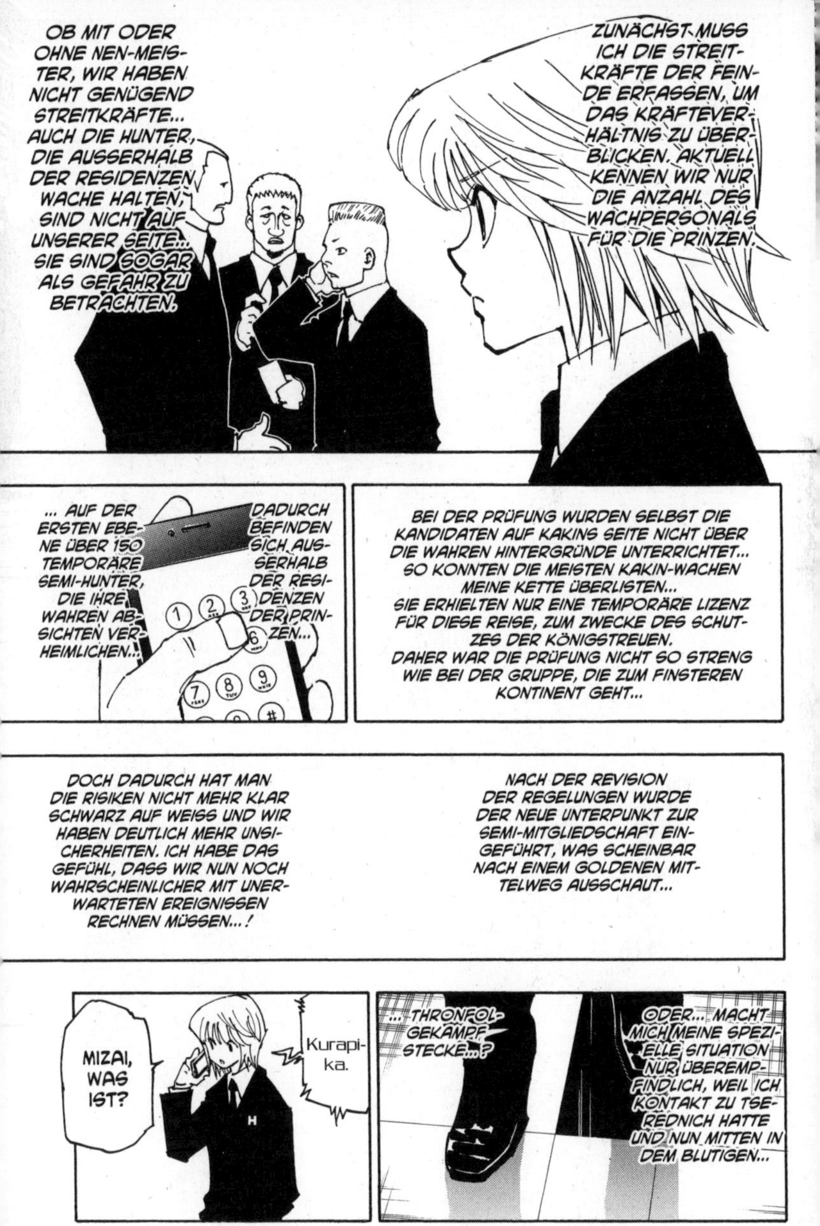

ZUNÄCHST MUSS ICH DIE STREITKRÄFTE DER FEINDE ERFASSEN, UM DAS KRÄFTEVERHÄLTNIS ZU ÜBERBLICKEN. AKTUELL KENNEN WIR NUR DIE ANZAHL DES WACHPERSONALS FÜR DIE PRINZEN.
OB MIT ODER OHNE NEN-MEISTER, WIR HABEN NICHT GENÜGEND STREITKRÄFTE... AUCH DIE HUNTER, DIE AUSSERHALB DER RESIDENZEN WACHE HALTEN, SIND NICHT AUF UNSERER SEITE... SIE SIND SOGAR ALS GEFAHR ZU BETRACHTEN.
BEI DER PRÜFUNG WURDEN SELBST DIE KANDIDATEN AUF KAKINS SEITE NICHT ÜBER DIE WAHREN HINTERGRÜNDE UNTERRICHTET... SO KONNTEN DIE MEISTEN KAKIN-WACHEN MEINE KETTE ÜBERLISTEN... SIE ERHIELTEN NUR EINE TEMPORÄRE LIZENZ FÜR DIESE REISE, ZUM ZWECKE DES SCHUTZES DER KÖNIGSTREUEN. DAHER WAR DIE PRÜFUNG NICHT SO STRENG WIE BEI DER GRUPPE, DIE ZUM FINSTEREN KONTINENT GEHT...
DADURCH BEFINDEN SICH AUSSERHALB DER RESIDENZEN DER PRINZEN...
... AUF DER ERSTEN EBENE ÜBER 150 TEMPORÄRE SEMI-HUNTER, DIE IHRE WAHREN ABSICHTEN VERHEIMLICHEN...
NACH DER REVISION DER REGELUNGEN WURDE DER NEUE UNTERPUNKT ZUR SEMI-MITGLIEDSCHAFT EINGEFÜHRT, WAS SCHEINBAR NACH EINEM GOLDENEN MITTELWEG AUSSCHAUT...
DOCH DADURCH HAT MAN DIE RISIKEN NICHT MEHR KLAR SCHWARZ AUF WEISS UND WIR HABEN DEUTLICH MEHR UNSICHERHEITEN. ICH HABE DAS GEFÜHL, DASS WIR NUN NOCH WAHRSCHEINLICHER MIT UNERWARTETEN EREIGNISSEN RECHNEN MÜSSEN...!
ODER... MACHT MICH MEINE SPEZIELLE SITUATION NUR ÜBEREMPFINDLICH, WEIL ICH KONTAKT ZU TSEREDNICH HATTE UND NUN MITTEN IN DEM BLUTIGEN...
... THRONFOLGEKAMPF STECKE...?
Kurapika.
MIZAI, WAS IST?

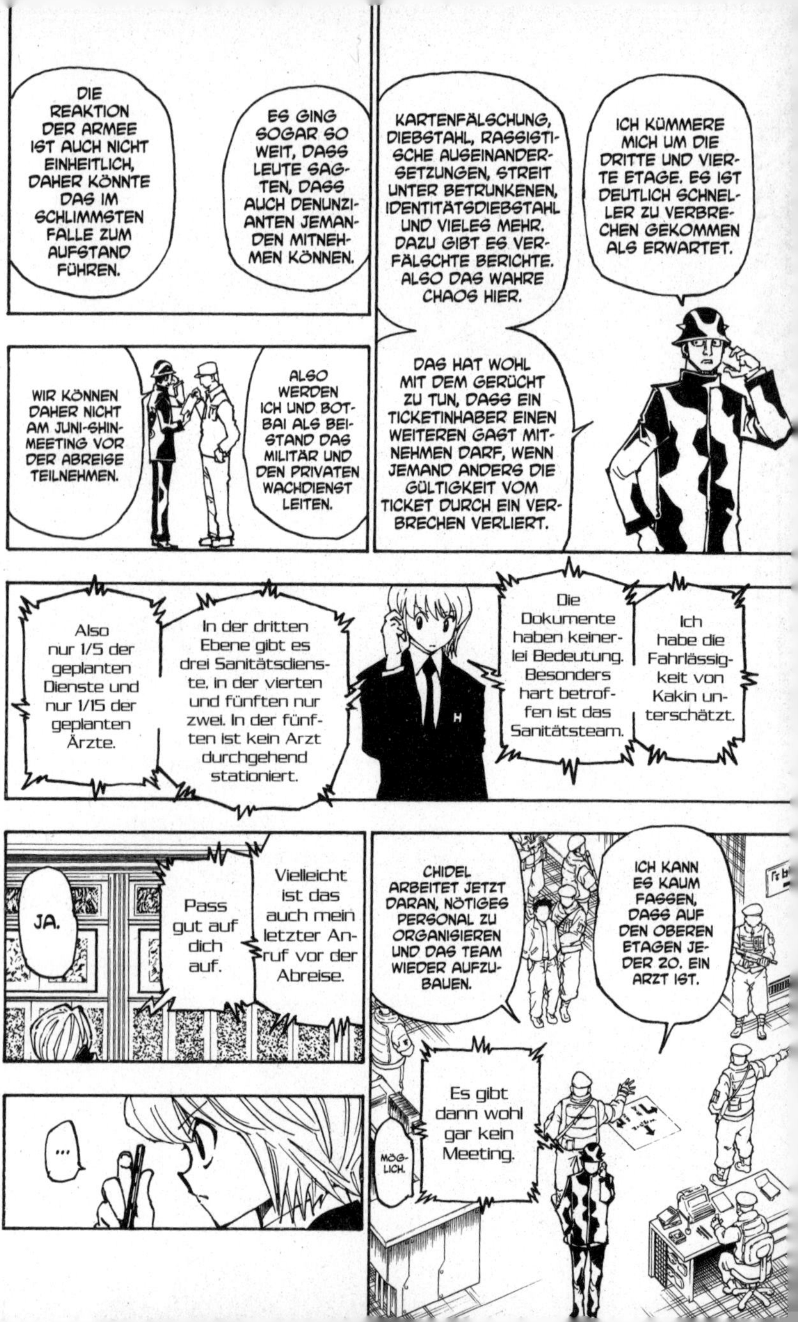
ICH KÜMMERE MICH UM DIE DRITTE UND VIERTE ETAGE. ES IST DEUTLICH SCHNELLER ZU VERBRECHEN GEKOMMEN ALS ERWARTET.
KARTENFÄLSCHUNG, DIEBSTAHL, RASSISTISCHE AUSEINANDERSETZUNGEN, STREIT UNTER BETRUNKENEN, IDENTITÄTSDIEBSTAHL UND VIELES MEHR. DAZU GIBT ES VERFÄLSCHTE BERICHTE. ALSO DAS WAHRE CHAOS HIER.
DAS HAT WOHL MIT DEM GERÜCHT ZU TUN, DASS EIN TICKETINHABER EINEN WEITEREN GAST MITNEHMEN DARF, WENN JEMAND ANDERS DIE GÜLTIGKEIT VOM TICKET DURCH EIN VERBRECHEN VERLIERT.
ES GING SOGAR SO WEIT, DASS LEUTE SAGTEN, DASS AUCH DENUNZIANTEN JEMANDEN MITNEHMEN KÖNNEN.
DIE REAKTION DER ARMEE IST AUCH NICHT EINHEITLICH, DAHER KÖNNTE DAS IM SCHLIMMSTEN FALLE ZUM AUFSTAND FÜHREN.
ALSO WERDEN ICH UND BOTBAI ALS BEISTAND DAS MILITÄR UND DEN PRIVATEN WACHDIENST LEITEN.
WIR KÖNNEN DAHER NICHT AM JUNI-SHIN-MEETING VOR DER ABREISE TEILNEHMEN.
Ich habe die Fahrlässigkeit von Kakin unterschätzt.
Die Dokumente haben keinerlei Bedeutung. Besonders hart betroffen ist das Sanitätsteam.
In der dritten Ebene gibt es drei Sanitätsdienste, in der vierten und fünften nur zwei. In der fünften ist kein Arzt durchgehend stationiert.
Also nur 1/5 der geplanten Dienste und nur 1/15 der geplanten Ärzte.
ICH KANN ES KAUM FASSEN, DASS AUF DEN OBEREN ETAGEN JEDER 20. EIN ARZT IST.
CHIDEL ARBEITET JETZT DARAN, NÖTIGES PERSONAL ZU ORGANISIEREN UND DAS TEAM WIEDER AUFZUBAUEN.
Es gibt dann wohl gar kein Meeting.
MÖGLICH.
Vielleicht ist das auch mein letzter Anruf vor der Abreise.
Pass gut auf dich auf.
JA.
...

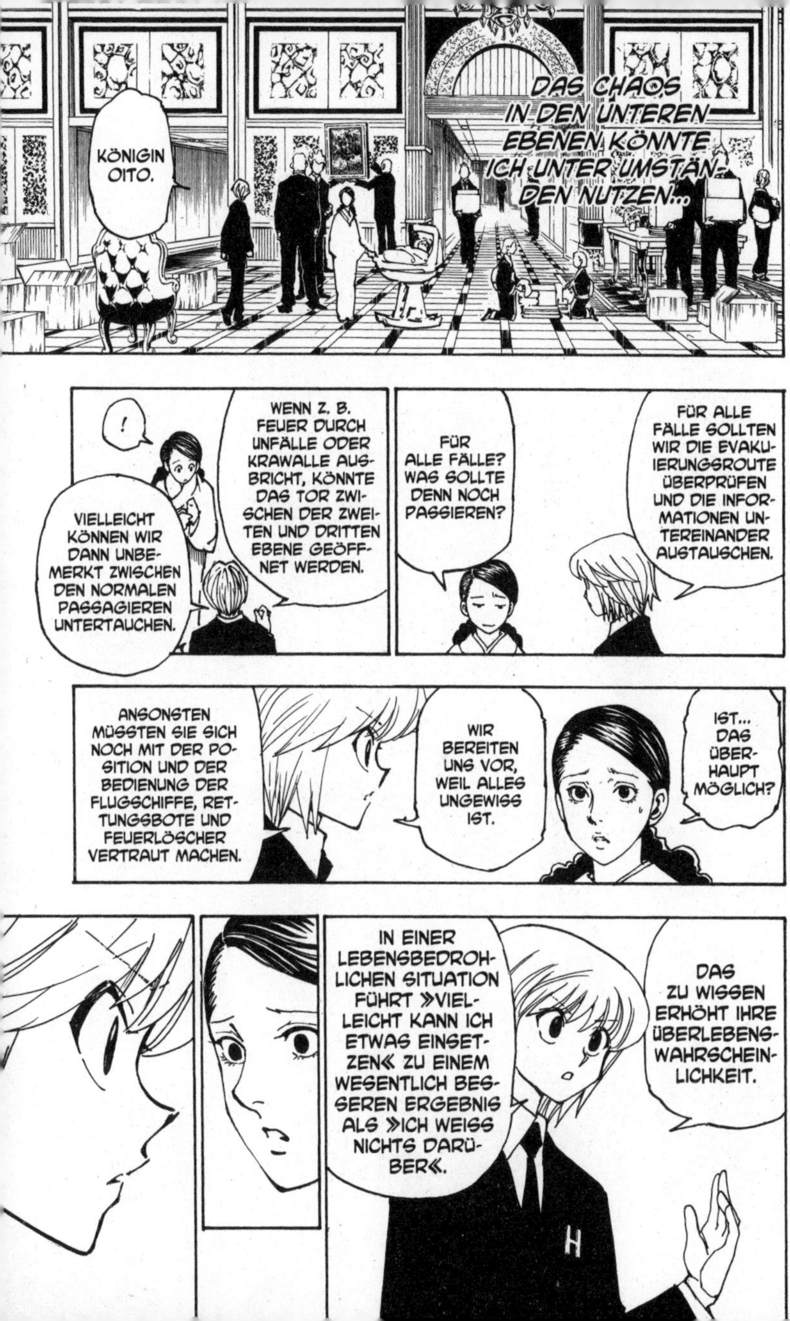
DAS CHAOS IN DEN UNTEREN EBENEN KÖNNTE ICH UNTER UMSTÄNDEN NUTZEN...
KÖNIGIN OITO.
FÜR ALLE FÄLLE SOLLTEN WIR DIE EVAKUIERUNGSROUTE ÜBERPRÜFEN UND DIE INFORMATIONEN UNTEREINANDER AUSTAUSCHEN.
FÜR ALLE FÄLLE? WAS SOLLTE DENN NOCH PASSIEREN?
WENN Z. B. FEUER DURCH UNFÄLLE ODER KRAWALLE AUSBRICHT, KÖNNTE DAS TOR ZWISCHEN DER ZWEITEN UND DRITTEN EBENE GEÖFFNET WERDEN.
!
VIELLEICHT KÖNNEN WIR DANN UNBEMERKT ZWISCHEN DEN NORMALEN PASSAGIEREN UNTERTAUCHEN.
IST... DAS ÜBERHAUPT MÖGLICH?
WIR BEREITEN UNS VOR, WEIL ALLES UNGEWISS IST.
ANSONSTEN MÜSSTEN SIE SICH NOCH MIT DER POSITION UND DER BEDIENUNG DER FLUGSCHIFFE, RETTUNGSBOTE UND FEUERLÖSCHER VERTRAUT MACHEN.
DAS ZU WISSEN ERHÖHT IHRE ÜBERLEBENSWAHRSCHEINLICHKEIT.
IN EINER LEBENSBEDROHLICHEN SITUATION FÜHRT »VIELLEICHT KANN ICH ETWAS EINSETZEN« ZU EINEM WESENTLICH BESSEREN ERGEBNIS ALS »ICH WEISS NICHTS DARÜBER«.

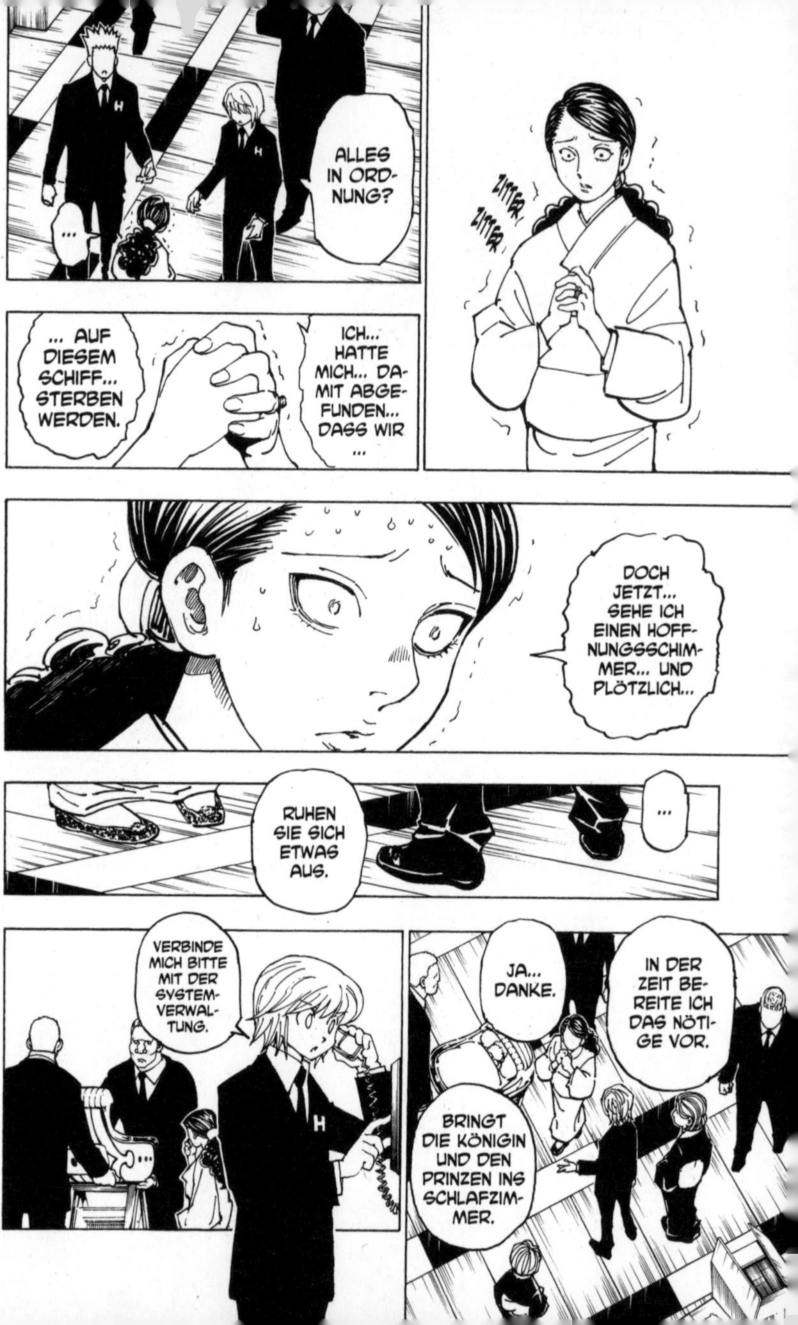
ZITTER
ZITTER
ALLES IN ORDNUNG?
...
ICH... HATTE MICH... DAMIT ABGEFUNDEN... DASS WIR ...
... AUF DIESEM SCHIFF... STERBEN WERDEN.
DOCH JETZT... SEHE ICH EINEN HOFFNUNGSSCHIMMER... UND PLÖTZLICH...
...
RUHEN SIE SICH ETWAS AUS.
IN DER ZEIT BEREITE ICH DAS NÖTIGE VOR.
JA... DANKE.
BRINGT DIE KÖNIGIN UND DEN PRINZEN INS SCHLAFZIMMER.
VERBINDE MICH BITTE MIT DER SYSTEMVERWALTUNG.
...

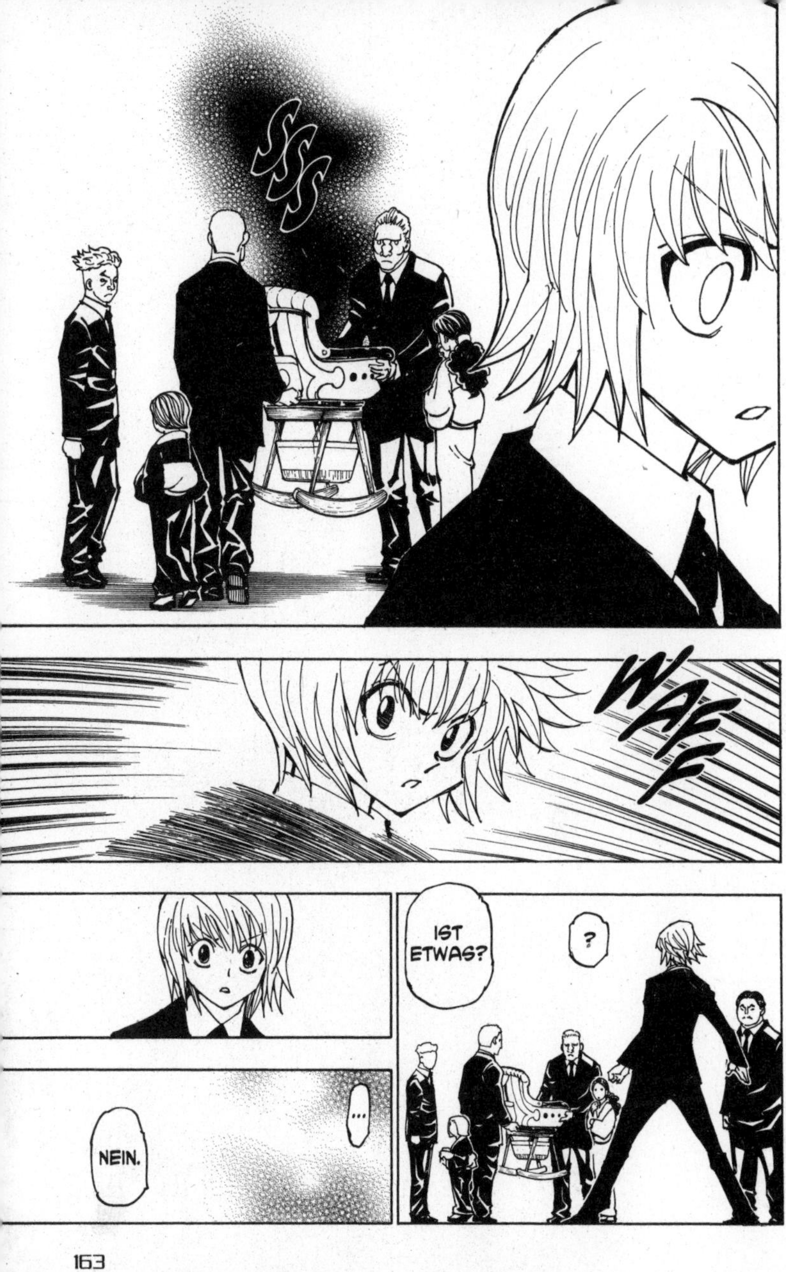
SSS
WAFF
?
IST ETWAS?
...
NEIN.

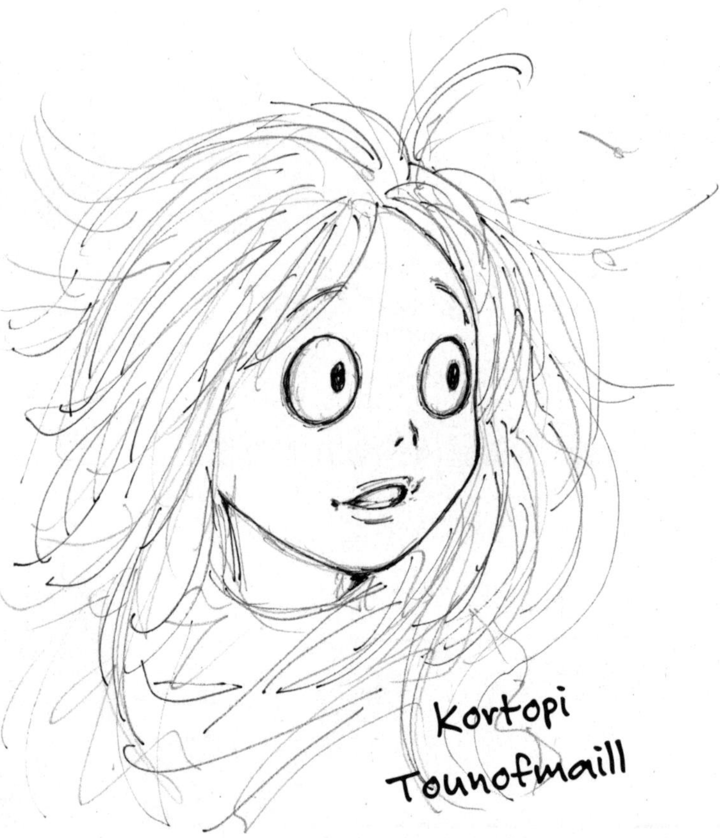
Kortopi
Tounofmaill

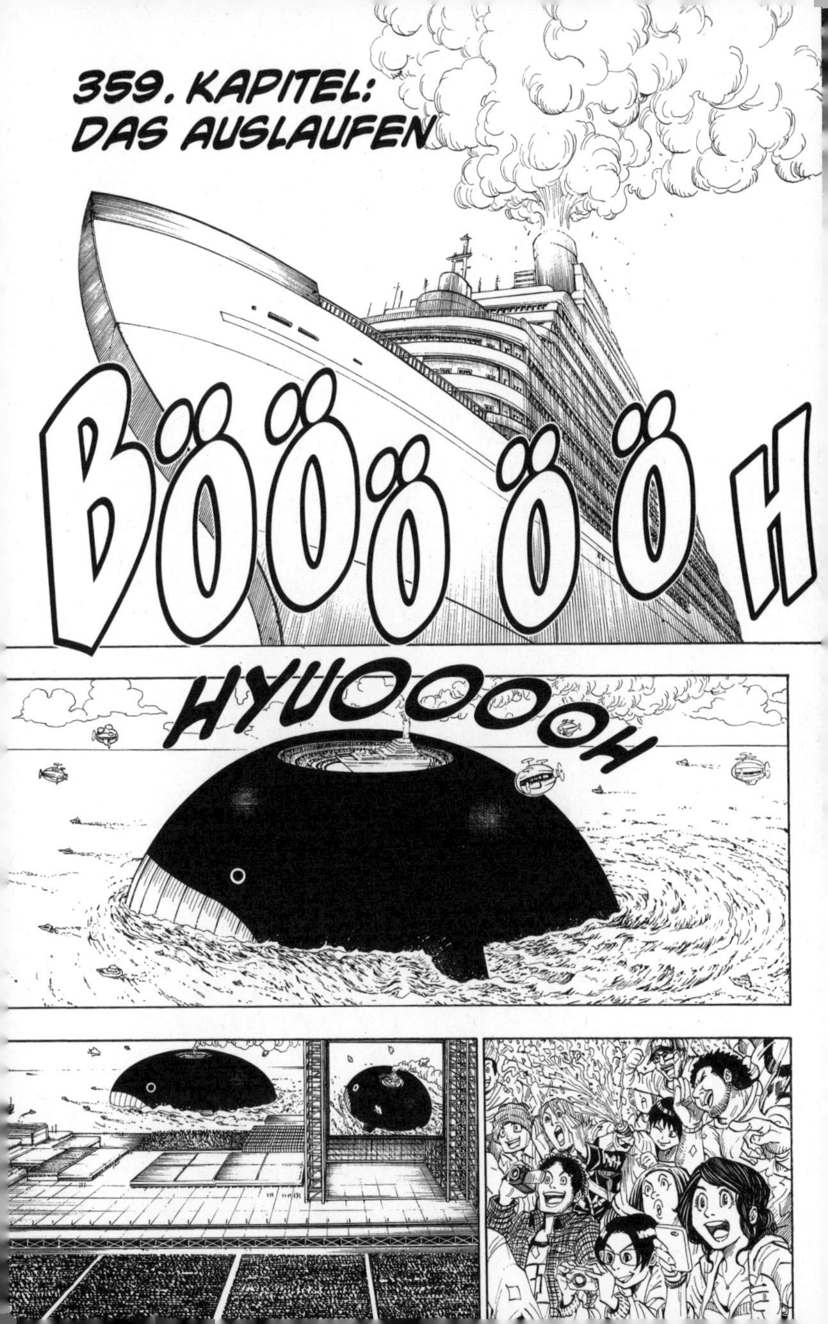
359. KAPITEL:
DAS AUSLAUFEN
BÖÖÖÖÖÖH
HYUOOOOH

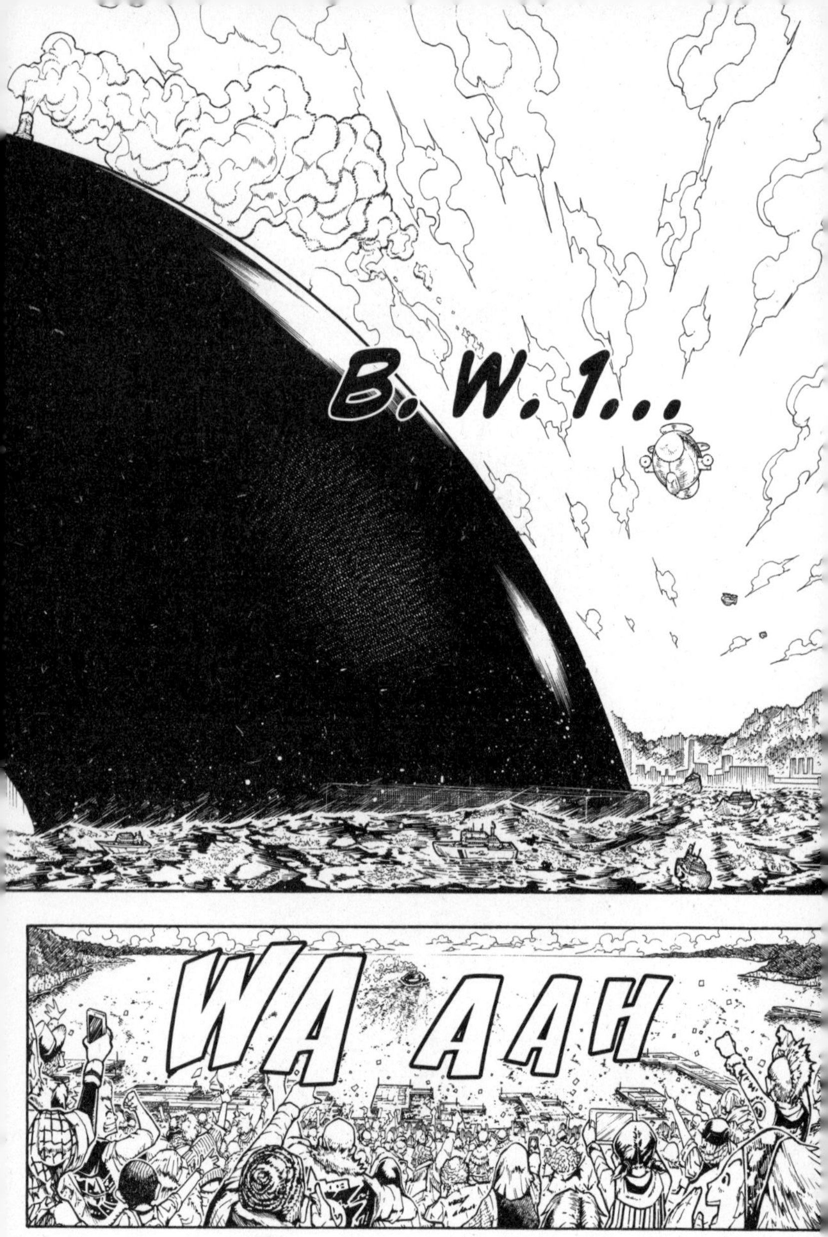
B. W. 1...
WA AAH

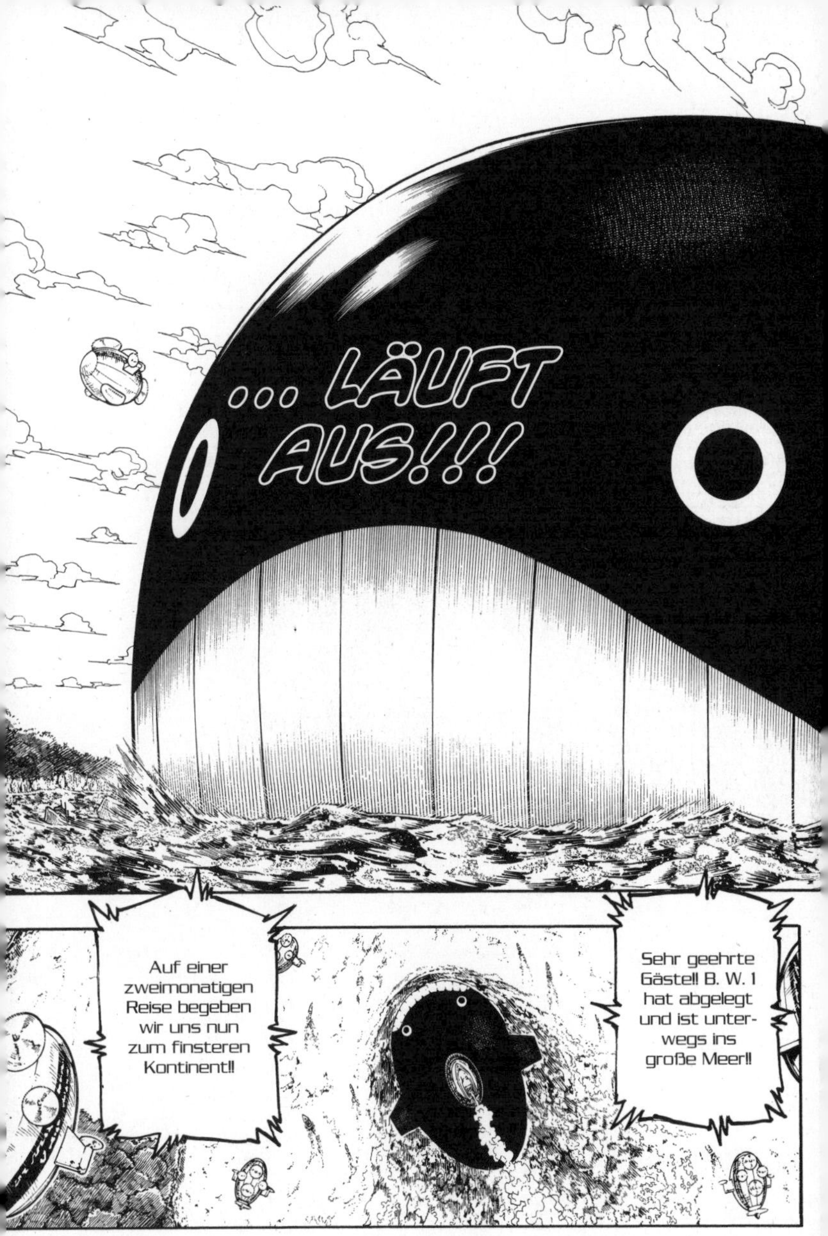
... LÄUFT AUS!!!
Sehr geehrte Gäste!! B. W. 1 hat abgelegt und ist unterwegs ins große Meer!!
Auf einer zweimonatigen Reise begeben wir uns nun zum finsteren Kontinent!!

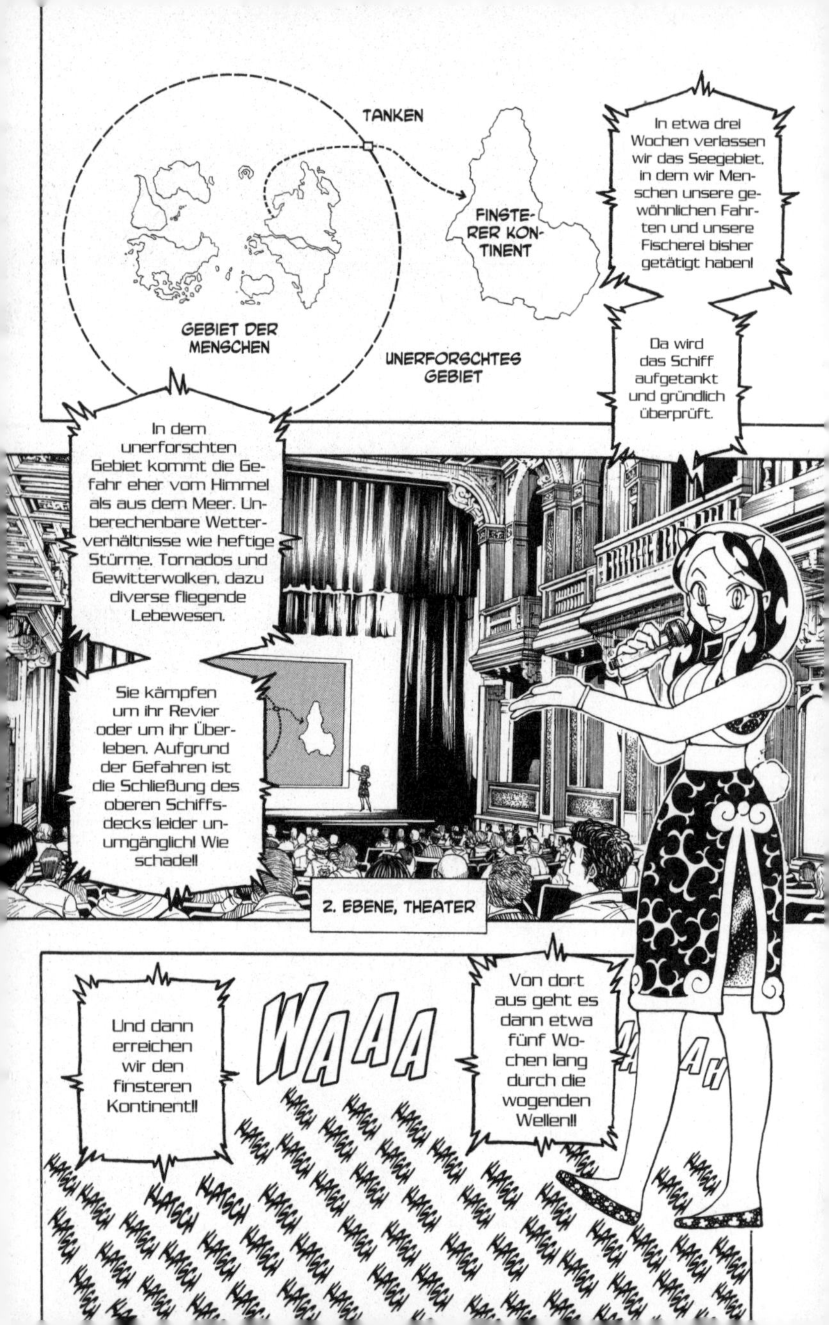
TANKEN
FINSTE-RER KONTINENT
GEBIET DER MENSCHEN
UNERFORSCHTES GEBIET
In etwa drei Wochen verlassen wir das Seegebiet, in dem wir Menschen unsere gewöhnlichen Fahrten und unsere Fischerei bisher getätigt haben!
Da wird das Schiff aufgetankt und gründlich überprüft.
In dem unerforschten Gebiet kommt die Gefahr eher vom Himmel als aus dem Meer. Unberechenbare Wetterverhältnisse wie heftige Stürme, Tornados und Gewitterwolken, dazu diverse fliegende Lebewesen.
Sie kämpfen um ihr Revier oder um ihr Überleben. Aufgrund der Gefahren ist die Schließung des oberen Schiffsdecks leider unumgänglich! Wie schade!!
2. EBENE, THEATER
Von dort aus geht es dann etwa fünf Wochen lang durch die wogenden Wellen!!
Und dann erreichen wir den finsteren Kontinent!!
WAAAAAH
KLATSCH

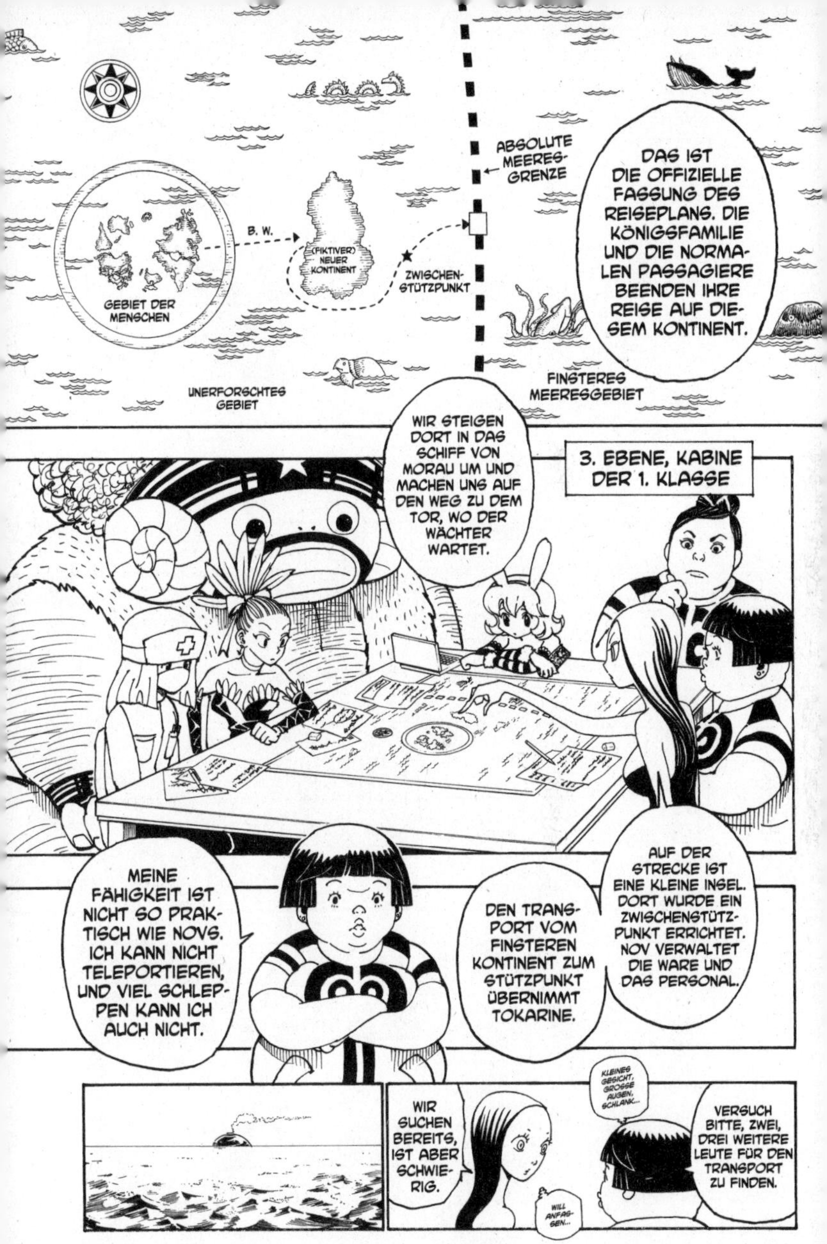
DAS IST DIE OFFIZIELLE FASSUNG DES REISEPLANS. DIE KÖNIGSFAMILIE UND DIE NORMALEN PASSAGIERE BEENDEN IHRE REISE AUF DIESEM KONTINENT.
ABSOLUTE MEERES-GRENZE
FINSTERES MEERESGEBIET
ZWISCHEN-STÜTZPUNKT
(FIKTIVER) NEUER KONTINENT
B. W.
GEBIET DER MENSCHEN
UNERFORSCHTES GEBIET
3. EBENE, KABINE DER 1. KLASSE
WIR STEIGEN DORT IN DAS SCHIFF VON MORAU UM UND MACHEN UNS AUF DEN WEG ZU DEM TOR, WO DER WÄCHTER WARTET.
AUF DER STRECKE IST EINE KLEINE INSEL. DORT WURDE EIN ZWISCHENSTÜTZPUNKT ERRICHTET. NOV VERWALTET DIE WARE UND DAS PERSONAL.
DEN TRANSPORT VOM FINSTEREN KONTINENT ZUM STÜTZPUNKT ÜBERNIMMT TOKARINE.
MEINE FÄHIGKEIT IST NICHT SO PRAKTISCH WIE NOVS. ICH KANN NICHT TELEPORTIEREN, UND VIEL SCHLEPPEN KANN ICH AUCH NICHT.
VERSUCH BITTE, ZWEI, DREI WEITERE LEUTE FÜR DEN TRANSPORT ZU FINDEN.
KLEINES GESICHT, GROSSE AUGEN, SCHLANK...
WIR SUCHEN BEREITS, IST ABER SCHWIERIG.
WILL ANFASSEN...

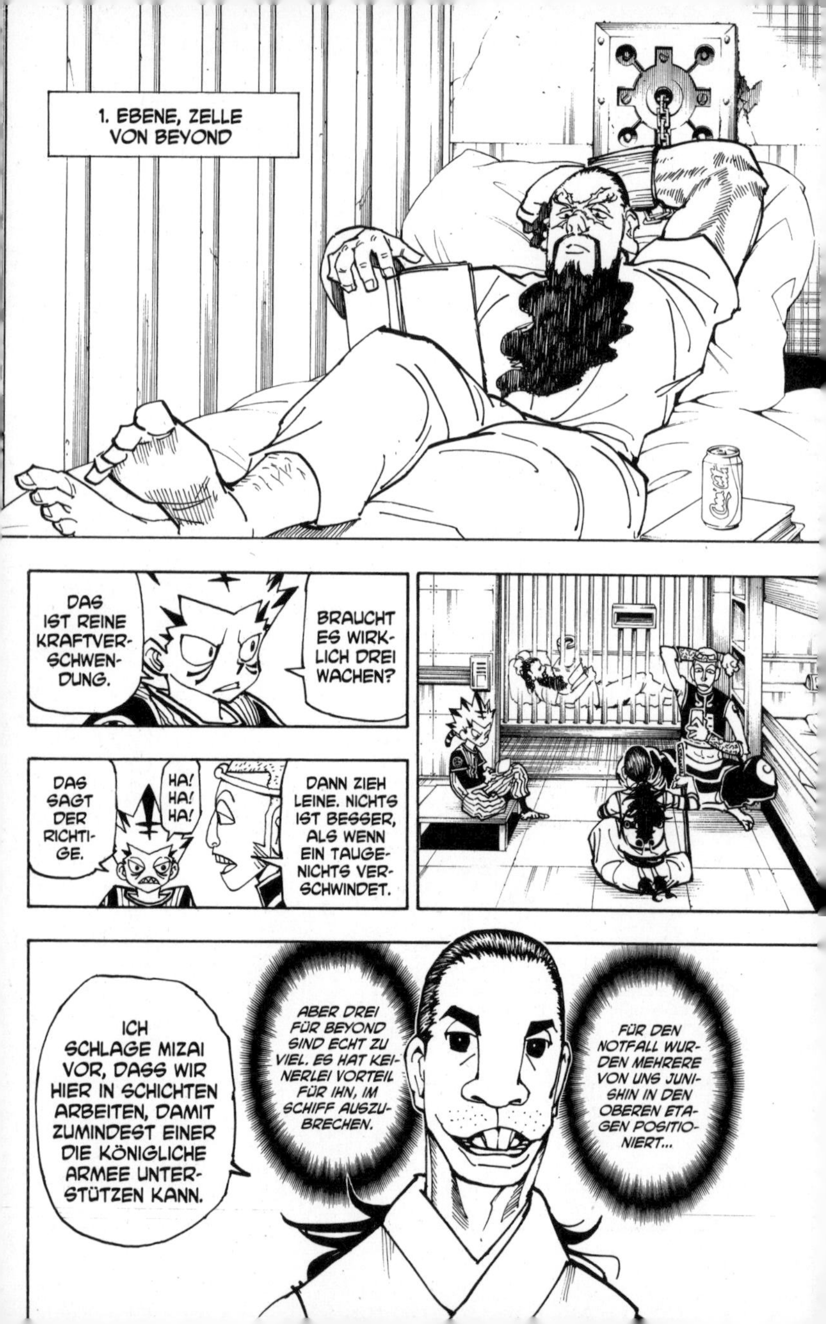

1. EBENE, ZELLE VON BEYOND
BRAUCHT ES WIRKLICH DREI WACHEN?
DAS IST REINE KRAFTVERSCHWENDUNG.
DANN ZIEH LEINE. NICHTS IST BESSER, ALS WENN EIN TAUGENICHTS VERSCHWINDET.
HA! HA! HA!
DAS SAGT DER RICHTIGE.
FÜR DEN NOTFALL WURDEN MEHRERE VON UNS JUNISHIN IN DEN OBEREN ETAGEN POSITIONIERT…
ABER DREI FÜR BEYOND SIND ECHT ZU VIEL. ES HAT KEINERLEI VORTEIL FÜR IHN, IM SCHIFF AUSZUBRECHEN.
ICH SCHLAGE MIZAI VOR, DASS WIR HIER IN SCHICHTEN ARBEITEN, DAMIT ZUMINDEST EINER DIE KÖNIGLICHE ARMEE UNTERSTÜTZEN KANN.

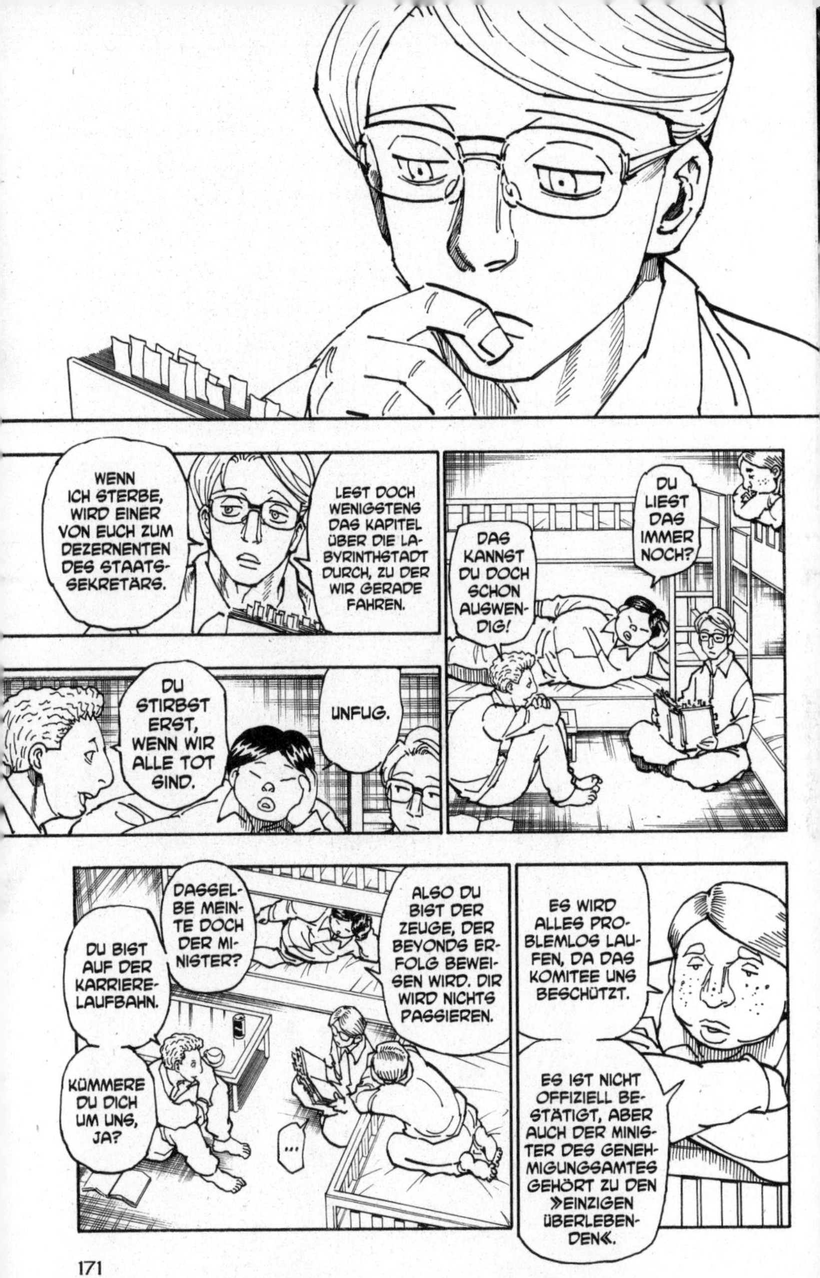

WENN ICH STERBE, WIRD EINER VON EUCH ZUM DEZERNENTEN DES STAATS-SEKRETÄRS.
LEST DOCH WENIGSTENS DAS KAPITEL ÜBER DIE LABYRINTHSTADT DURCH, ZU DER WIR GERADE FAHREN.
DU LIEST DAS IMMER NOCH?
DAS KANNST DU DOCH SCHON AUSWENDIG!
UNFUG.
DU STIRBST ERST, WENN WIR ALLE TOT SIND.
ES WIRD ALLES PROBLEMLOS LAUFEN, DA DAS KOMITEE UNS BESCHÜTZT.
ES IST NICHT OFFIZIELL BESTÄTIGT, ABER AUCH DER MINISTER DES GENEHMIGUNGSAMTES GEHÖRT ZU DEN »EINZIGEN ÜBERLEBENDEN«.
ALSO DU BIST DER ZEUGE, DER BEYONDS ERFOLG BEWEISEN WIRD. DIR WIRD NICHTS PASSIEREN.
DASSELBE MEINTE DOCH DER MINISTER?
DU BIST AUF DER KARRIERELAUFBAHN.
KÜMMERE DU DICH UM UNS, JA?
...

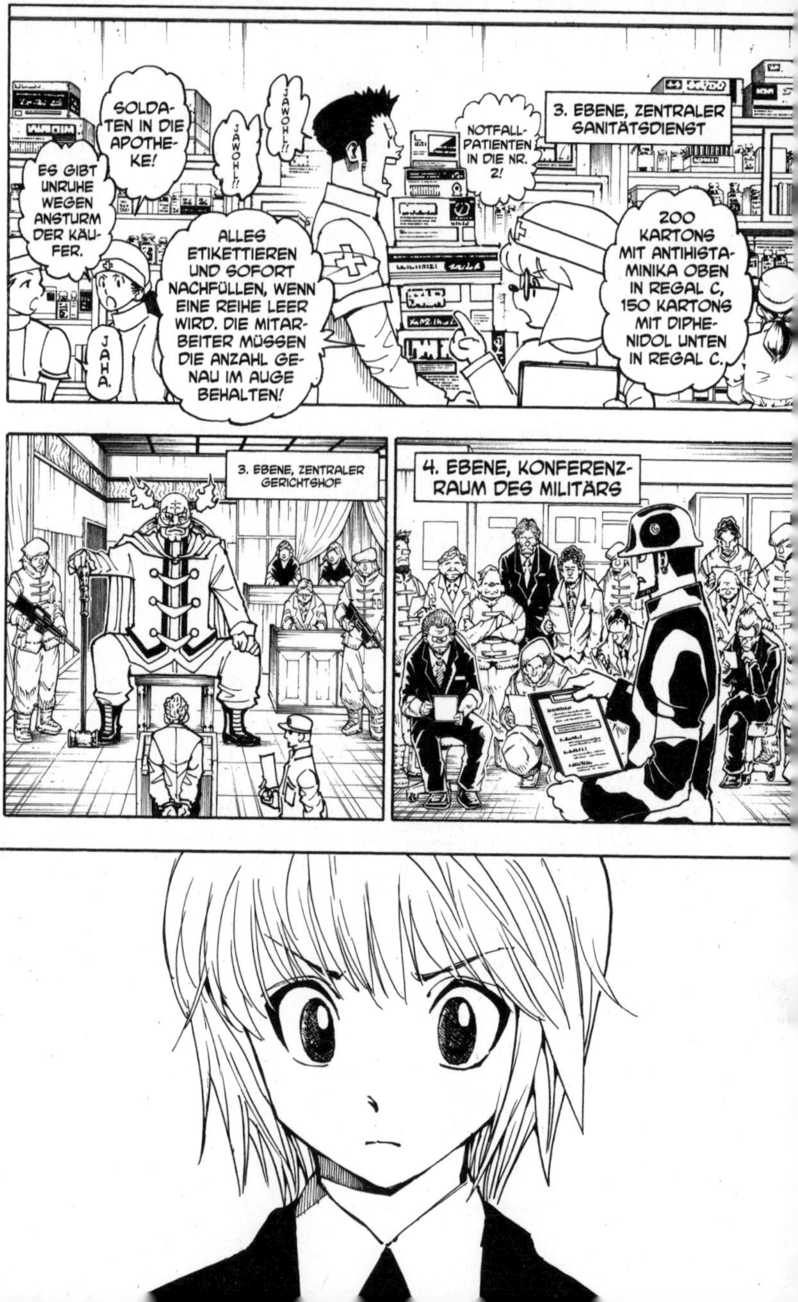
3. EBENE, ZENTRALER SANITÄTSDIENST
NOTFALL-PATIENTEN IN DIE NR. 2!
200 KARTONS MIT ANTIHISTA-MINIKA OBEN IN REGAL C, 150 KARTONS MIT DIPHE-NIDOL UNTEN IN REGAL C.
JAWOHL!!
ALLES ETIKETTIEREN UND SOFORT NACHFÜLLEN, WENN EINE REIHE LEER WIRD. DIE MITAR-BEITER MÜSSEN DIE ANZAHL GE-NAU IM AUGE BEHALTEN!
JAWOHL!!
SOLDA-TEN IN DIE APOTHE-KE!
ES GIBT UNRUHE WEGEN ANSTURM DER KÄU-FER.
JAHA.
4. EBENE, KONFERENZ-RAUM DES MILITÄRS
3. EBENE, ZENTRALER GERICHTSHOF

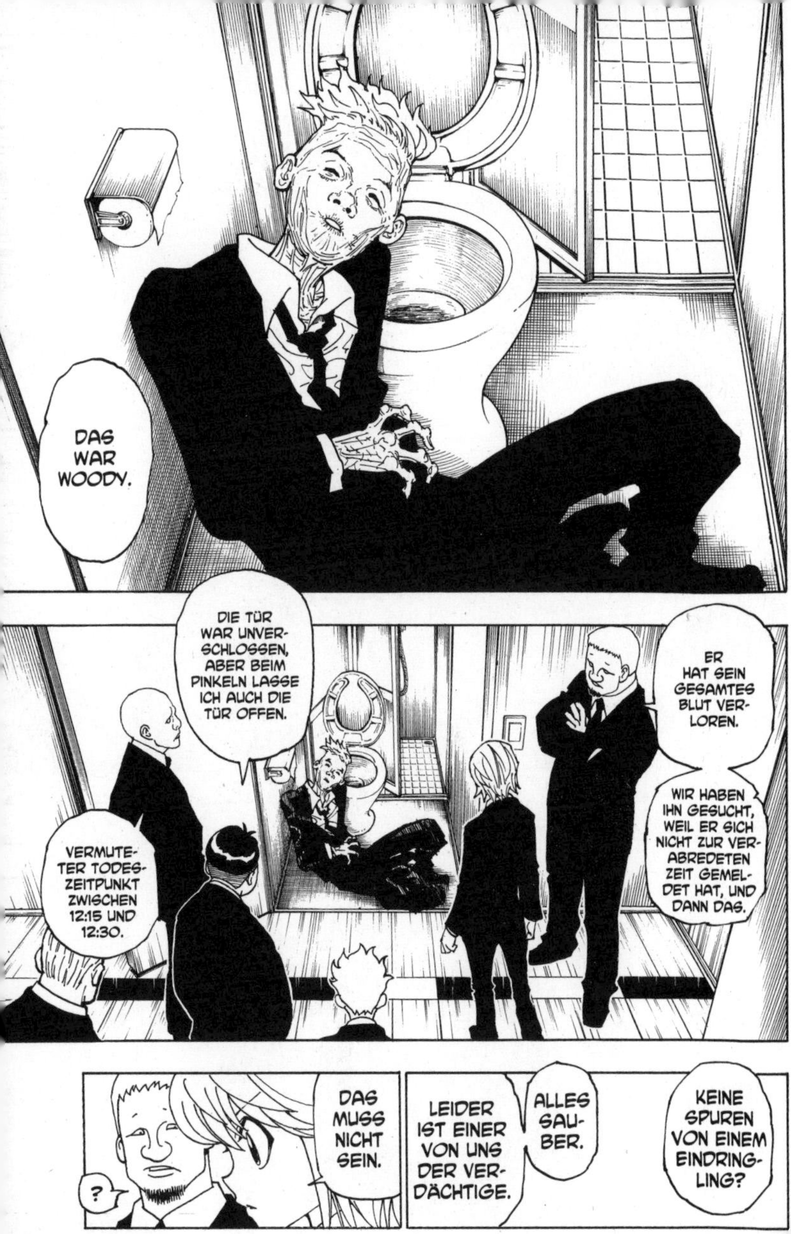
DAS WAR WOODY.
ER HAT SEIN GESAMTES BLUT VERLOREN.
WIR HABEN IHN GESUCHT, WEIL ER SICH NICHT ZUR VERABREDETEN ZEIT GEMELDET HAT, UND DANN DAS.
DIE TÜR WAR UNVERSCHLOSSEN, ABER BEIM PINKELN LASSE ICH AUCH DIE TÜR OFFEN.
VERMUTETER TODESZEITPUNKT ZWISCHEN 12:15 UND 12:30.
KEINE SPUREN VON EINEM EINDRINGLING?
ALLES SAUBER.
LEIDER IST EINER VON UNS DER VERDÄCHTIGE.
DAS MUSS NICHT SEIN.
?

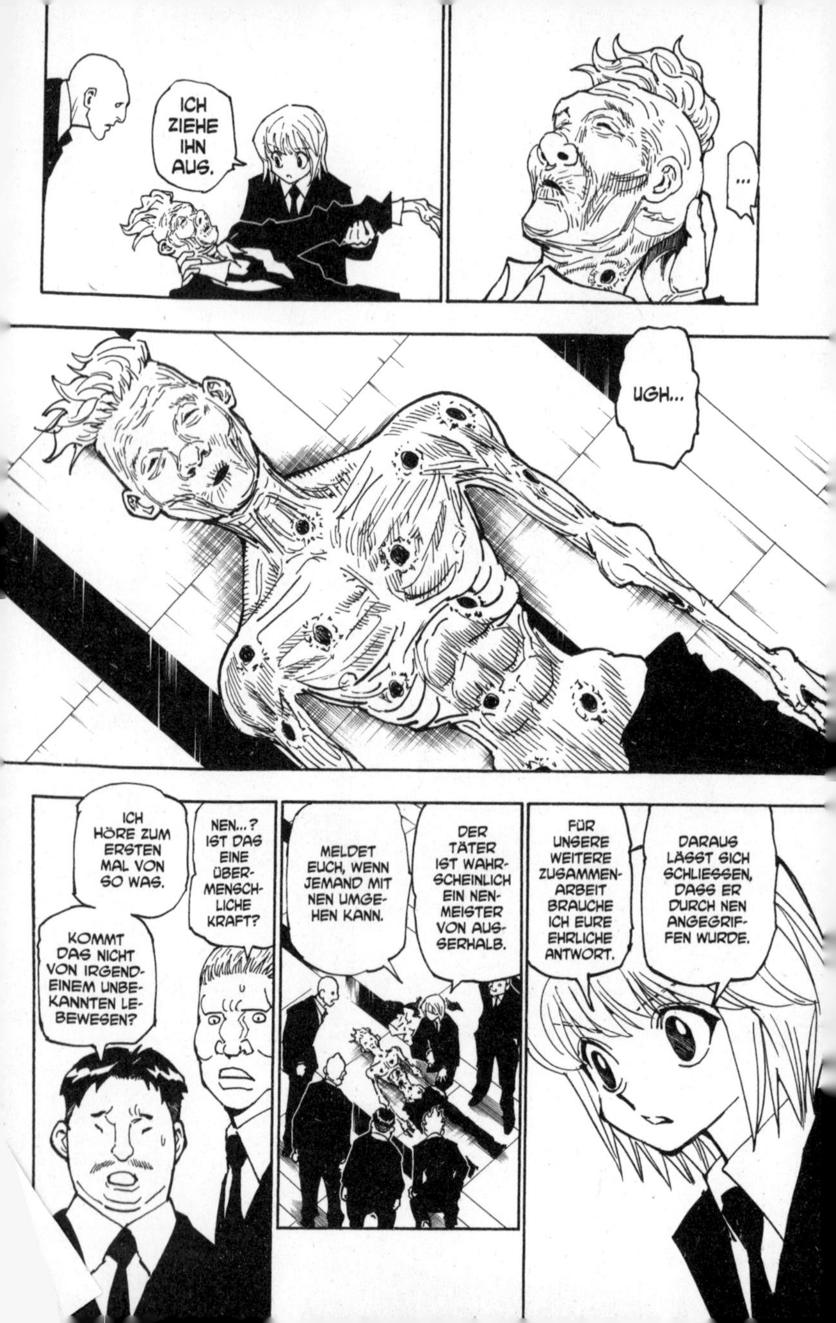

...
ICH ZIEHE IHN AUS.
UGH...
DARAUS LÄSST SICH SCHLIESSEN, DASS ER DURCH NEN ANGEGRIFFEN WURDE.
FÜR UNSERE WEITERE ZUSAMMENARBEIT BRAUCHE ICH EURE EHRLICHE ANTWORT.
DER TÄTER IST WAHRSCHEINLICH EIN NENMEISTER VON AUSSERHALB.
MELDET EUCH, WENN JEMAND MIT NEN UMGEHEN KANN.
NEN...? IST DAS EINE ÜBERMENSCHLICHE KRAFT?
ICH HÖRE ZUM ERSTEN MAL VON SO WAS.
KOMMT DAS NICHT VON IRGENDEINEM UNBEKANNTEN LEBEWESEN?

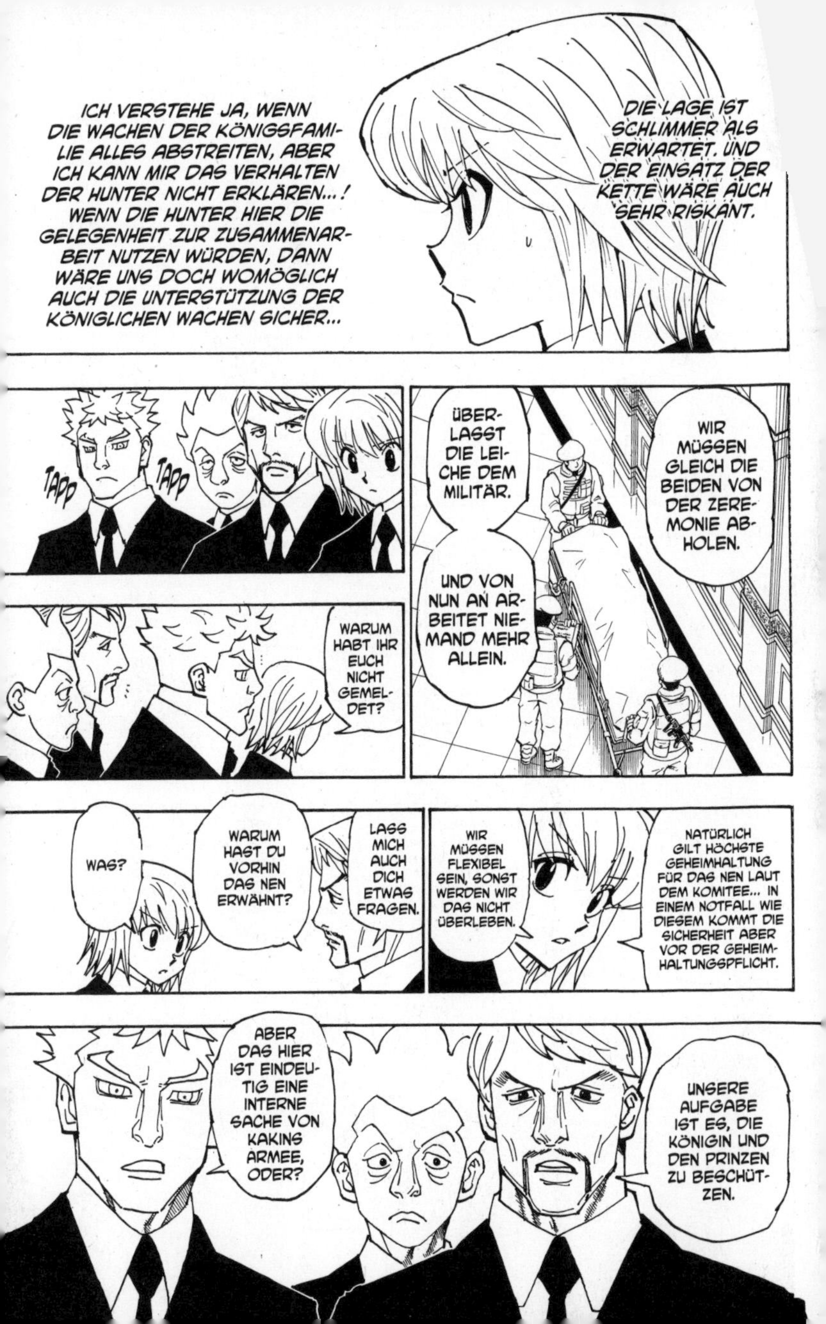
DIE LAGE IST SCHLIMMER ALS ERWARTET. UND DER EINSATZ DER KETTE WÄRE AUCH SEHR RISKANT.
ICH VERSTEHE JA, WENN DIE WACHEN DER KÖNIGSFAMILIE ALLES ABSTREITEN, ABER ICH KANN MIR DAS VERHALTEN DER HUNTER NICHT ERKLÄREN...! WENN DIE HUNTER HIER DIE GELEGENHEIT ZUR ZUSAMMENARBEIT NUTZEN WÜRDEN, DANN WÄRE UNS DOCH WOMÖGLICH AUCH DIE UNTERSTÜTZUNG DER KÖNIGLICHEN WACHEN SICHER...
WIR MÜSSEN GLEICH DIE BEIDEN VON DER ZEREMONIE ABHOLEN.
ÜBERLASST DIE LEICHE DEM MILITÄR.
UND VON NUN AN ARBEITET NIEMAND MEHR ALLEIN.
TAPP
TAPP
WARUM HABT IHR EUCH NICHT GEMELDET?
NATÜRLICH GILT HÖCHSTE GEHEIMHALTUNG FÜR DAS NEN LAUT DEM KOMITEE... IN EINEM NOTFALL WIE DIESEM KOMMT DIE SICHERHEIT ABER VOR DER GEHEIMHALTUNGSPFLICHT.
WIR MÜSSEN FLEXIBEL SEIN, SONST WERDEN WIR DAS NICHT ÜBERLEBEN.
LASS MICH AUCH DICH ETWAS FRAGEN.
WARUM HAST DU VORHIN DAS NEN ERWÄHNT?
WAS?
UNSERE AUFGABE IST ES, DIE KÖNIGIN UND DEN PRINZEN ZU BESCHÜTZEN.
ABER DAS HIER IST EINDEUTIG EINE INTERNE SACHE VON KAKINS ARMEE, ODER?

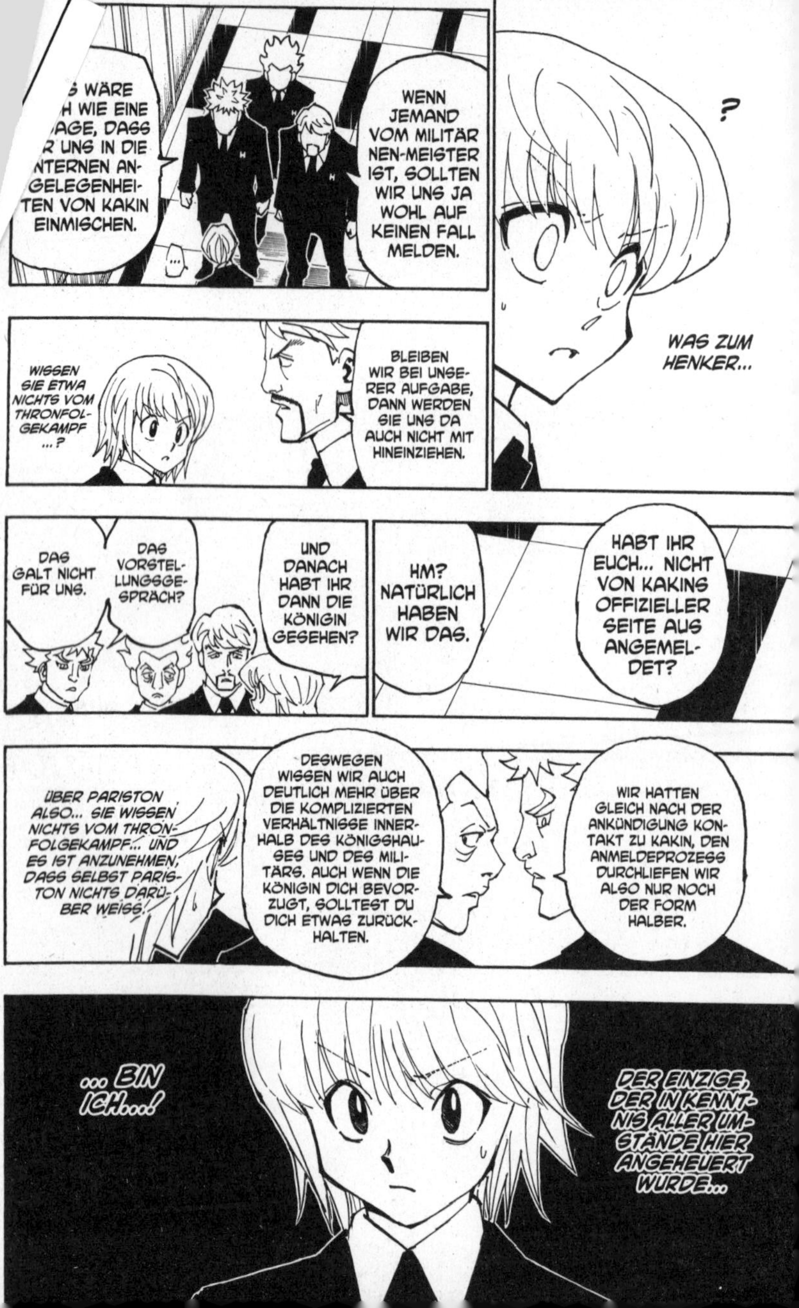
?
WAS ZUM HENKER...
WENN JEMAND VOM MILITÄR NEN-MEISTER IST, SOLLTEN WIR UNS JA WOHL AUF KEINEN FALL MELDEN.
S WÄRE H WIE EINE AGE, DASS R UNS IN DIE NTERNEN ANGELEGENHEITEN VON KAKIN EINMISCHEN.
...
BLEIBEN WIR BEI UNSERER AUFGABE, DANN WERDEN SIE UNS DA AUCH NICHT MIT HINEINZIEHEN.
WISSEN SIE ETWA NICHTS VOM THRONFOLGEKAMPF ...?
HABT IHR EUCH... NICHT VON KAKINS OFFIZIELLER SEITE AUS ANGEMELDET?
HM? NATÜRLICH HABEN WIR DAS.
UND DANACH HABT IHR DANN DIE KÖNIGIN GESEHEN?
DAS VORSTELLUNGSGESPRÄCH?
DAS GALT NICHT FÜR UNS.
WIR HATTEN GLEICH NACH DER ANKÜNDIGUNG KONTAKT ZU KAKIN, DEN ANMELDEPROZESS DURCHLIEFEN WIR ALSO NUR NOCH DER FORM HALBER.
DESWEGEN WISSEN WIR AUCH DEUTLICH MEHR ÜBER DIE KOMPLIZIERTEN VERHÄLTNISSE INNERHALB DES KÖNIGSHAUSES UND DES MILITÄRS. AUCH WENN DIE KÖNIGIN DICH BEVORZUGT, SOLLTEST DU DICH ETWAS ZURÜCKHALTEN.
ÜBER PARISTON ALSO... SIE WISSEN NICHTS VOM THRONFOLGEKAMPF... UND ES IST ANZUNEHMEN, DASS SELBST PARISTON NICHTS DARÜBER WEISS!
DER EINZIGE, DER IN KENNTNIS ALLER UMSTÄNDE HIER ANGEHEUERT WURDE...
... BIN ICH...!

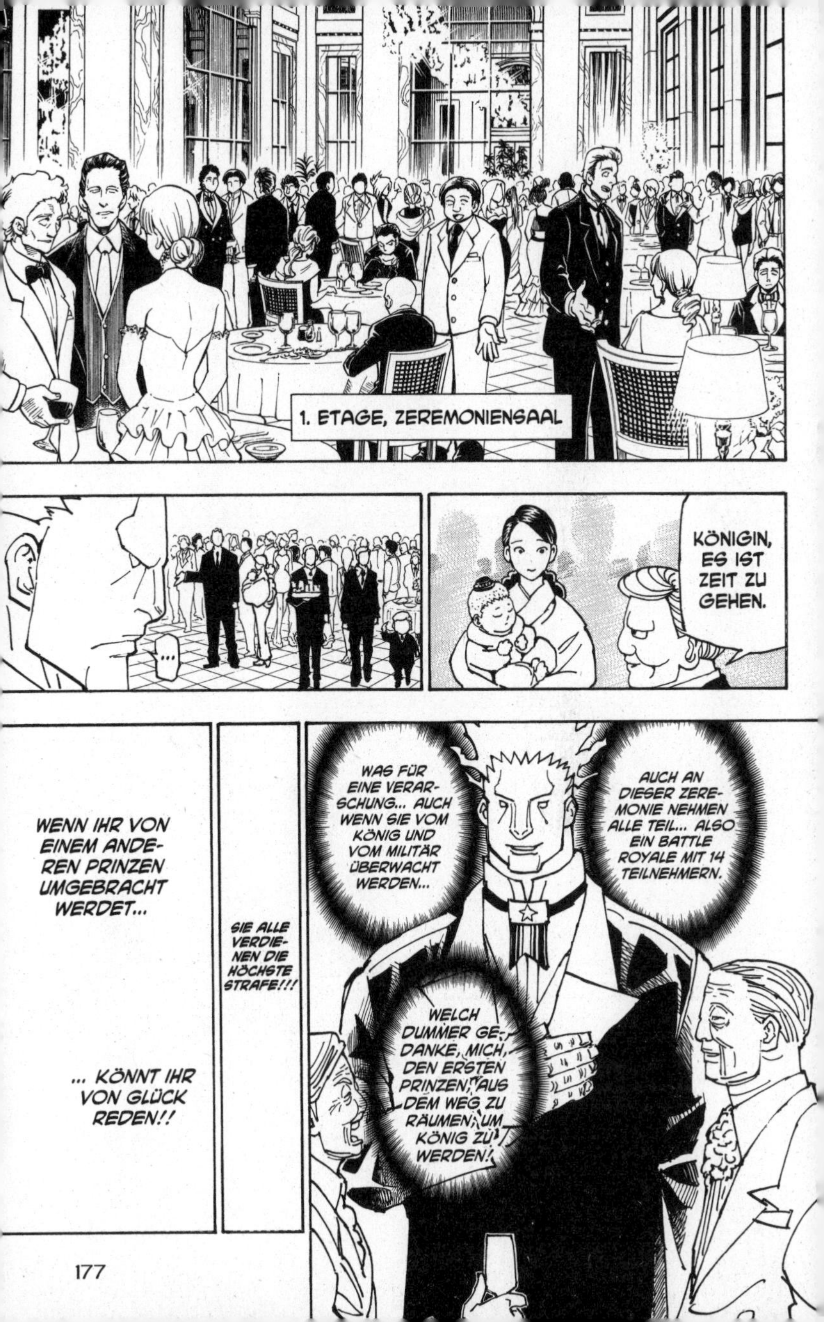
1. ETAGE, ZEREMONIENSAAL
KÖNIGIN, ES IST ZEIT ZU GEHEN.
...
AUCH AN DIESER ZERE-MONIE NEHMEN ALLE TEIL... ALSO EIN BATTLE ROYALE MIT 14 TEILNEHMERN.
WAS FÜR EINE VERAR-SCHUNG... AUCH WENN SIE VOM KÖNIG UND VOM MILITÄR ÜBERWACHT WERDEN...
WELCH DUMMER GE-DANKE, MICH, DEN ERSTEN PRINZEN, AUS DEM WEG ZU RÄUMEN, UM KÖNIG ZU WERDEN!
SIE ALLE VERDIE-NEN DIE HÖCHSTE STRAFE!!!
WENN IHR VON EINEM ANDE-REN PRINZEN UMGEBRACHT WERDET...
... KÖNNT IHR VON GLÜCK REDEN!!

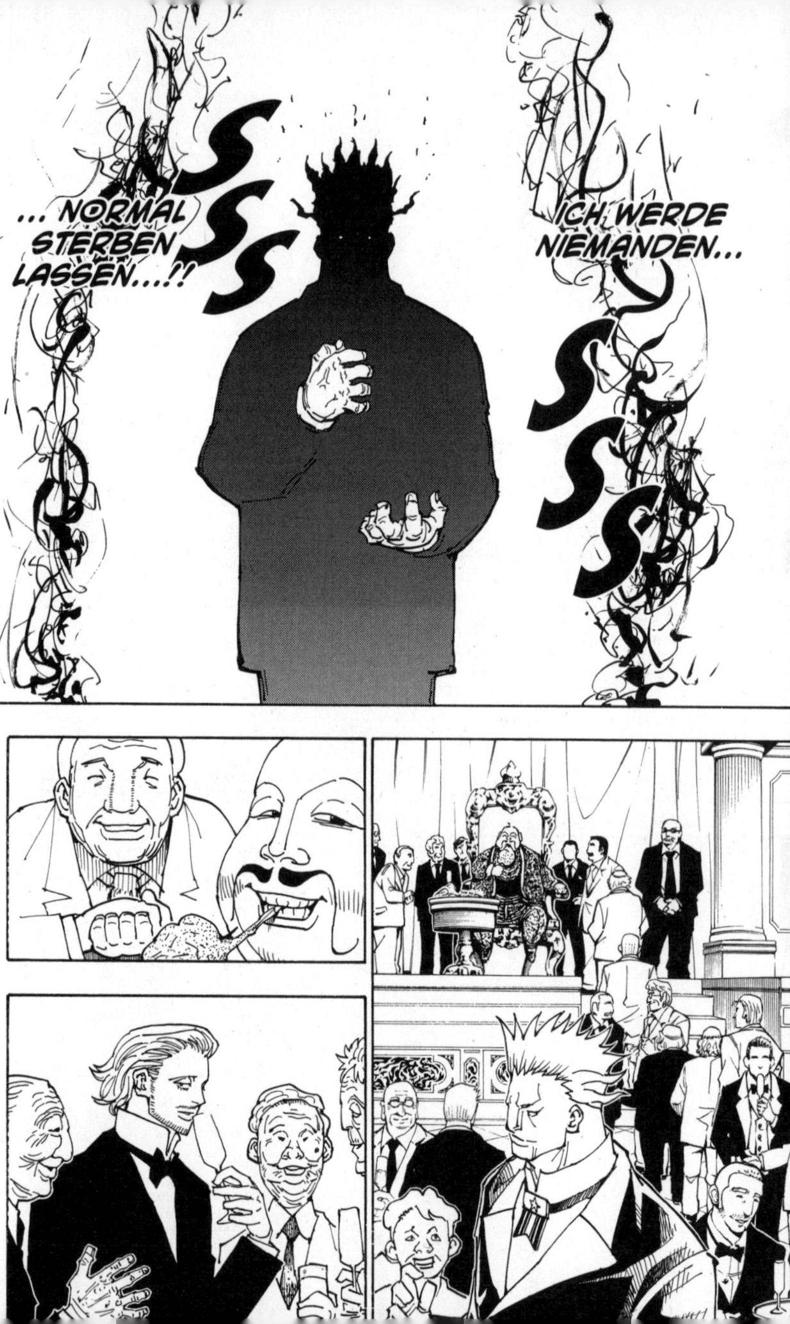
ICH WERDE NIEMANDEN...
SSS
SSS
... NORMAL STERBEN LASSEN...!!

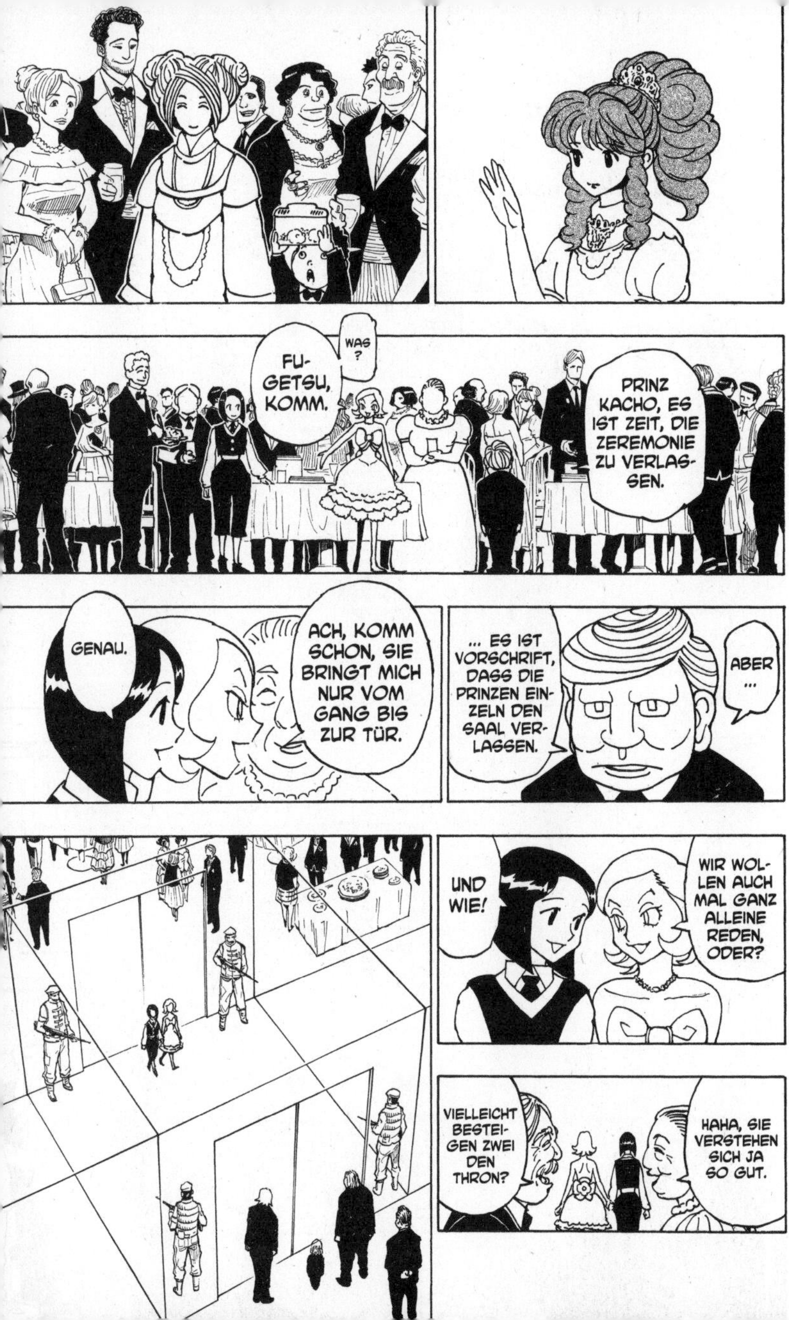
PRINZ KACHO, ES IST ZEIT, DIE ZEREMONIE ZU VERLASSEN.
FUGETSU, KOMM.
WAS?
ABER ...
... ES IST VORSCHRIFT, DASS DIE PRINZEN EINZELN DEN SAAL VERLASSEN.
ACH, KOMM SCHON, SIE BRINGT MICH NUR VOM GANG BIS ZUR TÜR.
GENAU.
WIR WOLLEN AUCH MAL GANZ ALLEINE REDEN, ODER?
UND WIE!
HAHA, SIE VERSTEHEN SICH JA SO GUT.
VIELLEICHT BESTEIGEN ZWEI DEN THRON?

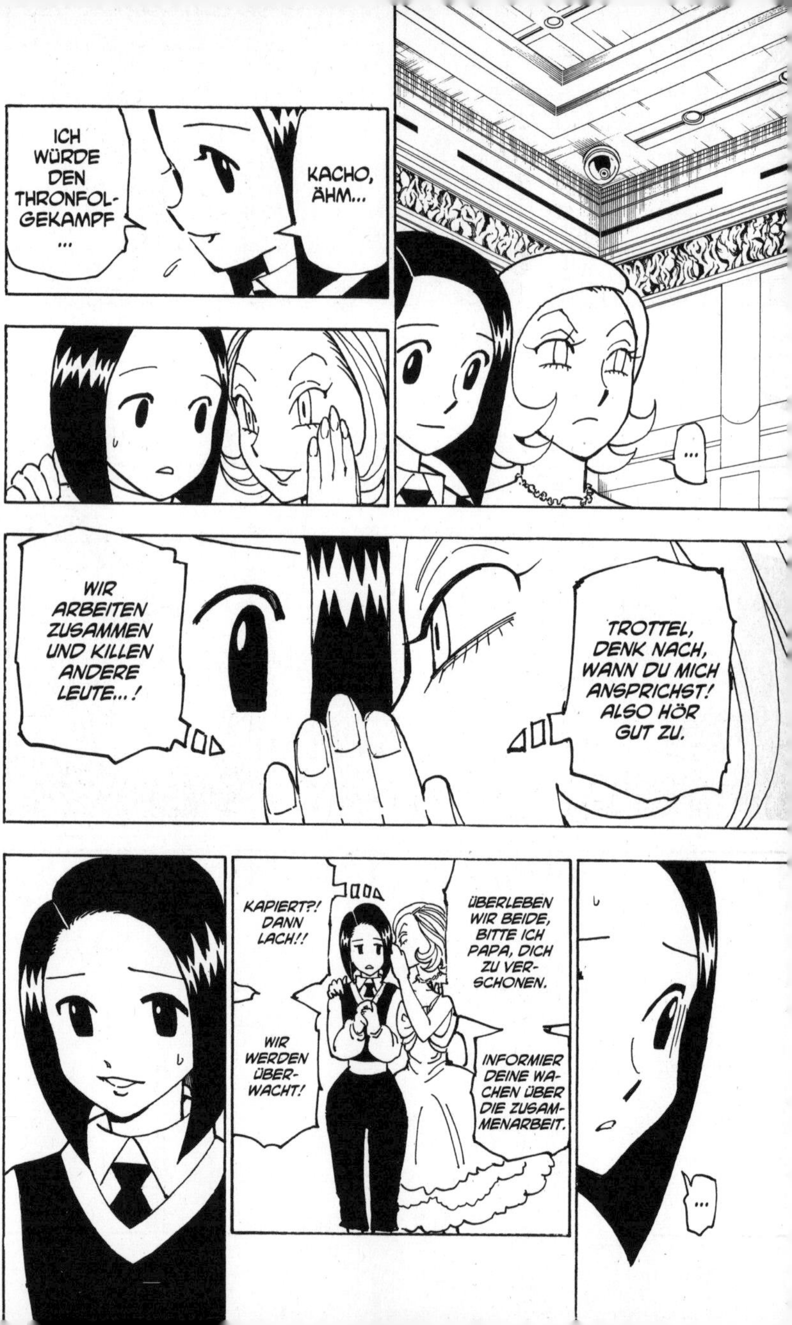
KACHO, ÄHM...
ICH WÜRDE DEN THRONFOLGEKAMPF ...
...
TROTTEL, DENK NACH, WANN DU MICH ANSPRICHST! ALSO HÖR GUT ZU.
WIR ARBEITEN ZUSAMMEN UND KILLEN ANDERE LEUTE...!
...
ÜBERLEBEN WIR BEIDE, BITTE ICH PAPA, DICH ZU VERSCHONEN.
KAPIERT?! DANN LACH!!
INFORMIER DEINE WACHEN ÜBER DIE ZUSAMMENARBEIT.
WIR WERDEN ÜBERWACHT!

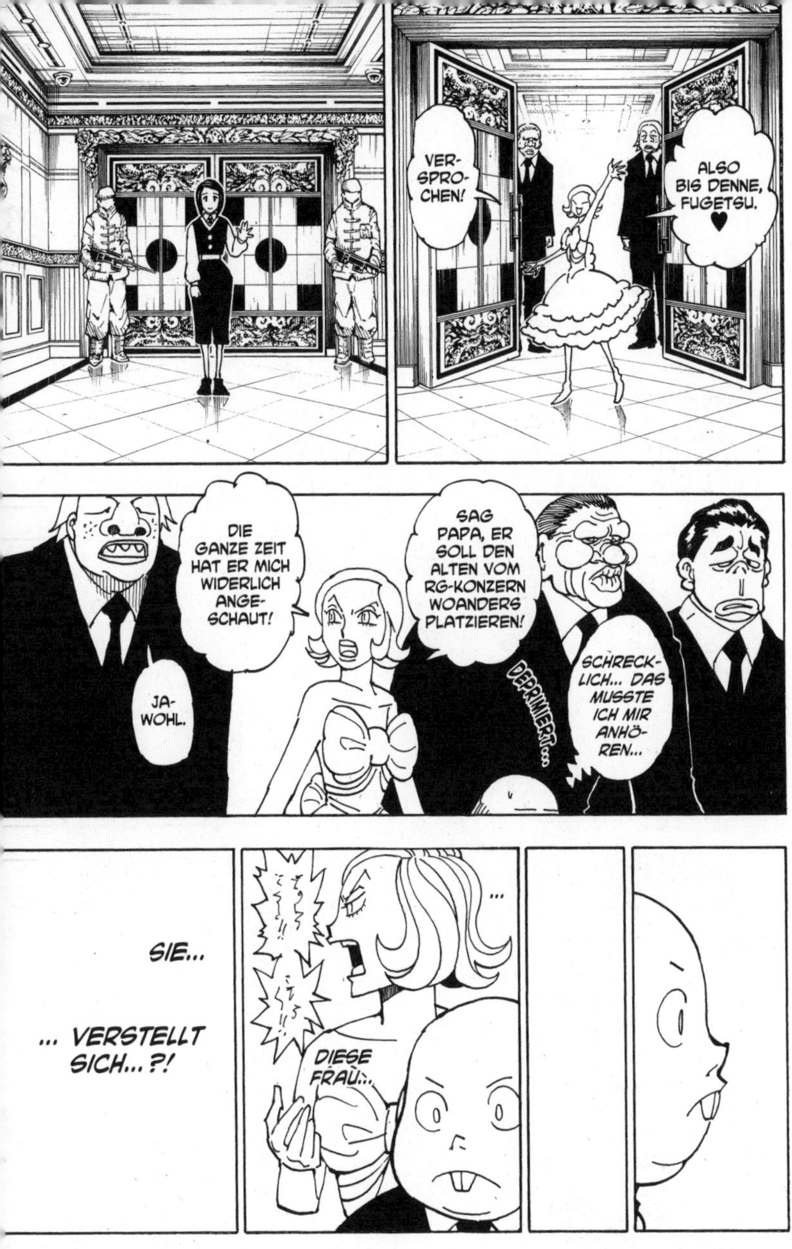
ALSO BIS DENNE, FUGETSU. ♥
VER-SPRO-CHEN!
SCHRECK-LICH... DAS MUSSTE ICH MIR ANHÖ-REN...
DEPRIMIERT...
SAG PAPA, ER SOLL DEN ALTEN VOM RG-KONZERN WOANDERS PLATZIEREN!
DIE GANZE ZEIT HAT ER MICH WIDERLICH ANGE-SCHAUT!
JA-WOHL.
...
DIESE FRAU...
SIE...
... VERSTELLT SICH...?!

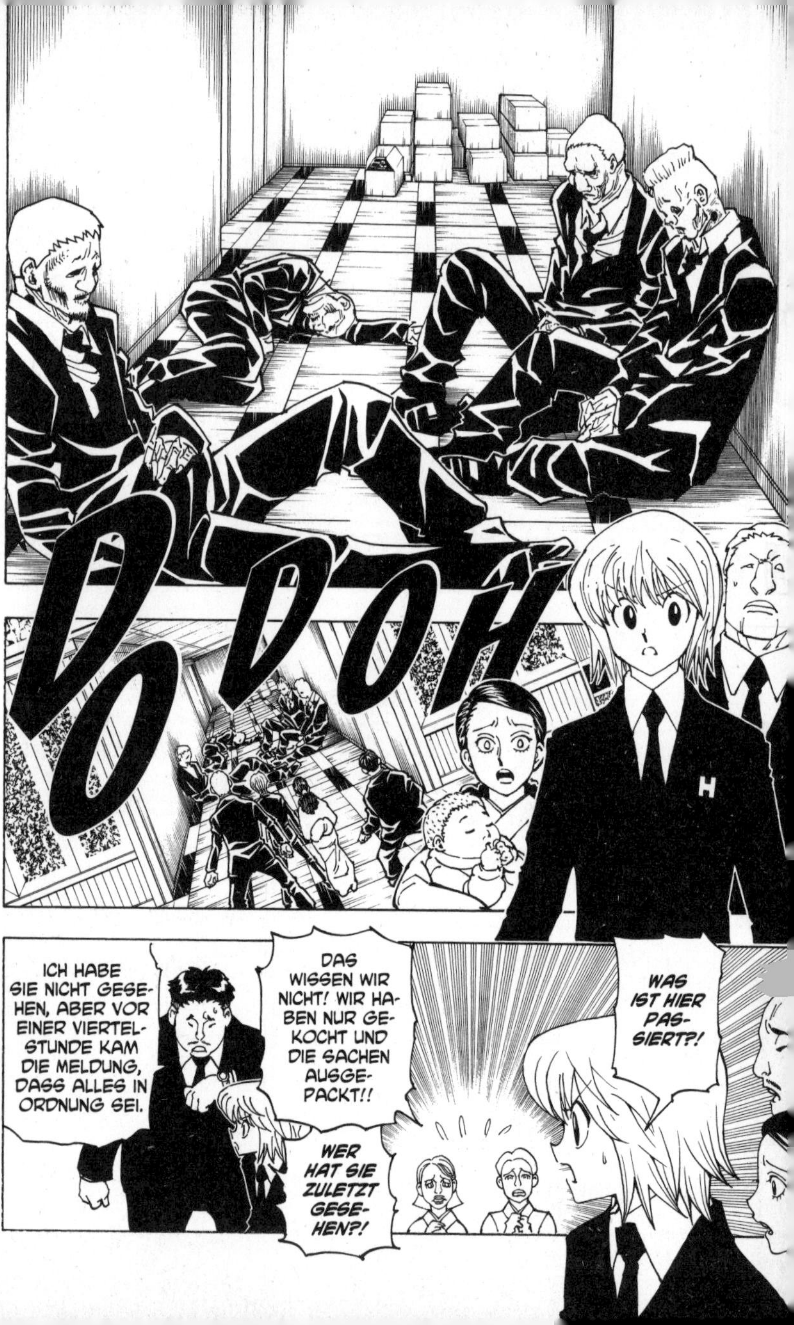
DODOH
WAS IST HIER PASSIERT?!
WER HAT SIE ZULETZT GESEHEN?!
DAS WISSEN WIR NICHT! WIR HABEN NUR GEKOCHT UND DIE SACHEN AUSGEPACKT!!
ICH HABE SIE NICHT GESEHEN, ABER VOR EINER VIERTELSTUNDE KAM DIE MELDUNG, DASS ALLES IN ORDNUNG SEI.

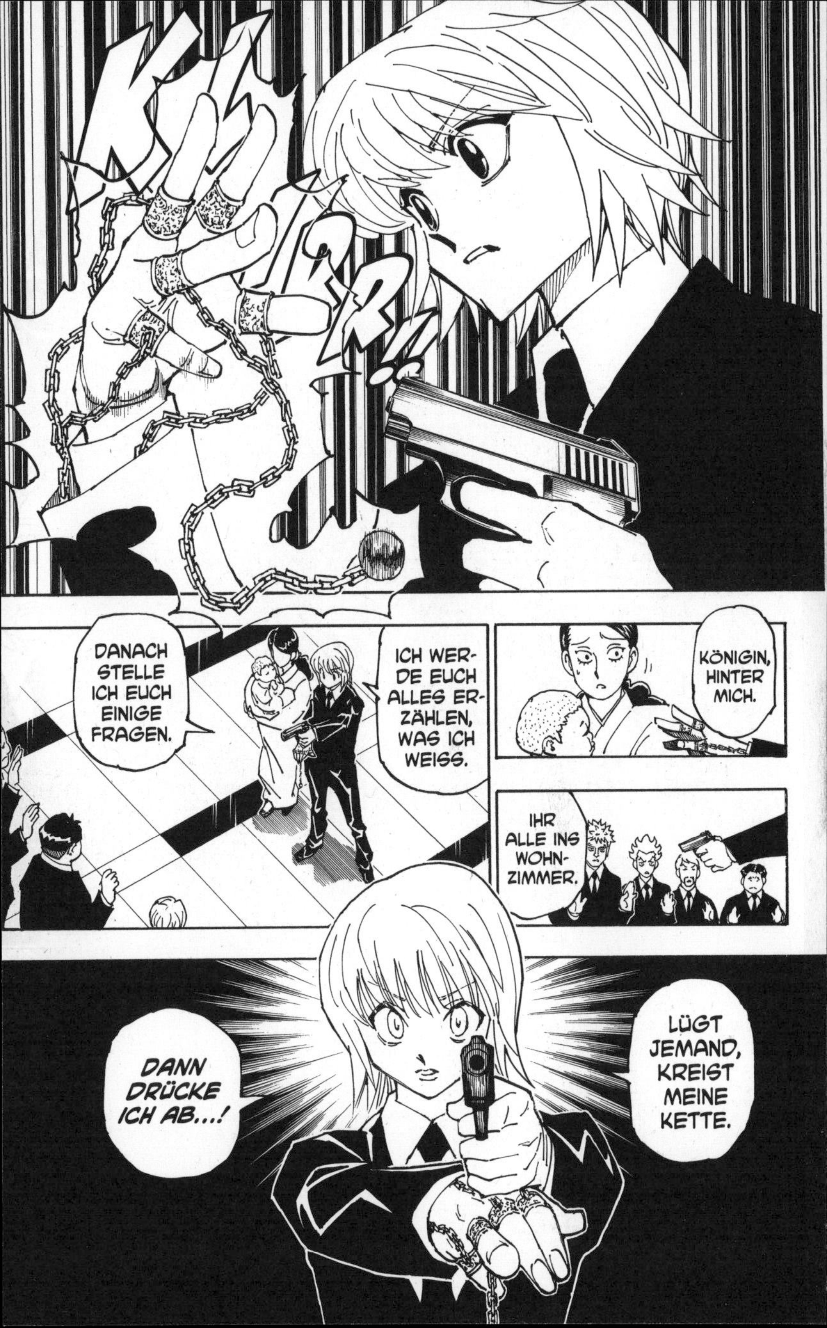
KÖNIGIN, HINTER MICH.
IHR ALLE INS WOHNZIMMER.
ICH WERDE EUCH ALLES ERZÄHLEN, WAS ICH WEISS.
DANACH STELLE ICH EUCH EINIGE FRAGEN.
LÜGT JEMAND, KREIST MEINE KETTE.
DANN DRÜCKE ICH AB...!

ICH HABE MIR ÜBERLEGT, OB DIE FÄHIGKEIT »SUN AND MOON« ODER »MOON AND SUN« HEISSEN SOLLTE. ALS ICH IN GEDANKEN DIE BEIDEN VARIANTEN GERUFEN HABE, HABE ICH MICH FÜR »SUN AND MOON« ENTSCHIEDEN, WEIL SICH DAS BESSER ANGEHÖRT HAT.

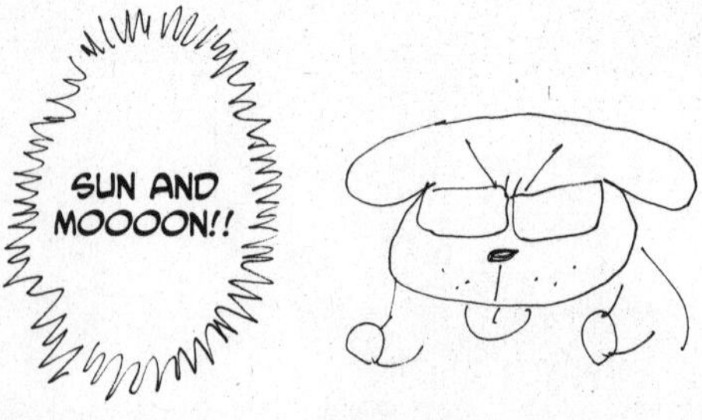

360. Kapitel: Der Parasitismus

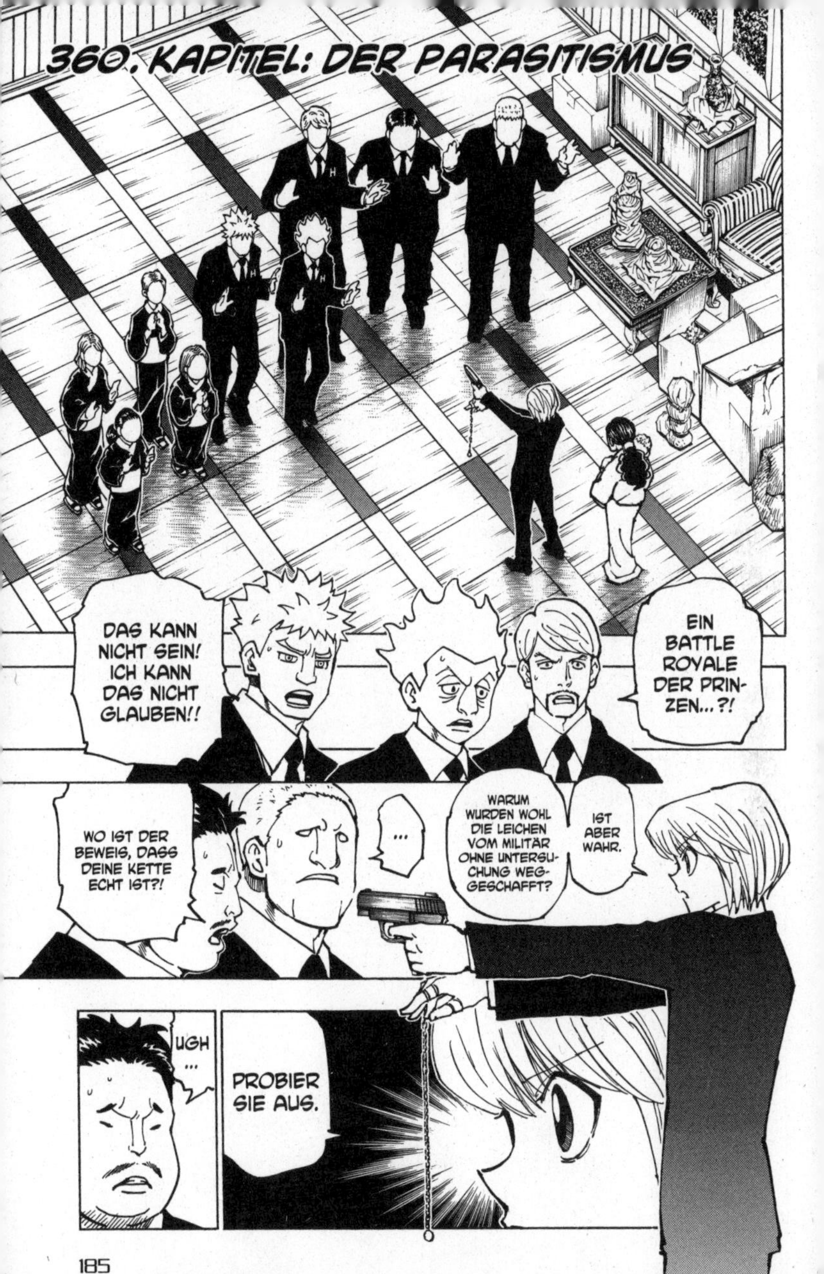

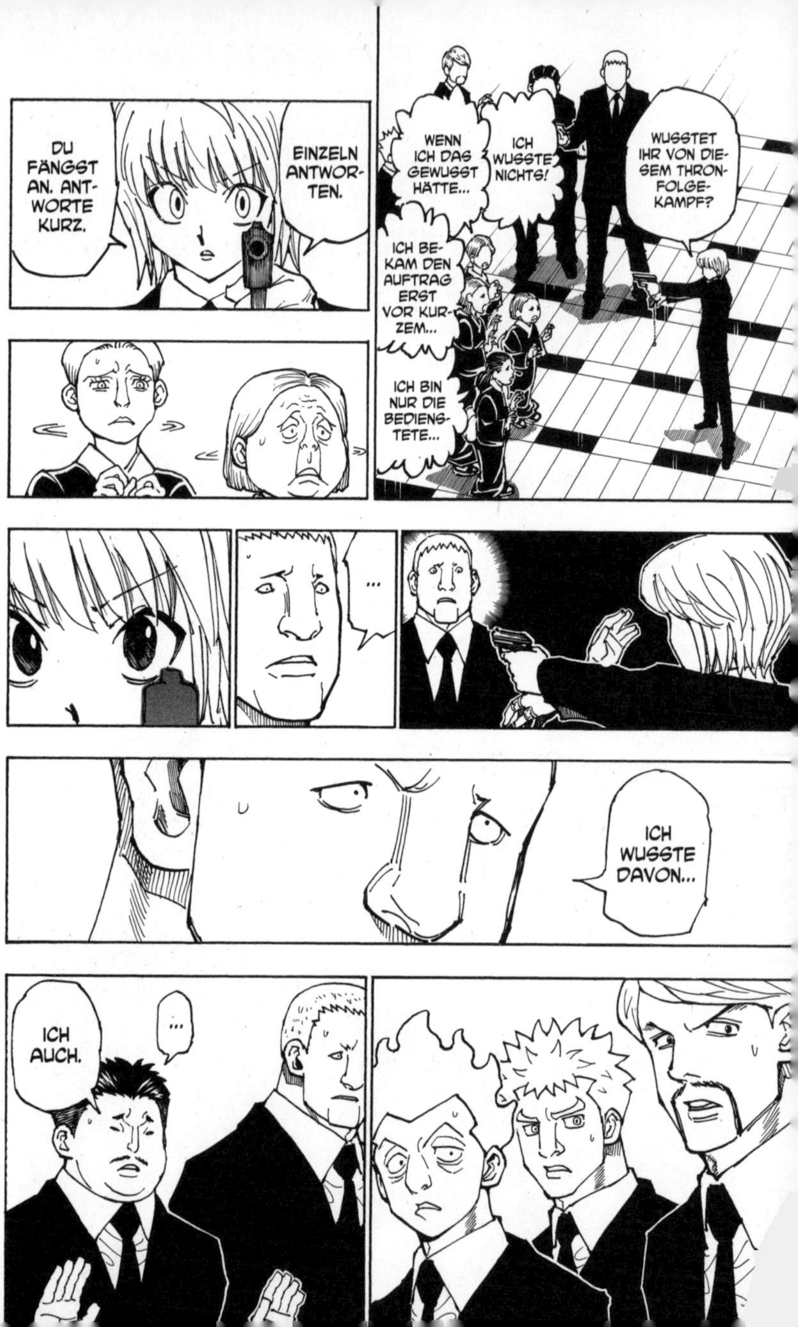
WUSSTET IHR VON DIESEM THRONFOLGEKAMPF?
ICH WUSSTE NICHTS!
WENN ICH DAS GEWUSST HÄTTE...
ICH BEKAM DEN AUFTRAG ERST VOR KURZEM...
ICH BIN NUR DIE BEDIENSTETE...
EINZELN ANTWORTEN.
DU FÄNGST AN. ANTWORTE KURZ.
...
ICH WUSSTE DAVON...
...
ICH AUCH.

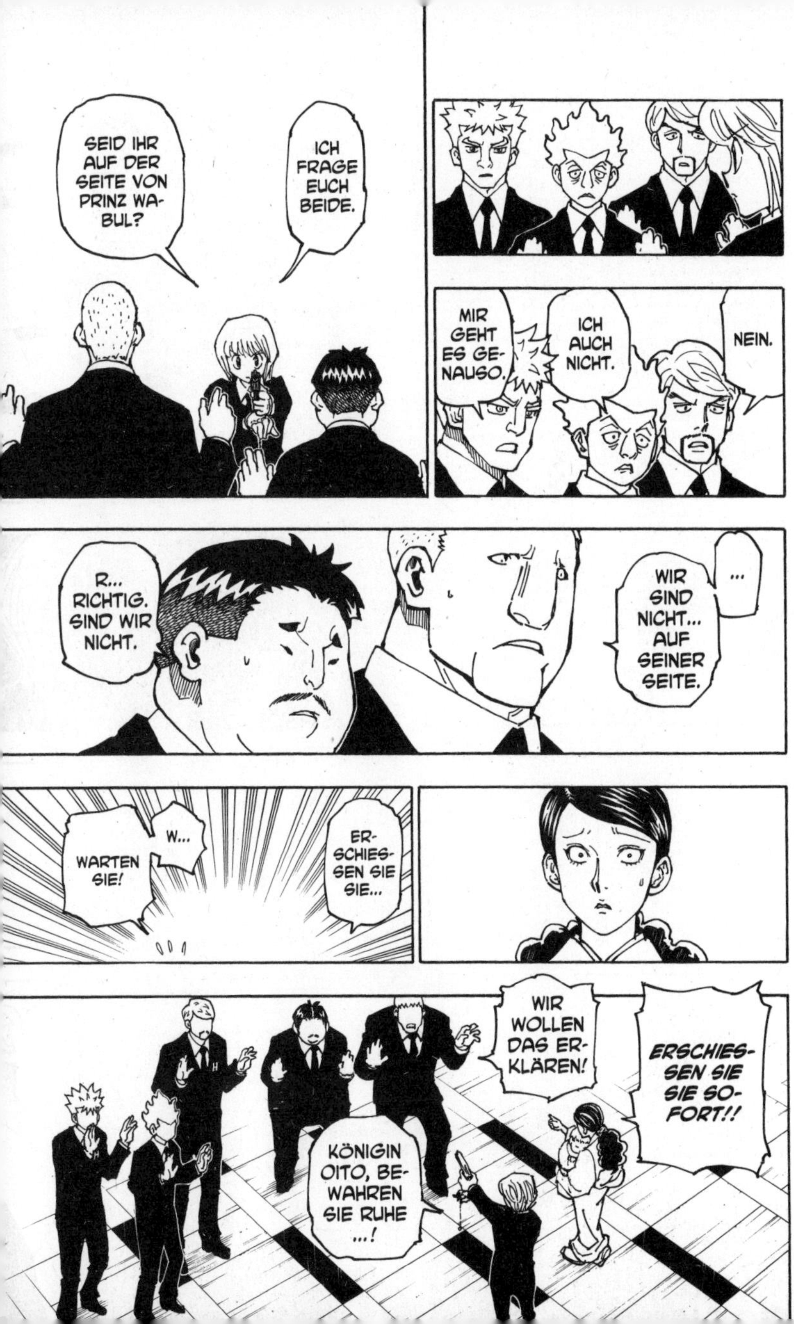
NEIN.
ICH AUCH NICHT.
MIR GEHT ES GENAUSO.
SEID IHR AUF DER SEITE VON PRINZ WABUL?
ICH FRAGE EUCH BEIDE.
...
WIR SIND NICHT... AUF SEINER SEITE.
R... RICHTIG. SIND WIR NICHT.
ERSCHIESSEN SIE SIE...
W...
WARTEN SIE!
ERSCHIESSEN SIE SIE SOFORT!!
WIR WOLLEN DAS ERKLÄREN!
KÖNIGIN OITO, BEWAHREN SIE RUHE ...!

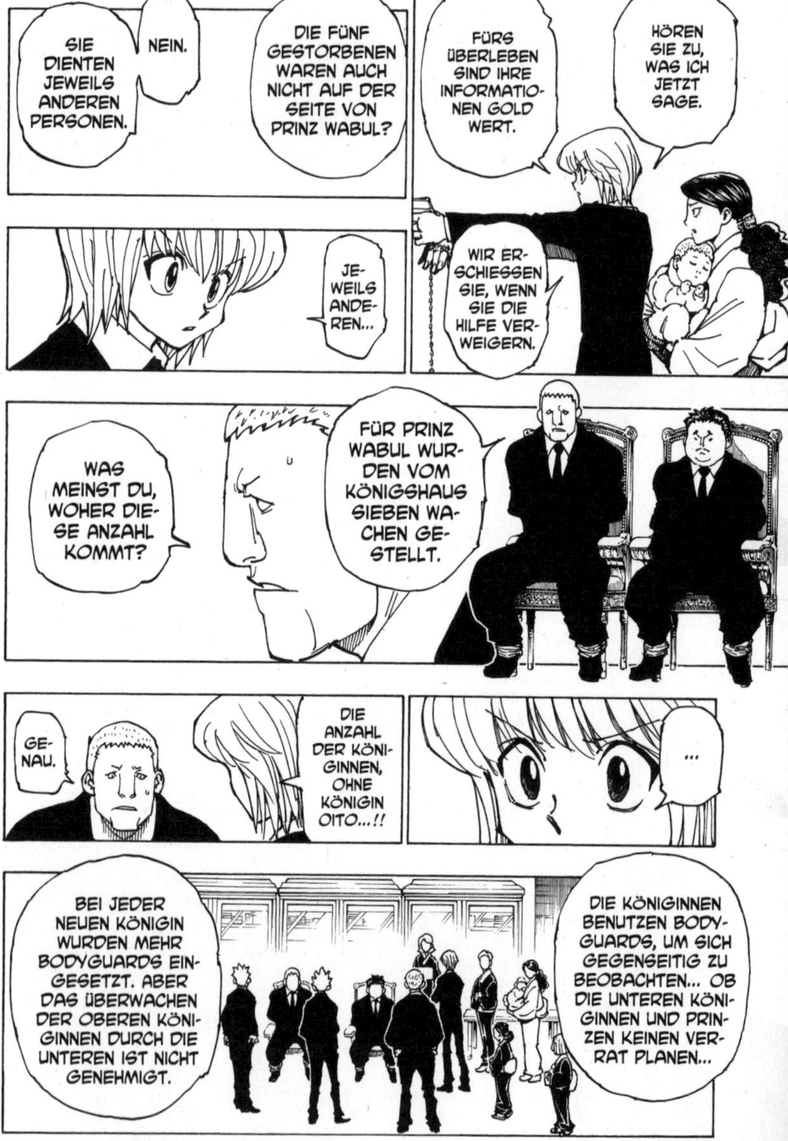
HÖREN SIE ZU, WAS ICH JETZT SAGE.
FÜRS ÜBERLEBEN SIND IHRE INFORMATIONEN GOLD WERT.
WIR ERSCHIESSEN SIE, WENN SIE DIE HILFE VERWEIGERN.
DIE FÜNF GESTORBENEN WAREN AUCH NICHT AUF DER SEITE VON PRINZ WABUL?
NEIN.
SIE DIENTEN JEWEILS ANDEREN PERSONEN.
JEWEILS ANDEREN...
FÜR PRINZ WABUL WURDEN VOM KÖNIGSHAUS SIEBEN WACHEN GESTELLT.
WAS MEINST DU, WOHER DIESE ANZAHL KOMMT?
...
DIE ANZAHL DER KÖNIGINNEN, OHNE KÖNIGIN OITO...!!
GENAU.
DIE KÖNIGINNEN BENUTZEN BODYGUARDS, UM SICH GEGENSEITIG ZU BEOBACHTEN... OB DIE UNTEREN KÖNIGINNEN UND PRINZEN KEINEN VERRAT PLANEN...
BEI JEDER NEUEN KÖNIGIN WURDEN MEHR BODYGUARDS EINGESETZT. ABER DAS ÜBERWACHEN DER OBEREN KÖNIGINNEN DURCH DIE UNTEREN IST NICHT GENEHMIGT.

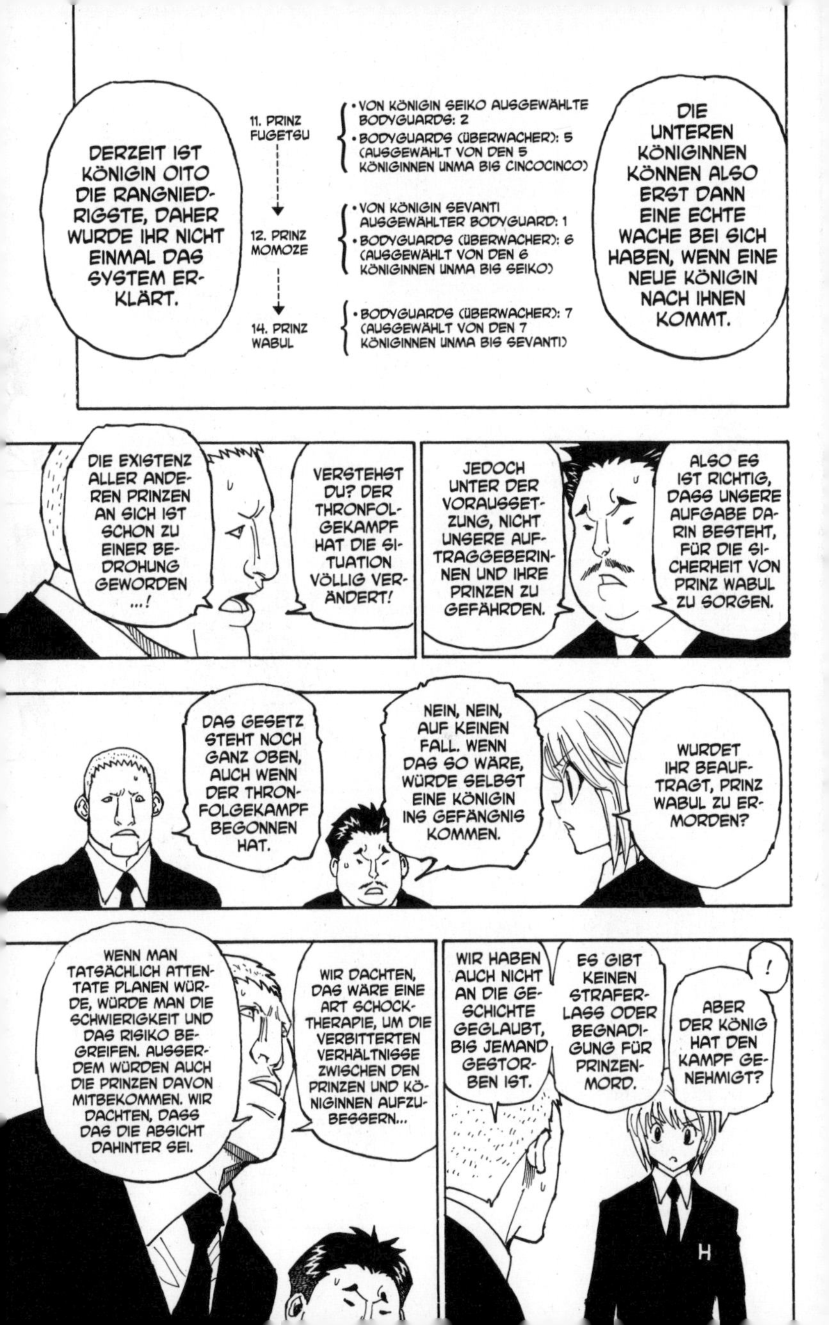
DIE UNTEREN KÖNIGINNEN KÖNNEN ALSO ERST DANN EINE ECHTE WACHE BEI SICH HABEN, WENN EINE NEUE KÖNIGIN NACH IHNEN KOMMT.
11. PRINZ FUGETSU
• VON KÖNIGIN SEIKO AUSGEWÄHLTE BODYGUARDS: 2
• BODYGUARDS (ÜBERWACHER): 5 (AUSGEWÄHLT VON DEN 5 KÖNIGINNEN UNMA BIS CINCOCINCO)
12. PRINZ MOMOZE
• VON KÖNIGIN SEVANTI AUSGEWÄHLTER BODYGUARD: 1
• BODYGUARDS (ÜBERWACHER): 6 (AUSGEWÄHLT VON DEN 6 KÖNIGINNEN UNMA BIS SEIKO)
14. PRINZ WABUL
• BODYGUARDS (ÜBERWACHER): 7 (AUSGEWÄHLT VON DEN 7 KÖNIGINNEN UNMA BIS SEVANTI)
DERZEIT IST KÖNIGIN OITO DIE RANGNIEDRIGSTE, DAHER WURDE IHR NICHT EINMAL DAS SYSTEM ERKLÄRT.
ALSO ES IST RICHTIG, DASS UNSERE AUFGABE DARIN BESTEHT, FÜR DIE SICHERHEIT VON PRINZ WABUL ZU SORGEN.
JEDOCH UNTER DER VORAUSSETZUNG, NICHT UNSERE AUFTRAGGEBERINNEN UND IHRE PRINZEN ZU GEFÄHRDEN.
VERSTEHST DU? DER THRONFOLGEKAMPF HAT DIE SITUATION VÖLLIG VERÄNDERT!
DIE EXISTENZ ALLER ANDEREN PRINZEN AN SICH IST SCHON ZU EINER BEDROHUNG GEWORDEN ...!
WURDET IHR BEAUFTRAGT, PRINZ WABUL ZU ERMORDEN?
NEIN, NEIN, AUF KEINEN FALL. WENN DAS SO WÄRE, WÜRDE SELBST EINE KÖNIGIN INS GEFÄNGNIS KOMMEN.
DAS GESETZ STEHT NOCH GANZ OBEN, AUCH WENN DER THRONFOLGEKAMPF BEGONNEN HAT.
!
ABER DER KÖNIG HAT DEN KAMPF GENEHMIGT?
ES GIBT KEINEN STRAFERLASS ODER BEGNADIGUNG FÜR PRINZENMORD.
WIR HABEN AUCH NICHT AN DIE GESCHICHTE GEGLAUBT, BIS JEMAND GESTORBEN IST.
WIR DACHTEN, DAS WÄRE EINE ART SCHOCKTHERAPIE, UM DIE VERBITTERTEN VERHÄLTNISSE ZWISCHEN DEN PRINZEN UND KÖNIGINNEN AUFZUBESSERN...
WENN MAN TATSÄCHLICH ATTENTATE PLANEN WÜRDE, WÜRDE MAN DIE SCHWIERIGKEIT UND DAS RISIKO BEGREIFEN. AUSSERDEM WÜRDEN AUCH DIE PRINZEN DAVON MITBEKOMMEN. WIR DACHTEN, DASS DAS DIE ABSICHT DAHINTER SEI.
H

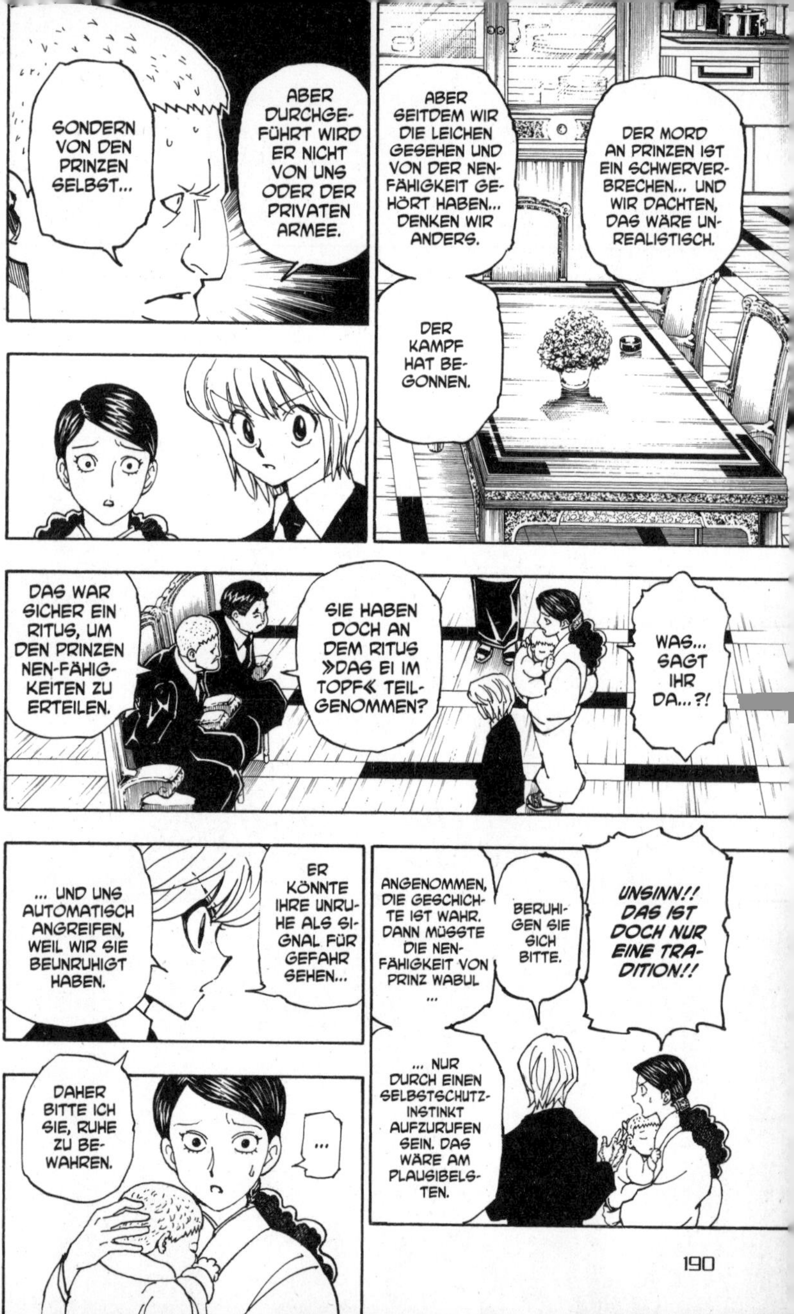

DER MORD AN PRINZEN IST EIN SCHWERVERBRECHEN... UND WIR DACHTEN, DAS WÄRE UNREALISTISCH.
ABER SEITDEM WIR DIE LEICHEN GESEHEN UND VON DER NEN-FÄHIGKEIT GEHÖRT HABEN... DENKEN WIR ANDERS.
DER KAMPF HAT BEGONNEN.
ABER DURCHGEFÜHRT WIRD ER NICHT VON UNS ODER DER PRIVATEN ARMEE.
SONDERN VON DEN PRINZEN SELBST...
WAS... SAGT IHR DA...?!
SIE HABEN DOCH AN DEM RITUS »DAS EI IM TOPF« TEILGENOMMEN?
DAS WAR SICHER EIN RITUS, UM DEN PRINZEN NEN-FÄHIGKEITEN ZU ERTEILEN.
UNSINN!! DAS IST DOCH NUR EINE TRADITION!!
BERUHIGEN SIE SICH BITTE.
ANGENOMMEN, DIE GESCHICHTE IST WAHR. DANN MÜSSTE DIE NEN-FÄHIGKEIT VON PRINZ WABUL ...
... NUR DURCH EINEN SELBSTSCHUTZINSTINKT AUFZURUFEN SEIN. DAS WÄRE AM PLAUSIBELSTEN.
ER KÖNNTE IHRE UNRUHE ALS SIGNAL FÜR GEFAHR SEHEN...
... UND UNS AUTOMATISCH ANGREIFEN, WEIL WIR SIE BEUNRUHIGT HABEN.
...
DAHER BITTE ICH SIE, RUHE ZU BEWAHREN.

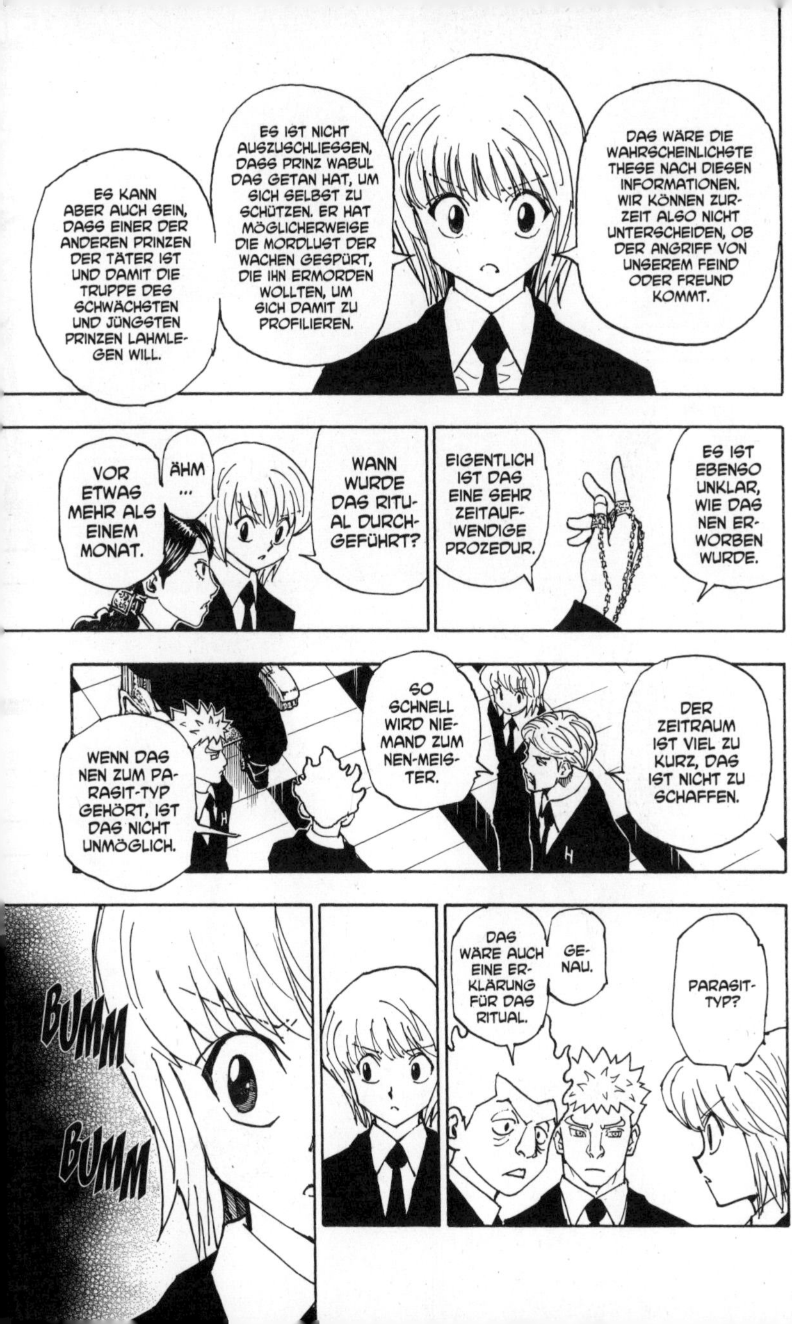
DAS WÄRE DIE WAHRSCHEINLICHSTE THESE NACH DIESEN INFORMATIONEN. WIR KÖNNEN ZURZEIT ALSO NICHT UNTERSCHEIDEN, OB DER ANGRIFF VON UNSEREM FEIND ODER FREUND KOMMT.
ES IST NICHT AUSZUSCHLIESSEN, DASS PRINZ WABUL DAS GETAN HAT, UM SICH SELBST ZU SCHÜTZEN. ER HAT MÖGLICHERWEISE DIE MORDLUST DER WACHEN GESPÜRT, DIE IHN ERMORDEN WOLLTEN, UM SICH DAMIT ZU PROFILIEREN.
ES KANN ABER AUCH SEIN, DASS EINER DER ANDEREN PRINZEN DER TÄTER IST UND DAMIT DIE TRUPPE DES SCHWÄCHSTEN UND JÜNGSTEN PRINZEN LAHMLEGEN WILL.
ES IST EBENSO UNKLAR, WIE DAS NEN ERWORBEN WURDE.
EIGENTLICH IST DAS EINE SEHR ZEITAUFWENDIGE PROZEDUR.
WANN WURDE DAS RITUAL DURCHGEFÜHRT?
ÄHM ...
VOR ETWAS MEHR ALS EINEM MONAT.
DER ZEITRAUM IST VIEL ZU KURZ, DAS IST NICHT ZU SCHAFFEN.
SO SCHNELL WIRD NIEMAND ZUM NEN-MEISTER.
WENN DAS NEN ZUM PARASIT-TYP GEHÖRT, IST DAS NICHT UNMÖGLICH.
PARASIT-TYP?
GENAU.
DAS WÄRE AUCH EINE ERKLÄRUNG FÜR DAS RITUAL.
BUMM
BUMM

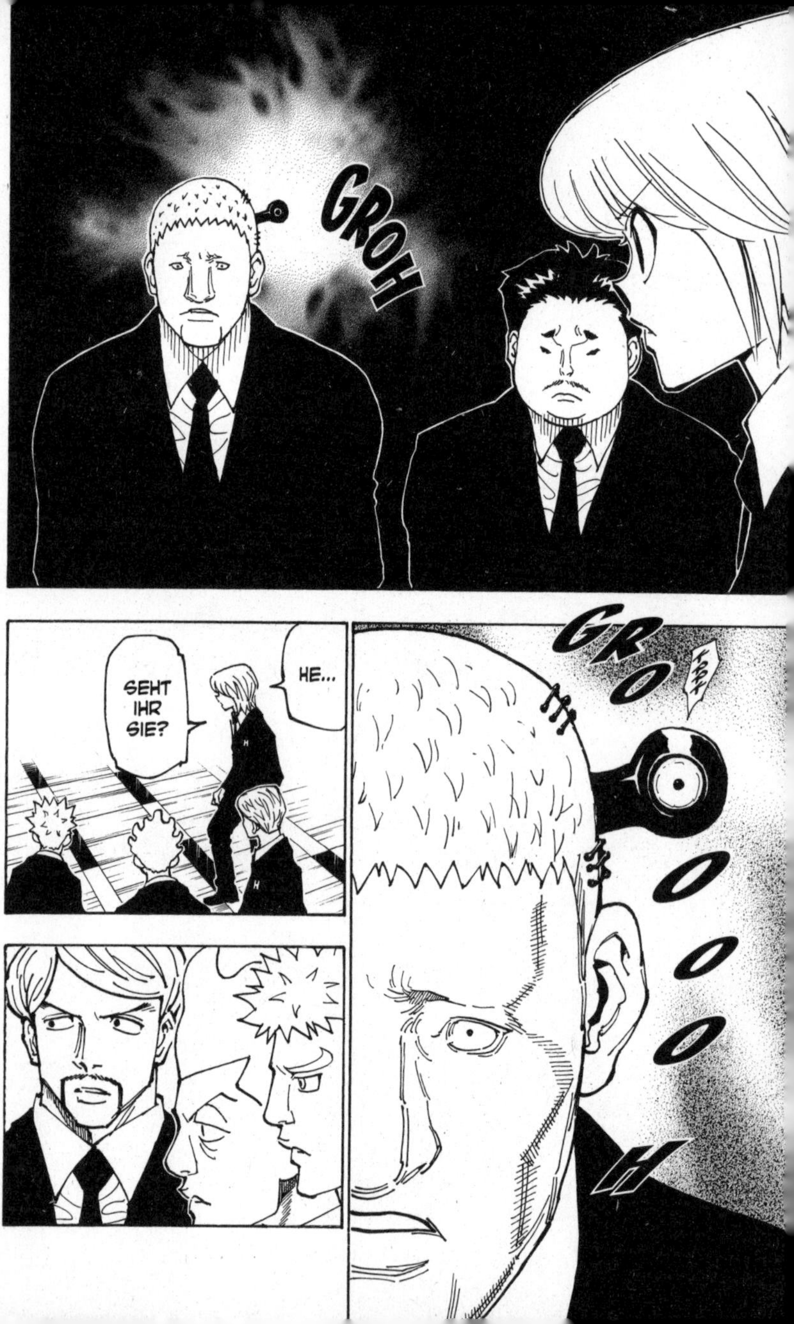

GROH
GROOOOOOH
HE...
SEHT IHR SIE?

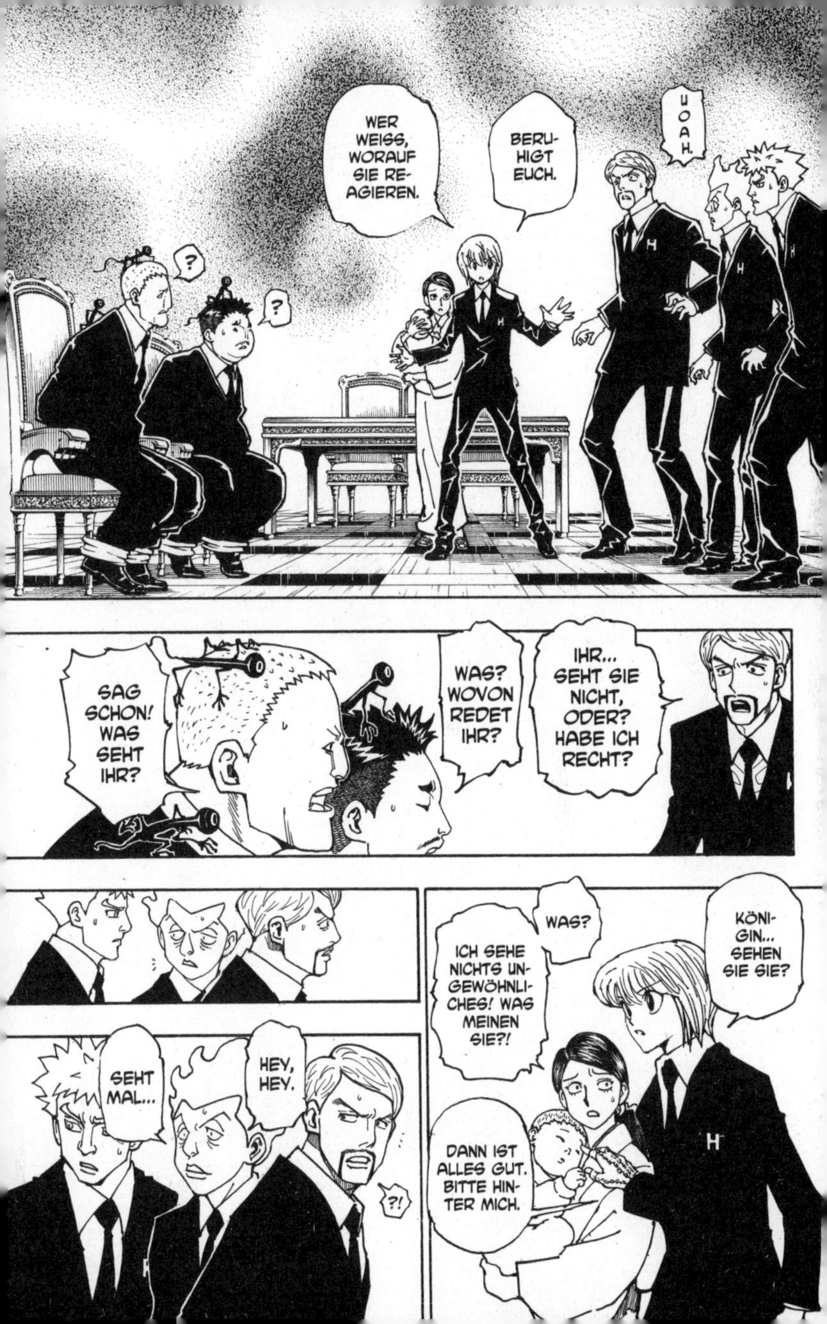

UOAH.
BERUHIGT EUCH.
WER WEISS, WORAUF SIE REAGIEREN.
?
?
IHR... SEHT SIE NICHT, ODER? HABE ICH RECHT?
WAS? WOVON REDET IHR?
SAG SCHON! WAS SEHT IHR?
KÖNIGIN... SEHEN SIE SIE?
WAS?
ICH SEHE NICHTS UNGEWÖHNLICHES! WAS MEINEN SIE?!
DANN IST ALLES GUT. BITTE HINTER MICH.
HEY, HEY.
SEHT MAL...
?!

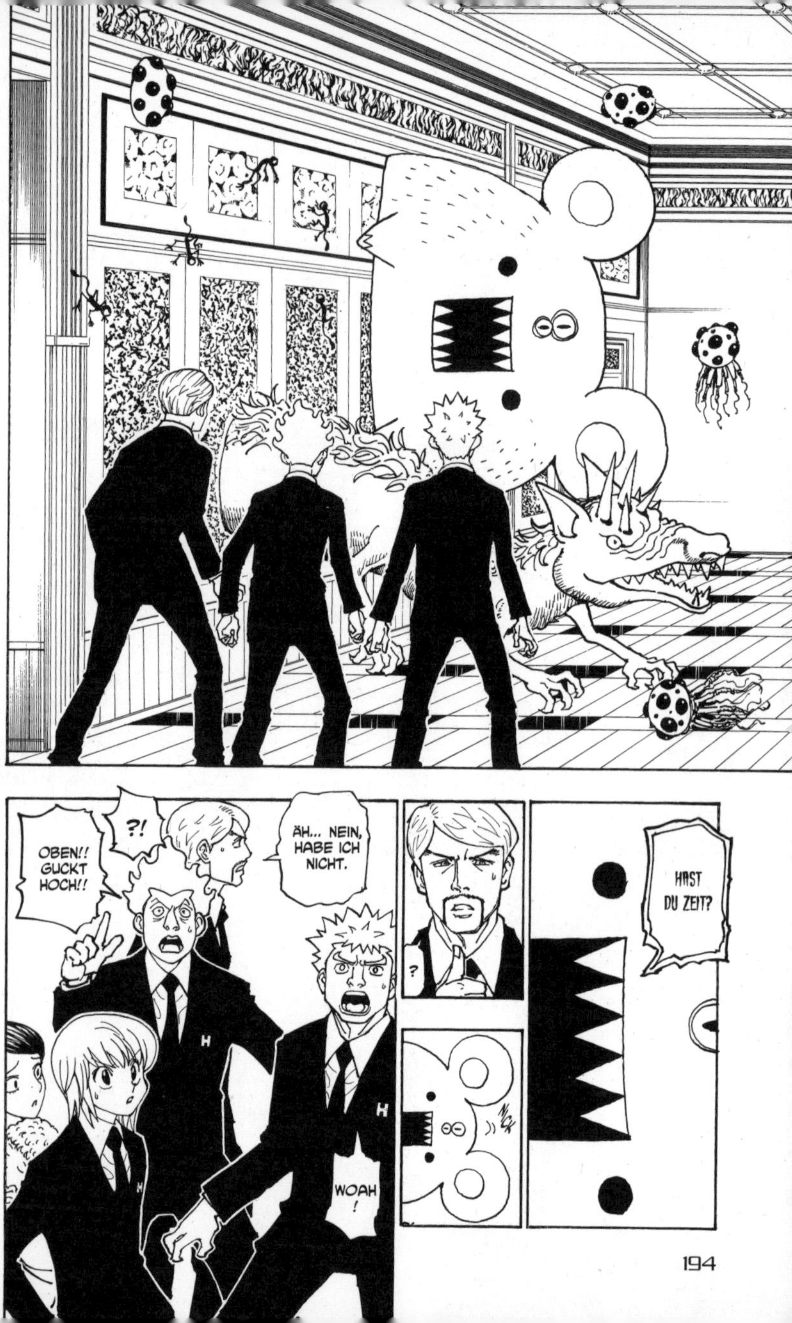
HAST DU ZEIT?
?
NICK
ÄH... NEIN, HABE ICH NICHT.
?!
OBEN!! GUCKT HOCH!!
WOAH!

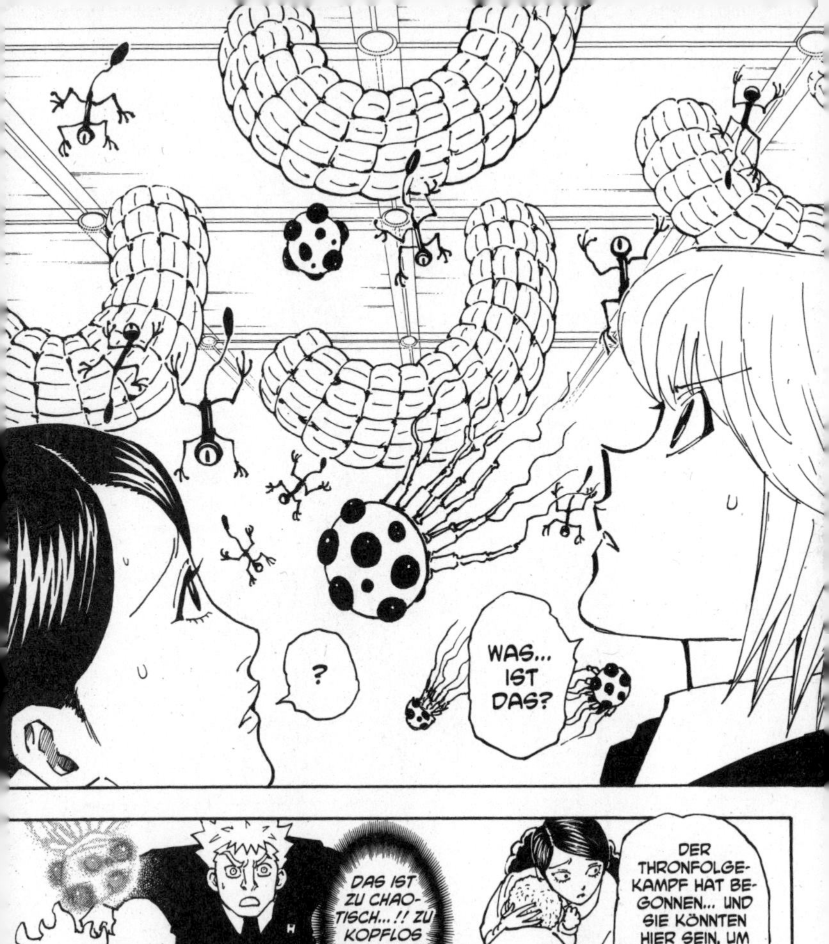
WAS... IST DAS?
?

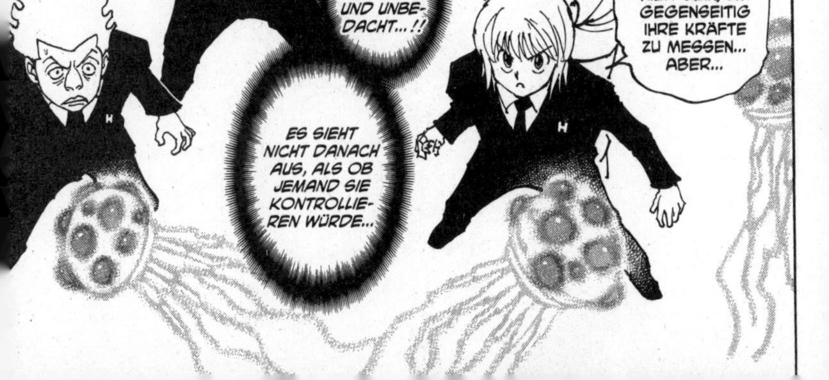
DER THRONFOLGE-KAMPF HAT BE-GONNEN... UND SIE KÖNNTEN HIER SEIN, UM GEGENSEITIG IHRE KRÄFTE ZU MESSEN... ABER...
DAS IST ZU CHAO-TISCH...!! ZU KOPFLOS UND UNBE-DACHT...!!
ES SIEHT NICHT DANACH AUS, ALS OB JEMAND SIE KONTROLLIE-REN WÜRDE...

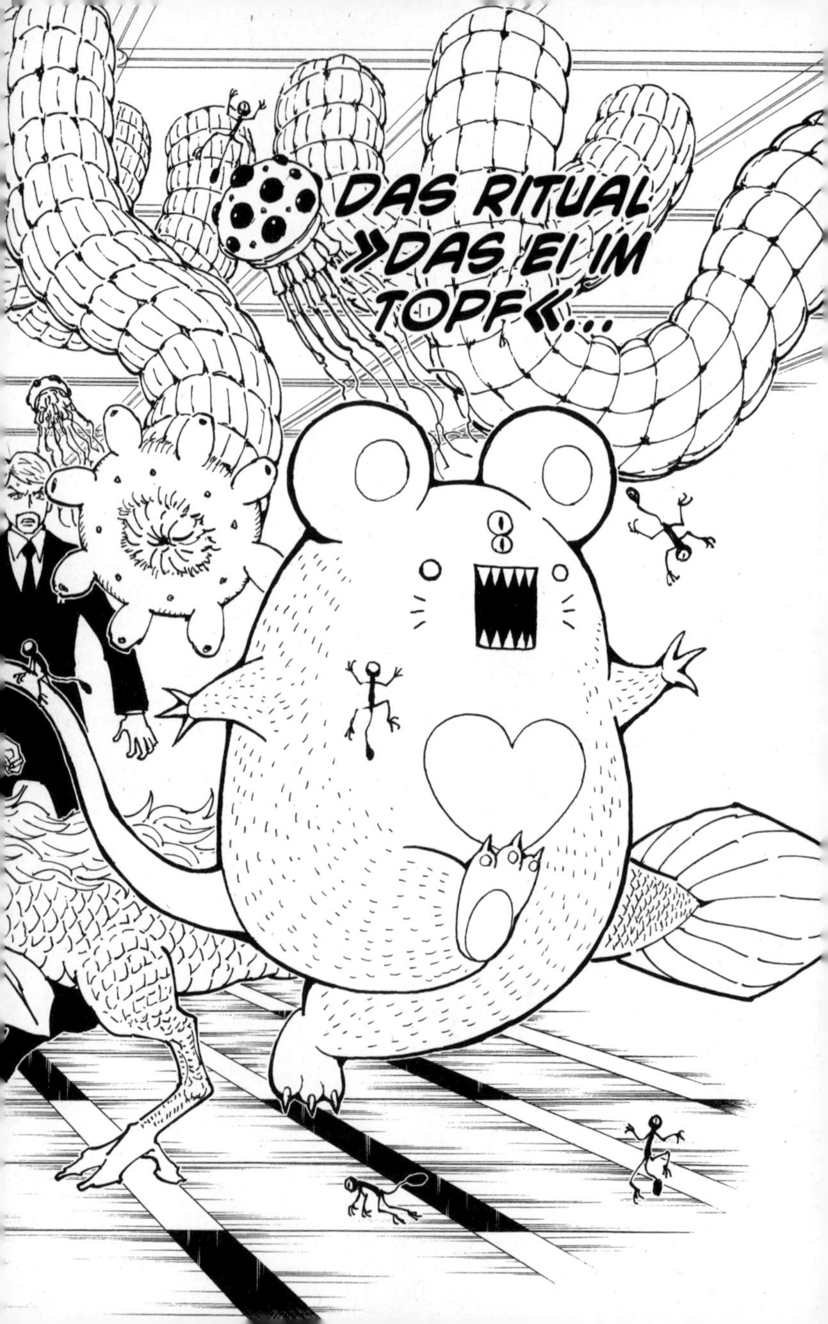
DAS RITUAL »DAS EI IM TOPF«...

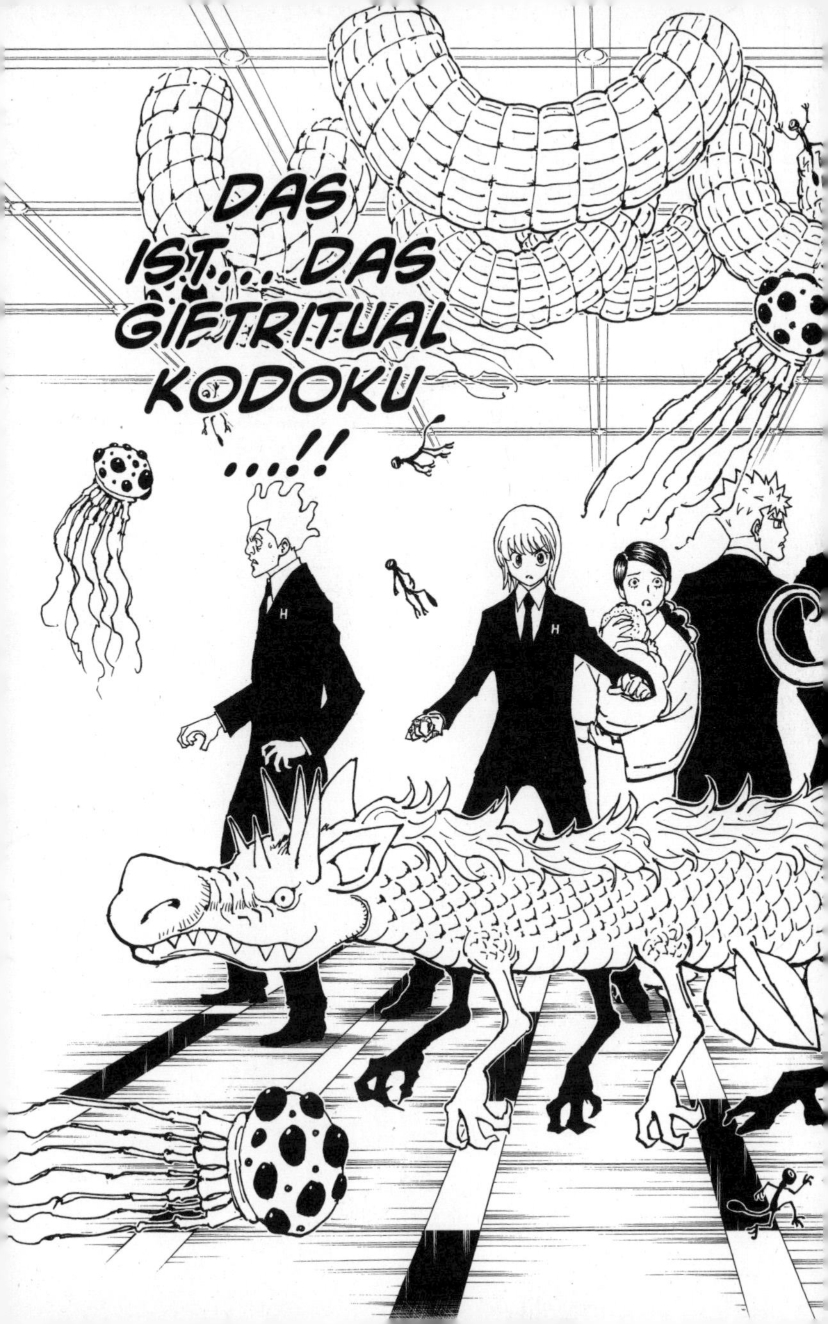
DAS IST... DAS GIFTRITUAL KODOKU ...!!

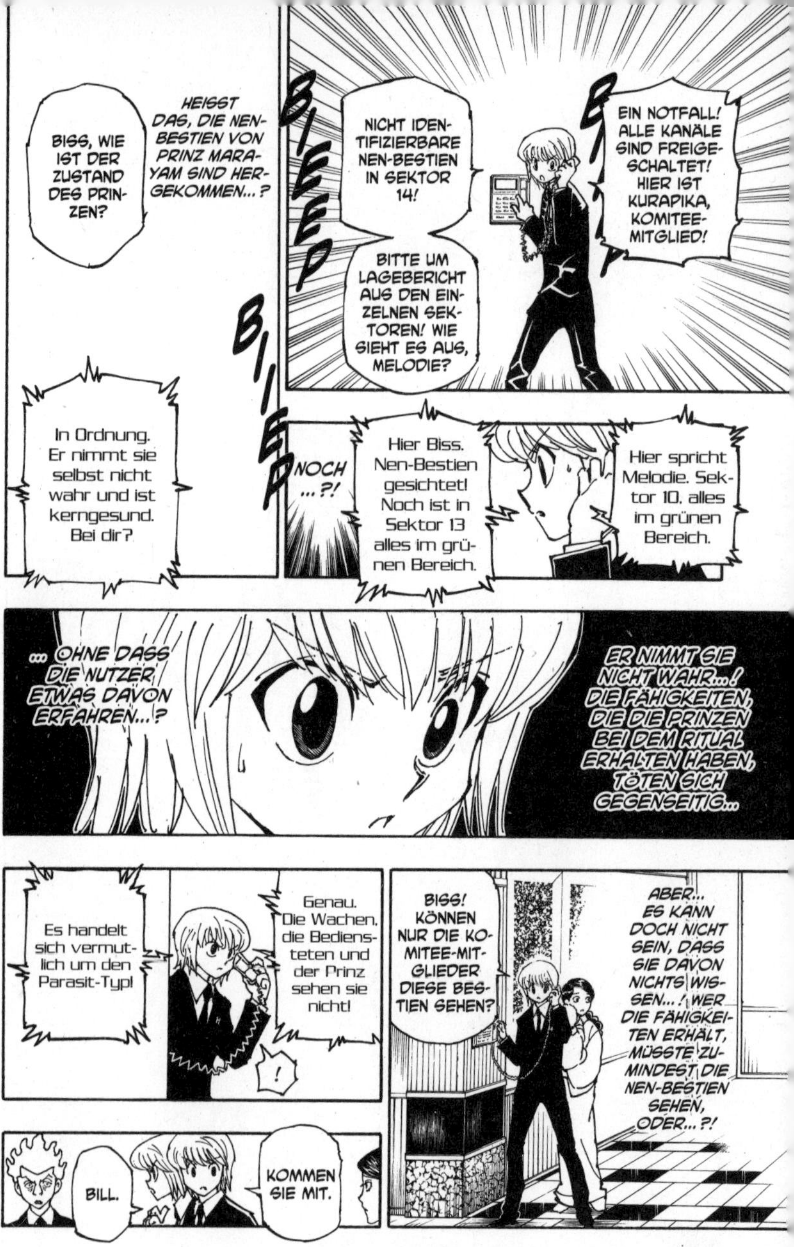

BIEP
EIN NOTFALL! ALLE KANÄLE SIND FREIGESCHALTET! HIER IST KURAPIKA, KOMITEE-MITGLIED!
BIEEP
NICHT IDENTIFIZIERBARE NEN-BESTIEN IN SEKTOR 14!
BITTE UM LAGEBERICHT AUS DEN EINZELNEN SEKTOREN! WIE SIEHT ES AUS, MELODIE?
Hier spricht Melodie. Sektor 10, alles im grünen Bereich.
Hier Biss. Nen-Bestien gesichtet! Noch ist in Sektor 13 alles im grünen Bereich.
BIIEP
NOCH ...?!
HEISST DAS, DIE NEN-BESTIEN VON PRINZ MARAYAM SIND HERGEKOMMEN...?
BISS, WIE IST DER ZUSTAND DES PRINZEN?
In Ordnung. Er nimmt sie selbst nicht wahr und ist kerngesund. Bei dir?
ER NIMMT SIE NICHT WAHR...! DIE FÄHIGKEITEN, DIE DIE PRINZEN BEI DEM RITUAL ERHALTEN HABEN, TÖTEN SICH GEGENSEITIG...
... OHNE DASS DIE NUTZER ETWAS DAVON ERFAHREN...?
ABER... ES KANN DOCH NICHT SEIN, DASS SIE DAVON NICHTS WISSEN...! WER DIE FÄHIGKEITEN ERHÄLT, MÜSSTE ZUMINDEST DIE NEN-BESTIEN SEHEN, ODER...?!
BISS! KÖNNEN NUR DIE KOMITEE-MITGLIEDER DIESE BESTIEN SEHEN?
Genau. Die Wachen, die Bediensteten und der Prinz sehen sie nicht!
!
Es handelt sich vermutlich um den Parasit-Typ!
KOMMEN SIE MIT.
BILL.

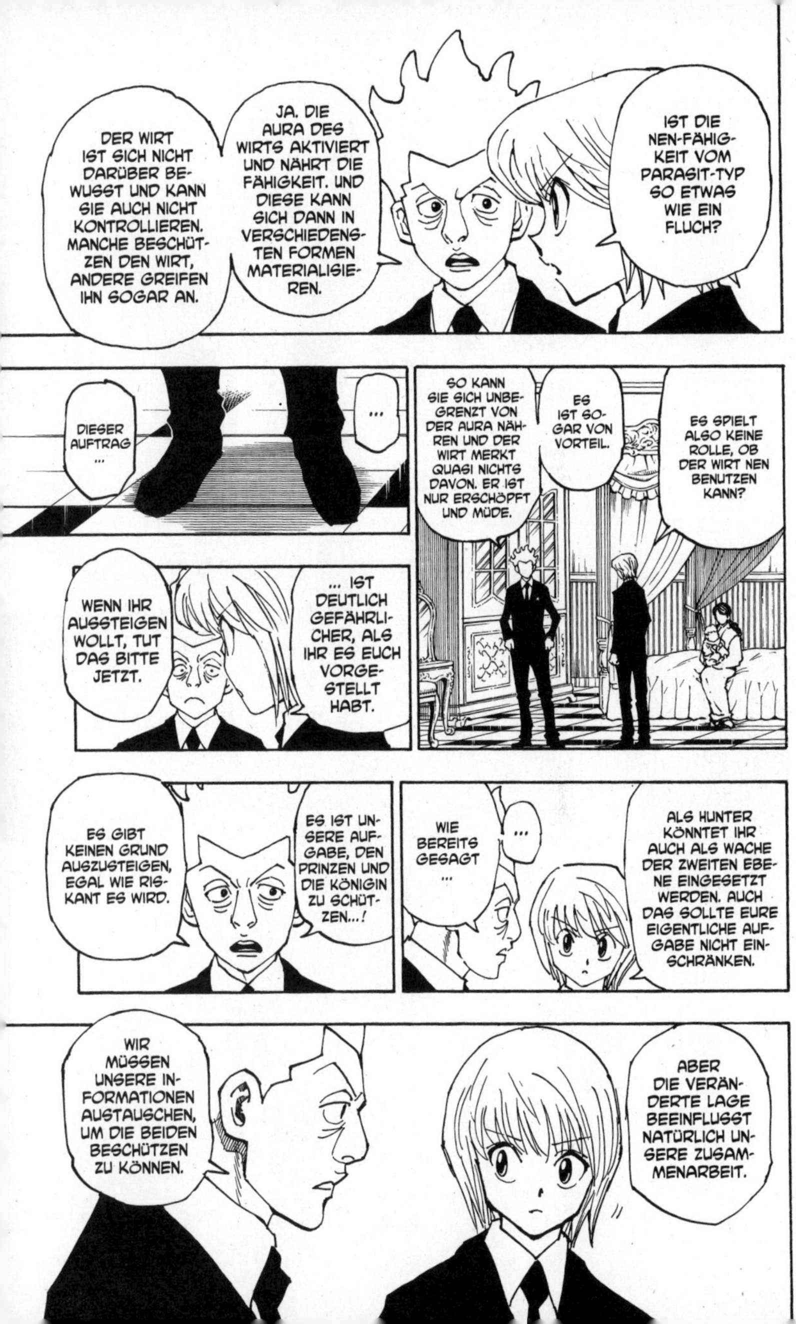
IST DIE NEN-FÄHIGKEIT VOM PARASIT-TYP SO ETWAS WIE EIN FLUCH?
JA. DIE AURA DES WIRTS AKTIVIERT UND NÄHRT DIE FÄHIGKEIT. UND DIESE KANN SICH DANN IN VERSCHIEDENSTEN FORMEN MATERIALISIEREN.
DER WIRT IST SICH NICHT DARÜBER BEWUSST UND KANN SIE AUCH NICHT KONTROLLIEREN. MANCHE BESCHÜTZEN DEN WIRT, ANDERE GREIFEN IHN SOGAR AN.
ES SPIELT ALSO KEINE ROLLE, OB DER WIRT NEN BENUTZEN KANN?
ES IST SOGAR VON VORTEIL.
SO KANN SIE SICH UNBEGRENZT VON DER AURA NÄHREN UND DER WIRT MERKT QUASI NICHTS DAVON. ER IST NUR ERSCHÖPFT UND MÜDE.
...
DIESER AUFTRAG ...
... IST DEUTLICH GEFÄHRLICHER, ALS IHR ES EUCH VORGESTELLT HABT.
WENN IHR AUSSTEIGEN WOLLT, TUT DAS BITTE JETZT.
ALS HUNTER KÖNNTET IHR AUCH ALS WACHE DER ZWEITEN EBENE EINGESETZT WERDEN. AUCH DAS SOLLTE EURE EIGENTLICHE AUFGABE NICHT EINSCHRÄNKEN.
...
WIE BEREITS GESAGT ...
ES IST UNSERE AUFGABE, DEN PRINZEN UND DIE KÖNIGIN ZU SCHÜTZEN...!
ES GIBT KEINEN GRUND AUSZUSTEIGEN, EGAL WIE RISKANT ES WIRD.
ABER DIE VERÄNDERTE LAGE BEEINFLUSST NATÜRLICH UNSERE ZUSAMMENARBEIT.
WIR MÜSSEN UNSERE INFORMATIONEN AUSTAUSCHEN, UM DIE BEIDEN BESCHÜTZEN ZU KÖNNEN.

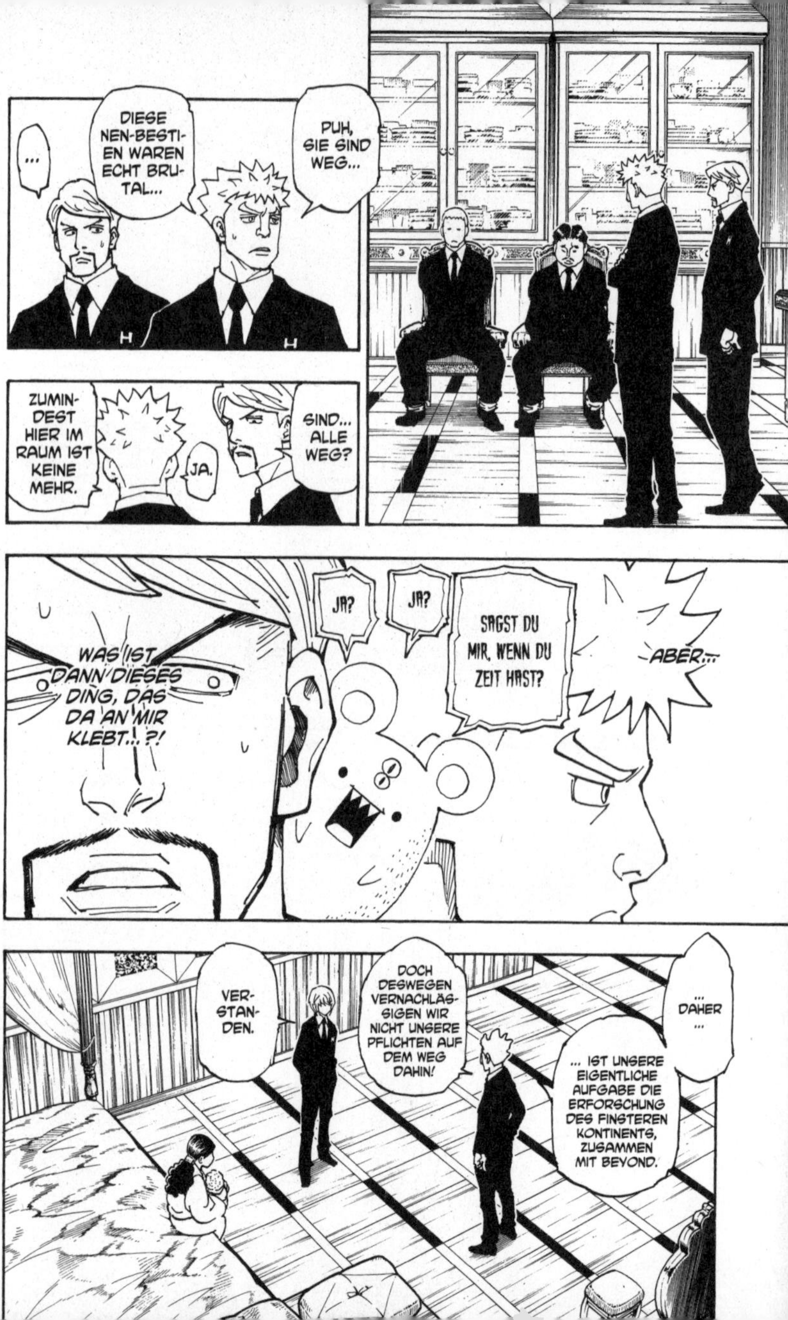
PUH, SIE SIND WEG...
DIESE NEN-BESTIEN WAREN ECHT BRUTAL...
...
SIND... ALLE WEG?
JA.
ZUMINDEST HIER IM RAUM IST KEINE MEHR.
ABER...
SAGST DU MIR, WENN DU ZEIT HAST?
JA?
JA?
WAS IST DANN DIESES DING, DAS DA AN MIR KLEBT...?!
... DAHER ...
... IST UNSERE EIGENTLICHE AUFGABE DIE ERFORSCHUNG DES FINSTEREN KONTINENTS, ZUSAMMEN MIT BEYOND.
DOCH DESWEGEN VERNACHLÄSSIGEN WIR NICHT UNSERE PFLICHTEN AUF DEM WEG DAHIN!
VERSTANDEN.

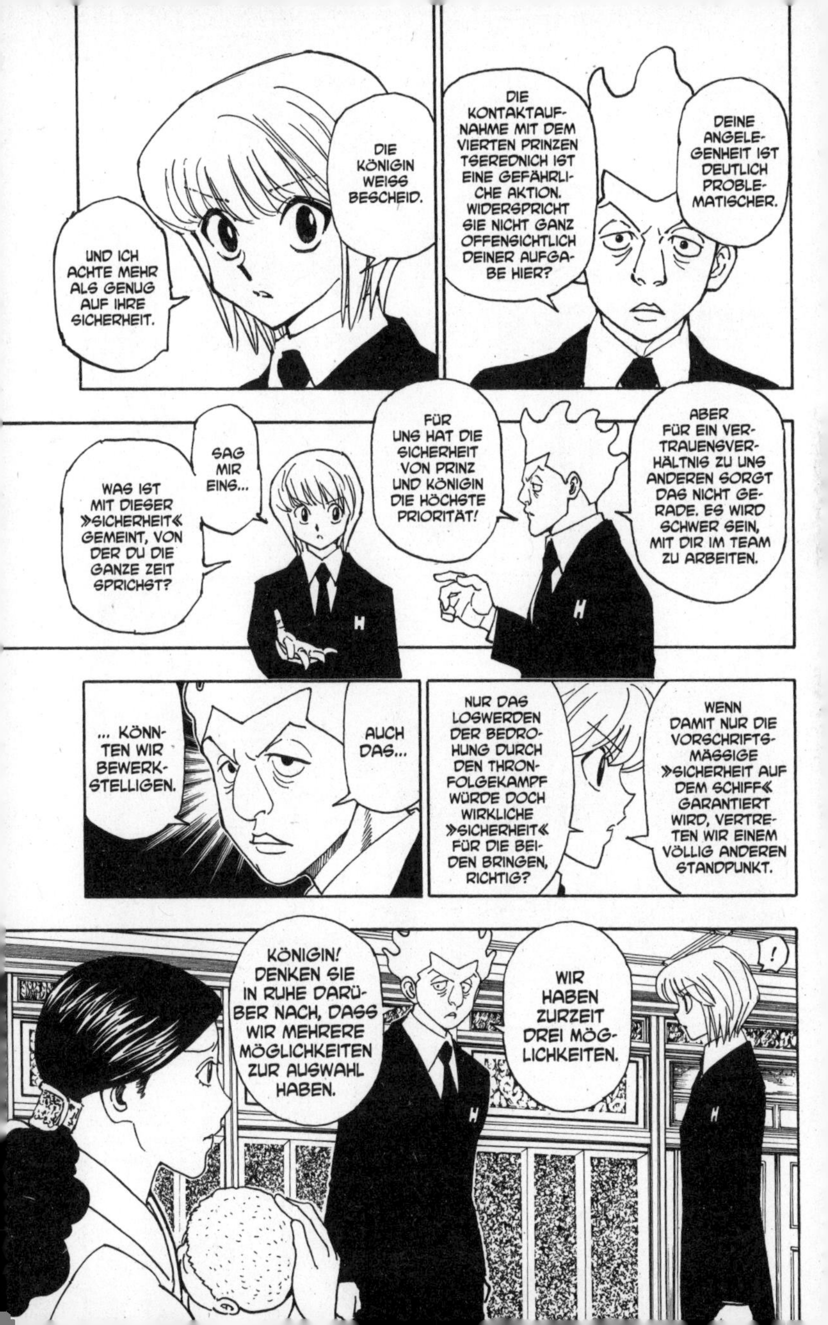

DEINE ANGELEGENHEIT IST DEUTLICH PROBLEMATISCHER.
DIE KONTAKTAUFNAHME MIT DEM VIERTEN PRINZEN TSEREDNICH IST EINE GEFÄHRLICHE AKTION. WIDERSPRICHT SIE NICHT GANZ OFFENSICHTLICH DEINER AUFGABE HIER?
DIE KÖNIGIN WEISS BESCHEID.
UND ICH ACHTE MEHR ALS GENUG AUF IHRE SICHERHEIT.
FÜR UNS HAT DIE SICHERHEIT VON PRINZ UND KÖNIGIN DIE HÖCHSTE PRIORITÄT!
ABER FÜR EIN VERTRAUENSVERHÄLTNIS ZU UNS ANDEREN SORGT DAS NICHT GERADE. ES WIRD SCHWER SEIN, MIT DIR IM TEAM ZU ARBEITEN.
SAG MIR EINS...
WAS IST MIT DIESER »SICHERHEIT« GEMEINT, VON DER DU DIE GANZE ZEIT SPRICHST?
WENN DAMIT NUR DIE VORSCHRIFTSMÄSSIGE »SICHERHEIT AUF DEM SCHIFF« GARANTIERT WIRD, VERTRETEN WIR EINEM VÖLLIG ANDEREN STANDPUNKT.
NUR DAS LOSWERDEN DER BEDROHUNG DURCH DEN THRONFOLGEKAMPF WÜRDE DOCH WIRKLICHE »SICHERHEIT« FÜR DIE BEIDEN BRINGEN, RICHTIG?
AUCH DAS...
... KÖNNTEN WIR BEWERKSTELLIGEN.
!
WIR HABEN ZURZEIT DREI MÖGLICHKEITEN.
KÖNIGIN! DENKEN SIE IN RUHE DARÜBER NACH, DASS WIR MEHRERE MÖGLICHKEITEN ZUR AUSWAHL HABEN.

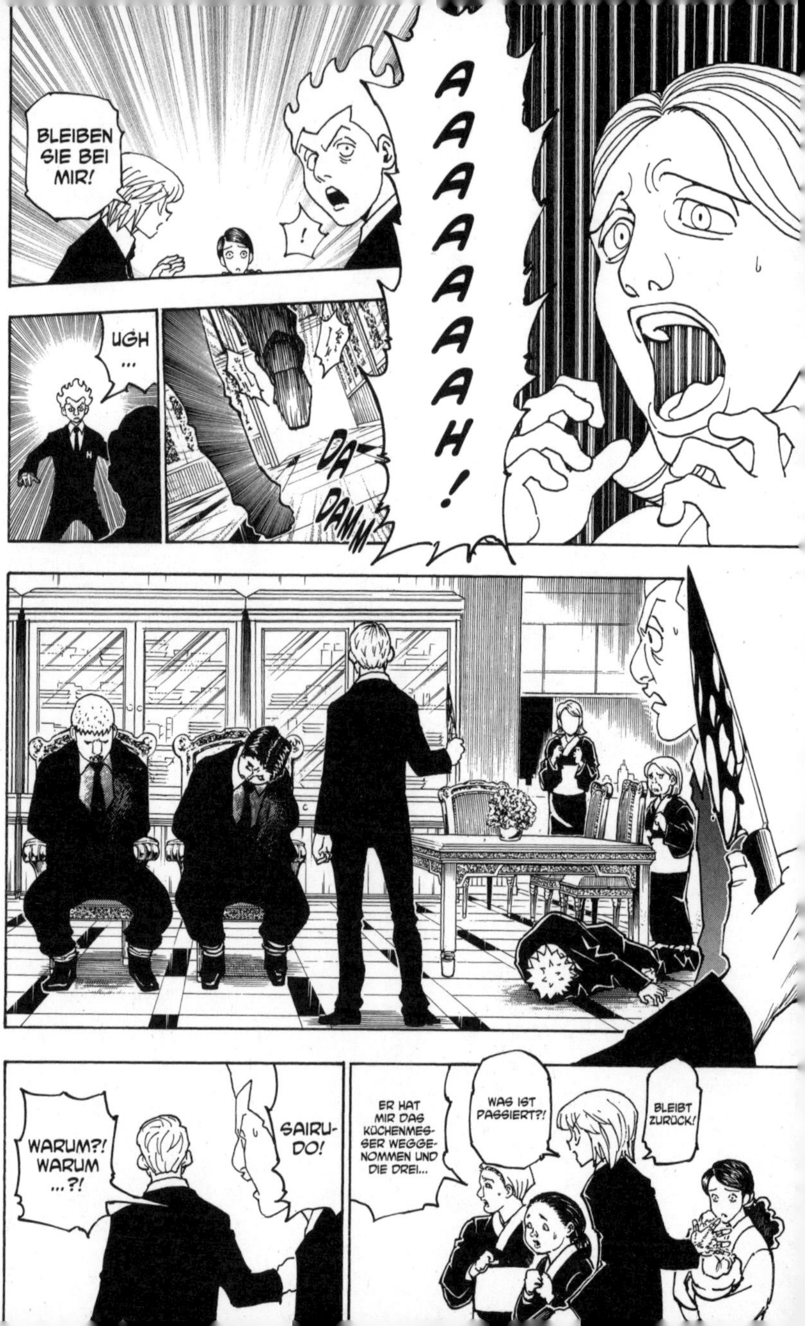
AAAAAAAAAAH!
BLEIBEN SIE BEI MIR!
!
DA-DAMM
UGH ...
BLEIBT ZURÜCK!
WAS IST PASSIERT?!
ER HAT MIR DAS KÜCHENMESSER WEGGENOMMEN UND DIE DREI...
SAIRUDO!
WARUM?! WARUM ...?!

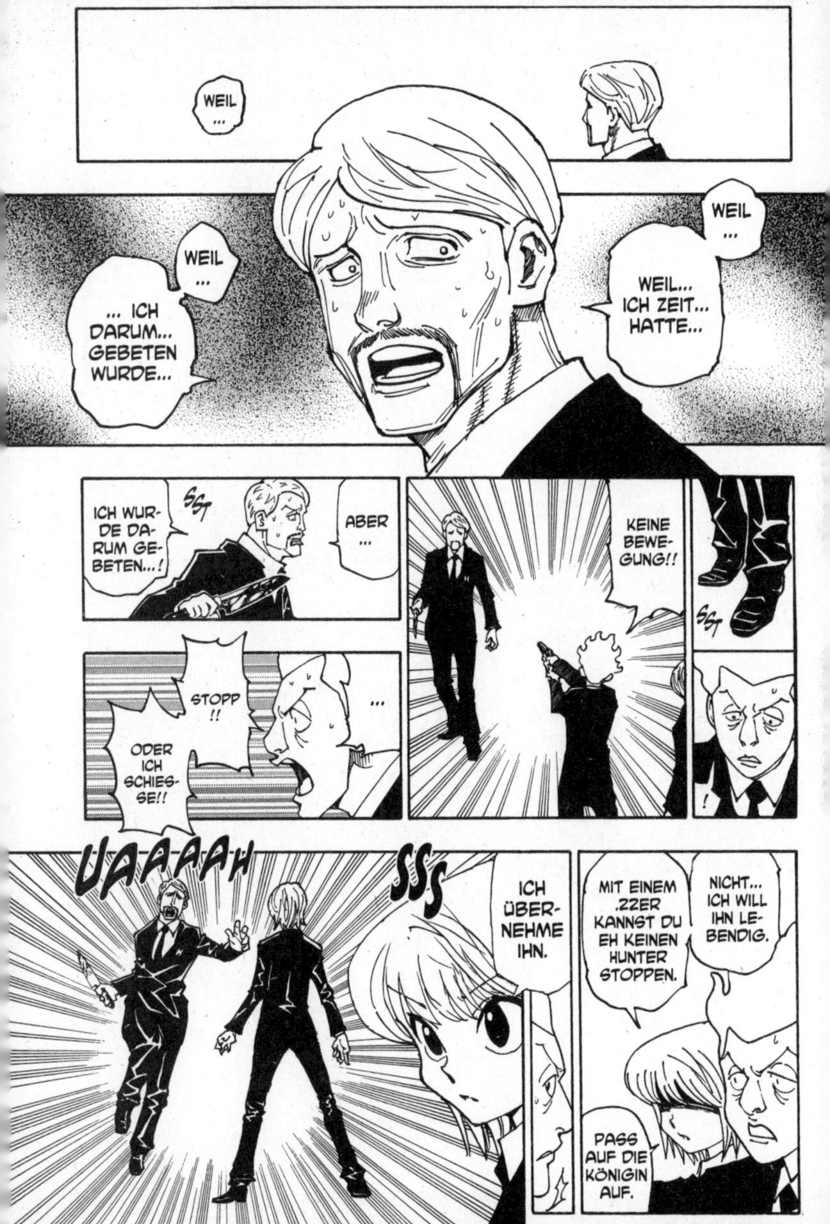

FORTSETZUNG FOLGT IN *HUNTER X HUNTER* BAND 35!

CHROLO VS HISOKA

ERKLÄRUNG

ES GAB EINIGES, WAS ICH IN DIESEM KAMPF EINBAUEN WOLLTE. ZUNÄCHST DAS DUELL. ICH LIEBE STORYS, IN DENEN DIE FEINDE DES HELDEN GEGENEINANDER ANTRETEN. BESONDERS AUFREGEND WAR DAS SPIEL DER TOSAMARU-HIGHSCHOOL GEGEN DIE BENKEI-HIGHSCHOOL IN DEM MANGA »DOKABEN«. SO ETWAS WOLLTE ICH IN MEINEM MANGA EINBAUEN.
ICH HABE VIEL WERT DARAUF GELEGT, BEIDE CHARAKTERE EIN GUTES BILD ABGEBEN ZU LASSEN UND DENNOCH DAS DUELL MIT EINEM KLAREN SIEG ZU BEENDEN. DAS HAT MIR SPASS GEMACHT, ABER ES WAR AUCH SCHWIERIG.
ICH WOLLTE AUCH EINE ANKÜNDIGUNG, DASS JEMAND »100 % GEWINNT« UND DASS DERJENIGE AUCH AM ENDE WIRKLICH GEWINNT. IN DER REGEL VERLIEREN DIE LEUTE, DIE SO ETWAS GESAGT HABEN.
DAFÜR HABE ICH DIE EINSTELLUNG VON HERRN KOGAN IWAMOTO ALS REFERENZ GENOMMEN. »SHIGURUI« IST EINMALIG!!

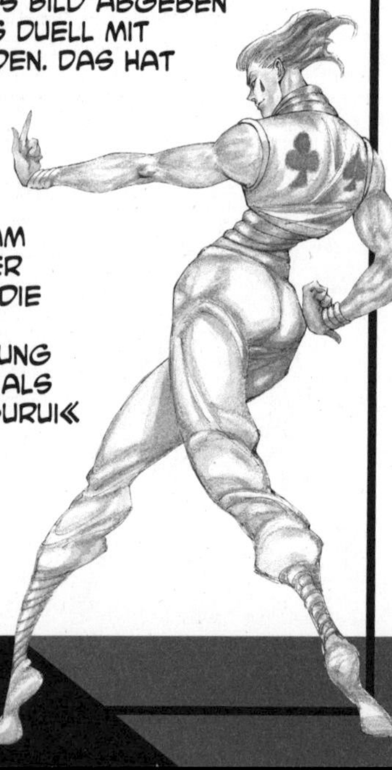

UND ICH WOLLTE UNBEDINGT, DASS HISOKA JEMANDEN VON DEN ILLUSIONISTEN UMBRINGT. SELBST ALS DIE GROBE STORY FERTIG WAR, WAR NOCH NICHT KLAR, WEN HISOKA AM ENDE UMBRINGEN WÜRDE. EIGENTLICH WOLLTE ER MATI TÖTEN, ABER ICH HABE DAS ABGELEHNT.
DAMIT DIE STORY IN RICHTUNG SCHIFF WEITERGEHT, WURDE EINE BOTIN NÖTIG, DIE DIE ANDEREN MITGLIEDER INFORMIERT. UND AUCH SEINE SELBSTKRITIK BEZÜGLICH DES DUELLS UND SEIN RACHEGEFÜHL MUSSTEN JA ZUM AUSDRUCK KOMMEN, DENN MIT DEN MORDEN REDUZIERT ER CHROLOS FÄHIGKEITEN. DIESE KALTBLÜTIGE, ABER EFFIZIENTE ENTSCHEIDUNG ZEIGT HISOKAS ERNSTHAFTIGKEIT. DAS HABE ICH INSTINKTIV GESPÜRT.
UND ICH HATTE SO EINE VORAHNUNG, DASS DIE STORY INTERESSANTER WERDEN KÖNNTE, WENN MATI ÜBERLEBEN WÜRDE.

AUCH IM GESPRÄCH MIT HERRN KISHIMOTO HATTE ICH ERWÄHNT, DASS ICH DIE ANLEITUNG ZUR STORY NORMALERWEISE VON ANFANG AN IN MIR HABE. DIESE KANN ICH DANN KOMPLETT ZUM AUSDRUCK BRINGEN UND ES KOMMT AUCH OFT VOR, DASS ICH SELBST NACH LANGEN ÜBERLEGUNGEN ZU DEM SCHLUSS KOMME, DASS DIE STORY NACH DIESER INNEREN ANLEITUNG DIE BESTE IST.
WENN DER SPÄTERE VERLAUF NOCH UNKLAR IST UND ICH EINE ENTSCHEIDUNG TREFFEN MUSS, WAS ICH JETZT BEHALTE, FOLGE ICH IN DER REGEL EINFACH MEINEM INSTINKT.
ICH HOFFE, DASS ICH DAS NICHT BEREUE...

reiche Serien

Boruto
von Masashi Kishimoto, Ukyo Kodachi und Mikio Ikemoto

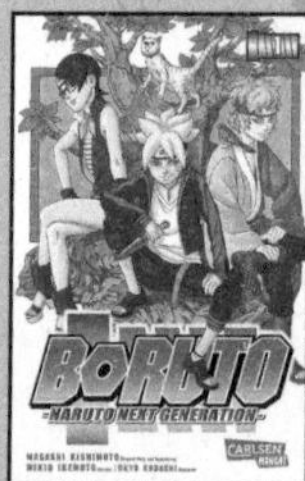

Narutos Sohn Boruto gilt als Wunderkind und ist genauso rebellisch wie einst sein Vater. Er bittet Sasuke ihn zu trainieren, um ein besserer Ninja als Naruto zu werden…

Naruto
von Masashi Kishimoto

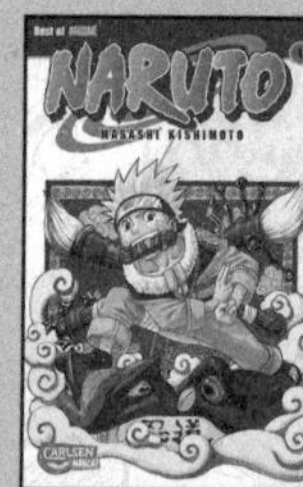

Naruto will der beste Ninja der Welt werden. Weil in ihm ein mächtiges Geheimnis schlummert, wird er von vielen bösen und gefährlichen Ninja verfolgt…

Fairy Tail
von Hiro Mashima

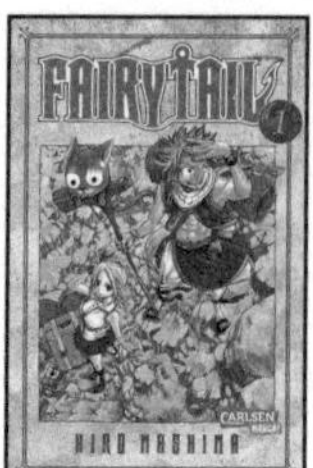

Verrückte Magier, geflügelte Katzen und gefährliche Monster – das ist die Welt von »Fairy Tail«. So nennt sich eine Gilde von sympathischen Outlaws, die mit ihren Zauberkünsten gegen das Böse in der Welt kämpfen, dabei aber mehr als einmal über das Ziel hinausschießen.

Korosensei Quest
von Yusei Matsui und Kizuku Watanabe

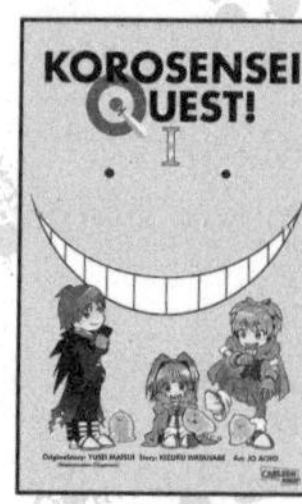

In einem alternativen Universum sind die Schüler der Kunugigaoka Junior Highschool keine gewöhnlichen Schüler, sondern Helden in Ausbildung beim Dämonenkönen (Korosensei)!

Assassination Classroom
von Yusei Matsui

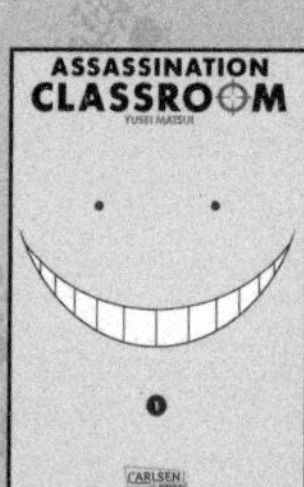

Ein übermächtiges Tentakelmonster mit Smileygesicht droht die Erde zu zerstören. Aber erst nächstes Jahr … Bis dahin unterrichtet das Monster die Klasse 9-E der Kunugigaoka Junior Highschool.

Soul Eater
von Atsushi Ohkubo

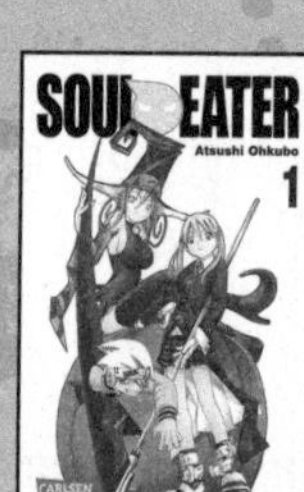

Maka ist Waffenschmiedin in einer speziellen Ausbildung. Ihre Sense namens Soul Eater hat ein Eigenleben und nimmt außerhalb des Kampfes die Gestalt eines ultracoolen Jungen an.

MANGA HEROES Action

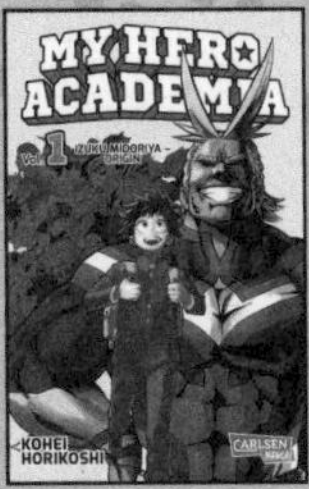

My Hero Academia

von Kohei Horikoshi

In der Welt von Izuku Midoriya besitzt 80% der Bevölkerung Superkräfte.
Doch wie und wo könnten die Helden lernen, ihre Fähigkeiten, die sogenannten »Macken« (jp. Kosei) effizienter zu nutzen? Natürlich an der MY HERO ACADEMIA!

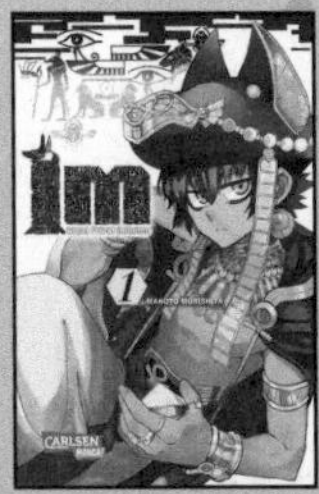

IM – Great Priest Imhotep

von Makoto Morishita

Der Hohepriester Imhotep aus dem antiken Ägypten weilt wieder unter den Lebenden. Im modernen Japan gestrandet, ist er ein Jäger, der die Menschen vor dem uralten Übel der Magai bewahren soll – gottgleichen Wesen, die nach der Vernichtung der Menschen trachten.

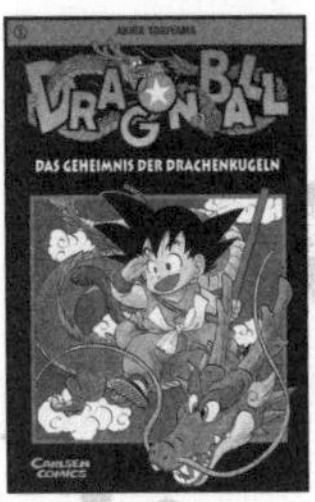

Dragon Ball

von Akira Toriyama

Der Legende nach gibt es sieben »Dragon Balls« auf der Welt. Bringt man alle zusammen, so erscheint der mächtige Drache Shenlong und erfüllt einen Wunsch. Nicht auszudenken, was passiert, sollten die »Dragon Balls« in falsche Hände geraten ...

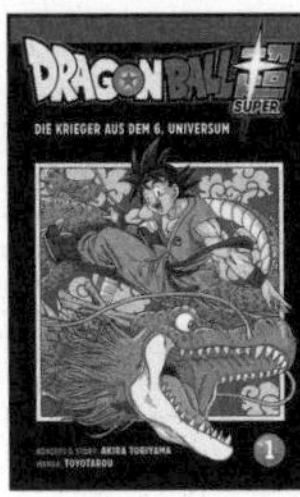

Dragon Ball Super

von Akira Toriyama und Toyotarou

Akira Toriyama und Toyotarou liefern mit DRAGON BALL SUPER die ersten neuen, schwarzweißen Manga um Son-Goku & Co. seit Band 42 – im allerfeinsten »Toriyama-Style«.

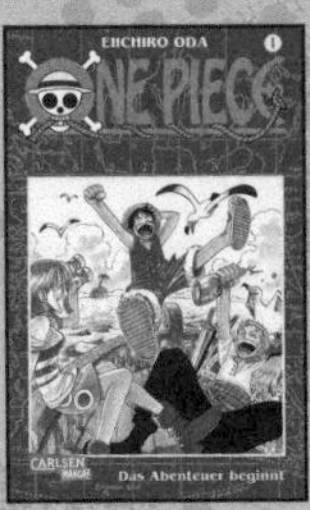

One Piece

von Eiichiro Oda

Monkey D. Ruffy und seine lustige Piraten-Crew sind auf der Suche nach dem größten Schatz der Welt: dem One Piece! Klar, dass sie da nicht die einzigen Piraten auf den Meeren sind...

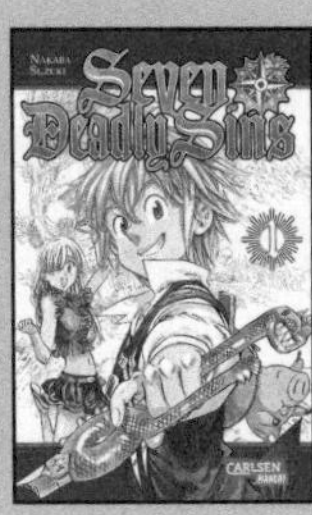

Seven Deadly Sins

von Nakaba Suzuki

Die »Seven Deadly Sins« gelten als die schlimmsten Verbrecher Britannias, Prinzessin Elisabeth macht sich dennoch auf die Suche nach ihnen, denn sie braucht dringend ihre Hilfe...

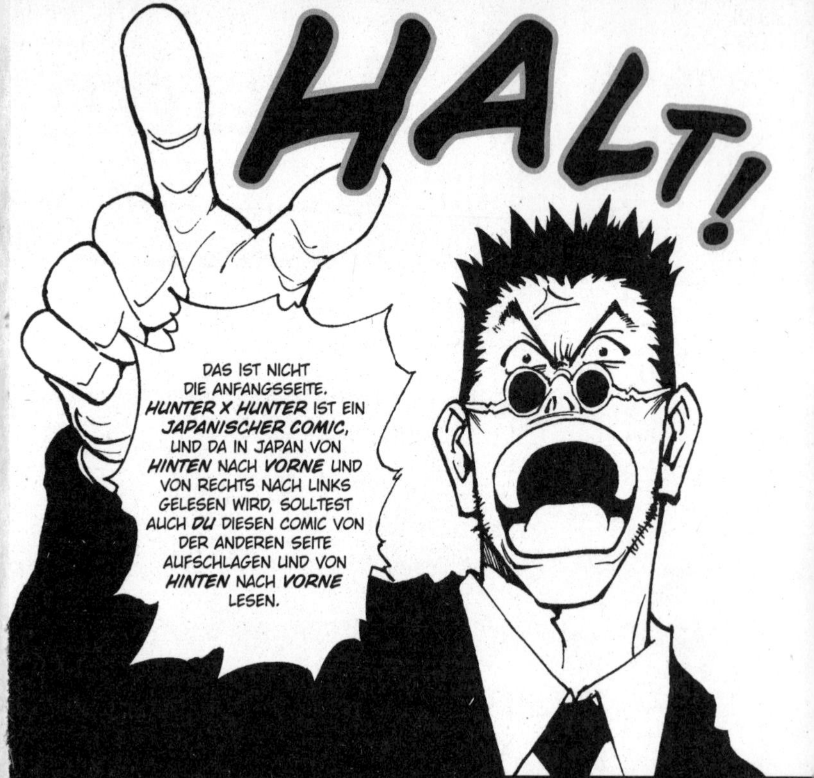

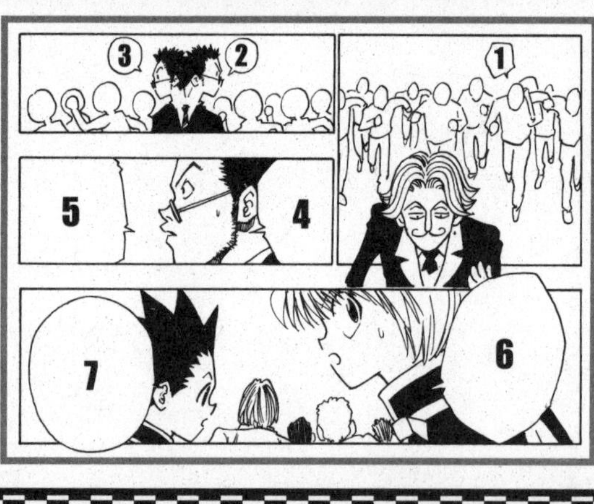

Auch die **Bilder** und Sprechblasen werden von **rechts oben** nach **links unten** gelesen, so wie es die Grafik hier zeigt. Schwer? Zuerst ungewohnt, doch es bringt richtig Spaß. Probiert es aus! Viel Vergnügen mit **Gon** und seinen **Freunden** in HUNTER HUNTER!